# COCINA PRACTICA

# Rosario Cifuentes

# COCINA PRACTICA

**REVISADA Y MEJORADA**

## EDITORIAL EVEREST, S. A.

MADRID ● LEON ● BARCELONA ● SEVILLA ● GRANADA ● VALENCIA
ZARAGOZA ● BILBAO ● LAS PALMAS DE GRAN CANARIA ● LA CORUÑA
PALMA DE MALLORCA ● ALICANTE — MEXICO ● BUENOS AIRES

DECIMO OCTAVA EDICION

© by EDITORIAL EVEREST, S. A. - LEON
ISBN 84-241-2203-8
Depósito legal. LE 9-1984

EVERGRAFICAS, S. A. - Carretera León-Coruña, km. 5 - LEON (España)

# Palabras previas

Amable lectora: al llegar hasta ti, sean mis primeras palabras de cordial saludo y a la vez de felicitación porque esta tu decisión de adquirir un libro de cocina dice mucho en tu favor, ya que demuestra una inquietud por saber, por perfeccionarse en el importantísimo arte de la alimentación.

Precisamente quiero, en estas primeras palabras, destacar, siquiera sea en cuatro líneas, la enorme importancia que tienen todas las cuestiones relacionadas con este problema, verdaderamente universal, de la alimentación. Por dicho motivo, en este pequeño libro que ahora habla en tus manos, no he querido limitarme a darte, como suele hacerse en la mayoría de los casos, una relación más o menos profusa de recetas de cocina con la consabida descripción de útiles e ingredientes; otro muy distinto ha sido mi propósito. Mi pretensión es hermanar un poco de ciencia con un mucho de arte: la ciencia de la alimentación y el arte culinario. Si no eres aficionada al estudio, quizá te suene con demasiado empaque la palabra «ciencia», pero ello no debe asustarte, pues para evitar toda narración empalagosa o DEMASIADO SERIA he procurado redactar las primeras páginas que a esto se refiere, en un estilo sin complicaciones, dejando bien claros los principales conceptos sobre alimentación que nadie debe ignorar.

Alimentación, vivienda y vestido, son tres problemas básicos que preocupan a la Humanidad entera, y es bien sabido que solo una sociedad bien alimentada puede ser fuerte y progresiva. En el orden individual, no es preciso ponderar su papel decisivo en el normal desarrollo de las personas, en la preservación de su salud, en la consecución de un mayor vigor y precocidad y, cómo no, una alimentación racional es igualmente garantía de una vida larga y feliz.

Para el ama de casa, responsable de la correcta nutrición de la familia, hay otro aspecto que posiblemente constituya en muchas ocasiones una preocupación más constante: es el aspecto económico. Nadie ignora que la mujer tiene que resolver con la alimentación familiar, uno de los capítulos más importantes de «economía interior», y por ello no he olvidado en ninguna ocasión todo lo que esto significa: a medida que vayas leyendo mis páginas y experimentando mis recetas, comprobarás que también en esto he procurado brindarte las mejores soluciones, puesto estoy contigo en que servir buenas comidas es cosa relativamente fácil, pero no así confeccionar platos sabrosos, nutritivos y económicos.

Aunque otra cosa parezca, alimentar correctamente (científica y económicamente) es más difícil de lo que se cree... si no se dispone de un buen libro de cocina, que es lo que con el mayor entusiasmo quiero ofrecerte.

# Los alimentos y las sustancias alimenticias

Se habla de alimentos y de sustancias alimenticias y conviene distinguir entre ambos términos, ya que si con el primero queremos expresar aquellos cuerpos que ingerimos para el normal sostenimiento, llamamos sustancias alimenticias a determinados productos químicos que, incluidos en los alimentos, son los que realmente utiliza y aprovecha el organismo para su propia formación o para atender a sus gastos de energía.

¿Y cuáles son estas sustancias que llamamos alimenticias? Casi todo el mundo las ha oído nombrar alguna vez y hasta conviene que te familiarices con ellas si quieres comprender fácilmente lo que puedas leer sobre alimentos o las instrucciones que tu médico pudiera darte sobre ciertas dietas: son las proteínas o albuminoides, los glúcidos o hidratos de carbono, las grasas, las sustancias o sales minerales, las vitaminas y, desde luego, también el mismo agua.

¿Conviene al ama de casa conocer algo más sobre estos componentes de los alimentos? Así lo creo sin la menor duda y, por ello, aunque sea en la forma más elemental, procuraré dar una ligera idea de la importancia que estas sustancias tienen, pues solo así podrá practicarse, con cierto conocimiento de causa, una alimentación sana y completa, adecuada a cada caso.

Las PROTEINAS son sustancias muy complejas, formadas por componentes más sencillos, los llamados aminoácidos, los cuales, a su vez, resultan de la combinación de los elementos químicos indispensables para la formación de nuestro propio cuerpo: carbono, nitrógeno, hidrógeno, oxígeno, azufre y fósforo. ¿Qué tienen de particular las proteínas y sus aminoácidos? Las proteínas cumplen en el organismo la importantísima misión de servir de material para la formación del mismo: representan los *ladrillos* que integran el edificio del organismo y que los tratadistas llaman «sustancias plásticas» o «formadores». En la clara de huevo tenemos proteína casi pura (diluida en agua), y son, asimismo, muy ricos en proteínas la leche, la carne, el pescado y las semillas de legumbres (con razón se dice que «la carne da carne»). Las proteínas proceden, pues, en su mayor parte de los animales.

Respecto a los aminoácidos se ha de saber que no todas las proteínas están formadas o contienen los mismos y que así como algunos pueden ser sintetizados o formados por el propio organismo a expensas de otras sustancias, otros han de ser tomados forzosamente con los alimentos para atender a las exigencias orgánicas. Por ejemplo, el aminoácido llamado lisina, presente en las proteínas animales y muy escaso en las de origen vegetal, es indispensable para el crecimiento; también es igualmente importante el aminoácido llamado triptófano, sustancia que no puede ser fabricada por el propio organismo. Y como éstos, hay otros muchos aminoácidos que han de ser tomados con los alimentos para poder formar con ellos la propia molécula proteínica humana. Por todas estas razones se dice que entre los alimentos con proteínas más completas o convenientes para el hombre está la leche, después la carne, principalmente la de vaca, mientras que resultan más pobres, en este aspecto, los alimentos vegetales.

¿Qué son los GLUCIDOS o hidratos de carbono? Químicamente son más sencillos que las proteínas (sólo están formados por carbono, oxígeno e hidrógeno) pero representan la fuente más importante de energía para el organismo, hasta tal punto que el 50 ó 60 por 100 de las energías producidas provienen de estas sustancias. Decir energía es decir calor, esfuerzo físico, trabajo intelectual; igualmente, los movimientos circulatorios de nuestro organismo, los movimientos respiratorios, la conservación de la propia temperatura en lucha contra el frío del ambiente, el trabajo de la digestión y el funcionamiento de cada órgano, requieren un gasto permanente de energía. Pero los hidratos de carbono no solamente son empleados por el organismo para ser *quemados* y producir energía lo mismo que el carbón en un hogar, sino que cuando se ingieren en cantidades excesivas, se transforman en grasa, pasando a formar los depósitos de reserva que serán consumidos cuando en el cuerpo no ingresen las cantidades necesarias de las mismas.

Entre los hidratos de carbono se incluyen las sustancias dulces llamadas azúcares (azúcar de caña y de remolacha o sacarosa, azúcar de uva o glucosa, etc.) y el almidón o fécula. Como se ve, son casi siempre de origen vegetal. El almidón es el más importante de los glúcidos, desde el punto de vista de la alimentación del hombre, pues con él se cubren casi todas las necesidades orgánicas de estas sustancias. El almidón se encuentra en las plantas, depositado en raíces gruesas, tubérculos (patata) y semillas. La patata está formada casi totalmente por glúcidos.

¿Y qué decir de las GRASAS? En su constitución química entran los mismos elementos que en los hidratos de carbono y, como éstos, su misión primordial en el organismo es la de consumirse o *quemarse* para darle calor y energía o, si se toman en exceso, acumularse bajo la piel y alrededor de distintas vísceras. Las grasas son capaces de producir más energía que los glúcidos, pero el aparato digestivo sólo puede digerir y asimilar una pequeña cantidad de estas sustancias y tampoco es conveniente que por una alimentación excesiva o mal equilibrada, se formen en el cuerpo grandes depósitos grasos, pues ello representa sólo inconvenientes para el normal funcionamiento del organismo.

El AGUA, ese líquido tan vulgar y tan precioso, podemos considerarle como la sustancia alimenticia más necesaria, pues sin comer se puede vivir unos sesenta días, pero la falta de agua produce la muerte en un plazo más corto (unos 14 días). Sin agua es imposible la vida y por eso nuestro organismo requiere cantidades tan grandes que se calculan en 35 gramos por kilo de peso y día; por tanto, una persona de 60 kilos necesita unos dos litros y medio, pues es mucha la que se pierde por la orina, heces, sudor, etc. He aquí el agua que contienen algunos alimentos, aproximadamente:

| | |
|---|---|
| La carne magra de buey ... ... ... | contiene un 72 por 100 de agua |
| La mayor parte de las frutas ... ... | » » 89 » » » » |
| Los huevos ... ... ... ... ... ... ... | » » 79 » » » » |
| Las patatas ... ... ... ... ... ... ... | » » 80 » » » » |
| El pan ... ... ... ... ... ... ... ... | » » 35 » » » » |
| La mayor parte de las verduras ... | » » 95 » » » » |

Las llamadas SUSTANCIAS MINERALES consisten en diversas combinaciones de sodio, calcio, fósforo, magnesio, hierro, yodo y otros elementos indispensables en pequeñísimas cantidades para el normal desarrollo y funcionamiento del organismo. En general, en las personas jóvenes las exigencias en sustancias minerales son mayores por resultar indispensables para la formación del esqueleto; también tiene su ingestión especial importancia en los períodos de gestación y lactación de las madres.

El calcio es necesario para la formación de los huesos y dientes y para el buen funcionamiento del sistema nervioso. Se encuentra en grandes cantidades en la leche, huevos, queso, espinacas, leguminosas secas, etc.

El fósforo es igualmente indispensable para el esqueleto y también conveniente para los músculos y sistema nervioso. Conviene advertir que para la normal asimilación y fijación del calcio y del fósforo, no es suficiente que estos alimentos se encuentren en la ración de cada día, pues se requiere además que el organismo disponga de las vitaminas A, D y C para poderlos aprovechar.

El hierro es indispensable para formar las hemoglobina que da el color rojo a la sangre. Son alimentos ricos en hierro las lentejas, espinacas, rábanos, acelgas, yema de huevo, etc.

La falta de yodo es causa de la enfermedad llamada el «papo» o trastorno funcional de la glándula tiroides, que se encuentra en el cuello.

Las VITAMINAS. Antiguamente se llegó a creer que para que una alimentación fuese completa, bastaba que entrasen en la ración las sustancias hasta aquí mencionadas: proteínas, glúcidos, grasas, minerales, agua. Pero pronto se comprobó que esta creencia era errónea y los estudios sobre ciertas enfermedades que se presentaban en el hombre en circunstancias de alimentación especial, como ocurría en las largas expediciones marítimas, en los finales de largos inviernos de países nórdicos o en pueblos sometidos a una alimentación singular, permitieron descubrir a principios de siglo, la existencia de ciertas sustancias que, en cantidades sumamente pequeñas, resultan indispensables para el normal funcionamiento y desarrollo del organismo; estas sustancias son las vitaminas, que ya desde un principio se las empezó a bautizar con el nombre de las letras del alfabeto y así se conocen las vitaminas A, B, C, D, E, etc. Algunas vitaminas estuvieron primitivamente englobadas en una sola denominación y, por ello, se les pone hoy distintos subíndices para diferenciarlas, como sucede con la vitamina $B_1$, $B_2$, etc.

No se crea que la falta de vitaminas ha de revelarse inmediatamente con síntomas de enfermedad. Las avitaminosis ocasionan una disminución considerable en la vitalidad, crecimiento y otros trastornos después de temporadas más o menos largas de verse privado el organismo total o parcialmente de estas sustancias.

Muchas vitaminas se encuentran en los alimentos vegetales, pero algunas sólo se encuentran en productos de origen animal; esto es, especialmente manifiesto en las vitaminas A y D.

La vitamina A es una sustancia aceitosa que pierde sus virtudes cuando se expone por algún tiempo a la luz o al calor en presencia del aire. Esta vitamina es requerida por los epitelios (piel, mucosas del aparato digestivo, respiratorio, urinario, etc.) a quienes defiende contra las infecciones. Sus efectos se dejan sentir principalmente sobre el crecimiento y sobre la función reproductora. Se le llama también antixeroftálmica, porque su carencia determina lesiones inflamatorias de los ojos y también la hemeralopía o ceguera nocturna.

La vitamina A se encuentra principalmente en el aceite de hígado de pescado, leguminosas verdes, zanahoria, lechuga, leche, huevos, etc.

La vitamina B es también muy importante. Su falta en la alimentación es causa de la carencia de apetito y trastornos de los nervios, entre otros síntomas. Se encuentra esta vitamina en mayor riqueza en la levadura de cerveza, cáscara de arroz, espinaca, leche, etc. Esta vitamina es muy sensible a muchos agentes destructores, es decir, se conserva mal durante algunas preparaciones culinarias.

La vitamina C o antiescorbútica es requerida principalmente por los dientes y tiene también un papel en la normal osificación de los huesos. El escorbuto, la avitaminosis, desde más antiguo conocida, era la enfermedad típica de los navegantes y exploradores de siglos pasados, y ya entonces se empleaba para su curación el zumo de naranjas y limones. Esto ya nos dice que es en estos frutos donde abunda y también se encuentra abundante en tomate, legumbres verdes, etc.; pero se destruye más o menos estando expuesta a la acción del oxígeno del arie.

La vitamina D es la antirraquítica o calcificante, pues favorece la asimilación del calcio, en cuya carencia los huesos aparecen blandos y deformes. En la piel, tanto del hombre como de los animales, se encuentra una sustancia que, por la acción de las radiaciones solares, se transforma en vitamina D, y este hecho interesantísimo, nos permite deducir el gran papel salutífero de la vida al aire libre, donde puede la piel recibir la acción directa de los rayos solares para enriquecer nuestro cuerpo en vitamina D.

La vitamina D es bastante resistente al calor y a la destrucción por el oxígeno del aire; en cambio, los aceites de hígado de bacalao, pierden con el tiempo (un año) sus propiedades antirraquíticas. En los alimentos animales: la leche, mantequilla, yema de huevo y el tocino de cerdo son las principales fuentes de vitamina D; también se encuentra en las legumbres verdes.

La vitamina E es la vitamina que interviene en las funciones de reproducción y su carencia determina la esterilidad. Son especialmente ricos en vitamina E los gérmenes de semillas, las leguminosas verdes, los aceites de palma, lino, soja, etc.

Después de todo lo dicho, quédanos por advertir que el papel que las vitaminas desempeñan en el cuerpo humano, no es tan simple como pudiera deducirse de esta somera exposición, en la que no hacemos más que resumir extraordinariamente lo más destacado sobre cada vitamina, con el único propósito de que os hagais una ligera idea de lo que son las vitaminas. Con estos conocimientos debemos procurar elegir para nuestra alimentación aquellas sustancias que hemos destacado como más ricas en vitaminas e incluso hacer algunas deducciones que nos permitan conservar e ingerir los alimentos en su mayor riqueza vitamínica, pero en modo alguno nos creamos en condiciones de diagnosticar estados carenciales, avitaminosis, y menos aún de tratar una de estas enfermedades.


## LOS CONDIMENTOS

No deben emplearse diariamente toda clase de especias, como la pimienta, nuez moscada, canela, clavo, etc.; ni los picantes, excitantes y otros condimentos fuertes, porque producen enfermedades, como la gota, diabetes, acidez de estómago, estreñimiento, colitis, etc. Perjudican al riñón, al hígado o a otras partes de nuestro organismo.

Las comidas pueden condimentarse con limón, ajo, cebolla, perejil (de éste no debe abusarse), apio, tomate, pimientos, puerros, aceitunas desaladas, azafrán, menta, hinojo, laurel (de éste sin abusar), anises, acederas, comino, orégano y tomillo (sin abusar), etc.

Acidos ... ... { Limón.
Vinagre.

Aromáticos.. ... {
Anises.
Apio.
Canela.
Clavo.
Estragón.
Espliego.
Hinojo.
Laurel.
Menta.
Orégano.
Nuez moscada.
Perejil.
Perifollo.
Tomillo.
Vainilla.

Colorantes.. ... { Azafrán.
Pimentón.

Mineral ... ... Sal.

Otras plantas... {
Ajos.
Ajos puerros.
Cebolla.
Cebolleta.

Picantes ... ... {
Guindilla.
Jengibre.
Pimienta.

## EL EQUILIBRIO ALIMENTICIO Y LA DIGESTIBILIDAD DE LOS ALIMENTOS

Hemos dejado explicado cómo el cuerpo humano necesita para su formación, su conservación, crecimiento y funcionamiento materias plásticas (proteínas y minerales principalmente) y energéticas (hidratos de carbono y grasas principalmente), pero quiero añadir ahora algo más. Fácil será comprender que estas sustancias han de entrar en la ración de una proporción determinada, variable para cada persona, según edad, trabajo u ocupación, pues lógicamente han de necesitar mayor proporción de alimentos plásticos o formadores los individuos en crecimiento que los que han alcanzado su total desarrollo. En cambio, necesitarán consumir más sustancias energéticas los que desarrollen un intenso esfuerzo muscular.

De modo análogo debe existir en la ración una adecuada proporción entre grasas e hidratos de carbono, pues, como queda dicho, el exceso de grasas ejerce una influencia desfavorable en la digestión.

Tampoco una alimentación con marcado predominio de proteínas, tiene efecto favorable. pues perjudica el normal aprovechamiento de otros principios nutritivos.

Por lo que se refiere a la digestibilidad de los alimentos, veamos lo que sucede cuando éstos son sometidos por el aparato digestivo a su digestión y absorción : solamente una parte de los alimentos servidos en la ración se digieren y sólo una parte de los digeridos se asimilan o absorben y pasan a la sangre. Ahora bien, la mayor o menor proporción en que un alimento es digerido y asimilado, no depende sólo de la persona que lo ha ingerido, sino también de la clase de alimento de que se trate. De esto hemos de deducir que no es suficiente saber que tal o cual alimento es rico en determinada sustancia alimenticia; habrá que tener en cuenta igualmente su digestibilidad. De varios alimentos que tengan idéntica cantidad de principios alimenticios será siempre preferible el de más alta digestibilidad, porque será el que más fácilmente transformará y aprovechará el organismo.

En general, los alimentos de origen animal se digieren mejor que los vegetales. Los más indigestos son las plantas leñosas y frutos en sus partes más o menos lignificadas o ricos en celulosa, como es la monda de muchos frutos. La digestibilidad de los alimentos es variable también según su preparación culinaria; por ejemplo, el huevo crudo se digiere en un 80 por 100, y el huevo cocido, en un 86 por 100.

## EL VALOR ALIMENTICIO Y LA ENERGIA DE LOS ALIMENTOS

El valor de los alimentos, desde el punto de vista de la nutrición, viene representado por la energía que producen después de ser consumidos.

Experimentalmente se ha calculado que

| | |
|---|---|
| 1 gr. de proteínas produce ... ... ... : ... ... | 4,1 calorías |
| 1 gr. de grasa produce ... ... ... ... ... ... | 9,3 calorías |
| 1 gr. de hidratos de carbono ... ... ... ... ... | 4,1 calorías |

Conociendo la cantidad en gramos que de estas sustancias posea cada alimento, resulta fácil averiguar las calorías que el mismo encierra, pues basta para ello efectuar una simple multiplicación.

En cuanto a las necesidades de cada persona, el consumo de energía oscila entre límites más o menos amplios, como veremos después, según su edad, sexo, peso, trabajo que realiza, superficie corporal, etc. Sobre este último particular, diremos que pierde más energía, en proporción, un niño que una persona mayor, porque, proporcionalmente, la superficie cutánea es mayor en los pequeños que en los de talla elevada.

Según von Noorden, para un régimen normal de trabajo, un hombre debe cubrir sus necesidades energéticas con las siguientes cantidades de sustancias alimenticias:

| | |
|---|---|
| Hidratos de carbono, de ... ... ... ... | 50 a 70 por 100 |
| Proteínas ... ... ... ... ... ... ... ... | 10 a 20 por 100 |
| Grasas ... ... ... ... ... ... ... ... ... | 20 a 30 por 100 |

Un obrero manual necesita por término medio unas 3.000 kilocalorías. Los mineros, leñadores y cargadores de puerto, pueden necesitar hasta 6.000 kilocalorías, según los higienistas.

Según la mayor parte de los higienistas, son necesarias 40 kilocalorías por kilogramo de peso, en las personas mayores, por día.

El valor energético de un alimento se expresa en *kilocalorías* (kcal.); aunque resulta frecuente —por afán de simplificación— decir calorías. El Sistema Internacional de Unidades (S.I.) recomienda expresarlo en kilojulios (kJ).

Una kilocaloría es la cantidad de calor precisa para que 1 kg. de agua aumente su temperatura desde 14,5° C a 15,5° C (1 kcal. = 4,1855 kJ).

| Edad varones ... | 9 años ... ... ... ... ... | de 2.000 a 2.500 | kcal. diarias |
|---|---|---|---|
| | 10 » ... ... ... ... ... | » 2.100 » 2.800 | » » |
| | 11 » ... ... ... ... ... | » 2.200 » 2.900 | » » |
| | 12 » ... ... ... ... ... | » 2.400 » 3.100 | » ». |
| | 13 » ... ... ... ... ... | » 2.500 » 3.600 | » » |
| | 14 » ... ... ... ... ... | » 2.600 » 3.800 | » » |
| | 15 » ... ... ... ... ... | » 2.600 » 3.950 | » » |
| | 16 » ... ...,... ... ... | » 2.700 » 4.000 | » » |
| | 17 » ... ... ... ... ... | » 2.800 » 4.000 | » » |

| Edad hembras ... | 9 años ... ... ... ... ... | de 1.800 a 2.300 | kcal. diarias |
|---|---|---|---|
| | 10 » ... ... ... ... ... | » 2.000 » 2.700 | » » |
| | 11 » ... ... ... ... ... | » 2.100 » 2.900 | » » |
| | 12 » ... ... ... ... ... | » 2.150 » 3.000 | » » |
| | 13 » ... ... ... ... ... | » 2.250 » 3.400 | » » |
| | 14 » ... ... ... ... ... | » 2.400 » 3.000 | » » |
| | 15 » ... ... ... ... ... | » 2.400 » 2.800 | » » |
| | 16 » ... ... ... ... ... | » 2.500 » 2.800 | » » |
| | 17 » ... ... ... ... ... | » 2.500 » 2.800 | » » |

## CALORIAS DIARIAS PARA ADULTOS

### Peso medio, 70 Kg.

| Varones ....... | Trabajo sedentario de 2.200 a 2.500 | kcal. diarias. |
|---|---|---|
| | Trabajo semi activo de 2.600 a 3.000 | » » |
| | Trabajo muy activo de 3.500 a 4.000 | » » |
| | Vida de reposo ... ... ... unas 2.000 | » » |
| | Deportistas ... ... ... ... ... unas 4.000 | » » |
| | Cargadores ... ... ... ... ... unas 5.000 | » » |
| | Leñadores ... ... ... ... ... hasta 6.000 | » » |

### Peso medio, 56 Kg.

| Hembras ...... | Trabajo sedentario de 2.000 a 2.100 | kcal. diarias |
|---|---|---|
| | Trabajo semi activo de 2.500 a 2.600 | » |
| | Trabajo muy activo de 2.800 a 3.100 | » |
| | Vida de reposo ... ... ... unas 1.800 | » |
| | Deportistas ... ... ... ... unas 3.500 | » |

## RACIONES ALIMENTARIAS DIARIAS RECOMENDADAS («Food and Nutrition Board» de los Estados Unidos)

| Edad (años) | | Peso kg | Talla cm | Calorías kcal |
|---|---|---|---|---|
| Lactante | 0-⅙ | 4 | 55 | kg × 120 |
| | ⅙-½ | 7 | 63 | kg × 110 |
| | ½-1 | 9 | 72 | kg × 100 |
| Niño | 1-2 | 12 | 81 | 1 100 |
| | 2-3 | 14 | 91 | 1 250 |
| | 3-4 | 16 | 100 | 1 400 |
| | 4-6 | 19 | 110 | 1 600 |
| | 6-8 | 23 | 121 | 2 000 |
| | 8-10 | 28 | 131 | 2 200 |
| Varón | 10-12 | 35 | 140 | 2 500 |
| | 12-14 | 43 | 151 | 2 700 |
| | 14-18 | 59 | 170 | 3 000 |
| | 18-22 | 67 | 175 | 2 800 |
| | 22-35 | 70 | 175 | 2 800 |
| | 35-55 | 70 | 173 | 2 600 |
| | 55-75 + | 70 | 171 | 2 400 |
| Mujer | 10-12 | 35 | 142 | 2 250 |
| | 12-14 | 44 | 154 | 2 300 |
| | 14-16 | 52 | 157 | 2 400 |
| | 16-18 | 54 | 160 | 2 300 |
| | 18-22 | 58 | 163 | 2 000 |
| | 22-35 | 58 | 163 | 2 000 |
| | 35-55 | 58 | 160 | 1 850 |
| | 55-75 + | 58 | 157 | 1 700 |
| Embarazo | | | | + 200 |
| Lactación | | | | + 1 000 |

## APORTE CALORICO RECOMENDADO EN FUNCION DE LA EDAD Y DEL PESO («Food and Nutrition Board» de los Estados Unidos) (actividad moderada, temperatura ambiente media de 20 ºC)

| Peso corporal kg | | RMR * a los 22 años | Aportes recomendados (kcal) | | |
|---|---|---|---|---|---|
| | | | 22 años | 45 años | 65 años |
| Varón | 50 | 1 540 | 2 200 | 2 000 | 1 850 |
| | 55 | 1 620 | 2 350 | 2 150 | 1 950 |
| | 60 | 1 720 | 2 500 | 2 300 | 2 100 |
| | 65 | 1 820 | 2 650 | 2 400 | 2 200 |
| | 70 | 1 880 | 2 800 | 2 600 | 2 400 |
| | 75 | 1 970 | 2 950 | 2 700 | 2 500 |
| | 80 | 2 020 | 3 050 | 2 800 | 2 600 |
| | 85 | 2 110 | 3 200 | 2 950 | 2 700 |
| | 90 | 2 210 | 3 350 | 3 100 | 2 800 |
| | 95 | 2 290 | 3 500 | 3 200 | 2 900 |
| | 100 | 2 380 | 3 700 | 3 400 | 3 100 |
| Mujer | 40 | 1 280 | 1 550 | 1 450 | 1 300 |
| | 45 | 1 380 | 1 700 | 1 550 | 1 450 |
| | 50 | 1 460 | 1 800 | 1 650 | 1 500 |
| | 55 | 1 560 | 1 950 | 1 800 | 1 650 |
| | 58 | 1 620 | 2 000 | 1 850 | 1 700 |
| | 60 | 1 640 | 2 050 | 1 900 | 1 700 |
| | 65 | 1 740 | 2 200 | 2 000 | 1 850 |
| | 70 | 1 830 | 2 300 | 2 100 | 1 950 |

\* RMR (resting metabolic rate) corresponde al metabolismo de mantenimiento, es decir, aproximadamente un 10 % más que el metabolismo basal.

## CONSUMO ENERGETICO APROXIMADO EN DIVERSAS ACTIVIDADES FISICAS

| Trabajo ligero (2,5-4,9 kcal/min) | Trabajo moderado (5,0-7,4 kcal/min) | Trabajo duro (7,5-9,9 kcal/min) | Trabajo muy duro (más de 10 kcal/min) |
|---|---|---|---|
| Labores de la industria ligera: eléctrica, pequeña mecánica Labores domésticas con aparatos modernos Carpintería Construcción, poner ladrillos pintar Agricultura (mecanizada) Conducir camiones Ejercicios gimnásticos Golf, bolos | Excavaciones (pico y pala) Agricultura (no mecanizada) Marcha con saco Baile Trabajos de jardinería Tenis Paseo en bicicleta | Levantar paladas de arena Fútbol | Cortar árboles (con hacha) Trabajo de fundición Natación (rápida) Carrera a pie, escalada |

# COMPOSICION DE LOS ALIMENTOS

Los valores citados en las tablas siguientes están tomados de las tablas de la FAO, de las del Agriculture Handbook, del Medical Research Council y del Bundesministerium für Ernährung, seleccionando los más gruesos y representativos.

Los valores dados se refieren siempre a 100 g de sustancia comestible cruda (a no ser que se indique lo contrario); teniendo en cuenta que la composición puede variar, sobre todo cuando se trata de alimentos preparados (caso de conservas, chocolates, embutidos, etc.), o según sean las condiciones de conserva, almacenamiento o estado del alimento (maduro, verde, etc.).

Recuérdese que durante la preparación de un alimento puede perder algunas de sus propiedades nutritivas. Así, por ejemplo, durante la cocción, algunas vitaminas se destruyen por el calor o por oxidación; y otras, pasan al agua de cocción que —generalmente— no se consume.

## Frutas y zumos de fruta

| Contenido por 100 g. de sustancia comestible (salvo indicación contraria) | Agua g. | Proteínas g. | Lípidos | | Carbohidratos | | Calorías* kcal. | Vitaminas | | | | | | |
|---|---|---|---|---|---|---|---|---|---|---|---|---|---|---|
| | | | Total g. | Poli-insaturados g. | Total g. | Fibras g. | | A** UI | B$_1$ mg. | B$_2$ mg. | B$_6$ mg. | Acido nicotínico mg. | Acido pantoténico mg. | C mg. |
| Aceituna, verde (Olea europaea) . | 78,2 | 1,4 | 12,7 | 1,0 | 1,3 | 1,3 | 116 | 300 | 0,03 | 0,08 | 0,02 | 0,5 | 0,02 | 0 |
| Aguacate (Persea gratissima) fresco ............ | 73,6 | 2,2 | 17,0 | 2 | 6,0 | 1,5 | 171 | 290 | 0,11 | 0,20 | 0,61 | 1,6 | 0,9 | 14 |
| Albaricoque (Prunus armeniaca) fresco ............ | 85,3 | 0,9 | 0,2 | — | 12,8 | 0,6 | 51 | 2 700 | 0,03 | 0,05 | 0,07 | 0,7 | 0,3 | 7 |
| por kg en el comercio (desecho 6 %) ......... | 802 | 8,5 | 1,9 | — | 120,3 | 5,6 | 479 | 25 380 | 0,28 | 0,47 | 0,66 | 6,6 | 2,8 | 66 |
| de lata, en almíbar ...... | 76,9 | 0,6 | 0,1 | — | 22,0 | 0,4 | 86 | 1 740 | 0,02 | 0,02 | 0,05 | 0,3 | 0,1 | 4 |
| seco ............... | 25,0 | 5,0 | 0,5 | — | 66,5 | 3,0 | 260 | 10 900 | 0,01 | 0,16 | 0,25 | 3,3 | 0,7 | 12 |
| Ananás, piña de América (Ananas sativus) fresco ........... | 86,7 | 0,4 | 0,2 | — | 12,2 | 0,5 | 47 | 70 | 0,08 | 0,03 | 0,08 | 0,2 | 0,17 | 17 |
| de lata, en almíbar ...... | 79,9 | 0,3 | 0,1 | — | 19,4 | 0,3 | 74 | 50 | 0,08 | 0,02 | 0,07 | 0,2 | — | 7 |

| Contenido por 100 g. de sustancia comestible (salvo indicación contraria) | Agua g. | Proteínas g. | Lípidos | | Carbohidratos | | Calorías* kcal. | Vitaminas | | | | | | |
|---|---|---|---|---|---|---|---|---|---|---|---|---|---|---|
| | | | Total g. | Poli-insaturados g. | Total g. | Fibras g. | | A** UI | B₁ mg. | B₂ mg. | B₆ mg. | Ácido nicotínico mg. | Ácido pantoténico mg. | C mg. |
| zumo, de lata | 85,6 | 0,4 | 0,1 | — | 13,5 | 0,1 | 55 | 50 | 0,05 | 0,02 | 0,1 | 0,2 | 0,1 | 7 |
| Arándano (*Vaccinium vitis idaea*) fresco | 87,4 | 0,3 | 0,5 | — | 11,6 | 1,7 | 42 | 30 | 0,014 | 0,024 | 0,012 | 0,2 | 0,1 | 12 |
| Arándano (*Vaccinium macrocarpon*) fresco | 87,9 | 0,4 | 0,7 | — | 10,8 | 1,4 | 46 | 40 | 0,03 | 0,02 | 0,06 | 0,1 | — | 12 |
| compota | 62,1 | 0,1 | 0,2 | — | 37,5 | 0,2 | 146 | 20 | 0,01 | 0,01 | — | indic. | — | 2 |
| Cereza (*Prunus avium*) fresca | 83,4 | 1,2 | 0,4 | — | 14,6 | 0,5 | 60 | 1 000 | 0,05 | 0,06 | 0,05 | 0,3 | 0,08 | 10 |
| por kg en el comercio (desecho 10 %) | 750,6 | 10,8 | 3,6 | — | 131,4 | 4,5 | 540 | 9 000 | 0,45 | 0,54 | 0,45 | 2,7 | 0,72 | 90 |
| Ciruela (*Prunus domestica*) fresca | 85,7 | 0,7 | 0,1 | — | 12,3 | 0,7 | 50 | 250 | 0,07 | 0,04 | 0,05 | 0,5 | 0,13 | 6 |
| por kg en el comercio (desecho 6 %) | 805,6 | 6,6 | 0,9 | — | 115,6 | 6,6 | 470 | 2 350 | 0,66 | 0,38 | 0,47 | 4,7 | 1,22 | 56,4 |
| de lata, en almíbar | 77,4 | 0,4 | 0,1 | — | 21,6 | 0,3 | 83 | 230 | 0,02 | 0,02 | 0,027 | 0,4 | 0,08 | 2 |
| seca, cruda | 28,0 | 2,1 | 0,6 | — | 67,4 | 1,6 | 255 | 1 600 | 0,1 | 0,17 | 0,5 | 1,6 | 0,35 | 3 |
| Dátil (*Phoenix dactylifera*) seco | 22,5 | 2,2 | 0,5 | — | 72,9 | 2,3 | 274 | 50 | 0,09 | 0,10 | 0,1 | 2,2 | 0,8 | 0 |
| Frambuesa (*Rubus idaeus*) fresca | 84,2 | 1,2 | 0,5 | — | 13,6 | 3,0 | 57 | 150 | 0,03 | 0,09 | 0,09 | 0,9 | 0,2 | 25 |
| congelada, en almíbar | 74,3 | 0,7 | 0,2 | — | 24,6 | 2,2 | 98 | 70 | 0,02 | 0,02 | — | 0,6 | — | 21 |
| jugo fresco | 88 | 0,2 | 0 | — | 11 | indic. | 40 | 120 | 0,02 | — | — | — | — | 20 |
| Fresa (*Fragaria* sp.) fresca | 89,9 | 0,7 | 0,5 | — | 8,4 | 1,3 | 37 | 60 | 0,03 | 0,07 | 0,04 | 0,6 | 0,26 | 60 |
| congelada, en almíbar | 75,7 | 0,4 | 0,2 | — | 23,5 | 0,6 | 92 | 30 | 0,02 | 0,06 | — | 0,5 | — | 53 |

| Contenido por 100 g. de sustancia comestible (salvo indicación contraria) | Agua g. | Proteínas g. | Lípidos | | Carbohidratos | | Calorías* kcal. | Vitaminas | | | | | | |
|---|---|---|---|---|---|---|---|---|---|---|---|---|---|---|
| | | | Total g. | Poli-insaturados g. | Total g. | Fibras g. | | A** UI | B$_1$ mg. | B$_2$ mg. | B$_6$ mg. | Ácido nicotínico mg. | Ácido pantoténico mg. | C mg. |
| Grosella en racimo (Ribes rubrum) | 85,7 | 1,4 | 0,2 | — | 12,1 | 3,4 | 50 | 120 | 0,04 | 0,02 | 0,05 | 0,3 | 0,06 | 41 |
| Grosella gruesa (Ribes grossularia) | 88,9 | 0,8 | 0,2 | — | 9,7 | 1,9 | 39 | 290 | 0,15 | 0,03 | 0,02 | 0,3 | 0,15 | 25 |
| Higo (Ficus carica) | | | | | | | | | | | | | | |
| fresco | 81,7 | 1,2 | 0,4 | — | 16,1 | 1,4 | 65 | 75 | 0,09 | 0,08 | 0,13 | 0,63 | 0,4 | 2 |
| seco | 23,0 | 4,3 | 1,3 | — | 69,1 | 5,6 | 274 | 80 | 0,10 | 0,10 | 0,32 | 1,7 | 0,5 | 0 |
| Lima (Citrus aurantifolia), jugo | 90,3 | 0,3 | — | — | 9,0 | — | 26 | 10 | 0,02 | 0,01 | 0,05 | 0,1 | — | 32 |
| Limón (Citrus medica var. Limón) | | | | | | | | | | | | | | |
| fresco | 90,1 | 1,1 | 0,3 | — | 8,2 | 0,4 | 27 | 20 | 0,04 | 0,02 | 0,06 | 0,1 | 0,2 | 45 |
| jugo fresco | 91,0 | 0,5 | 0,2 | — | 8,0 | — | 25 | 20 | 0,03 | 0,01 | 0,039 | 0,1 | 0,1 | 50 |
| Macedonia de frutas de lata | 79,6 | 0,4 | 0,1 | — | 19,7 | 0,4 | 76 | 140 | 0,02 | 0,01 | — | 0,4 | — | 2 |
| Mandarina (Citrus nobilis) | | | | | | | | | | | | | | |
| fresca | 87 | 0,8 | 0,2 | — | 11,6 | 0,5 | 46 | 420 | 0,07 | 0,02 | 0,07 | 0,2 | — | 31 |
| por kg en el comercio (desecho 26 %) | 643,8 | 5,9 | 1,5 | — | 85,8 | 3,7 | 341 | 3 108 | 0,52 | 0,15 | 0,52 | 1,5 | — | 229 |
| Manzana (Malus pumila) | | | | | | | | | | | | | | |
| fresca | 84,0 | 0,3 | 0,6 | — | 15,0 | 0,9 | 58 | 90 | 0,04 | 0,02 | 0,03 | 0,1 | 0,1 | 5 |
| por kg en el comercio (desecho 18 %) | 688 | 2,5 | 4,9 | — | 123 | 7,4 | 476 | 738 | 0,33 | 0,17 | 0,25 | 0,8 | 0,8 | 41 |
| seca | 20,4 | 3 | 0,7 | — | 73,6 | 4,0 | 281 | — | 0,05 | 0,08 | 0,16 | 0,5 | — | 10 |
| en compota, con azúcar | 75,7 | 0,2 | 0,1 | — | 23,8 | 0,5 | 91 | 60 | 0,01 | 0,01 | — | indic. | — | 1 |
| jugo fresco | 86,9 | 0,1 | indic. | — | 13 | — | 47 | — | 0,01 | 0,02 | 0,03 | 0,5 | 0,02 | 1 |

| Contenido por 100 g. de sustancia comestible (salvo indicación contraria) | Agua g | Proteínas g | Lípidos | | Carbohidratos | | Calorías* kcal. | Vitaminas | | | | | | |
|---|---|---|---|---|---|---|---|---|---|---|---|---|---|---|
| | | | Total g | Poli-insaturados g | Total g | Fibras g | | A** UI | $B_1$ mg. | $B_2$ mg. | $B_6$ mg. | Ácido nicotínico mg. | Ácido pantoténico mg. | C mg. |
| Melocotón, durazno (Prunus persica) | | | | | | | | | | | | | | |
| fresco | 86,6 | 0,6 | 0,1 | — | 11,8 | 0,6 | 46 | 880 | 0,02 | 0,05 | 0,02 | 1,0 | 0,12 | 7 |
| por kg en el comercio (desecho 13 %) | 753,4 | 5,2 | 0,9 | — | 102,7 | 5,2 | 400 | 7 656 | 0,17 | 0,44 | 0,17 | 8,7 | 1,05 | 61 |
| de lata, en almíbar | 79,1 | 0,4 | 0,1 | — | 20,1 | 0,4 | 78 | 430 | 0,01 | 0,02 | 0,02 | 0,6 | 0,05 | 4 |
| seco | 25,0 | 3,0 | 0,7 | — | 68,3 | 3,1 | 262 | 3 900 | 0,01 | 0,2 | 0,15 | 5,3 | — | 18 |
| Melón (Cucumis melo) | | | | | | | | | | | | | | |
| fresco | 91,2 | 0,7 | 0,1 | — | 7,5 | 0,3 | 30 | 3 400 | 0,04 | 0,03 | 0,036 | 0,6 | 0,26 | 33 |
| por kg en el comercio (desecho 50 %) | 456 | 3,5 | 0,5 | — | 37,5 | 2,0 | 150 | 17 000 | 0,20 | 0,15 | 0,18 | 3,0 | 1,30 | 165 |
| Melón de agua, sandía (Cirullus vulgaris var. colocynthoides) | 92,6 | 0,5 | 0,2 | — | 6,4 | 0,3 | 26 | 590 | 0,03 | 0,03 | 0,033 | 0,2 | 0,3 | 7 |
| Membrillo (Cydonia oblonga, Cydonia vulgaris) | 84 | 0,3 | 0,3 | — | 14,9 | 2,4 | 57 | 30 | 0,03 | 0,02 | — | 0,2 | — | 15 |
| Mora (Rubus fruticosus) | | | | | | | | | | | | | | |
| fresca | 84,5 | 1,2 | 0,9 | — | 12,9 | 4,1 | 58 | 200 | 0,03 | 0,04 | 0,05 | 0,4 | 0,25 | 21 |
| congelada, en almíbar | 74,3 | 0,8 | 0,3 | — | 24,4 | 1,8 | 96 | 140 | 0,02 | 0,10 | — | 0,6 | — | 8 |
| Naranja (Citrus sinensis) | | | | | | | | | | | | | | |
| fresca | 87,1 | 1,0 | 0,2 | — | 12,2 | 0,5 | 49 | 200 | 0,10 | 0,03 | 0,03 | 0,2 | 0,2 | 50 |
| por kg en el comercio (desecho 27 %) | 635,8 | 7,3 | 1,5 | — | 89,1 | 3,7 | 358 | 1 460 | 0,73 | 0,22 | 0,22 | 1,5 | 1,5 | 365 |
| jugo fresco | 86 | 0,6 | 0,1 | — | 12,9 | 0,1 | 49 | 100 | 0,07 | 0,02 | 0,026 | 0,2 | 0,14 | 50 |
| Pera (Pyrus communis) | | | | | | | | | | | | | | |
| fresca | 83,2 | 0,5 | 0,4 | — | 15,5 | 1,5 | 61 | 20 | 0,02 | 0,04 | 0,02 | 0,1 | 0,05 | 4 |

| Contenido por 100 g. de sustancia comestible (salvo indicación contraria) | Agua g. | Proteínas g. | Lípidos Total g. | Lípidos Poli-insaturados g. | Carbohidratos Total g. | Carbohidratos Fibras g. | Calorías* kcal. | Vitaminas A** UI | Vitaminas $B_1$ mg. | Vitaminas $B_2$ mg. | Vitaminas $B_6$ mg. | Vitaminas Ácido nicotínico mg. | Vitaminas Ácido pantoténico mg. | Vitaminas C mg. |
|---|---|---|---|---|---|---|---|---|---|---|---|---|---|---|
| *por kg en el comercio* (desecho 9 %) .......... | *757,1* | *4,6* | *3,6* | — | *141* | *13,7* | *555* | *182* | *0,18* | *0,36* | *0,18* | *0,9* | *0,46* | *36* |
| de lata, en almíbar .......... | 79,8 | 0,2 | 0,2 | — | 19,6 | 0,6 | 76 | indic. | 0,01 | 0,02 | — | 0,1 | 0,02 | 1 |
| Plátano, banana (*Musa ssp.*) fresco .......... | 75,7 | 1,1 | 0,2 | — | 22,2 | 0,6 | 85 | 190 | 0,05 | 0,06 | 0,32 | 0,6 | 0,2 | 10 |
| *por kg en el comercio* (desecho 32 %) .......... | *514,8* | *7,5* | *1,4* | — | *151,0* | *4,1* | *578* | *1 292* | *0,34* | *0,41* | *2,18* | *4,1* | *1,4* | *68* |
| Pomelo, véase Toronja | | | | | | | | | | | | | | |
| Sandía, véase Melón de agua | | | | | | | | | | | | | | |
| Uva (*Vitis vinifera*) fresca .......... | 81,4 | 0,6 | 0,3 | — | 17,3 | 0,5 | 67 | 100 | 0,05 | 0,02 | 0,1 | 0,3 | 0,08 | 4 |
| pasa .......... | 18,0 | 2,5 | 0,2 | — | 77,4 | 0,9 | 289 | 20 | 0,11 | 0,08 | 0,3 | 0,5 | 0,09 | 1 |
| jugo .......... | 82,9 | 0,2 | indic. | — | 16,6 | indic. | 66 | — | 0,04 | 0,02 | 0,021 | 0,2 | 0,04 | 2 |

## Hortalizas

| Contenido por 100 g. de sustancia comestible (salvo indicación contraria) | Agua g. | Proteínas g. | Lípidos Total g. | Lípidos Poli-insaturados g. | Carbohidratos Total g. | Carbohidratos Fibras g. | Calorías* kcal. | Vitaminas A** UI | Vitaminas $B_1$ mg. | Vitaminas $B_2$ mg. | Vitaminas $B_6$ mg. | Vitaminas Ácido nicotínico mg. | Vitaminas Ácido pantoténico mg. | Vitaminas C mg. |
|---|---|---|---|---|---|---|---|---|---|---|---|---|---|---|
| Acelga (*Beta vulgaris var. cicla*) ... | 90,8 | 1,6 | 0,4 | — | 5,6 | 1,0 | 27 | 6 500 | 0,03 | 0,09 | — | 0,4 | 0,17 | 34 |
| Achicoria, endibia (*Cichorium intybus*) .......... | 96,2 | 0,8 | 0,1 | — | 3,7 | 0,6 | 16 | — | 0,07 | 0,12 | — | 0,40 | — | 10 |
| Ajo, cabeza (*Allium sativum*) ..... | 63,8 | 5,3 | 0,2 | — | 29,3 | 1,1 | 129 | indic. | 0,21 | 0,08 | — | 0,6 | — | 9 |
| Alcachofa, alcaucil (*Cynara scolymus*) .......... | 85,5 | 2,7 | 0,2 | — | 10,6 | 2,4 | 49 | 160 | 0,08 | 0,05 | — | 1,0 | 0,4 | 9 |
| Apio (*Apium graveolens*) hojas .......... | 94,1 | 0,9 | 0,1 | — | 3,9 | 0,6 | 17 | 240 | 0,05 | 0,03 | — | 0,4 | — | 9 |
| bulbo .......... | 88,4 | 1,8 | 0,3 | — | 8,5 | 1,3 | 40 | 16 | 0,03 | 0,03 | — | 0,7 | — | 8 |

| Contenido por 100 g. de sustancia comestible (salvo indicación contraria) | Agua g. | Proteínas g. | Lípidos | | Carbohidratos | | Calorías* kcal. | A** UI | Vitaminas | | | | | |
|---|---|---|---|---|---|---|---|---|---|---|---|---|---|---|
| | | | Total g. | Poli-insaturados g. | Total g. | Fibras g. | | | B₁ mg. | B₂ mg. | B₆ mg. | Ácido nicotínico mg. | Ácido pantoténico mg. | C mg. |
| Batata, camote (Ipomaea batatas) | | | | | | | | | | | | | | |
| fresca | 70,6 | 1,7 | 0,4 | — | 26,3 | 0,7 | 114 | 8 800 | 0,10 | 0,06 | 0,32 | 0,6 | 0,93 | 21 |
| Berenjena (Solanum melongena) | 92,4 | 1,2 | 0,2 | — | 5,6 | 0,9 | 25 | 10 | 0,05 | 0,05 | — | 0,6 | 0,23 | 5 |
| Berro (Lepidium sativum) | 89,4 | 2,6 | 0,7 | — | 5,5 | 1,1 | 32 | 9 300 | 0,08 | 0,26 | — | 1,0 | — | 69 |
| Calabacín (Cucurbita pepo var. medullosa) | 94,6 | 1,2 | 0,1 | — | 3,6 | 0,6 | 17 | 320 | 0,05 | 0,09 | — | 1,0 | — | 19 |
| Calabaza, zapallo (Cucurbita sp.) | 95,0 | 0,8 | 0,1 | — | 3,5 | 0,6 | 15 | 1 600 | 0,05 | 0,11 | — | 0,6 | — | 9 |
| Cebolla (Allium cepa) | | | | | | | | | | | | | | |
| fresca | 89,1 | 1,5 | 0,1 | — | 8,7 | 0,6 | 38 | 40 | 0,03 | 0,04 | 0,1 | 0,2 | 0,17 | 10 |
| seca | 4 | 8,7 | 1,3 | — | 82,1 | 4,4 | 350 | 200 | 0,25 | 0,18 | — | 1,4 | — | 35 |
| Cebolleta (Allium schoenoprasum) | 91,3 | 1,8 | 0,3 | — | 5,8 | 1,1 | 28 | 5 800 | 0,04 | 0,11 | — | 0,3 | — | 22 |
| Col (Brassica olerocea) blanca, repollo (var. capitata alba) | 92,1 | 1,4 | 0,2 | — | 5,7 | 1,5 | 25 | 70 | 0,05 | 0,04 | 0,11 | 0,32 | 0,26 | 46 |
| brécol, bróculi (var. botrytis) | 89,1 | 3,6 | 0,3 | — | 5,9 | 1,5 | 32 | 2 500 | 0,1 | 0,23 | 0,17 | 0,9 | 1,3 | 113 |
| congelado | 90,7 | 3,3 | 0,2 | — | 5,1 | 1,1 | 28 | 1 900 | 0,07 | 0,13 | — | 0,6 | — | 78 |
| crespa (var. acephala) | 87,5 | 4,2 | 0,8 | — | 6,0 | 1,3 | 38 | 8 900 | 0,16 | 0,26 | 0,19 | 2,0 | 0,1–1,4 | 115 |
| roja, lombarda (var. capitata rubra) | 9,18 | 1,5 | 0,2 | — | 5,9 | 1,1 | 26 | 50 | 0,07 | 0,05 | 0,15 | 0,4 | 0,32 | 50 |
| de Bruselas (var. bullata gemmifera) | 84,8 | 4,7 | 0,4 | — | 8,7 | 1,2 | 47 | 550 | 0,1 | 0,16 | 0,16 | 0,9 | 0,72 | 100 |
| por kg en el comercio (desecho 8 %) | 627,5 | 34,8 | 3,0 | — | 64,4 | 8,9 | 347,8 | 4 070 | 0,74 | 1,18 | 1,18 | 6,7 | 5,33 | 740 |
| de Saboya (var. sabauda) | 90,0 | 3,0 | 0,4 | — | 5,6 | 1,2 | 31 | 200 | 0,05 | 0,06 | 0,2 | 0,33 | — | 45 |

| Contenido por 100 g. de sustancia comestible (salvo indicación contraria) | Agua g. | Proteínas g. | Lípidos | | Carbohidratos | | Calorías* kcal. | A** UI | Vitaminas | | | | | C mg. |
| | | | Total g. | Poli-insaturados g. | Total g. | Fibras g. | | | B1 mg. | B2 mg. | B6 mg. | Ácido nicotínico mg. | Ácido pantoténico mg. | |
| --- | --- | --- | --- | --- | --- | --- | --- | --- | --- | --- | --- | --- | --- | --- |
| Coliflor (Brassica oleracea var. botrytis cauliflora) | 91,0 | 2,7 | 0,2 | — | 5,2 | 1,0 | 27 | 60 | 0,11 | 0,10 | 0,2 | 0,6 | 1,0 | 78 |
| Colinabo (Brassica oleracea var. gongylodes) bulbo | 90,3 | 2,0 | 0,1 | — | 6,6 | 1,0 | 29 | 20 | 0,06 | 0,04 | 0,12 | 0,3 | 0,1 | 53 |
| Colleja (Valerianella olitoria) | 93,8 | 1,8 | 0,3 | — | 3,2 | 0,6 | 18 | 1 500-12 000 | 0,06 | 0,08 | 0,2 | 0,38 | — | 18 |
| Chirivia, pastinaca (Pastinaca sativa) | 79,1 | 1,7 | 0,5 | — | 17,5 | 2,0 | 76 | 30 | 0,08 | 0,09 | 0,1 | 0,2 | 0,5 | 16 |
| Choucroute (col fermentada) | 92,8 | 1,0 | 0,2 | — | 4,0 | 0,7 | 18 | 50 | 0,03 | 0,04 | — | 0,2 | 0,08 | 14 |
| Diente de león (Taraxacum officinale) | 85,6 | 2,7 | 0,7 | — | 9,2 | 1,6 | 45 | 14 000 | 0,19 | 0,26 | — | — | — | 36 |
| Escarola, achicoria cultivada (Cichorium endivia) | 93,1 | 1,7 | 0,1 | — | 4,1 | 0,9 | 20 | 3 300 | 0,10 | 0,20 | — | 0,72 | — | 10 |
| Escorzonera (Scorzonera hispanica) | 79 | 3,2 | 0,6 | — | 16,4 | 1,8 | 77 | 10 | 0,04 | 0,04 | — | 0,2 | — | 12 |
| Espárrago (Asparagus officinalis) fresco | 92,9 | 2,1 | 0,2 | — | 4,1 | 0,8 | 21 | 900 | 0,18 | 0,20 | 0,14 | 1,5 | 0,62 | 33 |
| por kg en el comercio (desecho 44 %) | 520,2 | 11,8 | 1,1 | — | 23 | 4,5 | 118 | 5 040 | 1,01 | 1,12 | 0,78 | 8,4 | 3,47 | 185 |
| de lata (sin líquido) | 92,5 | 2,4 | 0,4 | — | 3,4 | 0,8 | 21 | 800 | 0,06 | 0,10 | 0,03 | 0,8 | 0,15 | 15 |
| Espinacas (Spinacia oleracea) frescas | 90,7 | 3,2 | 0,3 | — | 4,3 | 0,6 | 26 | 8 100 | 0,10 | 0,20 | 0,20 | 0,6 | 0,3 | 51 |
| por kg en el comercio (desecho 8 %) | 834,4 | 29,4 | 2,8 | — | 39,6 | 5,5 | 239 | 74 520 | 0,92 | 1,84 | 1,84 | 5,52 | 2,8 | 469 |
| de lata | 93,0 | 2,0 | 0,4 | — | 3,0 | 0,7 | 19 | 5 500 | 0,02 | 0,06 | 0,095 | 0,3 | 0,06 | 14 |
| congeladas, hojas | 91,3 | 3,0 | 0,3 | — | 4,2 | 0,8 | 25 | 8 100 | 0,1 | 0,16 | — | 0,5 | — | 35 |

| Contenido por 100 g. de sustancia comestible (salvo indicación contraria) | Agua g. | Proteínas g. | Lípidos | | Carbohidratos | | Calorías* kcal. | Vitaminas | | | | | | |
|---|---|---|---|---|---|---|---|---|---|---|---|---|---|---|
| | | | Total g. | Poli-insaturados g. | Total g. | Fibras g. | | A** UI | B₁ mg. | B₂ mg. | B₆ mg. | Ácido nicotínico mg. | Ácido pantoténico mg. | C mg. |
| Guisante, arveja (Pisum sativum) | | | | | | | | | | | | | | |
| fresco | 75,0 | 6,3 | 0,4 | — | 17,0 | 2,0 | 84 | 640 | 0,32 | 0,15 | 0,18 | 2,5 | 0,82 | 27 |
| congelado | 80,7 | 5,4 | 0,3 | — | 12,8 | 1,9 | 73 | 680 | 0,32 | 0,10 | — | 2,0 | — | 19 |
| de lata | 82,3 | 3,4 | 0,4 | — | 12,7 | 1,3 | 67 | 450 | 0,11 | 0,06 | 0,05 | 0,9 | 0,17 | 9 |
| seco, triturado | 9,3 | 24,2 | 1,0 | — | 62,7 | 1,2 | 348 | 120 | 0,87 | 0,29 | 0,05 | 3,0 | 2,1 | — |
| Guisante mollar, tirabeque | 86,2 | 2,6 | 0,1 | — | 10,5 | 1,5 | 53 | 55 | 0,06 | 0,10 | — | 0,8 | — | 30 |
| Haba (Vicia faba) | | | | | | | | | | | | | | |
| seca | 12,6 | 24,0 | 2,2 | — | 58,2 | 5,9 | 339 | 30 | 0,53 | 0,30 | — | 2,5 | — | 6 |
| Habichuela, alubia, judía, frijol blanca, seca (Phaseolus vulgaris) | 11,6 | 21,3 | 1,6 | — | 61,6 | 4,0 | 338 | 0 | 0,6 | 0,22 | 0,28 | 2,1 | 0,98 | 2 |
| verde (Phaseolus vulgaris) | | | | | | | | | | | | | | |
| tierna | 90,1 | 1,9 | 0,2 | — | 7,1 | 1,0 | 32 | 600 | 0,07 | 0,11 | 0,14 | 0,5 | 0,2 | 19 |
| por kg en el comercio (desecho 12 %) | 793 | 16,7 | 1,7 | — | 62,5 | 8,8 | 272 | 5 280 | 0,62 | 0,97 | 1,23 | 4,4 | 1,8 | 167 |
| de lata (sin líquido) | 91,9 | 1,4 | 0,1 | — | 5,2 | 1,0 | 24 | 470 | 0,03 | 0,05 | 0,043 | 0,3 | 0,07 | 4 |
| Hinojo (Foeniculum vulgare) | 90 | 1,5 | 0,1 | — | 6,4 | 0,5 | 27 | 3 500 | 0,23 | 0,11 | 0,10 | 0,2 | 0,25 | 31 |
| Lechuga (Lactuca scariola var. sativa) | 95,1 | 1,3 | 0,2 | — | 2,5 | 0,5 | 14 | 970 | 0,06 | 0,07 | 0,07 | 0,3 | 0,1 | 8 |
| Lenteja (Lens culinaris) | | | | | | | | | | | | | | |
| seca | 11,1 | 24,7 | 1,1 | — | 60,1 | 3,9 | 340 | 60 | 0,50 | 0,25 | 0,49 | 2,0 | 1,5 | — |
| Maíz (Zea Mays) | | | | | | | | | | | | | | |
| mazorca | 72,7 | 3,5 | 1,0 | — | 22,1 | 0,7 | 96 | 400 | 0,15 | 0,12 | 0,22 | 1,7 | 0,89 | 12 |
| mazorca, en lata, sin líquido | 75,9 | 2,6 | 0,8 | — | 19,8 | 0,8 | 84 | 350 | 0,03 | 0,05 | 0,27 | 0,9 | 0,28 | 4 |
| Nabo (Brassica rapa) | | | | | | | | | | | | | | |
| bulbo | 91,5 | 1,0 | 0,2 | — | 6,6 | 0,9 | 30 | indic. | 0,04 | 0,07 | 0,11 | 0,6 | 0,02 | 36 |
| hojas | 90,3 | 3,0 | 0,3 | — | 5,0 | 0,8 | 28 | 7 600 | 0,21 | 0,39 | 0,98 | 0,8 | 0,38 | 139 |

| Contenido por 100 g. de sustancia comestible (salvo indicación contraria) | Agua g. | Proteínas g. | Lípidos | | Carbohidratos | | Calorías* kcal. | A** UI | Vitaminas | | | | | |
|---|---|---|---|---|---|---|---|---|---|---|---|---|---|---|
| | | | Total g. | Poli-insaturados g. | Total g. | Fibras g. | | | B₁ mg. | B₂ mg. | B₆ mg. | Ácido nicotínico mg. | Ácido pantoténico mg. | C mg. |
| Patata, papa (Solanum tuberosum) | | | | | | | | | | | | | | |
| fresca | 79,8 | 2,1 | 0,1 | — | 17,7 | 0,5 | 76 | indic. | 0,11 | 0,04 | 0,2 | 1,2 | 0,3 | 20 |
| por kg en el comercio (desecho 19 %) | 646,4 | 17,0 | 0,8 | — | 143,4 | 4,1 | 616 | indic. | 0,89 | 0,32 | 1,6 | 9,7 | 2,4 | 162 |
| seca | 7,1 | 8,3 | 0,6 | — | 80,4 | 1,4 | 352 | indic. | 0,25 | 0,10 | — | 4,8 | — | 26 |
| «chips» | 1,8 | 5,3 | 39,8 | — | 50,0 | 1,6 | 568 | indic. | 0,21 | 0,07 | — | 4,8 | — | 16 |
| Pepino, cohombro (Cucumis sativus) | 95,6 | 0,8 | 0,1 | — | 3,0 | 0,6 | 13 | 300 | 0,04 | 0,05 | 0,04 | 0,2 | 0,3 | 8 |
| Perejil (Petroselinum sativum) | 85,1 | 3,6 | 0,6 | — | 8,5 | 1,5 | 44 | 8 500 | 0,12 | 0,26 | 0,2 | 1,2 | 0,03 | 172 |
| Pimiento (Capsicum annuum) | | | | | | | | | | | | | | |
| verde | 92,8 | 1,2 | 0,2 | — | 5,3 | 1,4 | 24 | 420 | 0,08 | 0,08 | — | 0,4 | — | 128 |
| Puerro (Allium porrum) | 87,8 | 2,0 | 0,3 | — | 9,4 | 1,2 | 44 | 50 | 0,06 | 0,04 | — | 0,5 | — | 18 |
| Rábano (Raphanus sativus) | 93,7 | 1,1 | 0,1 | — | 3,6 | 0,7 | 18 | 10 | 0,04 | 0,04 | 0,1 | 0,3 | 0,18 | 26 |
| Remolacha, betarraga (Beta vulgaris) | | | | | | | | | | | | | | |
| bulbo | 87,3 | 1,6 | 0,1 | — | 9,9 | 0,8 | 43 | 20 | 0,03 | 0,04 | 0,05 | 0,4 | 0,12 | 10 |
| hojas | 90,9 | 2,2 | 0,3 | — | 4,6 | 1,3 | 24 | 6 100 | 0,05 | 0,17 | — | 0,3 | 0,26 | 30 |
| Ruibarbo (Rheum rhaponticum) | 94,9 | 0,5 | 0,1 | — | 3,8 | 0,7 | 16 | 100 | 0,01 | 0,03 | 0,03 | 0,1 | 0,08 | 9 |
| Soja (Glycine hispida) | | | | | | | | | | | | | | |
| semillas secas | 10,0 | 34,1 | 17,7 | 10,7 | 33,5 | 4,9 | 403 | 80 | 1,14 | 0,31 | 0,64 | 2,1 | 1,68 | indic. |
| Tomate (Lycopersicon esculentum) | | | | | | | | | | | | | | |
| fresco | 93,5 | 1,1 | 0,2 | — | 4,7 | 0,5 | 22 | 900 | 0,06 | 0,04 | 0,1 | 0,6 | 0,31 | 23 |
| de lata | 93,7 | 1,0 | 0,2 | — | 4,3 | 0,4 | 21 | 900 | 0,06 | 0,03 | 0,07 | 0,7 | 0,2 | 17 |
| «ketchup» | 68,6 | 2,0 | 0,4 | — | 25,4 | 0,5 | 106 | 1 400 | 0,09 | 0,07 | — | 1,6 | — | 15 |
| en puré | 86,0 | 2,3 | 0,5 | — | 9,5 | 0,5 | 44 | 1 200 | 0,09 | 0,06 | 0,18 | 1,5 | — | 9 |
| jugo salado, de lata | 93,6 | 0,9 | 0,1 | — | 4,3 | 0,2 | 19 | 800 | 0,05 | 0,03 | 0,19 | 0,7 | 0,30 | 16 |

| Contenido por 100 g. de sustancia comestible (salvo indicación contraria) | Agua g. | Proteínas g. | Lípidos | | Carbohidratos | | Calorías* kcal. | Vitaminas | | | | | | |
|---|---|---|---|---|---|---|---|---|---|---|---|---|---|---|
| | | | Total g. | Poli-insaturados g. | Total g. | Fibras g. | | A** UI | B1 mg. | B2 mg. | B6 mg. | Ácido nicotínico mg. | Ácido pantoténico mg. | C mg. |
| **Zanahoria (Daucus carota)** | | | | | | | | | | | | | | |
| fresca | 88,6 | 1,1 | 0,2 | — | 9,1 | 1,0 | 40 | 11 000 | 0,06 | 0,06 | 0,12 | 0,6 | 0,27 | 2-10 |
| por kg en el comercio (desecho 18 %) | 726,5 | 9,0 | 1,6 | — | 74,6 | 8,2 | 328 | 90 200 | 0,49 | 0,49 | 0,98 | 4,9 | 2,21 | 16-82 |
| de lata (sin líquido) | 91,2 | 0,8 | 0,3 | — | 6,7 | 0,8 | 30 | 15 000 | 0,03 | 0,02 | 0,04 | 0,3 | 0,11 | 3 |
| jugo, fresco | 92,7 | 0,6 | — | — | 6,7 | 0,7 | 23 | 4 000 | — | — | — | — | — | 4 |
| **Hongos** | | | | | | | | | | | | | | |
| Champiñón (Psalliota campestris) | 90,8 | 2,8 | 0,2 | — | 3,7 | 0,9 | 22 | 0 | 0,1 | 0,44 | 0,05 | 6,2 | 2,1 | 5 |
| **Levadura** | | | | | | | | | | | | | | |
| fresca (panadería) | 71,0 | 12,1 | 0,4 | — | 11,0 | — | 86 | indic. | 0,71 | 1,65 | 1,2 | 11,2 | 5,3 | indic. |
| de cerveza (Saccharomyces cerevisiae), seca (alimento) | 5,0 | 38,8 | 1,0 | — | 38,4 | 1,7 | 283 | indic. | 15,6 | 4,28 | 4,2 | 37,9 | 9,5 | indic. |
| de torula (Torulopsis utilis) | 6,0 | 38,6 | 1,0 | — | 37,0 | 3,3 | 277 | indic. | 15,0 | 5,0 | 3,5 | 50,0 | 10,0 | — |
| Mízcalo, níscalo, robellón (Cantharellus cibarius) | 91,5 | 1,5 | 0,5 | — | 3,8 | 1,0 | 21 | 0 | 0,02 | 0,23 | — | 6,5 | — | 2-10 |
| **Rodellón (Boletus edulis Bull.)** | | | | | | | | | | | | | | |
| fresco | 88,6 | 2,8 | 0,4 | — | 5,9 | 1,1 | 31 | 0 | 0,03 | 0,37 | — | 4,9 | 2,7 | 2,5 |
| seco | 11,6 | 19,7 | 3,2 | — | 52 | 8,1 | 259 | — | — | — | — | — | — | — |
| **Frutos oleaginosos** | | | | | | | | | | | | | | |
| Almendra (Prunus amygdalus) | 4,7 | 18,6 | 54,2 | 10,8 | 19,5 | 2,6 | 598 | 75 | 0,25 | 0,92 | 0,10 | 3,5 | 0,58 | indic. |
| Anacardo (Anacardium occidentale), almendra | 5,2 | 17,2 | 45,7 | 3 | 29,3 | 1,4 | 561 | 100 | 0,43 | 0,25 | — | 1,8 | — | — |

| Contenido por 100 g. de sustancia comestible (salvo indicación contraria) | Agua g. | Proteínas g. | Lípidos | | Carbohidratos | | Calorías* kcal. | Vitaminas | | | | | | |
|---|---|---|---|---|---|---|---|---|---|---|---|---|---|---|
| | | | Total g. | Poli-insaturados g. | Total g. | Fibras g. | | A** UI | B₁ mg. | B₂ mg. | B₆ mg. | Ácido nicotínico mg. | Ácido pantoténico mg. | C mg. |
| **Avellana (Corylus avellana)** | | | | | | | | | | | | | | |
| seca | 6,0 | 12,7 | 60,9 | 23 | 18 | 3,5 | 627 | 100 | 0,47 | 0,55 | 0,54 | 1,6 | 1,15 | 7,5 |
| **Cacahuete (Arachis hypogatea)** | | | | | | | | | | | | | | |
| tostado | 1,8 | 26,2 | 48,7 | 14,0 | 20,6 | 2,7 | 582 | 360 | 0,32 | 0,13 | 0,3 | 17,1 | 2,14 | 0 |
| manteca de cacahuete | 1,8 | 27,8 | 49,4 | 11,9 | 17,9 | 1,9 | 581 | — | 0,13 | 0,13 | 0,30 | 15,7 | 2,5 | 0 |
| **Castaña (Castanea sativa)** | | | | | | | | | | | | | | |
| fresca | 48 | 3,4 | 1,9 | — | 45,6 | 1,3 | 213 | 0 | 0,23 | 0,22 | 0,29 | 0,5 | 0,3 | 6 |
| seca | 9,0 | 6,7 | 4,1 | — | 78,8 | 2,5 | 378 | 0 | 0,34 | 0,39 | — | 0,8 | — | 0 |
| Nuez (Juglans regia) | 3,5 | 14,8 | 64,0 | 47,5 | 15,8 | 2,1 | 651 | 30 | 0,3 | 0,13 | 1,0 | 1,0 | 0,7 | 2 |
| **Nuez de coco (Cocus nucifera)** | | | | | | | | | | | | | | |
| fresca | 48 | 4,2 | 34 | 0,6 | 12,8 | 3,3 | 351 | 0 | 0,06 | 0,03 | 0,06 | 0,6 | 0,33 | 2 |
| seca | 3,5 | 7,2 | 64,9 | 0,6 | 23,0 | 3,9 | 662 | 0 | 0,06 | 0,04 | — | 0,6 | — | 0 |
| leche de coco | 94,2 | 0,3 | 0,2 | — | 4,7 | indic. | 22 | 0 | indic. | indic. | — | 0,1 | — | 2 |
| Piñón (Pinus pinea) | 3,1 | 13,0 | 60,5 | — | 20,5 | 1,1 | 635 | 30 | 1,28 | 0,23 | — | 4,5 | — | — |
| Pistacho (Pistacia vera) | 5,3 | 19,3 | 53,7 | 10 | 19,0 | 1,9 | 594 | 230 | 0,67 | — | — | 1,4 | — | — |
| **Cereales y harinas** | | | | | | | | | | | | | | |
| **Arroz (Oryza sativa)** | | | | | | | | | | | | | | |
| sin descascarillar | 12,0 | 7,5 | 1,9 | — | 77,4 | 0,9 | 360 | 0 | 0,29 | 0,05 | — | 4,7 | — | 0 |
| perlado | 12,0 | 6,7 | 0,4 | — | 80,4 | 0,3 | 362 | 0 | 0,07 | 0,03 | 0,15 | 1,6 | 0,63 | — |
| perlado, cocido | 72,6 | 2,0 | 0,1 | — | 24,2 | 0,1 | 109 | 0 | 0,02 | 0,01 | — | 0,4 | — | 0 |
| Avena, copos (Avena sativa) | 10,3 | 13,8 | 6,6 | 2,7 | 67,6 | 1,4 | 387 | — | 0,55 | 0,14 | 0,75 | 1,1 | 0,92 | 0 |
| Cebada perlada (Hordeum sp.) | 12,0 | 9,0 | 1,4 | 0,8 | 76,5 | 0,8 | 346 | 0 | 0,12 | 0,05 | — | 3,1 | 0,5 | 0 |
| **Centeno (Secale cereale)** | | | | | | | | | | | | | | |
| harina integral | 11 | 11,4 | 1,7 | — | 74,8 | 1,0 | 325 | 0 | 0,30 | 0,12 | — | 2,9 | — | — |

| Contenido por 100 g. de sustancia comestible (salvo indicación contraria) | Agua g. | Proteínas g. | Lípidos Total g. | Lípidos Poli-insaturados g. | Carbohidratos Total g. | Carbohidratos Fibras g. | Calorías* kcal. | Vitaminas A** UI | B₁ mg. | B₂ mg. | B₆ mg. | Ácido nicotínico mg. | Ácido pantoténico mg. | C mg. |
|---|---|---|---|---|---|---|---|---|---|---|---|---|---|---|
| harina blanca | 11 | 9,4 | 1,0 | — | 77,9 | 0,4 | 357 | 0 | 0,15 | 0,07 | — | 0,6 | — | — |
| Gérmenes de trigo | 11,5 | 26,6 | 10,9 | 2,9 | 46,7 | 2,5 | 363 | 650 | 2,0 | 0,68 | 0,92 | 4,2 | 2,2 | 0 |
| Maíz (Zea mays) | | | | | | | | | | | | | | |
| almidón (Maizena) | 12,0 | 0,3 | indic. | — | 87,9 | 0,1 | 362 | 0 | indic. | 0,08 | 0,005 | 0,03 | — | — |
| hojuelas («corn flakes») | 3,8 | 7,9 | 0,4 | — | 85,3 | 0,7 | 385 | 0 | 0,43 | 0,1 | — | 2,1 | 0,19 | 0 |
| harina completa | 12,0 | 7,8 | 2,6 | — | 76,8 | 0,7 | 368 | 340 | 0,20 | 0,06 | 0,06 | 1,4 | 0,55 | 0 |
| rosetas («popcorn») | 4,0 | 12,7 | 5,0 | 2,0 | 76,7 | 2,2 | 386 | — | 0,39 | 0,12 | — | 2,2 | — | 0 |
| sémola | 11,0 | 8,8 | 1,1 | — | 78,0 | — | 365 | 440 | 0,15 | 0,05 | 0,05 | 0,5 | — | — |
| Soja (Glycine hispida) | | | | | | | | | | | | | | |
| harina grasa | 8,0 | 36,7 | 20,3 | — | 30,2 | 2,4 | 347 | 110 | 0,85 | 0,31 | 0,66 | 2,1 | 1,68 | 0 |
| harina semigrasa | 8,0 | 43,4 | 6,7 | — | 36,6 | 2,5 | 264 | 80 | 0,83 | 0,36 | — | 2,6 | — | 0 |
| Tapioca (Manihot utilissima) | 12,6 | 0,6 | 0,2 | — | 86,4 | 0,1 | 360 | 0 | 0 | 0,1 | — | 0 | — | — |
| Trigo (Triticum sp.) | | | | | | | | | | | | | | |
| harina integral | 12,6 | 12,1 | 2,1 | — | 71,5 | 2,1 | 331 | 400 | 0,55 | 0,12 | — | 4,3 | — | 0 |
| flor de harina | 12,0 | 10,5 | 1,0 | — | 76,1 | 0,3 | 363 | 0 | 0,06 | 0,05 | — | 0,9 | — | 0 |
| sémola | 13,1 | 10,3 | 0,8 | — | 76 | 0,1 | 362 | 0 | 0,12 | 0,04 | 0,085 | 1,3 | — | — |

## Panes y pasta

| Contenido por 100 g. de sustancia comestible (salvo indicación contraria) | Agua g. | Proteínas g. | Lípidos Total g. | Lípidos Poli-insaturados g. | Carbohidratos Total g. | Carbohidratos Fibras g. | Calorías* kcal. | Vitaminas A** UI | B₁ mg. | B₂ mg. | B₆ mg. | Ácido nicotínico mg. | Ácido pantoténico mg. | C mg. |
|---|---|---|---|---|---|---|---|---|---|---|---|---|---|---|
| Bizcocho | 8,5 | 9,9 | 4,3 | — | 76 | 0,6 | 389 | — | — | — | 0,09 | 1,3 | — | — |
| Pan | | | | | | | | | | | | | | |
| blanco | 38,3 | 8,2 | 1,2 | — | 51 | 0,9 | 253 | — | 0,086 | 0,06 | 0,14 | 0,85 | — | — |
| de Graham | 39,7 | 8,4 | 1,0 | — | 49,3 | 1,1 | 227 | — | 0,21 | 0,11 | 0,20 | 2,5 | — | — |
| de centeno | 38,5 | 6,4 | 1,0 | — | 52,7 | 1,5 | 227 | 0 | 0,16 | 0,12 | 0,22 | 1,1 | — | — |
| Pasta con huevo | 10,1 | 13,0 | 2,9 | — | 73 | 0,4 | 376 | 100 | 0,2 | 0,08 | — | 2,1 | — | — |
| Pasta sin huevo | 10,4 | 12,5 | 1,2 | — | 75,2 | 0,3 | 369 | 0 | 0,09 | 0,06 | — | 2,0 | — | — |

# Azúcar y dulces - Bebidas

*Azúcar y dulces*

| Contenido por 100 g. de sustancia comestible *(salvo indicación contraria)* | Agua g. | Proteínas g. | Lípidos Total g. | Lípidos Poli-insaturados g. | Carbohidratos Total g. | Carbohidratos Fibras g. | Calorías* kcal. | Vitaminas A** UI | B$_1$ mg. | B$_2$ mg. | B$_6$ mg. | Ácido nicotínico mg. | Ácido pantoténico mg. | C mg. |
|---|---|---|---|---|---|---|---|---|---|---|---|---|---|---|
| **Azúcar** | | | | | | | | | | | | | | |
| no refinado | 2,1 | 0 | 0 | — | 96,4 | — | 373 | 0 | 0,01 | 0,03 | — | 0,2 | — | 0 |
| refinado | indic. | 0 | 0 | — | 99,5 | 0 | 385 | 0 | 0 | 0 | — | 0 | — | 0 |
| Azúcar de uva | indic. | 0 | 0 | 0,4 | 99,5 | 5,7 | 385 | 0 | 0 | 0 | — | 0 | — | 0 |
| Cacao (poco torrefacto) | 5,6 | 19,8 | 24,5 | | 43,6 | | 299 | 10 | 0,09 | 0,11 | — | 1,9 | — | indic. |
| Caramelo de crema | 7,6 | 4,0 | 10,2 | — | 76,6 | 0,2 | 399 | 10 | 0,03 | 0,17 | — | 0,2 | — | — |
| Confituras ordinarias | 29 | 0,6 | 0,1 | — | 70,0 | 1,0 | 272 | 10 | 0,01 | 0,03 | — | 0,2 | — | 2 |
| **Chocolate** | | | | | | | | | | | | | | |
| amargo, con azúcar | 0,9 | 4,4 | 35,1 | 1,2 | 57,9 | 0,5 | 528 | 10 | 0,02 | 0,14 | — | 0,3 | — | indic. |
| lacteado, con azúcar | 0,9 | 7,7 | 32,3 | — | 56,9 | 0,4 | 520 | 270 | 0,06 | 0,34 | — | 0,3 | — | 0 |
| Mazapán | 8,8 | 8,0 | 18 | — | 64 | — | 428 | — | 0,1 | — | — | 1,4 | — | — |
| Melaza | 24,0 | — | — | — | 60,0 | — | 232 | — | 0-0,08 | 0-0,16 | 0,27 | 2,8 | 0,5 | 0 |
| Miel de abeja | 17,2 | 0,3 | 0 | — | 82,3 | — | 304 | 0 | indic. | 0,04 | 0,01 | 0,3 | 0,06 | 1 |
| *Bebidas* | | | | | | | | | | | | | | |
| Café (sin azúcar) | 98,5 | 0,3 | 0,1 | — | 0,8 | — | 5 | 0 | 0,01 | 0,01 | — | 0,9 | — | 0 |
| Té (sin azúcar) | 99 | 0,1 | 0 | — | 0,4 | — | 2 | 0 | 0 | 0,04 | — | 0,1 | — | 1 |
| Coca-Cola | 90 | — | — | — | 10 | — | 39 | — | — | — | — | — | — | — |
| Limonadas (promedio) | 88 | — | — | — | 12 | 0 | 46 | — | — | — | — | — | — | — |
| **Alcohol** | | | | | | | | | | | | | | |
| Aguardiente | — | — | 35-40 | — | — | — | 245-280 | — | — | — | — | — | — | — |

27

## Alcohol

| Contenido por 100 g. de sustancia comestible (salvo indicación contraria) | Agua g. | Proteínas g. | Lípidos Total g. | Lípidos Poli-insaturados g. | Carbohidratos Total g. | Carbohidratos Fibras g. | Calorías* kcal. | A** UI | $B_1$ mg. | $B_2$ mg. | $B_6$ mg. | Ácido nicotínico mg. | Ácido pantoténico mg. | C mg. |
|---|---|---|---|---|---|---|---|---|---|---|---|---|---|---|
| **Cerveza** | | | | | | | | | | | | | | |
| clara | 90,6 | 0,5 | 3,6 | — | 4,8 | 0 | 47 | 0 | 0,004 | 0,03 | 0,05 | 0,88 | 0,08 | — |
| negra | — | 0,2 | 3,5 | — | 5,4 | 0 | 48 | 10 | 0,004 | 0,03 | 0,05 | 0,88 | 0,08 | — |
| Oporto | — | 0,2 | 15,0 | — | 14,0 | — | 161 | — | — | — | — | — | — | — |
| Ron | — | — | 35,1 | — | — | — | 246 | — | — | — | — | — | — | — |
| Sidra | — | — | 5,2 | — | 1,0 | — | 40 | — | — | — | — | — | — | — |
| Vino (promedio) | — | 0 | 8,8–12,5 | — | 0,2–8,0 | — | 60–120 | — | 0,001–0,005 | 0,01 | 0,09 | 0,05 | 0,04 | — |
| Whisky (escocés) | — | — | 35 | — | — | — | 245 | — | — | — | — | — | — | — |

## Grasas y aceites - Huevos - Leche y productos lácteos

### Grasas y aceites

| Contenido por 100 g. de sustancia comestible (salvo indicación contraria) | Agua g. | Proteínas g. | Lípidos Total g. | Lípidos Poli-insaturados g. | Carbohidratos Total g. | Carbohidratos Fibras g. | Calorías* kcal. | A** UI | $B_1$ mg. | $B_2$ mg. | $B_6$ mg. | Ácido nicotínico mg. | Ácido pantoténico mg. | C mg. |
|---|---|---|---|---|---|---|---|---|---|---|---|---|---|---|
| Aceite de hígado de bacalao | 0 | 0 | 99,9 | — | 0,85 | 0 | 901 | 85 000 | — | 0 | — | 0 | — | — |
| **Aceites vegetales** | | | | | | | | | | | | | | |
| de cacahuete | indic. | 0,8 | 99,9 | 29 | 0 | 0,01 | 883 | — | — | — | — | — | — | — |
| de coco | 0,1 | 0 | 99,9 | 1,4 | 0 | 0 | 878 | — | — | — | — | — | — | — |
| de girasol | indic. | 0 | 99,9 | 63 | 0 | 0 | 883 | — | — | — | — | — | — | — |
| de maíz | indic. | 0 | 99,9 | 56 | 0 | 0 | 883 | — | — | — | — | — | — | 0 |
| de oliva | indic. | 0 | 99,9 | 8 | 0 | 0 | 883 | 0 | 0 | 0 | — | 0 | — | — |
| de semillas de algodón | indic. | 0 | 99,9 | 50 | 0 | 0 | 883 | — | — | — | — | — | — | 0 |
| de soja | indic. | 0 | 99,9 | 60 | 0 | 0 | 883 | — | — | — | — | — | — | — |
| Manteca de cerdo | 1,0 | indic. | 99,0 | 10 | 0 | 0 | 901 | 0 | 0 | 0 | — | 0 | — | 0 |
| Mantequilla | 17,4 | 0,6 | 81,0 | 4 | 0,7 | 0 | 716 | 3 300 | indic. | 0,01 | indic. | 0,1 | indic. | indic. |
| Margarina | 19,7 | 0,5 | 78,4 | 18 | 0,28 | 0,4 | 698 | 3 000 | — | — | — | — | indic. | indic. |

28

| Contenido por 100 g. de sustancia comestible (salvo indicación contraria) | Agua g. | Proteínas g. | Lípidos Total g. | Lípidos Poli-insaturados g. | Carbohidratos Total g. | Carbohidratos Fibras g. | Calorías* kcal. | Vitaminas A** UI | Vitaminas B₁ mg. | Vitaminas B₂ mg. | Vitaminas B₆ mg. | Vitaminas Ácido nicotínico mg. | Vitaminas Ácido pantoténico mg. | C mg. |
|---|---|---|---|---|---|---|---|---|---|---|---|---|---|---|
| Mayonesa ............. | 15,1 | 1,1 | 78,9 | 32 | — | 3,0 | 718 | 280 | 0,02 | 0,04 | — | indic. | — | 0 |
| Mostaza negra ......... | 78,1 | 5,9 | 6,3 | — | — | 5,3 | 91 | — | — | — | — | — | — | — |
| *Huevos* | | | | | | | | | | | | | | |
| Huevo entero, crudo ...... | 74,0 | 12,8 | 11,5 | 2,3 | 0,46 | 0,7 | 162 | 1 180 | 0,12 | 0,34 | 0,25 | 0,1 | 1,6 | 0 |
| 1 huevo (promedio 48 g) ... | 35,5 | 6,1 | 5,5 | 1,1 | 0,22 | 0,4 | 77 | 580 | 0,06 | 0,16 | 0,12 | 0,04 | 0,8 | 0 |
| 1 yema de huevo (promedio 17 g) | 8,5 | 2,8 | 5,4 | 1,1 | 0,22 | 0,1 | 61 | 580 | 0,05 | 0,09 | 0,05 | indic. | 0,7 | 0 |
| 1 clara de huevo (promedio 31 g) | 27,0 | 3,3 | 0,1 | — | 0 | 0,3 | 16 | 0 | 0,01 | 0,07 | 0,07 | 0,03 | 0,04 | 0 |
| Clara de huevo (cruda) ..... | 87,6 | 10,9 | 0,2 | — | 0 | 0,8 | 51 | 0 | 0,02 | 0,23 | 0,22 | 0,1 | 0,14 | 0 |
| Yema de huevo (cruda) ..... | 50,0 | 16,1 | 31,9 | 6,7 | 1,6 | 0,6 | 360 | 3 400 | 0,32 | 0,52 | 0,30 | 0,02 | 4,2 | 0 |
| Huevo en polvo ......... | 4,1 | 47,0 | 41,2 | — | 2,14 | 4,1 | 592 | 4 460 | 0,35 | 1,23 | 0,08 | 0,2 | 7,4 | 0 |
| *Leche y productos lácteos* | | | | | | | | | | | | | | |
| Leche | | | | | | | | | | | | | | |
| de cabra ............. | 86,6 | 3,6 | 4,2 | — | — | 4,8 | 71 | 120 | 0,05 | 0,12 | 0,027 | 0,2 | 0,35 | 2 |
| materna ............. | 87,7 | 1,03 | 4,4 | 0,3 | 0,01-0,02 | 6,9 | 70 | 330 | 0,01 | 0,04 | 0,02 | 0,18 | 0,24 | 5 |
| de oveja ............. | 81,6 | 5,6 | 7,5 | — | — | 4,4 | 107 | 200 | 0,07 | 0,50 | — | 0,50 | 0,35 | 3 |
| de vaca ............. | 88,5 | 3,2 | 3,7 | 0,1 | 0,01 | 4,6 | 64 | 140 | 0,04 | 0,15 | 0,05 | 0,07 | 0,33 | 1 |
| condensada, con azúcar ... | 27,1 | 8,1 | 8,7 | 0,2 | — | 54,3 | 321 | 350 | 0,1 | 0,38 | 0,06 | 0,2 | 0,85 | 1 |
| condensada, sin azúcar .... | 73,8 | 7,0 | 7,9 | 0,2 | — | 9,7 | 138 | 350 | 0,06 | 0,36 | 0,03 | 0,2 | 0,85 | 1 |
| completamente descremada . | 90,9 | 3,5 | 0,07 | — | 0,003 | 4,8 | 34 | 7 | 0,038 | 0,17 | 0,05 | 0,1 | 0,28 | 2 |
| crema batida, 30 % ...... | 64,1 | 2,2 | 30,4 | 0,8 | — | 2,9 | 288 | 1 100 | 0,025 | 0,17 | 0,035 | 0,07 | — | 1 |
| en polvo, descremada ..... | 3,0 | 35,9 | 1,0 | — | — | 52,0 | 362 | 30 | 0,35 | 1,80 | 0,4 | 0,9 | 3,5 | 10 |
| en polvo, entera ........ | 2,0 | 26,4 | 27,5 | 0,7 | — | 38,2 | 502 | 1 200 | 0,28 | 1,2 | 0,3 | 0,7 | 2,7 | 10 |

| Contenido por 100 g. de sustancia comestible (salvo indicación contraria) | Agua g. | Proteínas g. | Lípidos Total g. | Lípidos Poli-insaturados g. | Carbohidratos Total g. | Carbohidratos Fibras g. | Calorías* kcal. | A** UI | B₁ mg. | B₂ mg. | B₆ mg. | Ácido nicotínico mg. | Ácido pantoténico mg. | C mg. |
|---|---|---|---|---|---|---|---|---|---|---|---|---|---|---|
| suero de la leche | 93,3 | 0,9 | 0,3 | — | — | 4,7 | 25 | 8-16 | 0,04 | 0,08 | 0,02 | 0,07 | 0,35 | 1,5 |
| suero de manteca desnatada | 91,2 | 3,5 | 0,5 | — | — | 4,0 | 35 | 35 | 0,04 | 0,18 | 0,04 | 0,1 | 0,36 | 1 |
| Mantequilla, véase Grasas | | | | | | | | | | | | | | |
| Queso | | | | | | | | | | | | | | |
| camembert | 51,3 | 18,7 | 22,8 | — | — | 1,8 | 287 | 1 010 | 0,05 | 0,45 | 0,25 | 1,45 | 0,1-0,9 | 0 |
| de Edam | 43,4 | 26,1 | 23,6 | — | — | 3,5 | 232 | 600 | 0,06 | 0,35 | — | 0,07 | — | — |
| de Emmenthal | 34,9 | 27,4 | 30,5 | — | — | 3,4 | 398 | 1 140 | 0,05 | 0,33 | 0,09 | 0,1 | — | 0,5 |
| fundido (45 % de materia grasa) | 51,3 | 14,4 | 23,6 | — | — | 6,1 | 293 | 1 800 | 0,034 | 0,38 | 0,07 | 0,22 | 0,52 | — |
| de nata | 50,5 | 14,6 | 30,5 | — | — | 1,9 | 338 | 1 540 | 0,04 | 0,28 | — | 0,1 | — | 0 |
| parmesán | 30,0 | 36,0 | 26,0 | — | — | 2,9 | 393 | 1 060 | 0,02 | 0,73 | — | 0,2 | — | 0 |
| roquefort | 40,0 | 21,0 | 32,0 | — | — | 1,8 | 378 | 800 | 0,06 | 0,3-0,7 | — | 0,4-0,9 | 0,5-0,7 | 0 |
| Requesón | | | | | | | | | | | | | | |
| graso | 70 | 14 | 14 | — | — | 4 | 198 | 280 | 0,02 | 0,24 | 0,01 | 0,1 | — | — |
| magro | 79,4 | 17,2 | 0,6 | — | — | 1,8 | 86 | 35 | 0,04 | 0,31 | 0,05 | 0,1 | 0,1 | 1 |
| Yogur, yoghurt | 86,1 | 4,8 | 3,8 | — | — | 4,5 | 71 | 145 | 0,045 | 0,024 | | 0,18 | — | 2 |
| *Carne, cruda, salvo indicación contraria* | | | | | | | | | | | | | | |
| Ballena | 71 | 20,6 | 4,0 | — | — | 1 | 125 | 1 860 | 0,03 | 0,1 | — | 4,4 | — | 8 |
| Caballo, carne deshuesada | 74,3 | 21,7 | 2,6 | — | — | 0,9 | 120 | — | 0,07 | 0,12 | — | 4,3 | 0,50 | 1 |
| Cabra, carne deshuesada | 70 | 18,7 | 9,4 | 0,4 | — | 0 | 165 | 0 | 0,17 | 0,32 | — | 5,6 | — | 0 |
| Carnero | | | | | | | | | | | | | | |
| chuleta | 52,0 | 14,9 | 32,0 | 0,7 | 0,07 | 0 | 352 | — | 0,13 | 0,18 | 0,33 | 4,3 | 0,59 | — |

| Contenido por 100 g. de sustancia comestible (salvo indicación contraria) | Agua g. | Proteínas g. | Lípidos Total g. | Lípidos Poli-insaturados g. | Carbohidratos Total g. | Carbohidratos Fibras g. | Calorías* kcal. | A** UI | $B_1$ mg. | $B_2$ mg. | $B_6$ mg. | Ácido nicotínico mg. | Ácido pantoténico mg. | C mg. |
|---|---|---|---|---|---|---|---|---|---|---|---|---|---|---|
| pierna | 64,0 | 18,0 | 18,0 | 0,5 | 0,07 | 0 | 239 | — | 0,16 | 0,22 | 0,32 | 5,2 | 0,62 | — |
| despojos: hígado | 70,8 | 21,0 | 3,9 | — | 0,12 | 2,9 | 136 | 50 500 | 0,4 | 3,28 | 0,37 | 16,9 | 7,1 | 33 |
| riñón | 77,7 | 16,8 | 3,3 | — | — | 0,9 | 105 | 690 | 0,51 | 2,42 | — | 7,4 | 4,3 | 15 |
| Cerdo chuleta | 53,9 | 15,2 | 30,6 | 2,8 | 0,07 | 0 | 341 | 0 | 0,8 | 0,19 | 0,48 | 4,3 | 0,40 | 0 |
| filete | 71,2 | 18,6 | 9,9 | — | 0,07-0,1 | — | 168 | — | 1,1 | 0,31 | — | 6,5 | — | 0 |
| jamón crudo | 53,0 | 15,2 | 31,0 | — | — | 0 | 345 | 0 | 0,74 | 0,18 | 0,44 | 4,0 | 0,64 | 0 |
| ahumado, en conserva | 65,0 | 18,3 | 12,3 | — | 0,07 | 1,5 | 193 | 0 | 0,53 | 0,19 | — | 3,8 | — | 0 |
| ahumado, crudo | 42,0 | 16,9 | 35,0 | — | 0,11 | 0,3 | 389 | 0 | 0,7 | 0,19 | 0,40 | 4,0 | 0,53 | 0 |
| salado, cocido | 57,0 | 19,5 | 20,6 | 2,0 | 0,07 | 0 | 269 | 0 | 0,54 | 0,26 | — | 4,2 | 0,65 | 0 |
| morrillo | 52,6 | 14,6 | 32,0 | 1,6 | 0,10 | 0 | 351 | — | 0,92 | 0,18 | — | 3,9 | — | 2 |
| tocino, semigraso | 20,0 | 9,1 | 65,0 | 6,5 | 0,22 | indic. | 625 | 0 | 0,36 | 0,11 | 0,35 | 1,8 | — | 0 |
| despojos: corazón | 76,8 | 16,9 | 4,8 | 0,27 | — | 0,4 | 117 | 30 | 0,43 | 1,24 | 0,43 | 6,6 | 2,5 | 3 |
| hígado | 71,6 | 20,6 | 4,8 | — | — | 2,6 | 131 | 10 900 | 0,43 | 2,7 | 0,85 | 16,4 | 7,0 | 27 |
| lengua | 66,1 | 16,8 | 15,6 | — | — | 0,5 | 215 | 0 | 0,17 | 0,29 | 0,35 | 5,0 | — | 12 |
| riñón | 77,8 | 16,3 | 5,2 | 0,29 | — | 0,8 | 120 | 130 | 0,34 | 1,8 | 0,55 | 9,8 | 3,1 | 18 |
| seso | 78,0 | 10,6 | 9,0 | — | — | indic. | 126 | — | 0,16 | 0,28 | — | 4,3 | 2,8 | 0 |
| Conejo | 70,4 | 20,4 | 8,0 | 1,5 | 0,12 | 0 | 159 | 30 | 0,04 | 0,18 | 0,6 | 12,8 | 0,8 | 0 |
| Corzo, carne deshuesada | 73,0 | 21,4 | 3,6 | 0,3 | — | 0 | 124 | 0 | 0,37 | 0,28 | — | 7,4 | — | 0 |
| Gallina para hervir | 61,3 | 19,0 | 18,8 | — | — | 0 | 251 | 610 | 0,06 | 0,13 | — | 9,2 | — | — |
| Ganso | 51,0 | 16,4 | 31,5 | 2,5 | — | 0 | 354 | — | 0,10 | 0,24 | 0,6 | 5,6 | — | — |
| despojos: hígado | 66 | 17 | 10 | — | 0,49 | 5,5 | 184 | — | 0,02 | — | 0,9 | 4 | — | — |

| Contenido por 100 g. de sustancia comestible (salvo indicación contraria) | Agua g. | Proteínas g. | Lípidos | | Carbohidratos | | Calorías* kcal. | Vitaminas | | | | | | |
|---|---|---|---|---|---|---|---|---|---|---|---|---|---|---|
| | | | Total g. | Poli-insaturados g. | Total g. | Fibras g. | | A** UI | B₁ mg. | B₂ mg. | B₆ mg. | Ácido nicotínico mg. | Ácido pantoténico mg. | C mg. |
| Liebre | 73 | 22,3 | 0,9 | — | 0,08 | 0,2 | 103 | 0 | 0,09 | 0,19 | — | 5,0 | — | — |
| Pato | 54,0 | 16 | 28,6 | 6,9 | 0,07 | 0 | 326 | — | 0,10 | 0,24 | — | 5,6 | — | 8 |
| Pavo | 64,2 | 20,1 | 14,7 | 3,0 | 0,015 | 0,4 | 218 | indic. | 0,13 | 0,14 | — | 7,9 | 0,75 | 0 |
| Pollo para asar | 72,7 | 20,6 | 5,6 | 1,2 | 0,09 | — | 138 | — | 0,1 | 0,2 | 0,50 | 6,8 | 0,80 | 2,5 |
| despojos: hígado | 72,2 | 19,7 | 3,7 | 1,0 | 0,20 | 2,9 | 141 | 12 100 | 0,4 | 2,5 | 0,80 | 10,8 | 4,1 | 35 |
| molleja | 78,4 | 18,3 | 0,4 | — | — | — | — | — | 0,09 | 0,25 | — | 4,8 | — | — |
| Ternera chuleta | 70,0 | 19,5 | 9,0 | 0,6 | — | 0 | 164 | — | 0,14 | 0,26 | 0,43 | 6,5 | 0,50 | 0 |
| pierna | 68,0 | 19,1 | 12,0 | 0,8 | 0,065 | 0 | 190 | — | 0,18 | 0,27 | 0,20 | 6,3 | 0,91 | 0 |
| despojos: corazón | 78,3 | 12,2 | 7,6 | 0,5 | — | 0,8 | 124 | 30 | 0,6 | 1,05 | — | 6,3 | 2,8 | 5 |
| hígado | 70,7 | 19,2 | 4,7 | — | 0,36 | 4,1 | 140 | 22 500 | 0,28 | 2,72 | 1,2 | 17 | 9,7 | 32 |
| lengua | 74,3 | 18,5 | 5,3 | — | — | 0,9 | 130 | — | — | — | — | — | — | — |
| molleja | 75 | 19,6 | 3,0 | — | 0,28 | 0 | 111 | — | 0,08 | 0,17 | — | 2,6 | — | — |
| riñón | 75,0 | 16,7 | 6,4 | 0,18 | — | 0,8 | 132 | 70 | 0,37 | 2,5 | 0,5 | 6,5 | 4,0 | 13 |
| seso | 79,4 | 10,2 | 8,3 | — | — | 0,8 | 122 | — | 0,20 | 0,20 | 0,16 | 3,7 | 2,5 | 18 |
| Vaca bistec | 56,5 | 17,4 | 25,3 | — | — | 0 | 303 | 50 | 0,08 | 0,16 | — | 4,2 | — | — |
| carne seca, salada | 47,7 | 34,3 | 6,3 | — | 0,23 | 0 | 203 | 0 | 0,11 | 0,32 | — | 3,7 | — | 0 |
| «corned beef» | 59,3 | 25,3 | 12,0 | — | — | 0 | 216 | 0 | 0,02 | 0,2 | — | 3,4 | — | 0 |
| costilla | 66,8 | 20,7 | 11,6 | — | — | — | 193 | 20 | 0,09 | 0,18 | — | 5,0 | — | — |
| filete | 75,1 | 19,2 | 4,4 | — | — | — | 122 | — | 0,10 | 0,13 | — | 4,6 | — | — |
| lomo | 62,7 | 16,4 | 19,2 | 0,4 | 0,12 | — | 243 | — | 0,10 | 0,13 | — | 4,6 | 0,33 | 1 |
| pierna | 69,0 | 19,5 | 12,5 | 0,3 | 0,12 | — | 196 | — | 0,08 | 0,17 | 0,50 | 4,7 | 0,52 | — |

| Contenido por 100 g. de sustancia comestible (salvo indicación contraria) | Agua | Proteínas | Lípidos | | Carbohidratos | | Calorías* | Vitaminas | | | | | | |
|---|---|---|---|---|---|---|---|---|---|---|---|---|---|---|
| | | | Total | Poli-insaturados | Total | Fibras | | A** | $B_1$ | $B_2$ | $B_6$ | Acido nicotínico | Acido pantoténico | C |
| | g. | g. | g. | g. | g. | g. | kcal. | UI | mg. | mg. | mg. | mg. | mg. | mg. |
| despojos: | | | | | | | | | | | | | | |
| bazo | 77 | 18,1 | 3,4 | — | — | indic. | 108 | — | 0,13 | 0,28 | 0,12 | 4,2 | 1,2 | 6 |
| corazón | 75,5 | 16,8 | 6,0 | 0,2 | 0,15 | 0,6 | 128 | 20 | 0,53 | 0,88 | 0,29 | 6,8 | 2,0 | 6 |
| hígado | 69,9 | 19,7 | 3,8 | 0,7 | 0,32 | 5,9 | 136 | 20 000 | 0,30 | 2,9 | 0,7 | 13,6 | 7,3 | 31 |
| lengua | 68,0 | 16,4 | 15,0 | — | — | 0,4 | 207 | 0 | 0,14 | 0,27 | 0,13 | 5,0 | 2,0 | 0 |
| páncreas | 70,6 | 14,6 | 12,3 | — | — | indic. | 173 | 17 | 0,10 | 0,40 | — | 4,2 | 3,5 | 58 |
| pulmón | 80,1 | 16,9 | 2,0 | — | 0,35 | indic. | 90 | — | 0,09 | 0,32 | — | 4,0 | 1,4 | 0 |
| riñón | 75,9 | 15,4 | 6,7 | — | 0,41 | 0,9 | 130 | 1 000 | 0,25 | 2,1 | 0,39 | 6,4 | 4 | 11 |
| seso | 79,4 | 10,4 | 8,0 | — | 2,36 | 0,8 | 120 | 580 | 0,15 | 0,23 | 0,16 | 4,0 | 1,8 | 14 |
| tripa | 78 | 19,0 | 2,0 | — | 0,15 | 0 | 99 | 0 | 0,01 | 0,09 | — | 3,0 | — | 0 |
| ubre | 64,9 | 15,4 | 18,7 | — | — | 0 | 234 | 0 | 0,09 | 0,18 | — | 1,3 | — | 0 |
| **Embutidos** | | | | | | | | | | | | | | |
| Gelatina, seca | 13,0 | 85,6 | 0,1 | — | — | 0 | 335 | 0 | 0 | 0 | — | 0 | — | 0 |
| Mortadela | 52,3 | 12,4 | 32,8 | — | — | — | 349 | — | 0,10 | 0,15 | — | 3,1 | — | 0 |
| Salchicha de Francfort | 55,6 | 12,5 | 27,6 | — | — | 1,8 | 256 | 0 | 0,16 | 0,20 | — | 2,7 | — | 0 |
| Salchicha de Munich | 65,2 | 11,1 | 21,7 | — | — | — | 241 | — | 0,04 | 0,13 | — | 2,4 | — | — |
| Salchichas de lata | 65,7 | 13,0 | 19,6 | — | — | — | 232 | — | 0,03 | 0,08 | — | 3,1 | — | — |
| Salchichón, «salami» alemán | 27,7 | 17,8 | 49,7 | — | — | — | 524 | — | 0,18 | 0,20 | — | 2,6 | — | — |
| **Carne de animales de sangre fría** | | | | | | | | | | | | | | |
| Almeja (*Mya arenaria*) | 83,1 | 10,5 | 1,3 | — | 0,12 | 3,1 | 70 | — | 0,1 | 0,19 | 0,08 | 1,5 | 0,6 | — |
| Anguila (*Anguilla anguilla*) | | | | | | | | | | | | | | |
| fresca | 60,7 | 12,7 | 25,6 | — | 0,05 | 0 | 285 | 2 000 | 0,15 | 0,31 | 0,28 | 2,2 | — | 1,8 |
| ahumada | 50,3 | 18,6 | 27,8 | — | — | 0,8 | 333 | 2 500 | 0,14 | 0,35 | 0,15 | 3,8 | — | — |

| Contenido por 100 g. de sustancia comestible (salvo indicación contraria) | Agua g. | Proteínas g. | Lípidos | | Carbohidratos | | Calorías° kcal. | Vitaminas | | | | | | |
|---|---|---|---|---|---|---|---|---|---|---|---|---|---|---|
| | | | Total g. | Poli-insaturados g. | Total g. | Fibras g. | | A** UI | B₁ mg. | B₂ mg. | B₆ mg. | Ácido nicotínico mg. | Ácido pantoténico mg. | C mg. |
| Arenque (*Clupea harengus*) | | | | | | | | | | | | | | |
| fresco | 62,8 | 17,3 | 18,8 | — | — | 0 | 243 | 130 | 0,06 | 0,24 | 0,45 | 4,3 | 1,0 | 0,5 |
| marinado | 60,2 | 18,3 | 14 | — | — | — | 204 | 150 | — | 0,08 | 0,15 | 3,3 | — | — |
| ahumado | 61,0 | 22,2 | 12,9 | — | — | 0 | 211 | 40 | 0,04 | 0,28 | 0,35 | 3,3 | — | — |
| Atún (*Thunnus thynnus*) | | | | | | | | | | | | | | |
| de lata | 52,5 | 23,8 | 20,9 | — | — | 0 | 290 | 90 | 0,05 | 0,06 | 0,25 | 10,8 | 0,2 | 0 |
| Bacalao, abadejo (*Gadus callarias*) | 81,2 | 17,6 | 0,3 | — | 0,05 | 0 | 78 | 0 | 0,06 | 0,07 | 0,20 | 2,2 | 0,12 | 2 |
| Besugo (*Melanogrammus aeglefinus*) | | | | | | | | | | | | | | |
| fresco | 80,5 | 18,3 | 0,1 | — | 0,06 | 0 | 79 | 60 | 0,06 | 0,17 | 0,2 | 3,0 | 0,14 | 0 |
| ahumado | 72,6 | 23,2 | 0,4 | — | — | 0 | 103 | — | 0,06 | 0,05 | — | 2,1 | — | 0 |
| Caballa (*Scomber scombrus*) | 67,2 | 19,0 | 12,2 | — | 0,08 | 0 | 191 | 450 | 0,15 | 0,35 | 0,70 | 7,7 | 0,46 | 0 |
| ahumada | 59,4 | 23,8 | 13,0 | — | — | 0 | 219 | — | — | — | — | — | — | — |
| Cangrejo de mar (*Cancer sp.*) | | | | | | | | | | | | | | |
| de lata o cocido, sólo carne | 77,2 | 17,4 | 2,5 | — | 0,15 | 1,1 | 101 | — | 0,08 | 0,08 | 0,35 | 2,5 | 0,5 | indic. |
| Caracol (*Helix sp.*) | 82 | 15 | 0,8 | — | — | 2 | 75 | — | — | — | — | — | — | 1 |
| Carpa (*Cyprinus carpio*) | 72,4 | 18,9 | 7,1 | — | — | 0 | 145 | 300 | 0,08 | 0,04 | — | 1,5 | — | 1 |
| Caviar, véase Esturión | | | | | | | | | | | | | | |
| Esturión (*Acipenser sp., Huso huso*) | | | | | | | | | | | | | | |
| huevos prensados | 46,0 | 26,9 | 15,0 | — | 0,3 | 3,3 | 262 | — | 0 | — | — | — | — | — |
| Gambas (*Crangon sp.*) | | | | | | | | | | | | | | |
| frescas | 78,2 | 18,7 | 2,2 | — | 0,14 | — | 97 | 10 | 0,07 | 0,05 | 0,13 | 1,25 | — | 2 |
| de lata | 70,4 | 24,2 | 1,1 | — | 0,15 | 0,7 | 116 | 60 | 0,01 | 0,03 | 0,11 | 1,5 | 0,21 | 0 |
| Jibia, sepia (*Sepia officinalis*) | 82,2 | 15,3 | 0,8 | — | 0,17 | 0 | 73 | — | 0,02 | 0,06 | — | 1,8 | — | — |

| Contenido por 100 g. de sustancia comestible (salvo indicación contraria) | Agua g. | Proteínas g. | Lípidos | | Carbohidratos | | Calorías* kcal. | Vitaminas | | | | | | |
|---|---|---|---|---|---|---|---|---|---|---|---|---|---|---|
| | | | Total g. | Poli-insaturados g. | Total g. | Fibras g. | | A** UI | B₁ mg. | B₂ mg. | B₆ mg. | Ácido nicotínico mg. | Ácido pantoténico mg. | C mg. |
| Langosta (*Homarus vulgaris*) fresca | 78,5 | 16,9 | 1,9 | — | 0,20 | 0,5 | 91 | — | 0,15 | 0,13 | — | 1,5 | 1,3 | 5 |
| de lata | 77,2 | 18,4 | 1,3 | — | — | 0,4 | 92 | — | 0,16 | 0,14 | — | 2,2 | — | 4 |
| Lenguado (*Solea solea*), mismos valores que los de la platija | | | | | | | | | | | | | | |
| Lucio (*Esox lucius*) | 80,2 | 18,2 | 1,2 | — | — | 0 | 89 | — | 0,15 | 0,07 | — | 1,7 | — | 1 |
| Lucio perca (*Lucioperca lucioperca*) | 78,4 | 19,2 | 0,7 | — | 0,15 | 0,45 | 90 | — | 0,16 | 0,25 | — | 2,3 | — | — |
| Mejillón (*Mytilus edulis*) | 84,1 | 11,7 | 1,9 | — | 0,06 | 2,2 | 76 | 180 | 0,16 | 0,22 | — | 1,6 | — | — |
| Mero (*Hippoglossus vulgaris*) | 75,2 | 18,6 | 5,2 | — | 0,11-0,33 | 0 | 126 | 440 | 0,09 | 0,18 | 0,42 | 6 | 0,30 | 0 |
| Ostra (*Ostrea sp.*) | 83,0 | 9,0 | 1,2 | — | 0,07 | 4,8 | 68 | 310 | 0,18 | 0,23 | 0,11 | 2,5 | 0,5 | indic. |
| Perca (*Perca fluviatilis*) | 79,5 | 18,4 | 0,8 | — | — | 0 | 86 | 30 | 0,075 | 0,12 | — | 1,7 | — | — |
| Perca atlántica, raño (*Sebastes marinus*) | 77,9 | 18,9 | 3,0 | — | — | 0 | 108 | 30 | 0,09 | 0,08 | — | 2,5 | — | 3 |
| Platija (*Platichthys flesus, Pleuronectes flesus*) | 81,3 | 16,7 | 0,8 | — | 0,06 | 0 | 79 | 30 | 0,22 | 0,21 | 0,25 | 3,8 | — | — |
| Rana (*Rana sp.*), ancas | 81,9 | 16,4 | 0,3 | — | 0,04 | 0 | 73 | — | 0,14 | 0,25 | — | 1,2 | — | 5 |
| Salmón (*Salmo salar*) fresco | 65,5 | 19,9 | 3,6 | 5,3 | 0,06 | 0 | 208 | 220 | 0,17 | 0,17 | 0,98 | 7,5 | 0,8 | 1 |
| ahumado | 58,9 | 21,6 | 9,3 | — | — | 0 | 176 | — | — | — | — | — | — | indic. |
| de lata | 64,2 | 21,7 | 12,2 | — | — | | 203 | 60 | 0,03 | 0,18 | 0,45 | 6,5 | 0,5 | — |
| Sardina (*Sardina pilchardus*) de lata, con aceite | 50,6 | 20,6 | 24,4 | 3 | 0,07 | 0,6 | 311 | 180 | 0,02 | 0,16 | 0,16 | 4,4 | 0,5 | 0 |
| de lata, sin aceite | 61,8 | 24,0 | 11,1 | — | — | 1,2 | 214 | 290 | 0,03 | 0,20 | 0,28 | 5,4 | 0,6 | 0 |
| Trucha (*Salmo trutta*) | 77,6 | 19,2 | 2,1 | — | — | 0 | 101 | 150 | 0,09 | 0,25 | — | 3,5 | — | — |
| Venera (*Pecten sp.*) | 79,8 | 15,3 | 0,2 | — | — | 3,3 | 79 | 0 | 0,04 | 0,06 | — | 1,3 | 0,14 | — |

# GENERALIDADES SOBRE LA ALIMENTACION DEL LACTANTE, DEL NIÑO Y DEL ADULTO

La alimentación del recién nacido, con la leche materna, es superior a cuantas podamos idear para sustituirla. Partiendo de esta base, deben esforzarse las madres en amamantar a sus hijos, cuidando mucho de que los pechos queden completamente vacíos después de cada tetada, con lo cual se asegura una producción más abundante de leche, a la vez que se preserva a la mama o pecho de posibles inflamaciones.

Según el doctor Casares, la madre debe dar el pecho, por primera vez a las doce horas después del nacimiento y después en intervalos de seis horas, el primer día; luego cada tres o cuatro horas. Sabido es que la secreción o calostro, posee especiales virtudes para atender a las necesidades particularísimas del recién nacido y por ello resulta prácticamente insustituible. Por otra parte, como la secreción calostral es poca, deben dárselo los dos pechos cada vez, y si el niño no fuera capaz de extraer todo el contenido, debe vaciarse mecánicamente, para estimular la secreción, según hemos dicho. Más adelante puede bastar un pecho a cada hora. Si entre las tetadas el niño da señales de hambre, puede dársele una solución azucarada al cinco por ciento. En opinión del mismo doctor, el descanso nocturno del niño, sin mamar, debe ser de ocho horas; lo fundamental es la regularidad, aunque sea necesario despertar al niño cuando corresponde.

Cada litro de leche se compone de:

| | | |
|---|---|---|
| Agua ... ... ... ... ... ... ... ... ... ... ... | 850 a 900 | gramos |
| Grasa ... ... ... ... ... ... ... ... ... ... ... | 30 » 40 | » |
| Proteína ... ... ... ... ... ... ... ... ... ... | 30 » 35 | » |
| Lactosa ... ... ... ... ... ... ... ... ... ... | 45 » 50 | » |
| Sales ... ... ... ... ... ... ... ... ... ... | 6 » 7 | » |

En aquellos casos en que, por circunstancias diversas, no sea posible realizar la lactación por la propia madre, puede recurrirse a las llamadas leches maternizadas o a la leche de vaca diluida en agua y ligeramente azucarada y todo ello hervido.

Hasta los diez meses deben criarse los niños con leche sola; en adelante hay que ir cambiando paulatinamente su régimen alimenticio.

Según datos tomados del doctor Clavera, el niño hasta los dos años, durante la infancia y en la edad adulta, necesita, respectivamente, las siguientes raciones diarias de entretenimiento, tipo medio, por kilo de peso corporal:

| | Para el niño hasta 2 años | Infancia | Adultos |
|---|---|---|---|
| Agua ... ... ... ... ... ... ... ... ... ... ... | | | 38,5  g . |
| Sales minerales ... ... ... ... ... ... ... ... ... | | | 0,38  » |
| Proteínas.. ... ... | 3  g . | 3 g . ... ... | 1,24  » |
| Glúcidos... ... ... | 9  g . | 8 g . ... ... | 5  » |
| Grasas ... ... ... | 3,5 g . | 3 g . ... ... | 1,53  » |

A esta ración habrá que añadir el suplemento correspondiente para cubrir las exigencias de la producción de trabajo, del crecimiento, de la gestación o de la lactación; suplementos variables no sólo en cantidad, sino también en calidad, según la ocupación y trabajos que realice cada individuo.

Para las personas normales, es decir, que gocen de perfecta salud, sin padecer delgadez u obesidad extremadas, les será fácil seguir una alimentación racional, teniendo en cuenta algunos de los consejos actualmente tan divulgados:

Los alimentos deben ser variados; el hombre es omnívoro, y como tal debe huir de los extremismos vegetarianos o carnívoros.

Nunca son recomendables las comidas muy copiosas, particularmente las cenas. La frugalidad, con una acertada selección de alimentos, es garantía de salud y longevidad.

Procuremos consumir alimentos frescos, crudos, si no hay alguna razón que obligue a tomarlos cocidos, pues la cocción hace a muchos alimentos más digestibles e higieniza o sanea otros, como la leche, pero el calor destruye buena parte de sus principios vitales.

### Composición del huevo

| El huevo sin cáscara contiene ... ... ... | Albúmina ... ... ... ... ... | 12,2 | por 100 |
| | Grasa ... ... ... ... ... ... | 10,7 | por 100 |
| | Hidrocarbonados ... ... ... | 0,5 | por 100 |
| | Minerales ... ... ... ... ... | 1 | por 100 |

| La cáscara se compone ... ... ... ... ... | Carbonato cálcico... ... ... | 93,7 | por 100 |
| | Carbonato magnésico. ... | 1,39 | por 100 |
| | Fosfatos ... ... ... ... ... | 0,76 | por 100 |

## PROPIEDADES CURATIVAS QUE CONTIENEN ALGUNOS ALIMENTOS

**Combaten la acidez del estómago, sangre y orina ... ...**

Excelentes contra la acidez son: el limón, rábano, tomate, pepino, espinacas, melón dulce, etc.
También son muy buenas las frutas secas dulces, la zanahoria, remolacha dulce, castaña, uvas, granadas, apio, etc.
Destruyen la acidez, las cerezas, fresas, la leche, nata.
Los quesos frescos producen pocos ácidos, así como el pan blanco, galletas, legumbres, frutas oleaginosas, mantequilla, coliflor, escarola, etc.

**Combate la anemia...**

Combaten en gran manera la anemia: las legumbres secas, coles de Bruselas, éstas son muy fuertes, no debe abusarse de ellas, sobre todo los reumáticos y artríticos.
Son excelentes los guisantes, las judías verdes de vaina delgada, las zanahorias, ciruelas, rábanos, uvas, pimientos rojos, plátanos, espinacas y acelgas, coliflor, etc.

**Apetito ... ... ... ...**

Estimulantes del apetito son: Las alcachofas, cuyas fibras no deben tomarse. Los rábanos, de cuyo poder estimulante no debe abusarse, porque son además poderosos depurativos. La zanahoria, el tomillo, el apio, etc.

**Artritismo ... ... ...**

Combaten el artritismo las patatas. Son excelentes las uvas y mucha fruta, judías tiernas, apio, etc.
Los artríticos no deben abusar de las legumbres secas, mejor no tomarlas.

| | |
|---|---|
| Astringentes... ... ... | Contra la descomposición, actuando de poderosos astringentes, tenemos la manzana rallada, la granada, el arroz, agua de té, membrillo. También son bastante astringentes los plátanos, el tomillo, etc. Por contener en especial los primeros, gran cantidad de tanino, principalmente. |
| Cabello ... ... ... | Para la vida del cabello, pigmentación, es necesario el ácido pantoténico, que se encuentra en levaduras y en los huevos. |
| Cansancio... ... ... ... | Manzana, espinacas, acelgas, plátanos, etc. |
| Catarros ... ... ... ... | Necesaria la vitamina A. |
| Colitis ... ... ... ... | Excelente para combatir la colitis es: el youghurt. También va muy bien el limón, la leche cuajada, la piña, etc. |
| Depurativo ... ... ... | Combaten la debilidad nerviosa las vitaminas $B_1$ y $B_2$. Las uvas, levadura de cereales, vegetales, hígado, riñones, etc. La avena fortalece los nervios y es reconstituyente. Son muy buenos los plátanos, espinacas, acelgas, etc. |
| Digestión... ... ... ... | Gran estimulante de la digestión es el rábano, del que no debe abusarse, y el apio. |
| Gota ... ... ... ... ... | Mucha fruta. |
| Hígado ... ... ... ... | Propiedades curativas contra las enfermedades del hígado tienen en abundancia el limón, alcachofas. También son excelentes las espinacas, acelgas, patatas, apio. Para la salud del hígado es necesaria la vitamina $B_6$ y $B_{12}$, encontrándose en abundancia en las legumbres verdes, en los riñones y músculos de pescados, en especial del bacalao y del salmón; en las fresas, cebollas y puerros, etc. |
| Laxantes ... ... ... ... | La fruta en ayunas, en especial la naranja. Grandes laxantes la ciruela, las uvas, pepino, judías tiernas, la avena, etc. |
| Lombrices ... ... ... | Combaten las lombrices los ajos y los higos en ayunas. Las cebollas tiernas o cebolletas, el tomillo y la zanahoria cruda. No debe abusarse de los ajos, pueden causar trastornos estomacales. |
| Piorrea ... ... ... ... | El masticar ajos crudos previene contra la piorrea y la detiene si ya se padece. Fortalecen las encías. Para las mucosas bucales vitamina $B_2$ contenida en abundancia en los moluscos, leche, huevos, levaduras, etc. Necesaria, también, las vitaminas A y D. |
| Raquitismo ... ... ... | Para combatir el raquitismo es necesaria la vitamina D, contenida especialmente y en abundancia en el hígado de los peces en especial en el bacalao. También son buenos los rábanos, espinacas, acelgas, etc. |

| Riñones ... ... ... ... | Para las enfermedades del riñón son excelentes las alcachofas, limones, patatas, el apio que combate cálculos y arenillas. |
| | Las uvas y manzanas son buenas para el riñón y vías urinarias. |
| | Las judías tiernas, etc. |
| | Son necesarias las vitaminas A y C, y en general mucha fruta. |
| | Poca carne. |

| La vista ... ... ... ... | Para fortalecer la vista es indispensable la vitamina A, que contiene en abundancia las zanahorias, yema de huevo, mantequilla, aceite de hígado de pescado, etc. |
| | Contra las cataratas es necesaria la vitamina C. |
| | Para el buen funcionamiento de la vista son indispensables las vitaminas $B_1$, $B_2$, C y D. |
| | Beneficiosas para algunas enfermedades de los ojos son, la coliflor y la escarola. |

La *coliflor* y la escarola ayudan a bajar la tensión, son ricos en minerales, combaten el insomnio y contienen vitaminas C y A en abundancia.

Los *espárragos* son estimulantes del sistema nervioso.

*Espinacas y acelgas* son ricas en hierro natural y en sales. Combaten la desnutrición.

Los *guisantes tiernos*, se recomiendan a los convalecientes y tuberculosos. Combaten el agotamiento nervioso. Son ricos en vitamina B y en cal.

Las *judías tiernas*, combaten la diabetes, purifican el intestino.

El *pescado* de mar no es muy sano por el exceso de sal que contiene, siendo más sano el de río, aunque nos parezca menos sabroso.

La *sal* de cocina es perjudicial para la salud, en especial para el riñón. Es más saludable tomar los alimentos casi sosos que no salados.

Los *aceites* de bacalao, halibut, etc., son ricos en vitamina D, sustituyen en invierno a los baños de sol, los cuales producen dicha vitamina en nuestro organismo

No debe tomarse mucha *agua* durante las comidas, a no ser que éstas sean demasiado secas, pues el exceso de agua puede cortar la digestión.

Cuando se tenga sed es preferible y recomendable tomar jugo de frutas, es más nutritivo y más sano que la mayoría de las aguas.

Los *ajos* tienen propiedades parecidas a las de la cebolla, son muy beneficiosos. Los ajos crudos son muy buenos contra el asma, tensión alta, etc., sin abusar. Es uno de los vegetales que tiene más propiedades curativas.

Las *alcachofas* son ricas en minerales, pueden comerse crudas, sin tragarse las fibras.

El *arroz* descascarillado y la clara de huevo son pobrísimos en vitaminas.

La alimentación solo de arroz (excepto en casos de enfermedad), produce el beriberi, enfermedad que se caracteriza por una gran anemia y un rápido enflaquecimiento, acompañado de palpitaciones; enfermedad frecuente en los orientales, donde causa grandes estragos.

La *avena* es el cereal más nutritivo, después del trigo. Es de fácil digestión, recomendable para las papillas de los niños.

Fortalece los nervios y es un gran reconstituyente.

El *azúcar* industrial empobrece el organismo en vitamina B, y no se digiere tan fácil como el azúcar de las frutas. Debe sustituirse, siempre que se pueda, por la miel, que es mucho más sana. El azúcar industrial ataca a la dentadura, produce fermentos intestinales, empobrece el aparato digestivo, irrita el estómago, etc.

El *bicarbonato* que se echa para ablandar las legumbres destruye sus vitaminas al cocerse. El zumo de limón las ablanda y evita que al cocer se destruyan parte de sus principios nutritivos, vitaminas, etc.

El *café* excita el sistema nervioso y quita el sueño. Tomado en cantidad adelgaza.

Las *carnes* que están negruzcas y huelen mal son retrasadas y deben rechazarse.

Las *cebollas* contienen sustancias curativas, pero no son nutritivas aunque contienen sales especiales.

El *centeno* es rico en sustancias nutritivas, como el trigo y la avena, usándose lo mismo, pero conviene emplearlo mezclado con el trigo, para hacer el pan, las papillas, etc.

Las *cerezas* refrescan y son de fácil digestión. Son poco nutritivas.

La *ciruela* es rica en cal y hierro.

Las *coles de Bruselas* son ricas, sobre todo en albúmina. Es alimento muy fuerte, no debe abusarse de él.

Las *conservas* sobre todo de pescado son muy peligrosas, pues pueden producir graves intoxicaciones, y hasta la muerte, por el desarrollo de venenos muy activos, ya sea por alteraciones del contenido o por causa del envase.

Para saber si las latas de conservas están en perfecto estado debe comprobarse que no están abultadas o hinchadas, pues ello significa que su contenido ha fermentado y, por lo tanto, está alterado, siendo rechazable; así, pues, debe estar la lata en modo normal o hundida.

El *chocolate* y el cacao son alimentos un tanto irritantes, no debe abusarse de ellos. Quitan el apetito.

La *escarola* y *la lechuga* han de ser del más fuerte color verde, pues son más ricas en vitaminas y principios nutritivos. Deben masticarse muy bien.

Los *espárragos* también son nutritivos y buenos para el crecimiento; se aprovechan las puntas verdes.

Las *fresas* son ricas en minerales. Convienen a los reumáticos, al aparato digestivo, hígado, etc. Son mucho más sanas si se toman con leche, limón, etc., que con vino. Lávense muy bien.

Las *frutas* no sustituyen a los vegetales y hortalizas, ni éstos a las frutas.

Las *frutas frescas* son indispensables al organismo humano como alimento nutritivo y curativo de muchas enfermedades.

Las *frutas secas*, o las oleaginosas, como las nueces, avellanas, cacahuetes, piñones, almendras, coco, etc., son alimentos concentrados y ricos en minerales, grasas y albúminas.

Las frutas secas alimentan mucho más que las frescas y que las carnes. Estimulan el crecimiento y dan energía. Lo que debe es tomarse poca cantidad de cada vez y masticar muy bien.

De las frutas secas la más nutritiva es el cacahuete, crudo.

También son ricos en féculas y azúcares, vitaminas y minerales, principalmente. las frutas dulces secas, como los higos, uvas pasas, dátiles, ciruelas, etc. Ya hemos dicho que no deben tomarse con exceso, pues son alimentos muy concentrados y pueden irritar el estómago y la garganta.

Cien gramos de fruta seca equivalen a medio kilo de fruta fresca, tengamos en cuenta que ésta contiene mucha agua.

La fruta seca ha de estar en perfectas condiciones sanas e higiénicas. Se lavarán en agua caliente antes de tomarse.

La *fruta algo verde* es recomendable a las personas gruesas y a los diabéticos por tener poca azúcar, pero purifican mucho la sangre. Deben masticarse muy bien.

Las *grasas* animales son de difícil digestión.

Las grasas o aceites fritos no son muy buenos para la salud, así como los rancios o demasiado refinados, en especial para los que tienen alta la tensión.

Es muy bueno el aceite de estrella sin refinar, así como otros aceites vegetales.

Las *harinas blancas* por haber sido demasiado refinadas son indigestas y perjudiciales para la salud, pues han perdido casi todo su valor nutritivo, como sucede con el azúcar industrial.

Si el *hielo* está hecho con aguas no sanas, puede transmitir enfermedades.

El *hígado* es acumulador de vitaminas, pero contiene sustancias nocivas. Es gran productor de ácido úrico, si se come crudo, es rico en vitaminas, pero hay que tener en cuenta que en el hígado también se pueden albergar microbios y parásitos, lo que le hace peligroso crudo.

Los *higos* son ricos en azúcar.

Casi todas las *hortalizas y verduras* son riquísimas en vitaminas y otras sustancias alimenticias que pierden al cocerse, aunque muchas pasan al caldo donde cocieron. Por eso, todas las que puedan comerse crudas deben tomarse sin cocer, pues son más nutritivas, teniendo en cuenta las condiciones higiénicas necesarias.

La *leche* es un producto que hay que vigilar mucho. Si es leche de vaca enferma de tuberculosis o glosopeda, enfermedad del cobre, fiebre de malta, etc., puede transmitir dichas enfermedades. Por lo cual debe tomarse siempre hervida, o saneada, según se hace en las modernas «Centrales lecheras» que sirven este alimento debidamente embotellado. Lo mismo puede decirse del queso y la mantequilla.

Esto no quiere decir que no debamos tomar estos alimentos, pero sí que tengamos precaución.

La leche debe hervirse en el menor tiempo posible, es decir, a fuego vivo, para no destruir sus principios nutritivos, lo que ocurriría si estuviese largo tiempo al calor.

Los recipientes que se usen para la leche han de estar escrupulosamente limpios. Las vasijas que se usen para la leche no deben usarse para otros alimentos, ya que la leche tomaría el sabor de éstos.

La leche debe conservarse en sitio muy fresco o en nevera.

La leche que tiene color blanco azulado probablemente está desnatada y aguada. Si tiene color blanco rojizo o rosa debe rechazarse, pues es que tiene sangre mezclada. posiblemente de lesiones enfermizas en las ubres de las vacas. Si la leche huele a ácido es que está alterada la lactosa por microbios que la hacen fermentar. Si huele a moho o podrido, está en putrefacción la caseína; tanto ésta como algunas ácidas son muy perjudiciales.

La buena leche tiene un color blanco hueso, huele a fresca y sabe ligeramente dulce; después de permanecer en un vaso un momento debe dejarlo empañado.

*Lentejas*, es un alimento muy valioso por su fácil digestión y desde luego más rico en hierro que las demás legumbres.

Las *legumbres* en puré apenas dan gases, pues la piel es la que principalmente los produce. Cocidas con ajo, limpio, pero sin pelar, se digieren mejor.

La *lombarda* o col roja se digiere mejor que la blanca, siguen las coles verdes y las más inferiores las blancas.

El *maíz* también es pobre en vitaminas y de difícil digestión.

*Mantequilla*. Creemos útil advertir que no todos los productos que actualmente se venden tan profusamente imitando a la mantequilla y compuestos de grasas de origen diverso (margarinas), no pueden igualar a la mantequilla en su valor alimenticio, pues carecen de las vitaminas que enriquecen a ésta.

Para que la mantequilla se conserve fresca debe envolvérsela en unas hojas de verdura refrescadas al chorro de agua y bien lavadas. También puede cocerse, pero pierde casi todas sus vitaminas.

La *manzana* es muy nutritiva. Su piel es de difícil digestión, pero rica en minerales. Pueden tomarse asadas o crudas. Es curativa de varias enfermedades: corazón, alta tensión, etc.

El *melón* es de fácil digestión; ha de ser maduro y muy dulce.

El *melocotón* contiene más azúcar que la ciruela y tiene parecidas cualidades curativas que ésta.

La *miel* es un alimento concentrado del que no debe tomarse con exceso, pues es irritante. Tomada en ayunas es muy sana y durante la primavera adelgada la garganta y es recomendable contra el bocio. La miel contiene mucho azúcar y debe preferirse al azúcar industrial.

Las *naranjas* y *los limones* son las frutas que tienen mayor poder depurativo. Son muy ricas en vitamina C. Se toman sin piel, ya que ésta se digiere mal. Si se toma el limón en jugo debe beberse por una pajita, pues su ácido ataca al esmalte de los dientes.

Las *pastas para sopas* fabricadas con harinas blancas, demasiado refinadas, por lo que pierden sus principios nutritivos, son pobres en éstos y más bien perjudiciales a la salud.

Las *patatas* son nutritivas, de fácil digestión; no son ricas en vitaminas ni minerales, pero contienen abundante fécula y albúmina. Cocidas con piel en poca agua, no pierden, tanto como cocidas peladas, sus valores alimenticios.

Las personas gruesas deben tomar poca cantidad; sin embargo, son útiles para el estómago.

La *pera* es de fácil digestión, muy recomendable a los que padecen alta tensión de la sangre.

Los *pimientos rojos* son muy ricos en vitamina C y otras sustancias nutritivas. El pimiento verde no es tan bueno ni tan sano como el rojo.

La *piña* es recomendable para el estómago e intestinos; ayuda a la digestión. Limpia las amígdalas de placas, si se dan toques con un hisopo mojado en su jugo.

El *plátano* debe comerse maduro.

El *queso* nutre más que la carne, pero no debe abusarse de él por ser un alimento concentrado. Es más sano el queso fresco que el fermentado y salado.

La corteza del queso puede albergar muchos microbios; debe limpiarse con frecuencia o untarla de aceite.

La *remolacha* dulce es útil por el azúcar.

La *sal* en los alimentos debe echarse al final de la cocción para que no destruya los principios nutritivos.

No debe tirarse el caldo donde hayan cocido las legumbres y hortalizas, siempre rico en minerales; puede tomarse con el mismo alimento con que haya cocido o emplearlo para sopas, caldos, etc.

El *salvado* es un alimento muy rico en principios alimenticios. Nutren y convienen a los niños en las papillas que pueden hacerse con leche y salvado.

El *té* no perjudica tanto como el café, pero contiene mucho tanino, que es astringente, por lo que debe tomarse con leche. También tomado en cantidad adelgaza.

Los *tomates* crudos son ricos en vitaminas, neutralizan las sustancias tóxicas o nocivas de la carne, si se toman con ella.

La *uva* es de las principales frutas que sirven como alimento curativo de muchas enfermedades, convalecencias, etc.

Las *verduras* y *frutas* si están regadas con aguas contaminadas pueden transmitir el tifus, por lo que no deben comerse sin antes lavarlas perfectamente.

La *zanahoria* es rica en vitamina A, fácil de digerir y muy nutritiva; es conveniente para los niños.

\* \* \*

Las *moscas* transmiten muchas enfermedades, por eso no deben tocar los alimentos, ya que en sus patas transportan los microbios que han adquirido al posarse en las basuras, heridas de animales, alimentos putrefactos, etc. Los alimentos deben protegerse contra ellas por medio de alambreras, tarlatanas, etc.

# Advertencias al ama de casa

Como en la mayoría de los casos son las amas de casa las que tienen que entenderse con la cocina, vamos a darles algunos consejos para facilitarles o hacerles más agradable su difícil tarea.

Para que la *tierra de las patatas* no penetre en la piel de las manos, dejándolas oscuras y feas, deben lavarse al chorro las patatas y mientras se pelan refrescarlas de cuando en cuando en agua. Terminará usted de pelar sus patatas con las manos limpias.

Después de lavar el pescado podrá quitar *el olor de sus manos* frotándose con limón y lavándose después. Lo mismo sucede con el olor a lejía, también se quita con limón.

Si va a hacer usted una tortilla de patata, a la cual agrega cebolla, procure picar antes la cebolla y después las patatas, y así sus manos no tendrán olor; pero si no tiene que pelar patatas después y ha picado usted cebolla o ajo, podrá quitar este olor de sus manos frotándose con perejil y lavándose después.

Si tiene que fregar los *suelos* de mosaico eche en el agua del cubo, dos o tres cucharadas de jabón en polvo o en escamas, y con el agua calentita para que se deshaga bien; cuando acabe el fregado sus manos estarán limpias porque el agua jabonosa habrá impedido que la porquería penetrara en su piel.

El limón, el vinagre y el tomate maduro limpian el *hierro* de su cocina; también el limón limpia las manos.

Después de fregar la *chapa* con arena, se la puede frotar con limón, pero después hay que volver a jabonarla y secarla muy bien, por eso es mejor fregarla cuando aún esté un poco caliente, para que se seque rápidamente.

Si se friega con vinagre y arena, para que no se ponga fea después de seca, se la fregará, a continuación del vinagre, con jabón y polvos Netol o sosa. Se aclarará y se seca bien.

Para hacer que el estropajo nuevo no esté tan tieso, se jabona y se frota un poco como si fuera una prenda cualquiera; en seguida se pondrá suave.

*Sus nervios* se tranquilizarán si mete usted sus manos hasta la muñeca, durante unos minutos, en agua caliente.

Descansará de *su fatiga* nerviosa si se tiende en el suelo con los músculos flojos y apenas sin almohada, durante ocho o diez minutos, con los ojos cerrados.

## UNOS CONSEJOS DE LIMPIEZA

El *hierro forjado* se limpia con aceite o petróleo.
El *mármol* se limpia con agua oxigenada, aclarándolo con agua fresca.
Las *teclas* de su piano, se limpian con alcohol.

Los *dorados* se limpian con blanco España y amoníaco. Se hace una mezcla lo densa que usted desee.

Los *muebles barnizados* o de brillo se limpian con una mezcla a partes iguales de vinagre, aceite corriente y aguarrás, agítese bien. Una vez frotados con esta mezcla se dejan secar y después se frotan bien.

Las *manchas de tinta* se quitan metiéndolas, aún frescas, en leche, mejor si es cruda, pero caliente, renovándola dos o tres veces.

Los objetos de cobre se limpian con limón y se frotan después con un paño de lana.

Las *manchas de licores* se quitan con alcohol y agua a partes iguales, aclarándolo después.

Manchas *de cera* se quitan poniéndoles encima un papel de estraza y pasándoles la plancha caliente por encima, el papel absorberá la cera.

Las manchas *de grasa*, se quitan echándoles inmediatamente polvos de talco, o harina, para que empapen la grasa, después de pasadas unas horas se cepillará la prenda muy bien.

Las manchas de *óxido* se quitan empapándolas en zumo de limón y poniéndolas al sol; si no hay sol se les puede pasar la plancha por encima; lávese después. También hay productos comerciales para quitar el óxido de la ropa.

Manchas de aceite en una prenda cualquiera. Se ralla con un cuchillo un poco de piedra de «greda» (venta en droguerías) y se mezcla una con agua, haciendo una pasta que se aplica a la mancha, dejándolo así durante una hora, poco más o menos, hasta que se seque. Se cepilla con un cepillo limpio.

Para quitar las manchas de grasa en el ante se empapa la mancha en gasolina, se cubre muy bien con bicarbonato y se vuelve a regar con gasolina. Se deja así una hora; luego se cepilla.

## VARIOS

A los pimientos asados se les quitará la piel fácilmente si una vez asados se envuelven inmediatamente en un paño, para que suden, al cabo de un rato la piel se desprenderá sola.

Las alcachofas y el cardo no se pondrán negros si nada más cortarlos se frotan con limón.

Si se pica cebolla al lado del chorro de agua no le llorarán los ojos.

Debe el ama de casa tener en cuenta que para los ancianos y niños, podrá darles las mismas comidas que a los adultos, pero menos ración y las comidas de difícil digestión pasándolas en puré. Así como también deben aumentárseles las legumbres y hortalizas tiernas, los huevos y la leche, disminuyendo las carnes, y éstas debe procurarse que sean blancas (ternera, cordero lechal).

La cena debe ser temprana. Si se cena tarde, ha de procurar que sea ligera, ya que acostándose pronto no se hace bien la digestión, teniendo después pesadillas y malas noches.

Las comidas han de ser lo más variadas posible, bien condimentadas y presentadas, pues cada alimento es más o menos rico en determinadas vitaminas y siendo variadas el organismo completa y repara mejor sus pérdidas orgánicas.

Aprovecharse bien de las frutas y legumbres frescas de cada época.

Para los que realizan trabajos fuertes pueden tomar un poquito de vino bueno y natural en las comidas, sin abusar, así como aumentar la ración alimenticia. Los niños no deben tomar vino.

No deben tomarse las comidas demasiado saladas, ni picantes o con muchas especias, así como excitantes, todo ello perjudica a la salud.

Debe comerse con tranquilidad, sin discutir ni tener preocupaciones que impiden la buena digestión. Así como reposar un poquito las comidas, sin leer ni dormir. Los nervios excitados son el peor enemigo de la salud y de la belleza.

El aceite lleno de residuos de freír varias cosas, se volverá transparente si se fríe en él unas cuantas hojas de perejil y se cuela.

La goma de las tapas pegada al cristal de los botes o tarros se quita con acetona.

Cuando los zapatos se ponen duros se frotan con petróleo para que la piel se suavice.

## CONSEJOS PARA ENGORDAR O ADELGAZAR

Para engordar, sólo aconsejamos, el reposo y la buena alimentación.

Para adelgazar. Primero hay que saber qué clase de obesidad es la que se padece, por lo que debe aconsejarse del médico; pero, en general, le vamos a dar algunos consejos.

Hay principalmente dos clases de obesidad: la grasienta y la acuosa.

En general, se puede adelgazar no tomando apenas pan, ni sal, en las comidas. La sal retiene el agua. Tampoco deben tomar legumbres, ni embutidos.

Para la obesidad grasienta, necesitará ejercicios que hagan sudar, no tomar grasas, ni pan, dulces, frutas secas, agua en la comida, nada que dé muchas calorías, etcétera.

La obesidad acuosa se da más en el hombre que en la mujer. Los que padecen esta gordura no eliminan bien el agua que es retenida en los tejidos. Poca sal y agua. Pocas verduras y sí carne. Tampoco deben tomar sopas, caldos, ni frutas frescas u acuosas. Los disgustos les engordan.

También hay obesidad parcial o celulitis. Consiste en que sólo algunas partes del cuerpo, como los tobillos, las caderas, los muslos, el cuello en la nuca, la parte superior de los brazos, etc., engordan más en proporción que el resto del cuerpo. Necesitan alimentación y vida equilibrada y sana. Pocas carnes y otros alimentos que produzcan muchas toxinas, y especias, sales picantes, embutidos, vinos, licores, café, etc., y otros alimentos ácidos como tomates, limones, naranjas ácidas, etc. Tampoco deben tomar mariscos, conservas, frutos secos, etc.

Su médico debe determinar su régimen.

## LA OLLA A PRESION

Cada fabricante o Casa sirve con la «olla» un folleto explicativo para su uso y manejo, que debe seguirse al pie de la letra, hasta que la experiencia pueda rectificar, si es necesaria, alguna deficiencia o corrección, o el punto de algunas comidas, etcétera.

El tiempo de cocción es el mismo para poca que para mucha cantidad, en general.

La olla no debe fregarse con arena, pues se pegarían las comidas. Para quitar la capa oscura que van dejando los residuos de las comidas hay estropajos, especiales de aluminio, en todos los comercios, que limpian la «olla» perfectamente. También para limpiarla se la puede enjuagar bien con un litro de agua en la que se hayan disuelto dos cucharadas de crémor tártaro; puede dejarse un ratito con este agua.

Debe secarse muy bien y no guardarse tapada para que no huela mal; sino procurar, si se puede, colocar la tapadera al fondo, para que no corra el peligro de que se cierre al tropezar con cualquier cosa, ya que después es molesto volverla a su sitio.

Las sopas de pastas deben cocerse con la olla destapada o en una cacerola, ya que como consumen determinada cantidad de agua, según la clase de pasta, puede quedar muy caldoso o consumirse sin cocer lo suficiente.

No echarle agua muy fría si está la olla muy caliente.

## LA BATIDORA ELECTRICA

La «batidora eléctrica» como la «olla» tiene también su folleto explicativo; podemos recordar algunas normas o advertencias.

1.º Para echar los alimentos en la batidora ha de estar ésta en posición cero, es decir, parada.

2.º Los alimentos sólidos han de echarse partidos en trozos pequeños, para no forzar las cuchillas.

3.º Siempre ha de echarse algún líquido para que cubra las cuchillas, ya sea leche, agua, etc., sobre todo si los alimentos son secos.

4.º No deben echarse los alimentos demasiado calientes, pues pueden romper el vaso si es de cristal.

5.º Para los alimentos líquidos se necesita, aproximadamente, medio minuto de tiempo, para batirlos; para los alimentos blandos, un minuto, y para los sólidos, dos minutos.

6.º Si la mezcla sólida necesita más de dos minutos para quedar bien batida, debe pararse el motor y dejar que se enfríe unos momentos para ponerlo de nuevo en marcha y terminar el batido.

7.º La batidora no debe funcionar más de dos minutos seguidos.

8.º No debe dejarse nunca el aparato sucio. Se limpia muy bien echándole agua templada y poniéndola en marcha unos segundos. Se vacía, y si no ha quedado bien limpia puede repetirse la operación hasta que esté completamente limpia. Después se procede a secarla perfectamente para que no se oxiden las cuchillas.

9.º Los alimentos que se pongan en la batidora no deben ocupar más de las tres cuartas partes, es decir, de cuatro partes sólo deben ocupar tres, para que no se salga el alimento del vaso, al poner el motor en marcha.

10. No deben ponerse en la batidora huesos de frutas, pepitas, etc., ni otros alimentos demasiado duros, pueden romper las cuchillas.

11. La «mezcladora» que funciona con el mismo motor que la batidora se emplea, con el «doble brazo», para amasar las pastas y masas. Con el «agitador» se hacen los «batidos» y otras mezclas líquidas.

## LA MESA, SERVICIO Y COMIDAS

Hoy día, fundamentalmente, sólo se ponen dos platos.

En las comidas de mediodía se ponen entremeses al principio, y por la noche se suprimen los entremeses y se sirvé consomé o sopa.

Las comidas de etiqueta suelen ser por la noche y tienen la misma importancia que si lo fueran al mediodía; a estas comidas se les llama almuerzo.

Por la noche no se sirven quesos, pero en vez de éstos se ponen helados, tarta helada y postres de dulce.

El consomé se sirve caliente en invierno y frío en verano, y en tazas.

El queso es muy corriente servirlo en bandejas de madera con cristal, acompañar un recipiente con miel o mermelada; pero puede servirse en otra bandeja si no se tiene la de madera.

Se usan mucho las mantelerías individuales, pero conviene poner debajo de ellas forro de muletón.

En los desayunos y meriendas se acostumbra a servir chocolate, té, café, mantequilla, suizos, ensaimadas, bollos, croissants, napolitanas, churros, tostadas, buñuelos, etcétera. El café se sirve en cafetera, la leche y el chocolate en lechera, y el té en tetera.

También se pueden servir en las meriendas sandwichs, canapés, emparedados, mediasnoches, trozos de tortilla, croquetas chiquitas, empanadillas, aceitunas, patatas fritas, almendras, queso en trozos o en banderillas, frutas, pasteles salados, pasteles dulces, tarta, etc., con cap o vinos secos.

Los manteles se ponen como en el almuerzo, o se pone lo que se llama mesa «buffet», donde se colocan todas las cosas y cada invitado se sirve lo que desea.

## ALMUERZO

En esta comida se usan manteles en color fino y discreto.

Primero se sirven entremeses o aperitivos.

Segundo: Consomés, caldos, sopas, macarrones, paella, etc.

Tercero: Huevos, que en general se sirven en fuente redonda. Tortilla francesa, que se sirve en fuente alargada.

Cuarto: Pescados, que se sirven en fuente alargada, o en plato gratinado o refractario, sobre servilleta.

Quinto: Fritos, en fuente larga o redonda.

Sexto: Carnes, caza o aves con salsa o guisados, Si son piezas pequeñas se sirven en fuente redonda, y sin son piezas grandes. en fuente alargada. En salsera aparte se sirve la salsa.

Séptimo: Carnes asadas o a la parrilla.

Octavo: Ensaladas.

Noveno: Pasteles o dulces, en fuente o bandeja de la forma que se desee.

Décimo: Quesos, y éstos en una fuente y ésta sobre una servilleta.

Undécimo: Frutas.

Duodécimo: Café, licores.

## COMIDA

Debe usarse mantel blanco.

Primero: Sopas, caldos o potajes.

Segundo: Fritos de sesos, pescados, croquetas, empanadillas, etc.

Tercero: Asados de carnes.

Cuarto: Quesos, confitería.

Quinto: Frutas.

## MINUTAS O MENUS

*Para un bautizo*

Canapés, sandwichs, pastelitos.
Bizcochos, bizcotelas, mantecadas finas, pastas, petit choux, etc.
Embutidos, fiambres, jamones.
Confitería.
Café o té.
Cigarros.
Coñac, Champaña, Jerez, Madeira, etc.

## Para comunión

Chocolate, café o té.
Medias noches, suizos, troncos, croissant, bollos.
Tostadas con mantequilla, mermelada, miel.
Sandwichs, emparedados, pastelitos rellenos.
Tarta, helados.
Jerez, Madeira, Solera, etc.

## Para un Cock-tail o vino español

Sandwichs, emparedados.
Pastelitos, patatas fritas, canapés, foie-gras, tartaletas, medias lunas, almendras, avellanas, aceitunas, embutidos finos, jamones.
Pastas, pasteles finos, chantilly, bombones. helados, café o té.
Vinos de Oporto, cock-tail, Jerez, Manzanilla, etc.

## Para un guateque

En el *guateque* se admiten muchísimos alimentos que sirven para entremeses, por no decir todos, y muchos más. Por ejemplo : *Ensaladilla rusa. Mariscos. Aceitunas negras* con cebolla, aceite y espolvoreadas de pimentón y rociadas de zumo de limón. *Mejillones,* cocidos adornados con pepinillos, espolvoreados de pimentón aldeanueva, aceite y zumo de limón. *Gambas* cocidas con sal, limón y laurel. A las gambas cocidas con limón o vinagre, como a otros mariscos, les ataca el ácido, de modo que quedan deshechas después de cocidas, las que no estén en buenas condiciones, que deben rechazarse. Las gambas se pueden adornar con pimientos y pepinillos. Otras se pueden adornar con pepinillos, pimientos, poniendo en el centro en forma de estrellas los pepinillos cortados en dos, una corona rala de aceitunas y coronando cada aceituna una gamba.

*Sandwichs* de pan de molde (1). Untado con mantequilla se le colocan unas anchoas y se cubre con la otra mitad, apretando bien una tapa contra la otra. También se untan con foie-gras y una rajita de jamón, etc. Se meten al horno un poquito o sobre la chapa.

Los *canapés* van descubiertos, sólo se pone una tapa de pan, se adornan con pimientos, pepinillos, jamón, anchoas, etc.

Se les suele cortar las puntas un poquito.

El foie-gras se puede trabajar con mantequilla y mostaza.

Sandwichs, emparedados, canapés, pastelitos de carne. pescado, foie-gras, aceitunas, mejillones, gambas, jamones, hojaldres, tarta helada, pastas finas, tarta.

Café o té.

Champagne o Champaña, Jerez, Málaga, Cap, etc.

## Para un lunch

Consomé. Sandwichs, emparedados, medias noches. Pastelitos rellenos, fiambres, jamones, huevos hilados, solomillo, pollo, gelatinas, ensaladas, ensaimadas, yemas, flanes, tocinillos, pastas finas, tarta helada, pasteles.

---

(1) Al que se le cortarán los bordes que son duros.

52

Frutas. Café o té o chocolate con crema o chantilly.

Cigarros.

Champagne, vinos amontillados, vinos dulces, manzanilla, etc.

El *almuerzo* se sirve a medio día, según moda del extranjero; es nuestra comida.

La *comida* se sirve al atardecer o noche; en España la llamamos cena.

Ya hemos dicho que en esta comida no se sirven entremeses ni quesos, aunque si no es muy tarde se suelen servir quesos.

VINOS: Para los entremeses se sirven vinos blancos, corrientes, vermouth, Rioja, Valdepeñas, Burdeos, Borgoña, etc.

Para las ostras, Wonvaray. Para los canapés y entremeses, rusos, Vodka. Todos ellos a temperatura fresca.

Para las *sopas*, vinos de Madeira y Jerez, a la temperatura de la sala.

Para *pescados*, vinos blancos de primera clase, Diamante, Mourrieta, Borgoña, etcétera, tipo secos y fríos.

Para los *huevos*, vinos como en los entremeses.

Para las *carnes, aves y caza* asados, vinos tintos de mucho cuerpo: Borgoña, Valdepeñas, Burdeos, Murrieta, etc., a la temperatura de la sala.

*Helados y postres*. Champagne, vinos dulces, Málaga, Cariñena, etc. El vino espumoso puede servirse helado; los licores, a temperatura natural.

Los *mariscos*, vino Mosela.

Las *legumbres*, Montilla.

Los *quesos*, vinos como en los asados.


## COMO SERVIR LAS COMIDAS

Para las comidas de etiqueta sólo se usan manteles blancos, que se colocan sobre un muletón blanco que estará a su vez encima de un hule, para de este modo evitar, si se derrama algún líquido, que estropee la madera de la mesa.

La mesa puede adornarse con flores sueltas, grupitos de flores al lado de cada plato, figuritas graciosas y finas, etc.

Primero se coloca el plato llano y sobre él el de la sopa o sopero, y encima de éste se coloca un platito para los entremeses, si es que los hay (1).

Si se sirve consomé no se necesita poner el plato sopero, pues se servirá dicho consomé en la taza apropiada y ésta sobre un platito que se colocará encima del plato llano de cada comensal.

La cuchara y el cuchillo se colocan a la derecha y el tenedor a la izquierda del plato (2). Si se pone pala para el pescado se coloca a la derecha, así como toda clase de cucharas y cucharillas, y los tenedores de ostras y otros siempre a la izquierda. Los cubiertos de postre se colocan delante del plato, por el lado de dentro de la mesa.

En las comidas se ponen tres copas: una para agua, otra para los vinos secos o dulces y otra para el vino. También se puede colocar detrás de la última, una copa para el champagne. Se colocan de mayor a menor, de izquierda a derecha, es decir, la mayor la primera a la izquierda.

El vino del Rin y el de Sauternes se sirven en copas de color. Los licores en copas pequeñitas especiales.

La servilleta se coloca doblada sobre el plato o a la izquierda de éste (3)

_____

(1) Hoy también se sirven en mesita aparte.

(2) Si la comida es sólo de tenedor, se coloca éste a la derecha y el cuchillo o pala a la izquierda.

(3) Dobladas sencillamente en triángulo o rectángulo.

El pan se coloca a la izquierda; también puede colocarse en platitos individuales.

La minuta o la tarjeta, con el nombre del comensal, si se pone, se coloca sobre la servilleta.

El pan y el agua no se sirven hasta el momento de comer, así como los vinos, pero éstos pueden ir sirviéndose cuando correspondan, preguntando al comensal la clase de vino que prefiere.

Se tendrán mesitas auxiliares para colocar los platos limpios que van a cambiarse, fuentes, etc. En el extranjero se utilizan para colocar también los platos usados, ya que la servidumbre es escasa y no hay quien retire de la mesa los servicios usados.

## PRESENTACION DE LAS COMIDAS

Los fritos y asados a la cazuela se sirven escurridos de grasa, en fuentes de metal o de loza.

Los asados al horno se sirven en el mismo recipiente donde se hicieron, pero muy limpio.

Los potajes y guisados, en fuentes hondas.

Los estofados, en fuentes planas.

Las frutas, en cestos de mimbres, con tapete blanco, en fruteros, etc.

Las mermeladas se sirven en compoteras de cristal.

Los quesos, en bandejas de madera con cristal encima, o en bandejitas con tapetes.

Los pasteles, en bandejas.

El pan, en platitos individuales o cortado en la cestita con tapete y tenedor, o en paneras de plata.

## SERVICIO

El servicio de la mesa debe hacerse sin ruido de platos ni cubiertos y con toda destreza.

Se sirve primero a la señora de más categoría, que deberá ser colocada a la derecha del dueño de la casa; después se sirve a la señora que está a la izquierda de éste, y así sucesivamente hasta terminar por la señora de la casa, y antes que a la primera señora a algún anciano, si lo hay, y a las jovencitas.

Si la comida no es de mucha etiqueta se empieza por la señora de más categoría y se continúa por los demás comensales sin guardar preferencias.

Los platos se retiran por la derecha y las fuentes se sirven por la izquierda.

Los camareros pondrán sobre su mano izquierda una servilleta doblada y sobre ésta la fuente.

Si los platos llevan salsa, un criado sirve el plato y otro la salsa, en salsera.

El vino se sirve por la derecha cogiendo la botella bastate arriba, colocando el índice sobre el cuello de la misma y anunciando la marca antes de servirlo.

Los entremeses se sirven en fuentes especiales o en platos individuales, para los cuales se usan cubiertos también especiales.

El consomé, en tazas especiales, y la sopa, en plato, deberán presentarse servidos.

Las ensaladas se servirán cortadas en pedazos pequeños.

Las aves no deben trincharse en la mesa, sino presentarse trinchadas, pero bien arregladas y no todo revuelto.

Antes de servirse los postres se retiran las salsas y se quitan las migas con el recogemigas o con un paño.

Según la consistencia del dulce se tomará con cucharilla o con tenedor especial y cuchillito.

Los helados se sirven en copas o en platitos de cristal.

El criado llevará en su mano izquierda la servilleta doblada; sobre ésta el plato grande de cristal con el helado. Si va en copas, éstas se presentarán servidas.

Para servir el helado grande se cortará con pala especial. El helado puede tomarse con cucharilla o con palitas lisas.

El café se servirá al final de la comida, en la misma mesa o en otra habitación en mesitas a propósito.

## LOS COMENSALES

Primero se sientan a la mesa las señoras de más edad, después las jóvenes y por fin los caballeros.

Se colocarán una señora y un caballero, alternando; a los lados del dueño de la casa, las señoras de más categoría, y al lado de la señora de la casa, los caballeros principales.

Los caballeros retirarán la silla de la señora que esté a su lado para que se siente, y volverán a colocarla. En todo momento han de ser respetuosos y galantes con las damas.

La servilleta se coloca medio doblada sobre las rodillas, y si no se vuelve a comer en la misma casa, debe dejarse sobre la mesa sin doblar.

Aunque nos guste, no debemos repetir ningún plato, ni servirse hasta los bordes, como tampoco deben apurarse mucho las comidas ni inclinar el plato para recoger con la cuchara hasta la última gota.

Cuando necesitemos comer pan, se partirá con los dedos el trocito que vayamos a comer cada vez.

Para el pescado, si hay pala, no debe usarse el cuchillo, sino el tenedor, ayudado por un trocito de pan.

El cuchillo no debe llevarse jamás a la boca.

Nunca deberá cogerse más de la cuenta, de forma que caiga del tenedor o cuchara antes de llegar a la boca.

No debe hablarse con la boca llena. Ni comer con la boca abierta.

Los espárragos pueden tomarse con los dedos por la parte posterior, que se dejará a la orilla del plato.

Los embutidos que se sirven con los entremeses, al comerlos se les quita la piel ayudados de tenedor y cuchillo.

Antes y después de beber hay que limpiarse los labios con la servilleta.

La copa se coge por su parte inferior. No debe apurarse todo el líquido.

Se tomarán con cuchara las sopas, caldos y todo lo que esté caldoso.

Con tenedor, todos los alimentos sólidos.

La ensalada no se corta.

Las espinas o huesos se quitan de la boca con el tenedor o con los dedos, discretamente, colocándolos a la orilla del plato.

La fruta grande, como peras, manzanas, etc., se parten en cuatro trozos, se toman con el tenedor y se pelan con el cuchillo de postre, se colocan las mondas a un lado y la fruta se sujeta con el tenedor y se parte en trocitos, comiendo uno a uno, como se hace con la carne.

No deben hacerse movimientos menos delicados en la mesa, como acicalarse el pelo con las manos y menos con el peine, rascarse, manosearse la cara, limpiar las uñas, etc.

En las salsas no debe mojarse el pan, sino tomarla con lo que se acompañe; todo lo más que se puede permitir, cuando hay mucha confianza, es mojar el pan recogiéndolo con el tenedor.

No se debe levantar y extender el brazo por encima de las cosas que hay en la mesa para tomar algo que no está a nuestro alcance, sino pedirlo al camarero o a uno de los comensales más próximos, sin que por ello se falte a ninguna regla.

Cuando necesite uno sonarse en la mesa, lo hará con el mayor disimulo, y de ningún modo con ruidos estridentes y exagerados; es cosa de mal gusto y desagradable en cualquier sitio que se haga.

No debe hacerse ruido al beber ni al comer, ni enjuagarse la boca al beber.

No meter en la boca toda la comida que quepa, sino la que prudentemente se pueda masticar.

El hablar al oído de otra persona, es una falta de educación.

Al terminar de comer cada plato se dejan los cubiertos cruzados sobre él, con los mangos hacia el comensal.

Con el café se toman licores. Los dueños de la casa servirán en este momento cigarrillos o puros. Se distribuyen ceniceros.

Actualmente hay una gran libertad en las costumbres del buen comer, servicio de mesas y modos del comensal. Parece ser que la moda varía constantemente, como en todas las cosas, en estas cuestiones.

# Entremeses

Todos los entremeses admiten múltiples combinaciones, y en el buen gusto del ama de casa va el éxito de la bonita y agradable presentación, ya que aquí es imposible dar a conocer la innumerable cantidad de combinaciones que pueden hacerse.

Si alguna vez no se dispone de algún ingrediente de los que marca la receta, y éste no es fundamental, puede prescindirse de él o suplirse con otro similar.

La mantequilla se sirve en un trozo grande o en trocitos moldeados.

El pan tostado crujiente y la mantequilla fría se sirven en platos independientes. Sólo se debe servir sopa después de los entremeses si éstos son fiambres, embutidos, conservas, etc., que no sean de cocina.

## ACEITUNAS

Las aceitunas se pueden poner de mil modos. Si son negras, con cebolla picada, aceite y pimentón picante y un chorro de limón, todo en crudo, por encima. Si son verdes, con pepinillos, adornando otros platos, etc.

## ACEITUNAS RELLENAS

**Aceitunas.—Mantequilla.—Una latita de anchoas.—Tomate.—Limón.—Aceite.—Sal.—Lechuga o escarola.**

Se parten rodajas de tomate, de buena clase, con pocas semillas, y se sazona de sal, aceite y unas gotitas de limón, si se desea. Se colocan en una fuente, unas a continuación de otras, cubriendo el fondo.

Se deshuesan con aparatos especiales o con ayuda de una horquilla, como se hace con las cerezas, ajustando ésta al hueso de la ceituna y haciéndola girar hasta que se desprenda el hueso de la carne. En el mortero se machacan las anchoas y una cucharada de mantequilla de vaca, se hace una pasta, con la que se rellenan las aceitunas, cubriéndolas con la caperucita de su carne, que se ha quitado antes de sacar el hueso. Si las rodajas de tomate son pequeñas, se colocará una aceituna sobre cada tomate, y si son grandes, pueden colocarse tres o más haciendo dibujos graciosos, valiéndose de la lechuga que habrá sido aliñada con aceite refinado, poquito de sal y zumo de limón.

Las rodajas de tomate pueden colocarse sobre un lecho de lechuga o escarola o adornar la fuente con ellas a la vez que las aceitunas componen el adorno principal de la composición.

También pueden ponerse las aceitunas solas en platitos.

## ANGULAS

**Un cuarto kilo de angulas.—Dos cucharadas de aceite.—Dos dientes de ajo. Sal.**

Las mejores angulas son las grandes y blancas, no las delgadas y oscuras.
En agua hirviendo, sazonada de sal, se echan las angulas, bien lavadas, dejándolas cocer durante un minuto. Se escurren del agua y se secan con un paño.
En una cazuela de barro refractario se echan las dos cucharadas de aceite y los dos dientes de ajo, y se fríen éstos; después, se echan las angulas para que se calienten, pues no se fríen.
Se sirven inmediatamente en la misma cazuela o en otras individuales.

## ANGULAS A LA CAZUELA

Se cuecen las angulas como en la receta anterior, y se sazonan con pimienta blanca, pimentón y guindilla y ajo picadito. Tanto de la guindilla como del ajo no debe echarse mucho, pues es natural que picará más cuanta mayor cantidad se pone de guindilla y más acentuado será el sabor del ajo, cuanta mayor cantidad lleve; recordamos que la pimienta blanca también tiene un sabor muy fuerte. Se bañan con aceite hirviendo y se dejan, bien tapadas, unos cinco minutos.
Se sirven hirviendo.

## ANGULAS AL AJILLO

En cazuelitas individuales se echan las angulas, sobre ellas aceite hirviendo, ajo y guindilla picaditos, se remueven, revolviéndolas con rapidez unos segundos, sirviéndolas inmediatamente en las mismas cazuelitas.

## ANGULAS A LA BILBAINA

**Un cuarto kilo de angulas.—Guindilla.—Ajos.—Aceite.—Sal.—Pimentón.**

Se lavan muy bien las angulas y se secan con un paño. Una cazuelita de barro se unta con guindilla, después se echa medio pocillo de aceite y en él se doran seis o siete dientes de ajo; cuando estén casi negros se sacan y se echan las angulas y un poco de pimentón. Se les dan unas vueltas, pues no deben cocer sino sólo dos minutos.
Se sirven inmediatamente en una cazuela o en cazuelitas individuales.

## PINCHITOS

Los pinchitos consisten en unos cuantos ingredientes, sujetos con un palillo.
Pueden hacerse infinidad de clases de pinchitos, colocando los trozos mayores abajo y los más pequeños encima, combinando los colores. Vamos a describir algunos.
Todos los pinchitos pueden ser clavados en triángulos, rectángulos, cuadrados, etc., de pan de molde.
Untar el pan con mantequilla, moyonesa, mostaza, limón, etc., una hoja de lechuga y sobre ella una gamba.
Pan, dado de queso, pimiento y aceituna rellena.
Mantequilla, fruta confitada, rueda de plátano, uva sin semilla, rociadas de limón.

Mayonesa, ciruela pasa (que habrá estado a remojo, se le quita la semilla), se enrolla en lonchita de jamón.
Champiñones rehogados en mantequilla, rueda de cebolleta, lechuga.
Mantequilla, ternera asada y fría o pollo, huevo duro, tomate.
Salchichón o chorizo bueno, cebolleta, huevo duro, pepino.
Mantequilla, dado de jamón, huevo hilado y punta de espárrago.
Pasta de sardinas, tomate, aceituna.
Mayonesa, alcachofa, pimiento morrón.
Almeja, pimiento, aceituna, rociado con limón.
Huevo cocido, lechuga, salchicha.
Mantequilla, queso, dulce de membrillo.
Queso de Burgos, guinda confitada, naranja, también en dulce.
Pueden hacerse mil variaciones a base de los alimentos más diversos, buscando las combinaciones más apetitosas.

## BARQUITAS

Con pasta de «hojaldre», de «empanadillas» o de «hojuelas», se hacen unas barquitas, que se cuecen al horno o se fríen, según la clase de la pasta.
Estas barquitas se rellenan de carne picada, con pimientos, tomate, aceitunas, etc.: o con huevos duros, pimientos, anchoas, o con atún, cebolleta muy picada, así como un poquito de ajo, muy picadito también, etc., etc. Pueden cubrirse con unas tiras de pasta y meterlas un poco al horno. La pasta ha de ser de hojaldre para que se haga enseguida.

## BOLAS DE PATATAS

**Un «puré duquesa», espeso (ver fórmula).—Queso rallado.**

Hecho el «puré» se le agrega el queso rallado. la cantidad que cada uno desee, pues a unos les gusta con más queso y a otros con menos. Se hacen con la cuchara unas bolitas, se rebozan en harina y se fríen.
Pueden colocarse en una fuente con pimientos, aceitunas, pepinillos, etc.

## CALAMARES FRITOS

Se lavan y limpian; se parten en tiras, se sazonan con sal y limón, se rebozan en harina y se fríen en abundante aceite muy caliente para que se doren, y se sacan rápidamente. Se sirven en el acto.

## CALAMARES A LA ROMANA

Una vez lavados y limpios, los calamares tiernos, se cortan en tiras, se rebozan en harina, se bañan en una crema hecha con agua, harina, sal y un poco de bicarbonato o litines. Se fríen en abundante aceite hirviendo y se sirven.

## CANAPES

Pan de molde, tostado o frito, cortado en formas geométricas, lonchas finas. Se untan de mantequilla. Se cubren con chorizo, huevo cocido, pepinillos, queso, ensaladilla, jamón, sardinas, caviar, gambas, colas de cangrejo, foie-gras, etc., etc.

Como se ve también la variedad de estos entremeses es considerable. Sólo consiste en una loncha de pan, a ser posible de molde, cortada fina, que se fríe con toda la rapidez, o se tuesta sobre la chapa, que para que esté más jugosa, se la unta de mantequilla y después se cubre con lo que se desee.

También puede ponerse sobre el pan una capa de mayonesa, cruzada por una o dos tiritas de pimientos rojos, o unas anchoas.

No están mal las tostadas con una capa de puré concentrado de tomate, decorándolo con yema cocida deshecha y la clara picadita.

Otra variedad de Canapés son los que se cubren con huevo hilado, miel, chocolate rallado o en polvo, etc., etc.

## CANUTILLOS DE ANCHOA

**«Pasta de empanadillas».—Una latita de anchoas o bocarte.**

Hecha la pasta como para hacer las empanadillas, se corta en rectángulos o en tiras del largo de una anchoa y tres veces más ancha. Se enrollan las anchoas en la pasta, se aplasta en los extremos para que no se deshaga y se fríen en aceite abundante y bastante caliente, cuidando que no se quemen. Se sirven muy calientes.
También se pueden poner salchichas.

## CONSERVAS DE PESCADO

Casi toda la clase de estas conservas se pueden presentar en los entremeses, bien sea solas en platitos o en fuentes acompañadas de ensaladas.

Estas conservas, ya sean en aceite o en vinagre, aunque las de vinagre no son tan sanas, pueden acompañarse también de pepinillos, coliflor, rábanos, zanahoria, huevos duros, etc.

## CUCURUCHOS DE JAMON

**Lonchas de jamón natural o de York.—Lechuga aderezada.—Mortadela, cabeza de jabalí, lomo, etc., para colocar sobre él el cucurucho.—«Ensaladilla rusa».**

Con las lonchas de jamón se hacen cucuruchos sujetos con un palillo, se rellenan de «ensaladilla rusa» y en la boca de cada cucurucho se coloca una hojita de lechuga.

El cucurucho se coloca sobre una loncha grande de mortadela u otra, o sencillamente sobre un lecho de lechuga aderezada con sal, aceite y limón, y unas rodajas de tomate.

## CUCURUCHOS DE PAN

**Pan.—«Ensaladilla rusa» (véase «Entremeses» o picadillo de jamón con «mayonesa»).—Tomate, aceitunas verdes y negras, lechuga, etc., para formar el lecho de los cucuruchos.**

Con rebanadas de pan fino se hacen cucuruchos sujetándolos con un palillo. En abundante aceite muy caliente se pasan rápidamente los cucuruchos escurriéndolos bien. No deben dejarse en el aceite más que un instante, porque si no se ponen duros.

Se rellenan de «ensaladilla rusa» o con un picadillo de jamón mezclado con mayonesa; también se pueden rellenar de pasta de anchoas.
Se colocan sobre un lecho de tomates, aceitunas, lechuga, etc.
Sírvanse recién hechos los cucuruchos.

## CHINITOS

**Huevos cocidos.—Pepinillos aliñados.—Aceitunas, mejor rellenas. Alguna aceituna negra, o alcaparra.—Pimientos rojos.—Picadillo de carne, jamón o pescado.—«Bechamel» o «Mayonesa».**

A los huevos cocidos se les quita una tapita de la parte más ancha del huevo, que luego servirá para sombrero del chinito. Por el corte que se hizo se vacía de la yema, que puede mezclarse con el picadillo de que se rellene el huevo, también puede deshacerse y espolvorear el lecho donde se coloquen los chinitos. Hay quien no rellena estos huevos.
Se les da la vuelta de forma que quede la punta no cortada para arriba.
Se clavan tres alcaparras imitando los botones. También se puede hacer un hueco chiquito y colocar allí una tapita redonda hecha de aceituna negra o las mismas tapitas que se quiten a las aceitunas rellenas. Una vez puestos los botones, que lo mismo pueden ponerse al final, se le coloca una aceituna formando la cabeza, sujeta con un palillo. Se le pone una bufandita cruzada sobre el pecho, hecha de una tira de pimiento, y por fin se corta un pepinillo por la mitad y ésta se parte en dos, que se colocarán delante del huevo como si fueran los zapatos.
En la aceituna que hace la cara asomará por la parte superior un trocito de palillo que servirá para colocar la tapa del huevo cortado al principio y que le servirá de sombrero.
Para los botones también se pueden poner trocitos bien cortados de remolacha, de zanahoria, etc.
El chinito puede colocarse solo o sobre un lecho de ensalada que se desee, sobre una rajita de mortadela, jamón, etc.

## EMPAREDADOS O SANDWICHS

Los emparedados, sandwichs y canapés son parecidos. Los canapés son tostadas de pan con algo encima, un algo muy variado como puede verse en su fórmula, los emparedados y los sandwichs son dos tostadas de pan entre las cuales va lo mismo que en los canapés.
Los emparedados pueden, una vez rellenos, rebozarse en huevo batido y freírse. Hay quien los sirve acompañados de lechuga.

## EMPAREDADOS REBOZADOS

**Pan de molde o pan que no esté tierno.—Picadillo de jamón, carne de ave, pechuga o carne de ternera.—Leche, huevo, aceite o mantequilla.**

Se parten lonchas de pan, se rellenan con el picadillo, es decir, que se colocará entre dos lonchas de pan. Las dos lonchas de pan con su relleno, se rebozan en leche y huevo batido, friéndolas en aceite o mantequilla o mitad y mitad.

## ENSALADAS

En el apartado «Ensaladas», encontrará usted un plato que también sirve estupendamente de entremés y que corrientemente es lo que se pone.

## ESPARRAGOS.

Los espárragos, se sirven generalmente con «mayonesa». También pueden colocarse sobre una rodajita de patata cocida, como en las «Banderillas», bañado con la salsa.

## GAMBAS AL AJILLO

**Colas de gambas, metidas en agua y sal hirviendo durante un instante o crudas. Ajo.—Guindilla.—Aceite.**

En cazuelitas de barro, individuales, se colocan las colas de gambas, ya peladas, sobre ellas se pican ajo y guindilla, según se desee, poco o muy picante, se rocían de aceite hirviendo, y se dejan unos momentos sobre el fogón o fuego; retirándolas y sirviéndolas así hirviendo, sobre otro platito.

## GAMBAS A LA GABARDINA

**Gambas cocidas en agua y sal, peladas las colas, como en la receta anterior. Batido como para hacer los «sesos huecos».—Aceite.**

También se prepara un batido con media jícara de leche, otra media de sifón, harina, hasta que se consiga una crema espesa, se sazona de sal y en este batido o en la crema de rebozar los «sesos huecos», se rebozan las colas de las gambas peladas y se fríen en abundante aceite caliente, cogiéndolas por la cola. También pueden rebozarse en la misma crema y del mismo modo que los «Calamares a la romana». (La clara del huevo endurece un poco.)
Se sirven calientes.

## GAMBAS A LA PLANCHA

**Gambas.—Limón y sal.—Aceite.**

Se lavan las gambas, se rocían de limón, sal y un poquito de aceite. Se colocan sobre la chapa, que ha de estar fuerte, dándoles la vuelta y volviendo a rociarlas con agua en la que se haya echado un buen chorro de limón y sal. Una vez regadas con esta agua se quitan y se sirven inmediatamente.

## MANTECA DE ANCHOAS

**Mantequilla.—Anchoas.**

Se mezcla la misma cantidad de anchoas que de mantequilla, machacándolo en el mortero.

## MANTECA DE CANGREJOS

**(Especial para las ostras). Cangrejos.—Vino blanco, especias, si se desea.— Mantequilla.**

Los cangrejos se cuecen en vino blanco, sazonándolos de especias, si se quiere. Una vez cocidos se escurren y en el mortero se machacan con mantequilla. Una vez machacados se les agrega el vino en que cocieron, colado. Se les da un hervor y se filtran después de haberlos pasado por tamiz. Después puede usarse. Se emplean principalmente como condimento para las ostras.

## OTRA MANTECA DE CANGREJOS

**Cangrejos de mar o de río.—Mantequilla.**

Se machacan en un mortero los cangrejos con la mantequilla. Una cucharada de mantequilla sólida, colmada, por cada seis cangrejos, aproximadamente; puede ponerse más mantequilla si se desea. Cuando esté bien machacado todo y mezclado, se pone al baño maría, y una vez líquido, la mezcla se cuela y se filtra, dejándola enfriar para usarla después.

## PALILLOS

**Pasta para hacer «Hojuelas» (ver «Repostería») o una «Pasta de medio hojaldre».—Aceite.—Sal.**

Se estira la pasta y se corta en tiritas finas, se fríe en abundante aceite caliente. Con ellos pueden adornarse otros entremeses o ponerse solos en los platitos en montones imitando haces. Se espolvorean de sal fina ligeramente.
Para estos Palillos también se puede emplear la pasta de las empanadillas.

## PASTA O MANTECA DE ANCHOAS

**Una latita de anchoas o al natural.—Mantequilla de vaca, un poquito menos cantidad que de anchoas.—Limón y pimienta, si se quiere.**

Se machacan las anchoas, sin espinas, en el mortero, mezclándolas con la mantequilla, formando una pasta.
Si se desea puede agregarse un chorrito de limón y un poquito de pimienta.
Se usa para canapés, pinchitos, sandwichs, etc.

## PIMIENTOS TURCOS

**Pimientos encarnados, de lata o asados.—Atún o bonito en aceite.—Mantequilla o foie-gras.—Una latita de anchoas.—Limón.—Perejil o queso rallado.**

Se parten los pimientos en tiras, y se untan con una pasta hecha con el atún o bonito y la mantequilla o foie-gras. La pasta podrá ser más o menos mantecosa o podrá tener más o menos foie-gras, según se desee. Después de untado se coloca una anchoa y se enrolla el pimiento, sujetándola con un palillo.
El aceite de las anchoas, si son de lata, se mezcla con un chorro de limón y se echa sobre los pimientos, colocados donde se vayan a servir.
Se espolvorean de perejil picadito o de queso rallado.

## SESOS A LA PRIMAVERA

**Sesos cocidos en agua con sal, un chorro de limón, unos trocitos de cebolla, un poquito de ajo y una ramita de perejil.—Lechuga aderezada.—Espárragos. Aceitunas.—Rabanitos, si se quiere.—Tomates.—«Salsa mayonesa» (ver Salsas y guarniciones).**

Una vez cocidos, durante diez minutos, y fríos, se los corta en rodajitas finas que se colocarán sobre redondeles u hojitas de lechugas, partidas en trozos pequeños, con una punta de espárrago, ambos bañados en salsa «mayonesa».

Se adornarán con las aceitunas, los tomates partidos en rodajas, medias lunas, etc., lo mismo que los rabanitos.

Puede suprimirse todo lo que se quiera, dejando sólo los sesos, la lechuga y la «mayonesa» para bañarlos.


## OTROS ENTREMESES

También son muy usados para entremeses, los huevos cocidos cortados en rodajas, colocados entre lechuga y salchichas, y sobre cada huevo una anchoa.

Almendras, avellanas, nueces partidas, cacahuetes, etc., colocados en platitos.

Fiambres adornados con huevo hilado, etc., etc.

Sobre pan tostado, untado de mantequilla, una cucharita de caviar al que se habrá agregado un chorro de limón bien mezclado.

Sobre rodajas de limón una almeja viva, es decir, cruda, pero fresquísima. Rábanos en crudo, partidos a capricho, espolvoreados de poquita sal. Alcachofas cocidas, cortadas en rodajas, con una anchoa en medio, etc. Centros de alcachofa.


## TAMBIEN SIRVEN PARA GUATEQUE

Pan de molde o galletas saladas sobre las que se coloca un poquito de mayonesa en forma de as de bastos. En otras, un poco de mayonesa, sobre las que se coloca una rodaja de huevo cocido; mayonesa sobre la que se colocarán aceitunas negras o verdes, una rodajita de embutido, unas hojitas de berros, de pepinillos, de anchoas, de perejil, de rábanos, de tomate, de bechamel y guisantes, trocitos de sardina, cebolleta, pimientos, alcaparras, etc., poniendo la mayonesa debajo a los lados, o en adornos variados.

# ENSALADAS

# Ensaladas

## ENSALADA DE ARROZ

**Arroz.—Tomates y pimientos rojos.—Nueces o almendras.—Uno o dos huevos cocidos.—Zumo de limón, sal y aceite.—Ajo y perejil, si se quiere.—Un trozo de cebolla y una hojita de laurel.**

Se cuece el arroz en agua hirviendo, con el trozo de cebolla y la hojita de laurel, y sazonado de sal. Una vez cocido se escurre, si quedó algo de agua, pues debe cocerse en doble cantidad de agua abundante que se ha puesto de arroz, lo mismo que se cuece el «arroz blanco». Se le quita la cebolla y el laurel. Con el limón, aceite, ajo picadito, si se quiere, sazonado de sal, se hace una vinagreta como en otras ensaladas, batiéndolo bien, y mezclándolo con el arroz cocido y reservando un poco para sazonar los demás ingredientes, con los que se adornará el arroz. Las almendras o las nueces un poco partidas. Los tomates en rodajas. Los huevos cocidos, también partidos en cuatro partes o en rodajas.

## ENSALADA DE BONITO O ATUN

**Patatas cocidas en agua hirviendo sin sal.—Bonito o atún, en conserva o frito y frío.—Lechuga o escarola.—Tomates.—Anchoas.—Aceitunas negras o verdes, mejor sin hueso.—Cebolla o cebolleta, un poquito de ajo y perejil.—Huevo cocido.—Especias, si se desean.—Limón.—Aceite.—Sal.**

Cocidas las patatas y partidas en trozos se riegan con la mezcla o vinagreta hecha con dos cucharadas de zumo de limón, por tres de aceite, sal para sazonarlo y las especias o picantes que se deseen, bien batido. Se reserva parte de esta vinagreta, para regar con ella los demás ingredientes.

Se adorna con la lechuga o escarola, tomates en rodajas, el bonito o atún, sin espinas, cebolla partidita, aceitunas, ajo picadito, huevo cocido, etc., regándolo todo con el resto de la vinagreta.

Pueden colocarse como base, las patatas, en el centro el bonito, en las dos cabeceras de la fuente, la lechuga; los espacios que quedan entre los huevos, aceitunas y anchoas. La cebolla y el ajo picadito, así como el perejil, mezclado con las patatas. Los tomates formando flores con la lechuga o de base para los huevos.

## ENSALADA DE CARDOS

**Cardos.—Aceite.—Ajo.—Pimentón.—Limón.—Sal.**

Se limpia y se raspa bien, se frota con limón, para que no se ponga negro, y partido en trozos se pone a cocer en agua hirviendo sazonada de sal, con una rodaja de limón. Una vez cocido se escurre del agua y se aliña con aceite en el que se ha dorado un diente de ajo, que luego se saca, y se añade un poquito de pimentón. Se mezcla con el cardo y se sirve.

## ENSALADA DEL DOMINGO

**Lechuga.—Aceitunas verdes y negras.—Tomates de la mejor clase, sin semillas.—Huevos cocidos cortados en rodajas.—Cebolletas, cortadas en rodajas. Unas ramitas de perejil muy picado.—Rabanitos pelados y partidos en rajitas. Ajo muy picadito.—Guisantes rehogados.—Una latifa o más de atún o bonito en conserva o frito y cortado en trozos.—Limón, sal fina y aceite refinado crudo o sin refinar.**

Se pone de cada cosa las cantidades que se deseen, pues hay a quien le gusta más de una cosa que de otra, o tiene más de una cosa que de otra. Lo principal es combinar bien los ingredientes de manera que resulte un plato muy agradable a la vista, ya que al paladar lo será sin duda.
Todas las legumbres deben aderezarse antes de colocarlas, para que no se descompongan al revolverlas.
Se aliñan con aceite y limón, ajo picadito y sal fina; el limón sustituye al vinagre que es muy nocivo al organismo: se bate muy bien y se rocía todo con ello.
Esta ensalada admite alguna otra cosita, como pimientos rojos, zanahorias en rodajitas, etc.
Las *ensaladas* pueden servirse en platitos individuales.

## ENSALADA DE HABICHUELAS O GUISANTES

**Habichuelas, guisantes u otra legumbre, cocidas.—Unos trocitos de tocino.— Una cebolla de tamaño regular, picadita.—Una cucharada colmada de harina.—Media jícara de azúcar.—El zumo de un limón.—Un polvito de especias, pimienta negra sobre todo, si se desea.—Un vasito de vino blanco u otro vino de mesa.—Pimientos colorados, rábanos, cebollitas, tomates, huevos cocidos, aceitunas, etc.**

Se fríe el tocino y después se dora la cebolla, con el azúcar y la harina. Se echa el zumo de limón y las especias. Cocerá todo hasta formar una salsa.
Las habichuelas o legumbres cocidas y sazonadas de sal se colocarán en una fuente o ensaladera, echándoles por encima la salsa que acabamos de hacer.
Se adornará con los pimientos, rábanos, aceitunas, cebollitas, tomates, huevos cocidos, etc., partido en rodajitas, caprichosamente colocado.
La salsa que se emplea para esta ensalada también se usa para los garbanzos.

## ENSALADA DE REMOLACHA

**Remolachas cocidas enteras, después de lavadas y sin pelar.—Aceite, limón y sal fina.—Tomates, si se quiere.**

Una vez cocidas se pelan o se les raspa la piel y se parten en rodajas o en cuadritos en forma de cubitos. Se sazonan con el aceite, limón y sal fina, batiéndolo todo bien antes.

Pueden tomarse solas o con tomates, lechuga, pepinos, etc.

## ENSALADA DE TOMATE

**Tomate de la mejor calidad.—Huevos cocidos.—«Salsa mayonesa» (ver fórmula).—Lechuga.—Cebolla.—Limón, aceite, sal, ajo, picadito si se quiere.**

Se parten los tomates en rodajas, que se espolvorean con sal y se riegan con tres partes de aceite y una de limón, bien batido. Si se quiere puede ponerse más limón. Por eso no solemos dar cantidades, porque así cada uno pone más de lo que le gusta y menos de lo que no le gusta o no tiene a mano. Por eso las ensaladas, como en la mayoría de los platos, las cantidades, salvo algunos ingredientes, no es necesario que sea exacta, sino aproximada.

Los huevos duros se parten por la mitad, se les saca la yema y ésta se mezcla con «salsa mayonesa» y se vuelve a rellenar. Una vez rellenos los huevos se colocan sobre los tomates, boca abajo.

La lechuga y la cebolla, picada y esta última cortada en rodajas, una vez aderezadas con el limón, aceite, sal y ajo si se quiere, cubren los huecos que hay entre los tomates.

Pueden rellenarse los huevos, agregándoles jamón picadito con lo demás o pueden suprimirse si no se desean.

## ENSELADA DE TOMATES RELLENOS

**Escarola, lechuga o berros.—Anchoas.—Zumo de limón.—Pimientos rojos.—Mantequilla.—Rabanitos, huevos duros, aceitunas, etc., para adornarlo.**

Se cortan los tomates en dos partes, en sentido transversal, y se vacían de las semillas y partes duras del centro.

Las hojitas de escarola, berros o lechuga, las anchoas y mantequilla se pica muy bien y se mezcla con un chorro de limón y unos trocitos picaditos de pimiento si se quiere; se rellenan los tomates, que se servirán sobre un lecho de lechuga aderezada, adornado con rabanitos, huevos duros, aceitunas, etc.

## ENSALADA DE VERDURAS

**Centros de alcachofas, guisantes, zanahorias, espárragos, patatas, etc. Que todas estas verduras frescas pesen un kilo aproximadamente. Zumo de limón.—Pimienta blanca.—Mostaza, guindilla, etc., si se quiere. Aceite y sal.**

Los espárragos se reservan para adornar la fuente. Las demás legumbres se cuecen en agua hirviendo sin sal. Después se parten en trocitos de forma lo más igual posible y escurridos.

Con el limón, un chorro bueno de aceite, las especias, si se quiere, y sazonado de sal, se mezcla bien y con ello se riegan las verduras cocidas, que también pueden estar crudas, removiéndolo para que se sazone bien. Se adorna con los espárragos, también sazonados de la salsa.

## ENSALADA POLONESA

> **Patatas cocidas y escurridas, así como la remolacha de mesa, también cocida.—Un huevo cocido.—Un poquito de mostaza, si se quiere.—Especias, si también se quieren.—Zumo de limón, dos cucharadas aproximadamente.—Aceite, sal.—Arenques o sardinas, en conserva, o fritas.—Aceitunas.—Una clara a punto de nieve.**

Con el huevo cocido, las especies y la sal, bien aplastadito, se le va agregando un buen chorro de aceite, muy despacito, y se hace una salsa o crema, a la que, cuando esté bien unida, se le agrega una clara a punto de nieve y un buen chorro de zumo de limón; se rectifica de sal, si hace falta.

Un kilo abundante de patatas y dos o tres remolachas cocidas en agua hirviendo, sin sal, escurridas, se parten en trozos y se sazonan con un poquito de sal, se riega con la salsa que hemos preparado de antemano y se adorna la fuente o ensaladera con arenques o sardinas y aceitunas.

## ENSALADILLA RUSA

> **Judías verdes, en vaina, cocidas enteras.—Patatas cocidas con piel, después de bien lavadas.—Guisantes rehogados.—Pepinillos, si se quiere, así como aceitunas.—Una «Salsa mayonesa» (ver «Salsas y guarniciones»).**

Una vez cocidas y limpias las patatas y judías se parten muy picaditas y se mezclan con los guisantes y con los pepinillos y aceitunas muy picaditos, y todo ello se mezcla con la «mayonesa».

En esta ensalada, lo que más abunda y domina el plato ha de ser la patata.

Hay quien le pone atún o bonito en aceite o escabeche.

## ENSALADILLA RUSA CON GELATINA

> **«Gelatina para carnes» (ver «Salsas y guarniciones»).—Molde redondo y liso.—«Ensaladilla rusa» de la fórmula anterior.**

En el molde redondo y liso se echa una capa de gelatina y se deja enfriar. Una vez fría se echa una capa de «ensaladilla rusa», que se cubre con otra capa de gelatina y que se vuelve a dejar enfriar. Una vez frío se echa otra capa de «Ensaladilla» y así las capas que se quieran, quedando la última capa de gelatina y procurando que penetre por los lados, para lo cual no debe echarse la «Ensaladilla» hasta el mismo borde.

Otra forma es cubrir el fondo de gelatina y una vez fría colocar tubos redondos y lisos, pueden servir de botes, que no tengan las dos tapas de los lados. Dentro de los botes se echará la «ensaladilla» y la gelatina por entre ellos.

Una vez frio se sacan los botes y se cubre todo otra vez de gelatina, dejándolo nuevamente enfriar.

Para sacarlo del molde se mete al baño maría durante unos instantes para que se deshaga la «Gelatina».

## ENSALADILLA RUSA DE COLORES

**«Ensaladilla rusa».—Huevos cocidos.—Lechuga aderezada.—Remolacha cruda o cocida, aderezada como la lechuga.—Zanahoria, cruda o cocida, pelada y aderezada como la remolacha, si se quiere.**

Se coloca la «Ensaladilla rusa» en grupitos o formando figuras geométricas, también en forma de estrella, como enrejado, formando aros, etc.

Los huecos que queden sin cubrir se rellenan con los demás ingredientes picaditos y aderezados, buscando la más bonita combinación de colores, agregando también otros ingredientes que puedan contribuir a la belleza del plato.

Puede cubrirse el fondo con la «Ensaladilla rusa» y sobre él hacer los dibujos con los otros ingredientes.

Por ejemplo: se cubre el fondo con la «Ensalada» y con la clara del huevo picada, se hace un aro y con la yema otro; un tercero puede formarse con la remolacha, otro con la lechuga y el último con la zanahoria.

Otro modelo puede ser un alfombrado de triángulos, cada uno de un color, combinando los más opuestos; juntos, por ejemplo, el amarillo de la zanahoria cerca del blanco y de la remolacha y ésta cerca del verde. Las aceitunas negras deben ir cerca de los colores claros para destacar mejor.

Si se hace en forma de estrella, la parte dominante debe ocuparla, como siempre, la «Ensaladilla rusa», y los huecos pueden ser sólo de lechuga o combinados los ingredientes de que se disponga.

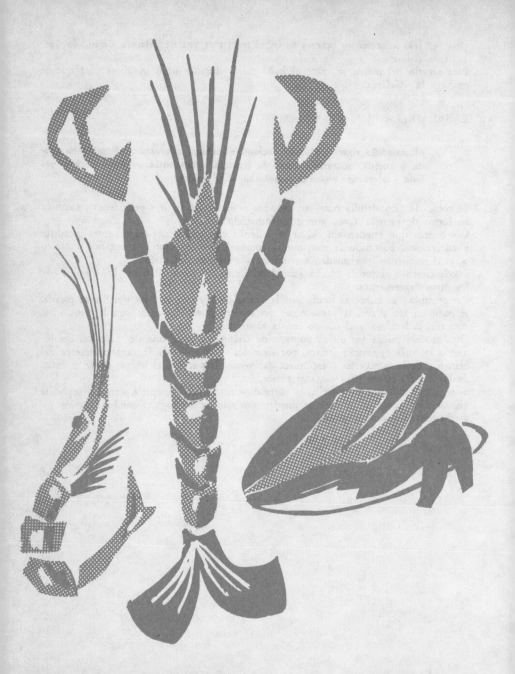

# MARISCOS

# Mariscos

## ALMEJAS

Como las ostras, se descomponen rápidamente después de su muerte; es por lo que se cocinan estando vivas.

## ALMEJAS A LA MARINERA

**Para un kilo de almejas una cucharada de mantequilla de vaca.—Aceite.— Cebolla, ajo, perejil, sal.—Harina, dos cucharadas.—Vino blanco.**

Se lavan bien las almejas y se ponen a cocer en mitad de vino y agua necesaria o agua sola con sal para cubrirlas holgadamente. Se espumarán de vez en cuando, pues sueltan mucha espuma.

Una vez abiertas se sacan con la espumadera, después de removerlas bien para que suelten todas las arenas que tengan. Se deja reposar el agua.

Mientras, se habrá hecho una salsa con la mantequilla, un poquito de aceite, como dos cucharadas; tres o cuatro cucharadas de cebolla picadita, un diente de ajo, una ramita de perejil, también muy picado. Una vez rehogado, se agregan las dos cucharadas de harina y se rehoga un ratito, luego se agregan las almejas, añadiendo el agua en que se hirvieron, con cuidado de no revolverla; el agua que cubra el fondo no podrá echarse, pues es donde están las arenas y piedrecitas que tenían las almejas. Si se prefiere colar ha de ser por una tela muy tupida y húmeda, pues las arenitas pasan por todas partes.

## CANGREJOS

Para saber si los cangrejos han sido cocidos cuando estaban vivos, como es lo conveniente o, por el contrario, lo fueron después de muertos, lo que puede ser peligroso, basta saber que cuando presentan el cuerpo contraído o encogido es que cocieron vivos; pero si cocieron muertos, el cuerpo está distendido, es decir, relajado.

## CAMARONES

Los camarones son parecidos a las quisquillas, pero de mayor tamaño. Se procede con ellos igual que con las quisquillas o las gambas.

Medio kilo de mejillones.—Cuarto kilo de camarones o cangrejos de mar.—Cuarto kilo de langostinos.—200 gr. de calamares pequeñitos.—200 gr. de almejas.—Dos cucharadas de mantequilla y cuatro de aceite.—Una cebolla grandecita y dos dientes de ajo.—Una rama de perejil.—Dos tomates regulares, sin piel.—Una copita de Jerez seco.—Media hojita de laurel y un polvito de pimienta.

Las almejas y los mejillones se abren cociéndolos en agua hirviendo durante unos minutos y escurriéndolos y aclarándolos bien para que no lleven arenas o piedrecitas, como ya hemos dicho en la receta de las «Almejas a la marinera».

En la mantequilla y el aceite se dora la cebolla, el ajo y el perejil picado y machacado en el mortero; una vez dorados se retiran a un platito y se rehogan los calamares limpios y partidos en trocitos.

Una vez rehogados se vuelven a agregar la cebolla y demás que habíamos preparado, porque si no se separa no se doran bien los calamares. Ya unido se agregan los tomates pelados y partidos en trocitos, después de haberles quitado las semillas; también se agregan el resto de los mariscos, lavados y limpios los que no estén cocidos. Después de rehogarlo todo se le agrega el agua de cocer las almejas, reposada y con cuidado de no echar las arenas. Puede filtrarse por un paño tupido y húmedo. Se deja cocer un ratito hasta que espese la salsa.

Puede acompañarse de pan frito.


CENTOLLO RELLENO

Un centollo.—Aceite.—Cebolla, ajo y perejil muy picado.—Harina, una cucharada.—Tomate, más o menos, según se desee.—Jamón picadito, unos cincuenta gramos.—Ciento cincuenta gramos de merluza, sin hueso, cocida con un poco de agua y sal.—Un chorrito de limón.—Una jícara de sidra o champagne.—Una copita de coñac, si se desea; entonces no hace falta poner la sidra.—Pan rallado.—Queso rallado, una cucharada.

Se cuece el centollo en agua y sal. Se escurre y se le saca todo lo que tiene en la concha y la carne de las patas, cuidando que no se pierda el líquido.

En aceite se fríe la cebolla, ajo y perejil y la harina que se agrega cuando lo demás esté dorado. Después se añade el tomate picado, sin piel ni semillas y el jamón picadito. Se le da unas vueltas y se le añade el centollo, la merluza desmenuzada y el líquido del centollo.

En la concha vacía se echa toda la mezcla y se rocía de sidra, etc., se cubre de pan rallado y queso y se mete al horno hasta que esté dorado el pan.

Puede rellenarse de «Ensaladilla rusa». (Véase entremeses.)


CENTOLLO RELLENO SENCILLO

Un centollo.—Dos o tres huevos cocidos.—Un vasito de vino blanco o champagne.

Se cuece el centollo en agua y sal. Se escurre, se vacía como el anterior. Se pica toda la carne del centollo y los huevos cocidos y partidos, se mezcla con el líquido que tenía el centollo y con vino o champagne. Se rellena el caparazón del centollo y se toma en frío. Se bebe en él sidra.

## ERIZOS DE MAR

Los mejores erizos de mar son los erizos verdosos y los negros.
Se abren por el lado liso o la base. Se les quita la boca y con unas tijeras se corta
la parte plana. Se tira el agua que tienen y se cuecen con agua sazonada de sal o se
toman con limón. La cocción será muy breve.
También pueden cocerse enteros, y así el caldo que tienen sirve para hacer salsas.
Los erizos tienen mucho yodo.


## GAMBAS AL AJILLO Y A LA GABARDINA

Véase en los «Entremeses».


## LANGOSTA

La mejor langosta es la hembra en tiempo de celo y el macho en el tiempo restante.
La época es la primavera y a fin de verano.
La langosta debe cocerse atada la cola y las patas para que no se desangre al agi-
tarse, pues no resulta tan buena.


## LANGOSTA A LA AMERICANA

**Para una langosta de un kilo aproximadamente: Cuatro cucharadas de
aceite y otro tanto de mantequilla.—Un cuarto kilo de tomates y menos de
media cucharilla de azúcar.—Tres cucharadas de cebolla picada.—Tres cucharadas de zanahoria picada.—Una ramita de perejil, media hojita de laurel
y si gusta, tomillo.—Un polvito de pimienta y nuez moscada.—Una copita
de vino blanco y media de coñac.—Una cucharadita de harina.**

Se lava muy bien la langosta viva. Colocada sobre la mesa se le quita una de
las antenas o cuernos más largos y se le introduce por el intestino, cogiendo la langosta y poniéndola derecha. Se coloca debajo una taza y se saca la antena; el líquido
que cae se recogerá en la taza y se echan dos cucharadas de agua o caldo caliente
para que no se cuaje. Se separa la cola del cuerpo. La cola se corta en dos; también
se cortan las patas, a las que se les quita el extremo. Se tira el excremento y se reserva la sangre, las huevas y las tripas.
Una vez desangrada se le quita una tripita negra, como se hace con los cangrejos,
de un tirón sale.
En la mitad de la mantequilla y del aceite se rehoga a fuego fuerte la langosta
cuatro o cinco minutos. Se saca y se pone en una cacerola y se riega con el vino y
el coñac al que se le prenderá fuego durante unos segundos, después se tapa para
que se apague.
En la grasa que sobró de rehogar la langosta se le agrega la otra mitad, a la que se
une cebolla, perejil, tomate, etc., etc., y se hace una salsa, a la que se agrega la
langosta, y se deja cocer durante unos veinte minutos; después se saca la langosta
y a la salsa se le agregan las tripas, sangre y huevas, dejándolo cocer una media
hora escasa.
Hecha la salsa se pasa por el colador y se cubre con ella la langosta. Todo esto se
mete en el caparazón de la langosta y se sirve. Pero puede servirse limpio, sin el
cascarón.

## MARISCOS

**Ostras, almejas o mejillones.—Son buenas desde setiembre a abril.—Limón.— Sal.—Rabanitos.**

Se pelan los rábanos y se cortan en rodajas.
Se abren los mariscos con una navaja y se colocan sobre las rodajas, espolvoreadas de sal. Sobre los mariscos se echa un chorrito de limón y se toman.

## OSTRAS

Sabida es la costumbre de comer crudos estos moluscos. Esta costumbre obedece al hecho de que las ostras muertas se descomponen muy fácilmente.
Las ostras pueden transmitir infecciones intestinales y tíficas cuando proceden de criaderos contaminados por aguas corrompidas. Por este motivo está indicado rociar las ostras con jugo de limón, cuando van a comerse, porque la acidez de este jugo suele destruir la mayoría de dichos gérmenes.

## VIEIRAS O CONCHAS DE PEREGRINO AL HORNO

**Para seis vieiras tres cucharadas de cebolla picadita.—Un diente de ajo pequeñito, picadito y una ramita de perejil.—Un polvito de pimienta y de clavo, si se quiere.—Un huevo batido.—Una cucharada de pan rallado.— Una cucharada de aceite o dos de mantequilla.**

Se sacan los bichos de las conchas y se pican y se mezclan con todo lo demás. Se hace una pasta y con ella se rellenan las conchas y se ponen al horno sobre un plato refractario que contenga el fondo cubierto de un poquito de agua.
Puede ponerse más cantidad del ingrediente que se desee y también se puede añadir coñac, champagne, una copita, etc.

**EMBUTIDOS**

# Embutidos

CHORIZOS DE PRIMERA

**Tres partes de carne de cerdo por una de tocino.**

Puede ponerse igual cantidad que la mitad del tocino, de carne de novilla de primera.

También pueden ponerse dos partes de carne de cerdo, dos de novilla de primera y una parte de tocino, si no se quiere tan de primera. Hacemos constar que de esta mezcla salen mejores chorizos que como los que de primera se venden en el mercado en general,

Debe tenerse en cuenta que cuanto más carne de cerdo lleven, mejores serán.

Se sazonan de sal, pimentón dulce y un poco picante si se desea, así como ajo machacado, según el gusto de cada uno. Debe echarse más bien poco que mucho, pues pasadas ocho o diez horas se prueba y aunque no tomó todo el gusto del adobo, ya puede calcularse si estará bien o necesitará un poco más y puede rectificarse, contando que aún no está sazonado. Se mezcla todo muy bien. Se dejan pasar, desde el primer adobo, unas veinticuatro horas.

Pasadas las veinticuatro horas se mete en tripas muy bien lavadas o remojadas si fuesen secas y se atan de tamaño un poco grandes, pues hay que contar con que menguan una vez secos. También pueden dejarse como longanizas, es decir, atándolos en trozos de medio metro aproximadamente, atando los extremos y quedando así cerrado.

Las tripas frescas se lavan con sal y vinagre, frotándolas mucho, aclarándolas en agua fresca por último. Los chorizos se dejan secar y se ahuman, o se dejan varias noches a la helada, hasta que estén secos.

FOIE-GRAS DE CERDO

**Para un cuarto kilo de hígado de cerdo.—300 gramos de manteca de cerdo del velo.—Sal y un polvito de pimienta si se desea.—Una trufa pequeña, muy picadita, si se quiere.**

Del velo de manteca se reserva un trozo para envolver después el hígado, el resto de la manteca con el hígado, despojado de su piel y demás grasas o nervios que tenga, muy picadito. Se sazona de sal y si se quiere con las especias y trufas; pero esta muy bien sin ellas; desde luego si se usa para los niños debe prescindirse de las especias. Una vez mezclado se hace un rollo y se envuelve en el velo de manteca que reservamos, se coloca en un recipiente y se pone al baño maría para cuajar.

Si se pone al baño maría en la «olla a presión», deberá estar solamente unos cinco minutos. Se pone uno o dos dedos de agua, según sea de ancho el recipiente, pues a más altura, más agua; se tapa con tapadera o con papel blanco fuerte.

Si no se pone en la «Olla», tardará en cocer unos quince minutos, puesto al baño maría en el horno a fuego bastante bueno.

## JAMON EN DULCE

**Para un kilo de jamón.—Azúcar.—Un vasito de vino blanco.—Dos colas de pescado, si se quiere, remojadas.—Una copita de Jerez seco.—Una ramita de canela.**

Tal como está el jamón se pone a remojo en agua fresca durante veinticuatro horas, cambiándolo con frecuencia de agua.

Pasado este tiempo se pone a cocer en el vino blanco y canela, con el agua necesaria para cubrirlo. Tardará tres o cuatro horas en cocer, lo que depende de lo seco que esté o duro que sea.

Se sabrá si está cocido si, pinchándolo con una aguja de media, ésta sale limpia y fácilmente.

Una vez cocido se le quita la piel y huesos, así como el tocino si queda por algún sitio. Y por todos los huecos se le va hechando azúcar e introduciendo las colas de pescado ya blandas, después de haber estado a remojo.

Se coloca en un paño fuerte y se enrolla apretándolo bien, metiéndolo después en un molde a propósito para que salga en forma redonda; si no se tiene, se puede poner entre dos tablas, con peso encima, a la vez que se colocan otros sostenes laterales, o ponerlo en una cajita de madera, donde quepa muy apretado, y con peso encima. En el molde estará unas veinte o veinticuatro horas.

Cuando se saca del molde se baña en Jerez y se espolvorea de azúcar bastante. Con una plancha puesta al rojo, si no se tiene una especial de acaramelar, se va dorando el azúcar empapado en el Jerez. También puede emplearse un hierro candente, si se carece de las planchas.

Puede servirse con huevo hilado una vez cortado en lonchas.

## JAMON DE YORK

**Para un kilo de jamón casi fresco o mejor fresco.—Una cebolla y dos zanahorias regulares.—Unas cuantas hierbas, como media hojita de laurel, orégano, perejil, hierbabuena, etc.—Un vasito de vino seco.—Algunas especias, si se quiere.—Una cucharada de azúcar.**

Se pone el jamón a remojo en agua fresca, cambiándosela con frecuencia, durante treinta horas.

Ya limpio se le da buena forma y se liga bien. Se pone a cocer en agua hirviendo con todos los demás ingredientes, durante unas dos horas, aproximadamente. Se sabrá si está cocido pinchándolo, como indicamos en la receta anterior. Ha de cocer a fuego regular.

Si se hace en la «olla», tardará el mismo tiempo que pueda tardar un kilo de carne de vaca o novilla.

Se deja enfriar en la misma agua en que coció. Una vez frío se envuelve en un paño y se prensa en un molde especial, o como ya hemos indicado en la receta anterior. Estará en prensa unas cinco o seis horas.

## LOMO EN TRIPA

**Un lomo de cerdo.—Un polvillo de pimienta inglesa.—Sal, ajo.—Una copita de vino seco (blanco, Madeira, etc.).—Un poquito de canela.**

Se machaca el ajo, sal, especias y vino blanco: todo se mezcla y con ello se adoba el lomo. Se deja así unas cinco horas. Después se mete en una tripa ancha, lavada como se indica en «Chorizos de primera», para hacer el chorizo.

También se puede mezclar mitad lomo y mitad magro de cerdo, se pica grueso con toda la grasa que tenga, se adoba y se mete en la tripa, procediendo como hemos indicado en la receta de los «Chorizos».

## SALCHICHAS

**Una parte de lomo, otra de magro y otra de tocino fresco.—Sal, ajo y muy poquitas especias (pimienta, clavo, nuez, canela, etc.).—Tripa de cordero.**

Se pica el lomo, el magro y el tocino. Se sazona de sal y con las especias, teniendo cuidado de no echar demasiadas, pues no es conveniente. Si se quieren encarnadas se sustituirán las especias por pimentón dulce, pues sólo llevan especias las salchichas blancas en general.

Pasadas cuatro o cinco horas de tener todo en adobo, se meten en las tripas de cordero, preparadas como hemos indicado en otras recetas, y se atan más pequeñas que los chorizos.

Se consumen frescas.

## MORCILLAS ASTURIANAS

**Sangre de cerdo es la mejor para ésta.—Suponemos la sangre de un cerdo. Cebolla.—Calabaza, un poco, ha de ser de buena clase.—La grasa del velo, es decir, de la manteca del cerdo.—Pimentón, sal.—Recortes de panceta o de tocino. La panceta es el tocino delgado de la panza o del vientre del cerdo.—Orégano, si se desea.**

Como en cada región hacen las morcillas distintas, unas con arroz y saladas, otras con miel, nueces, etc. Voy a poner aquí la morcilla asturiana, propia de la «Fabada asturiana».

Se pica la cantidad de cebolla que se desee, se alisa la superficie y se echa encima el velo de la grasa y la demás grasa picada, que sean la tercera parte del picado de la cebolla; se sazona de sal, pimentón, unos trozos picaditos de calabaza, porque las hacen más suaves. Si se quiere se echa un poquito de orégano, pero están muy bien sin ello. Y la sangre líquida del cerdo. Para que no se cuaje, al recogerla del cerdo que están matando, se revuelve bien con una cuchara de madera. Hay quien la

80

revuelve con las manos muy limpias. pues hay que removerla mucho para deshacer los coágulos según va cayendo. Se mezcla todo muy bien y se deja una hora en .adobo. Se prueba y se rectifica, si no está bien.

Se mete en tripa ancha de cerdo o de vaca y se ata.

Se tiene un gran recipiente con agua hirviendo y según están atadas se las va metiendo y dejándolas uno o dos minutos. Se escurren y se ponen a secar sobre unos paños.

Una vez secas se cuelgan y se ahuman, como se hace con los chorizos, pero las morcillas estarán todo el tiempo que sea necesario hasta que estén negras.

Estas morcillas se conservan todo el año.

No deben usarse para ahumar los embutidos las maderas olorosas, como el pino, pues lo impregnan de su olor y saben mal.

## SOBREASADA

**Carne limpia de grasas y nervios, muy picada.—Sal y pimentón.—Tripa gorda.**

La carne se sazona con la sal y el pimentón y se mete en la tripa. Debe consumirse pronto.

# CALDOS, SOPAS Y POTAJES

# Caldos, Sopas y Potajes

Los potajes se sirven en fuentes hondas.

## BUÑUELOS PARA LA SOPA

Con la pasta de los «Buñuelos de viento» se hacen buñuelitos muy pequeñitos, pues ya se sabe que crecen mucho.
Se echan en la sopa o caldo en el momento de servirse.
También pueden sustituirse éstos por trocitos de pan frito.

## CALDO DE CARNE

**Zanahorias.—Puerros.—Un cuarto kilo de carne de vaca o novilla.—Dos o tres kilos de huesos.—Ajo, perejil, sal.**

Se cuece un puerro, una cebolla regular, unas ramitas de perejil, un diente de ajo, sin pelar, pero limpio, con los huesos y la carne, cubiertos de agua. Se deja cocer perfectamente hasta que el líquido quede reducido a un tazón. Se deja enfriar y se le quita la grasa, se sazona de sal y se conserva en sitio fresco.
Para usarlo se mezcla una cucharada con medio litro de agua caliente o hirviendo y queda hecho el caldo; si se quiere salsa se reducirán las proporciones.

## CALDO DE GALLINA

**Un cuarto kilo de gallina.—Un puñadito de garbanzos.—Un buen hueso de vaca, de rodilla, que son los mejores.—Una rama de perejil, un diente de ajo, un buen trozo de cebolla.—Dos zanahorias pequeñas y sal.—Un trocito de jamón, de la punta.**

Aproximadamente en dos litros de agua fría se pone la gallina, limpia y ahumada, para quitarle los pelitos; el jamón y demás ingredientes, dejando la sal para cuando esté cocido, pues se hace mejor la cocción sin salar los alimentos. Al final se sazona de sal.
El tiempo de cocción depende de lo dura que sea la gallina; tarda, por lo menos, tres horas o cuatro.
Si se hace en «olla», puede ponerse del mismo modo, después de echarlo todo en frío tapar la «olla» y dejar que cueza; según la marca, podrá tardar aproximadamente unos treinta minutos. En vez de dos litros, póngase uno y medio.
Una vez cocido se cuela y se sirve. También se le puede hacer sopa, dejando cocer en él la clase de sopa que se desee.

Para enfermos puede tomarse solo o con unas sopitas de pan muy finas y muy pocas.

Para convalecientes se le puede poner en el caldo una yema deshecha.

También puede dársele color con un poquito de azafrán, que se echa al poner lo demás.

## CALDO DE PESCADO

**Despojos de pescado, como un cuarto de kilo.—Dos zanahorias pequeñas. Un buen trozo de cebolla o dos cebollas pequeñas.—Un puerro y un diente de ajo.—Una rama de perejil y dos tomates regulares.**

Se ponen a cocer los despojos de pescado en agua fría, con todo lo demás picado.

Se deja cocer media hora, aproximadamente.

Si se pone en la «olla» tendrá bastante con ocho minutos poco más o menos. Una vez cocido se pasa por el colador.

Una vez colado se le pueden echar colas de cangrejos, quisquillas, almejas, etc. éstas sin la concha, y los otros mariscos pelados. Pueden estos mariscos ponerse a cocer antes de colarlo y cuando los demás ingredientes, pero sin pelar.

También se pueden echar trocitos de pescado frito deshecho.

## CALDO DE VERDURAS

**Una patata de regular tamaño.—Una hoja de verdura.—Una zanahoria regular.—Una cebolleta o un trozo de cebolla.—Un puerro o un diente de ajo. Un trocito pequeño de laurel y una ramita de perejil.—Un trocito de tocino, o aceite.—Pimentón.—Dos tomates regulares.—Un trocito de pimiento rojo o verde.—Un poco de punta de jamón y unos huesos de vaca, de rodilla.**

En unos dos litros de agua hirviendo se ponen a cocer todas las cosas, limpias y partidas, menos el tocino o el aceite y la sal.

Si se pone en la «olla» ha de ponerse medio litro menos de agua.

Se deja cocer, que podrá tardar poco más de media hora sin «olla»; con ella tardará unos siete u ocho minutos.

Una vez cocido se sazona de sal y en el tocino deshecho o en el aceite se echa un poquito de pimentón para darle color si se quiere y se vierte sobre el caldo.

Si se quiere hacer más *económico* se le quita lo que no se quiera echar.

Si se quiere hacer mejor, se echarán guisantes, alcachofas, habas verdes, gallina, ternera, etc.

Este caldo puede hacerse puré y en él unos huevos cocidos, partidos. También puede colarse y tomarlo así.

## CALDO GALLEGO

Ponemos aquí el caldo gallego por ser parecido al pote.

**Lacón, un trozo de costillas o espinazo, salado y otro trozo de tocino.—Un tazón de judías que hayan estado a remojo.—Media docena de patatas enteras, de tamaño regular.—Una berza, o media docena de hojas de berza grandes. Un trocito de manteca de cerdo, un poco rancia.—Un chorizo o pimentón, para darle color.**

Se pone a cocer del mismo modo que el anterior; las patatas grandes. Cuando esté todo cocido se derrite en la sartén la manteca de cerdo y se rehoga en ella el pimentón, si no se ha echado el chorizo, y se echa en el caldo. Se sazona también de sal y se deja así unos minutos, para que tome el gusto, antes de servirlo.

## COCIDO CASTELLANO

**Un puñado de garbanzos por persona.—Un trozo de cecina o punta de jamón.—Un trozo de longaniza o chorizo.—Un trozo de carne de vaca, de tercera clase, un trozo de tocino y un hueso.—Un trozo de cebolla, cebolleta y puerros.—Fideos u otra pasta para la sopa.—Berza o repollo, lechuga o tomate para la ensalada, aceite, limón y sal.**

En agua caliente se ponen a remojo los garbanzos durante ocho o diez horas, pueden ponerse por la noche para el día siguiente, ya que es costumbre tomar el cocido al mediodía. Si se ha olvidado ponerles a remojo y se tiene olla exprés, puede echárseles en el agua por la mañana y ponerles a cocer una hora antes de comer para que cuezan mejor y tenga tiempo de cocer la sopa y preparar la ensalada.

Una vez puestos a remojo los garbanzos se les pone en agua hirviendo, ya sea en la olla o en la cacerola corriente, con todos los demás condimentos, de tocino, jamón, etcétera., a cocer durante cuatro horas si es en cacerola corriente y una media hora si es en la olla. Cuando están casi cocidos se les sazona de sal, dejándolos así unos minutos.

En una cacerola aparte o en un recipiente que traen las ollas se pone la verdura a cocer, con unos trozos de cebolla y ajo. Una vez cocida se sazona de sal y se aliña con aceite caliente en el que se rehoga un poco de pimentón; después de escurrirlo del agua puede agregársele un chorro de limón. Si la ensalada es en crudo, lechuga, escarola, etc., se lava bien, se parte en trocitos y se sazona con limón, aceite y sal, batido de antemano; puede echarse si gusta ajo picadito y cebolla, lo que es muy sano, así como rábanos, zanahoria, tomate, etc.

En el caldo de cocer los garbanzos, separado de éstos, se cuece la sopa, que puede ser de pan, pasta de fideos, lluvia, etc.

Se sirve primero la sopa, en sopera, después en una fuente se sirven los garbanzos y la berza cocida, si se pone, y en otra fuente se presenta la carne. Hay quien presenta los garbanzos con la carne a un lado y la verdura a otro. Si se pone cualquier ensalada en crudo, debe servirse en otra fuente.

También puede agregarse al cocido un buen trozo de gallina y zanahorias, hierbabuena, mejorana, tomillo, etc. En alguna región de León ponen también a cocer morcilla dulce.

Puede hacerse lo que se llama relleno, que consiste en picar menuditos un trozo de chorizo, otro de tocino y otro de la carne, mezclado con miga de pan y unido a unos huevos batidos después de agregarle un poquito de ajo y perejil picadito y sazonarlo de sal. Con una cuchara se van cogiendo porciones que se fríen en el aceite caliente, se les da una vuelta para que se pongan un poco duras o sólidas y se ponen a cocer con el cocido hasta el final. Esto se hace cuando al cocido le falta algo menos de una hora para estar a punto. Si se hace en la olla exprés, puede enfriarse o interrumpirse la cocción un rato antes de terminar ésta y continuarla después que esté agregado el relleno.

Si se quiere hacer un cocido económico, no hay más que suprimir las carnes que no se puedan poner; el cocido no resultará tan sustancioso, pero resultará bueno, puesto que la mayor parte de la gente humilde sólo le pone tocino y chorizo con un hueso. La gente del campo le suele poner cecina y carnero, con el chorizo y el tocino.

# CONSOME

**Para un cuarto kilo de gallina, un hueso de rodilla de vaca.—Un cuarto kilo de carne de morcillo o de falda, también de terniilas.—Un trozo de cebolla, pequeño.—Dos o tres dientes de ajo, sin pelar, pero limpios.—Una copita de vino blanco.—Un trocito de punta de jamón.—Sal, una ramita de perejil.— Dos tomates regulares y una clara de huevo, para clarificarlo.**

En unos dos litros de agua fría se ponen a cocer durante cuatro horas todos los ingredientes, menos la sal, espumándolo y bien tapado.
Si se pone en la «olla» póngase medio litro menos de agua.
Para clarificarlo se le agrega, una vez cocido y colado por un paño húmedo, la clara mezclada con dos cucharadas de caldo y los tomates partidos. Se mezcla todo y se pone de nuevo a hervir dos o tres minutos y se vuelve a filtrar por el paño húmedo.
Este caldo se sirve frío o caliente. Sólo o con trocitos de pan frito, de gallina desmenuzada, de huevo, etc.
Se sirve en tazas de asas, a propósito para el consomé.
Para un consomé económico se suprime lo que no se quiera poner, y en vez de clarificarse, se cuela y basta.

# CLARIFICAR UN CALDO

Cuando se quiera clarificar un caldo se le echan unas claras batidas, se revuelve en frío y después que haya hervido unos segundos se cuela y se filtra, las claras habrán limpiado el caldo dejando el consomé transparente.

# DESENGRASAR UN CALDO

Para desengrasar un caldo, ha de enfriarse primero, para que la grasa cuajada suba a la superficie y así quitarla con un espumadera fácilmente. Si está caliente se quita la grasa de por encima con una cuchara, o se filtra por un paño mojado en agua fría.

# ESCUDELLA CATALANA

**Media taza de judías blancas.—Media taza de garbanzos.—Un trozo de tocino y una morcilla.—Tres o cuatro patatas regulares.—Un tazón bien lleno de berza o repollo picado.—Media taza de arroz.—Una taza de fideos gordos.—Sal, cebolla y ajo, perejil y hierbas, si se desean.**

Los garbanzos y las judías se ponen a remojo el día antes y luego se echan en agua hirviendo, con el tocino. Una hora después de estar cociendo se agregan la berza, la morcilla, cosida en los extremos para que no se salga, un par de dientes de ajo, sin pelar, un trozo de cebolla y las demás hierbas.
Media hora antes de estar todo cocido se agregan el arroz, y los fideos partidos, sazonándolo de sal.
Si se pone en una olla exprés, se echa todo junto y se pone la sal una vez cocido, dejándolo unos minutos antes de servirlo, para que tome el gusto. Se sirve todo junto.
Hay quien suprime los garbanzos y la morcilla, agregando manteca de cerdo, o carne de ternera, cordero o cerdo, y un trozo de gallina y punta de jamón.

# FABADA ASTURIANA

**Para medio kilo de habas blancas llamadas «de la granja» o de la mejor clase que haya, un cuarto kilo de longaniza curada.—Medio kilo de lacón, curado. Una morcilla asturiana, grande.— Se puede agregar un trozo de espinazo de cerdo.—Sal.**

En agua hirviendo se ponen a cocer todas las cosas, menos la sal que se pondrá al final. Se sirven en la misma fuente las habas y lo demás.

# GARBANZOS DE VIGILIA

**Para medio kilo de garbanzos, medio kilo de espinacas.—Cebolla, ajo, laurel, perejil, sal, aceite y pimentón.**

Se ponen los garbanzos a remojo seis u ocho horas antes, en agua caliente. En agua hirviendo se ponen los garbanzos, así como un trozo de cebolla, un par de dientes o más de ajos, sin pelar, pero limpios, media hoja de laurel y una ramita de perejil, se deja cocer todo durante unas cuatro horas: si es en la olla exprés, necesitará sólo una media hora, aproximadamente. Una hora antes de terminar la cocción se agregan las espinacas lavadas y partidas. En la olla se pueden poner a la vez que los garbanzos. Se sazona de sal al final, guisándolos con aceite y pimentón. Para servirlos se les quita la cebolla y los ajos, si no gustan.

# GAZPACHO

**Seis tomates regulares.—Dos cebollitas.—Tres pepinos regulares.—Dos vasos de agua.—Sal.—Pimienta, si se quiere.—Unas rodajas de pan.—Un trocito de hielo, si se quiere.—Ajo, perejil y limón.**

Los tomates, pepinos y cebollas, lavados y limpios, se parten en trocitos o rodajas; el ajo muy picadito, agregándose los demás ingredientes.
Aparte se mezcla un buen chorro de limón, con otros dos chorros de aceite y la sal, luego se mezcla con los tomates y demás. Es como una ensalada. Para unas tres o cuatro personas. El hielo se agrega, picado, al servirlo.

# MENESTRA

Para unas cinco o seis personas

**Un cuarto kilo de carne de ternera (ternillas, falda, pecho, etc.).—Un cuarto kilo de gallina.—Un hueso bueno.—100 gramos de jamón.—50 gramos de tocino.—Sal, ajo, perejil, laurel.—Un cuarto kilo de patatas, nuevas a ser posible.—Cuatro alcachofas, dos zanahorias regulares, lechuga o verdura tierna.—Un cuarto kilo de habas verdes.—Un cuarto kilo de guisantes.—Unas puntas de espárragos al natural, si son en conserva se agregan al final.—Dos cebolletas y un puerro.**

Se pone a cocer todo junto en agua hirviendo, los dientes de ajo sin pelar, y las legumbres partidas. La carne también puede partirse en trocitos y rehogarse en la sartén, agregándolos a las legumbres para que cuezan con ellas. A las alcachofas se les quitan las hojas de fuera y cortando las puntas, que son duras, aprovechando solamente los centros.

Una vez cocido se le quitan los ajos, si no gustan, y el hueso, cuidando que no llene de huesecitos el caldo. En el momento de servirla pueden agregarse unos costroncitos de pan frito, si se desea.

## PATATAS

Las patatas nuevas tienen mejor gusto y son más agradables y sanas que las viejas, pero menos nutritivas.

Las patatas se pueden poner de mil maneras y combinaciones, solas o con carnes, verduras, etc.

Damos las recetas más corrientes.

## PATATAS A LA IMPORTANCIA

**Teniendo en cuenta que estas patatas aumentan mucho, ponemos un kilo, para tres personas.—100 gramos de carne picada y un poco de jamón si se quiere. Ajo y perejil.—Pan.—Harina y huevo.—Aceite.—Vino blanco.**

Se pelan y se lavan, después se parten en rodajas de un centímetro aproximadamente de grueso, se sazonan de sal, se rebozan en harina y después en huevo batido. Se tríen en aceite caliente y se colocan en una tartera en la que se habrá puesto un poco de agua con un chorro de vino blanco y que estará caliente. En el aceite de freirlas se rehoga la carne y el jamón, así como unos trocitos de pan, dos o tres, y una vez fritos se machacan en el mortero con un trocito de ajo y unas ramitas de perejil, se agrega un poquito de agua y se echa sobre las patatas, así como la carne escurrida del aceite. Se rectifica de sal y se deja cocer hasta que las patatas estén tiernas. Si se quieren hacer más economías no se pone la carne, ni el jamón, ni el huevo.

## PATATAS ESTOFADAS

**Para un kilo de patatas.—Cebollitas pequeñas, cabezas de cebolletas o buena cebolla.—Dos o tres dientes de ajo, una hoja de laurel, pequeñita.—Un poco de pimienta, si se quiere.—Limón.—Pimentón.**

Las patatas se pelan y sin son nuevas y pequeñitas se echan enteras, si son grandes se parten en trozos y se echan en una cacerola, se añade media docena de cebollitas. o de cabezas de cebolletas, o unos trozos de cebolla grande, una cucharadita escasa de pimentón, los dientes de ajo, sin pelar, pero limpios, la pequeña hojita de laurel, la pimienta si se quiere, el pimentón y un buen chorro de aceite crudo; a todo esto se agrega agua hirviendo hasta que casi las cubra; téngase en cuenta que la patata da mucha agua, y se dejan cocer hasta que estén tiernas, entonces se sazonan de sal y se les echa un buen chorro de limón. Se dejan enfriar un poquito y se sirven. Las *patatas guisadas* se hacen lo mismo, pero con todos los ingredientes rehogados primero en la sartén. (Puede verse también otra receta de «patatas guisadas».)

## PATATAS GUISADAS

**Un kilo de patatas.—Un buen chorro de vino blanco.—50 gramos de tocino de jamón, o de jamón, o de otro tocino.—Cebolla, pimientos rojos, si no hay pueden sustituirse por verdes.—Sal, perejil, ajos, aceite y pimentón.—Pueden ponerse tomates, si gustan, aunque no van muy bien las patatas con el ácido del tomate.**

Las patatas una vez peladas y partidas en trozos, pueden o no rehogarse en aceite o tocino deshecho, antes de ponerlas a cocer con los demás ingredientes, que serán partidos y agregados para cocer con las patatas, menos el tocino, que se partirá en trozos y mezclado con aceite, servirá para sazonar las patatas después de haberle puesto un poco de pimentón, sazonando las patatas entonces de sal, o puede echárseles la grasa antes, pero la sal siempre al fin.
Si se quieren poner con carne, costillas, etc., ésta se rehoga antes y se cuece con las patatas, o antes, si es dura.

## PATATAS RELLENAS

**Para kilo y medio de patatas regulares y de buena forma, 200 gramos de picadillo de carne, con un poco de jamón si se quiere.—Dos huevos.—Ajo, perejil, cebolla.—Aceite o mantequilla.—Pimientos y tomates.—Harina.—Un chorro de vino blanco.—Caldo o agua.**

Una vez peladas las patatas y lavadas, se ahuecan con un aparato especial que se vende en el comercio. Todo el ahuecado ha de hacerse por un solo agujero, que se hará en un extremo y por allí se sacará toda la carne de la patata.
Con la carne picada, el jamón, cebolla, un poquito de ajo, una ramita de perejil, un poco de pimiento y unos tomates, sin piel ni semillas, todo ello muy picadito se sazona de sal y se une a un huevo batido, se mezcla muy bien y con esta mezcla o farsa se rellenan las patatas, que se rebozan en harina y en el otro huevo y se fríen en aceite y mantequilla o en aceite solo. En caldo o agua hirviendo, con un chorro de vino blanco, se ponen a cocer hasta que estén tiernas, pero con cuidado que no se deshagan. Se sirven en la misma salsa.
Si se quieren hacer más económicas no se ponga huevo con la carne; ésta puede ser carne del cocido u otra inferior, ni se rebozan en huevo las patatas. Cuézanse en agua en vez de caldo.

## PATATAS SOUFLES

**Patatas.—Aceite.—Sal.**

Se pelan las patatas y se lavan. Se cortan en rodajas más bien gruesas, se fríen en aceite abundante y caliente y muy poquitas de cada vez, de modo que unas apenas se toquen con otras. Se sacan con una espumadera y se dejan enfriar un poco, cuando el aceite vuelve a estar caliente se vuelven a echar y pronto veremos que se hinchan como buñuelos, sacándolas en seguida.

## POTAJE DE VERDURAS

**Para un cuarto kilo de judías blancas, un cuarto kilo de berza o repollo.— Un cuarto kilo de patatas.—Dos o tres zanahorias regulares.—Un trozo grande de cebolla, dos dientes de ajo.—Unos rabanitos y un nabo, más bien pequeño.—Una morcilla, un chorizo y 50 gramos de tocino.—Un hueso, de jamón o de vaca.—200 gramos de carne de vaca.**

Una vez puestas a remojo las habas se ponen a hervir en agua caliente, con la berza partida, unos trozos de cebolla, uno o dos dientes de ajo, sin pelar, que se quitan al servirlos, unas ramitas de perejil y las carnes, con el hueso, y los demás ingredientes, partidos en trozos pequeños o grandes, como gusten. Cuando les falta poco para cocer se sazona de sal.
Si se pone en la olla, también se pone todo a la vez y se sazona una vez cocido, dejándolo unos minutos antes de servirlo, para que tome la sustancia.
Para servirlo se ponen las carnes aparte del potaje.

## POTE GALLEGO

Para unas seis personas.

**Un kilo de berza gallega (puede ponerse de otra clase si no hay de ésta).— Medio kilo de habas blancas.—Cincuenta gramos de grasa de cerdo.—Seiscientos gramos de carne de vaca.—Un trozo de jamón, otro de morcilla y otro de longaniza.**

Las judías a remojo horas antes, se ponen a cocer en agua hirviendo, con la berza partida. Todos los demás ingredientes se cuecen aparte.
Después de media hora de cocción las habas y la berza se pasa a cocer con las carnes, y esa agua se tira; ésa es una costumbre no justificada, pues por quitar el sabor fuerte de la berza y las habas, se pierden las vitaminas que hayan pasado al agua, por lo que deben cocer desde el principio todos los ingredientes juntos. En la olla exprés se pondrá todo junto; de ambos modos se sazonará de sal al final de la cocción, como hemos indicado otras veces.
Con el caldo se hace una sopa de pan, a la que se agrega alguna patata, berza y habas, en poquita cantidad. El unto o grasa de cerdo se deshace y se agrega.
Se sirve en una fuente las carnes y en la otra las legumbres.

## PURE DE PATATA

**Patatas.—Cebolla, ajo, perejil, un poco de vino blanco.—Si se quiere, pimientos.—Zanahorias, remolacha, si se desea.—Aceite o mantequilla.—Un hueso de vaca y un poco de carne, si se quiere.**

Las patatas peladas, limpias y partidas se ponen a cocer juntamente con los demás ingredientes, también partidos y limpios, así como el hueso y la carne. Una vez cocido todo se sazona de sal y se pasa por el pasapuré, quitando antes el hueso y la carne si se han puesto.
Se guisa con el aceite y se sirve. Si se ha puesto carne se sirve en trocitos, mezclada con el puré; también se puede poner huevo cocido partido, o sin nada. Se hará más o menos ralito, según se desee de espeso.

## PURE DUQUESA

**Para medio kilo de patatas, una cucharada grande de mantequilla.—Leche, sal.—Un huevo.**

Se lavan las patatas sin pelar y se ponen a cocer en agua hirviendo. Una vez cocidas las patatas y escurridas del agua se pelan inmediatamente, antes que se enfríen, para que no se pongan duras, y se pasan por el pasapurés sobre una cacerola u olla que tenga en el fondo la mantequilla derretida y un poquito de leche y a un lado de la chapa para que no se enfríe. Se bate el huevo y se mezcla bien con el puré, rectificándolo de sal si lo necesita.

Este puré puede ponerse más o menos espeso, según se desee; basta con agregar más o menos leche.

Se pueden tomar con carne asada, con puré de espinacas, etc. Si se hacen bolas redondas o alargadas y no se le echa leche, resultan las «croquetas de patatas».

Se hacen croquetas, buñuelos o albondiguillas. es decir, se hacen en forma de bolas alargadas o de bolas redondas y se fríen, escurriéndolas bien del aceite. Si se hacen pequeñitas, sirven de guarnición de carnes, entremeses, etc.

## SOPA DE AJO

**Pan.—Sebo o manteca de cerdo.—Ajo, sal, pimentón.**

Se prepara agua hirviendo. Se parten unas sopas de pan. La cazuela, debe ser de barro, si es posible más ancha que alta. En la sartén se derrite el sebo o la grasa. En el mortero se machaca un diente o más de ajo, según la cantidad, la sal y el pimentón. Cuando el sebo o grasa está frito e hirviendo se echa en el mortero, se mezcla con lo que tiene y se echa en el agua hirviendo. Se agregan las sopas de pan. El agua podrá ser doble cantidad que de sopas, aproximadamente; hay a quien le gusta más caldoso, hay a quien menos. Se tapan las sopas ya con el caldo y la sazón, dejándolas «calar», es decir, empaparse el pan en el caldo. Retiradlas del fuego. A los diez minutos o cuarto de hora ya se pueden tomar.

En Asturias estas sopas se hacen con aceite en vez de otra grasa y friendo el ajo en la sartén, con el pimentón y echando la sal en el agua y sazonadas las sopas, se dejan cocer unos momentos.

Se sirven en cazuelas de barro, individualmente, o en platos soperos a falta de ellas.

## SOPA DE ALMEJAS

Para unas cuatro personas.

**Cuarto kilo de almejas.—Una hojita de laurel, perejil, cebolla y ajo.—Aceite, sal y vino blanco.—Dos jícaras de arroz.**

Se cuecen las almejas, después de lavadas, en agua con un buen chorro de vino blanco y sazonadas de sal. Una vez cocidas y abiertas se enjuagan en el agua de cocerlas y se sacan a una cacerola. El agua donde cocieron se deja reposar, para agregarla al agua donde cueza el arroz. Contando con esta agua y agregando más si hace falta, se echan tres medidas de agua por una de arroz. Se deja hervir el agua. Se picará, muy finita un poco de cebolla, perejil, ajo, echándolo en el aceite caliente, para dorarlo un poquito, agregándolo al agua, que cuando esté hirviendo se le echará el arroz, removiéndolo durante unos minutos para que no se pegue. Cuando ha hervido unos diez minutos se retira, tapándolo, a un lado de la cocina, para que siga cociendo suavemente. Pasados otros diez minutos se podrá servir, agregándole las almejas sin concha.

## SOPA DE ALMENDRAS

**Pasta de almendras, que se vende ya hecha, o se compran unos cincuenta gramos de almendras crudas.—Para un litro de leche, 150 gramos de pasta ó 150 gramos de almendras y azúcar.—Pan.—Canela.**

Si no se tiene la pasta, se pelan las almendras (ver almendras), crudas y junto con azúcar se echan en el mortero y se machacan muy bien. Esta pasta se deshace en leche que se pone a hervir con la canela un cuarto de hora aproximadamente, después se retira y en esa leche se parten unas sopitas finas de pan, se tapan unos momentos y se sirve muy caliente.

Según guste más o menos dulce se pondrá más o menos leche o más o menos pasta. Esta sopa es propia de Navidad y se toma de postre.

## SOPA DE ARROZ

Para unas seis personas.

**Un hueso de vaca, de la rodilla u otro bueno.—Menudos de pollo o de gallina.—Un cuarto kilo de arroz.—Una cucharada de mantequilla.—Una zanahoria regular, un puerro y un diente de ajo, así como una ramita de perejil.—Una trufa pequeña y un huevo cocido, todo esto si se quiere.**

En dos litros de agua fresca se pone a cocer el hueso, menudos de gallina, cebolla, perejil, ajo, zanahoria, el ajo con la piel limpia, pero sin pelar.
Si se pone en la «olla» no necesitará más que el agua necesaria, poco menos de litro y medio, pues en la buena «olla» no se consume el agua.
Una vez cocido se cuela y en este caldo se echan los menudos picaditos, así como el huevo duro y la trufa, todo ello picado, ya hemos dicho que estos últimos si se quiere, pues son ingredientes que aunque hacen más sabrosa la sopa no son indispensables. Sazonado de sal, se le agrega el arroz, poniéndolo a cocer. Se sirve no demasiado caliente.
También se puede poner pescado blanco, desmenuzado, trocitos de jamón, etc.

## SOPA DE CANGREJOS

Para unas cuatro personas.

**Una docena de cangrejos de río o de mar.—Un poco de cebolla, perejil, tomate, pimientos rojos.—Dos cucharadas de mantequilla.—Un poco de harina.—Caldo o agua.**

Se pone todo en el agua, litro y medio aproximadamente, durante unos minutos. Los cangrejos una vez cocidos se separan del caldo y se reservan las colas, pelándolas: el resto se machaca en el mortero y se mezcla de nuevo con el caldo.

Se pasa todo por el colador y después por un paño húmedo para que no vaya ningún residuo de trocitos de cangrejo.

En una sartén se pone la mantequilla, se puede agregar un poquito de aceite si se quiere, y se rehoga una cucharada grande colmada de harina, removiéndolo para que no se queme. Se echa en el caldo y se deja hervir durante diez minutos, pasados los cuales se les sazona de sal. y se le agregan las colas peladas de los cangrejos. Puede servirse así y si se quiere, también se les puede agregar unos costroncitos de pan frito.

## SOPA DE COLIFLOR

**Un caldo.—Coliflor.**

Una vez hecho el caldo, como hemos dicho en otras recetas, se cuela y en él se pone a cocer la coliflor un poco partida. Una vez cocida se la pasa por el pasapuré o se machaca en el mortero, quitando las hebras largas. Se sazona de sal y después de cinco minutos, que se la deja para que tome la sal, puede servirse.

## SOPA DE CREMA

**Para litro y medio de caldo o de agua.—Treinta gramos de mantequilla.— Un huevo cocido.—Un poquito de jamón, si se quiere.—Un poco de harina, aceite y sal.**

En la mantequilla puede ponerse mitad de aceite, se doran dos cucharadas colmadas de harina, se deshacen en un poco de caldo o de agua fría y se ponen a cocer en el resto que estará hirviendo, durante diez o quince minutos.

El jamón picadito se rehoga unos segundos y se pone en la sopa ya cocida y sazonada de sal. El huevo duro también se parte y se pone en la sopa. En vez de jamón y huevo pueden ponerse costroncitos de pan frito.

## SOPA DE GUISANTES

Para unas cuatro personas.

**Un kilo de guisantes.—Caldo o agua, litro y medio.**

En el caldo o agua se ponen a cocer los guisantes, sin las vainas, se entiende. Si son de conserva no hace falta que cuezan. Se reserva la cuarta parte del total de guisantes y el resto se machaca en el mortero, o pasándolos por el pasapuré, echándolos en el caldo sazonado y colando éste para quitar las pieles. Una vez colado se agrega el resto de los guisantes.

Si en vez de caldo se ha puesto agua sola, entonces habrá que sazonar el agua con aceite o mantequilla, un poco de cebolla y un chorrito de vino blanco al principio para que cueza con los guisantes.

También se puede agregar un poquito de jamón picadito, puntas de espárrago, unas gambas, etc.

## SOPA DE MACARRONES

Para unas cuatro personas.

**300 gramos de macarrones, cuarto kilo de almejas.—Un chorro de vino blanco, unos tomates, según gusten más o menos.—Dos cucharadas de cebolla picada y medio diente de ajo.—Aceite y sal.—Caldo o agua.—Perejil, estragón, etc., si se desea.—Si gusta, alguna tableta de caldo preparado (del comercio), caldo hecho de huesos, jamón, etc.**

Se lavan bien las almejas y se ponen a cocer en parte del caldo o agua destinada para cocer los macarrones sazonados de sal. Una vez cocidas se remueven con la espumadera y se sacan, poniéndolas en un plato, para mezclarlas con los macarrones una vez cocidos, pudiendo quitarles las conchas.

El agua en que cocieron las almejas, se deja reposar y con mucho cuidado se mezcla con el resto del caldo o agua para cocer los macarrones, teniendo cuidado de echar solamente lo que esté limpio; se hace con facilidad, pues las arenas, etc., quedan en el fondo.

En bastante caldo o agua hirviendo se echan los macarrones partiditos del tamaño que se desee, pero aconsejamos que se partan en trozos pequeños, se echa también la cebolla, tomate pelado en agua hirviendo, y sin semillas, partido en trozos, las hierbas que se deseen, puerros, caldo, jamón, etc.

Se sazona de sal y se deja cocer de veinte minutos a media hora. Se sirve caliente.

## SOPA DE MARISCOS

**Almejas, gambas, cangrejos, mejillones, percebes, etc.—Cebolla, ajo, perejil, tomate, laurel.—Aceite.—Sal.—Pimienta.—Macarrones.—Queso rallado.**

Se pone a cocer todo en agua, menos los espárragos y el queso. Una vez cocido se machaca en el mortero y se pasa por el colador, y después por un paño húmedo para que no pasen los trocitos de cáscaras de los mariscos. En este caldo se cuecen unos macarrones, echandoles un poco de queso rallado.

## SOPA DE MENUDOS DE AVE

**Un caldo, con huesos, un trocito de jamón, ajo, perejil, puerro.—Unos menudos de ave.—Huevos duros o trozos de pan frito, para acompañar, si se quiere.**

En el agua justa si se pone en la «olla», o en agua abundante si se cuece en cacerola corriente (teniendo en cuenta que tiene que cocer unas tres horas), se ponen a cocer los ingredientes para hacer el caldo y si se quiere, también los menudos. Una vez cocido se separan los menudos y se cuela el caldo. El hígado se machaca y se mezcla con el caldo. Los demás menudos se deshuesan, se pican muy finitos y se echan en el caldo, todo ello sazonado de sal.

A esta sopa se le puede agregar huevo cocido, trocitos de pan frito, un poquito de harina rehogada en mantequilla para que espese, etc.

Si se pone pan frito o huevo duro, se le agrega al servirlo, bien caliente.

## SOPA DE PATATA RALLADA

**Caldo o agua.—Cebolla, ajo.—Aceite.—Sal.—Pimentón, si se desea.—Una patata grande, para tres o cuatro personas.**

Cuando el caldo o el agua esté hirviendo, se tiene preparada la patata, ya pelada, y con el rallador se va rallando sobre un plato y a cada momento se va echando en el agua, pues de lo contrario se pone negra a causa del tanino.

En el aceite u otra clase de grasas que tengamos preparada, se echan unos trozos grandes de cebolla, ajo y perejil, rehogándolos, se retira un poco y se añade una pizca de pimentón si quiere dársele color, vertiéndolo sobre la sopa, sazonándola de sal y dejándola cocer unos minutos, pues se pasa enseguida. Queda parecida a la tapioca.

Una vez cocida se le quitan los trozos de cebolla, ajo y perejil, sirviéndola.

## SOPA DE PESCADO O BOUILLEBAISSE

**Esta sopa admite toda clase de pescados, cabezas y pieles, pero para desmenuzar después en el caldo es necesario pescado fino, como merluza, lenguado, rape, mariscos, etc.—Alguna zanahoria, cebolla, perejil, ajo y, si se quiere, tomillo, etc.—Unas almendras crudas.—Aceite.—Sal.—Unos tomates.—Un trozo de pimiento.—A esta sopa se le puede agregar puré de patata, spaghetti, pasta de sopa, etc. Hay a quien le gusta espolvorearla con queso rallado.**

En el agua fría se ponen a cocer cabezas, espinas, pieles, etc., de pescados bien limpios, así como los demás ingredientes, las almendras machacadas, el ajo, es decir, el diente de ajo, con piel, pero limpia, lo demás partido en trozos. También se ponen a cocer los mariscos que tenemos y el pescado para desmenuzar.

Una vez cocido, se separan los mariscos y el pescado que haya de agregarse a la sopa, el resto se machaca en el mortero, volviendo a mezclarlo con el caldo y colándolo primero, pasándolo después por un paño húmedo y limpio, para que no quede ningún residuo.

Obtenido ya el caldo limpio, se desmenuza en él el pescado y se agregan los mariscos, sin la concha. Hay quien agrega un poquito de puré de patata u otra fécula. La patata puede ponerse a cocer con el caldo o aparte. También se pueden agregar las pastas antes dichas.

Se sazona con el aceite y la sal, dejándolo unos minutos y se sirve caliente o bien sazonándolo al principio de la cocción.

## SOPA DE PRIMAVERA

**Un trozo de carne de falda o morcillo y unos huesos de vaca.—Un trozo de jamón en cuadritos.—Cebolla, ajo, perejil.—Un poco de coliflor, lechuga, puntas de espárragos.**

Con el hueso de vaca y la carne, los trozos de cebolla y perejil, se hace un caldo. Hecho el caldo se cuela y se ponen a cocer en él la zanahoria, partida en trozos o rodajitas, la coliflor también partida y las puntas de espárragos, si son naturales.

Una vez cocido y sazonado de sal, se le agregan los trocitos de jamón que se habrán pasado rápidamente por aceite bien caliente. Se sirve enseguida.

Como en todas las recetas, pueden echarse más o menos cosas, según se quiera hacer más o menos económica. Por ejemplo, aquí puede hacerse el caldo poniendo también gallina y jamón. Con la coliflor y demás pueden ponerse guisantes, remolacha previamente hervida, habas verdes muy partiditas, etc. Y con los trocitos de jamón pueden ponerse otros trocitos de magro o de ternera fritos, etc.

En el caldo puede deslerse alguna yema de huevo; en fin, el ama de casa escogerá aquello que mejor sea para agradar a su familia y al presupuesto familiar.

## SOPA DE PURE

**Cualquier alimento que desee hacerse en puré, patatas, lentejas, guisantes, garbanzos, alubias, etc.—Caldo o agua.—Mantequilla, aceite o tocino, si no lleva caldo, para sazonarlo.—Cebolla, ajo, perejil, otras hierbas, sal.—Un chorro de vino blanco.—Trocitos de pan frito o huevo duro, si se quiere, para adornarlo al tiempo de servirlo.**

Si no se tiene caldo, puede ponerse en el agua a cocer lo que se va ha hacer pure, en unión de la cebolla, perejil, etc., y sazonarlo con mantequilla, aceite o tocino derretido, como cualquier potaje poniendo las legumbres antes a remojo.

Una vez cocido se pasa por el pasapurés, se adorna con el huevo duro partido, con trocitos de pan frito, jamón, etc., y se sirve.

Según se quiera más o menos espeso, se echará más o menos líquido.

## SOPA IMPERIAL

**«Consomé»o o caldo.—Yemas de huevo.—Trocitos de jamón.**

Preparado el consomé o caldo, bien colado y limpio, se deslíen en él una yema por cada dos personas, menos o más, como se desee, y unos trocitos de jamón ligerísimamente pasado por aceite muy caliente, meterlos y sacarlos.

Las yemas han de deshacerse en el caldo apenas templado, para que no se cuajen.

## SOPA JULIANA O DE HIERBAS

Para unas cuatro personas.

**Una zanahoria, un nabo pequeño.— Una patata regular. — Una docena de judías verdes.—Unas hojitas de berza o repollo rizado.—Unas hojitas de espinaca.—Un cogollo de coliflor. — Dos o tres espárragos. — Dos puerros.— Unos huesos de vaca y jamón.—Aceite.—Sal.—Pimentón, si se desea.**

Si se carece de estas verduras frescas, pueden comprarse en el comercio secas, y que se venden con el nombre de «sopa juliana».

Pueden echarse toda clase de verduras y hortalizas frescas, o las que más gusten. Todas las verduras se pelan y se limpian o lavan, después se parten en tiritas finas y alargadas. Se ponen a cocer en agua hirviendo, en unión de los huesos. El agua debe cubrir las verduras, no demasiado, pues debe saberse que las verduras y hortalizas consumen poca agua, ya que ellas tienen un tanto por ciento muy elevado de dicho líquido

Si se pone en la «olla», quedará una tercera parte de las verduras sin cubrir.

Se deja cocer hasta que esté tierno, se sazona de sal, dejándolo unos minutos para que tome la sazón, se sacan los huesos, cuidando que no quede ningún trocito suelto, que molesta al comer, y puede servirse caliente, después de haberla sazonado con el aceite o grasa.

Si la sopa es comprada, debe ponerse a remojo unas horas antes.

# LEGUMBRES Y VERDURAS

# Legumbres y verduras

### ALCACHOFAS AL NATURAL

**Alcachofas.—Aceite, limón, sal.**

Se preparan las alcachofas, quitándoles algunas de las hojas más duras de la parte de fuera, así como los tallos, cortándoles las puntas con el cuchillo y se ponen a cocer en agua hirviendo sazonada de sal y con un chorro de limón. Una vez cocidas se escurren del agua y se les echa limón y aceite, como en las ensaladas. Se sirven. Pueden acompañarse de tomates, cebollitas, rábanos, etc.

### ALCACHOFAS A LA GRIEGA

**Para seis alcachofas, aceite, limón, sal, ajo.—Pimienta blanca, perejil, media hojita de laurel.—Tomate, jamón picadito, si se quiere.**

Se abren las alcachofas, lavadas y limpias se les saca la parte más tierna y se prepara un hueco para rellenar. Se frotan con limón y se echan en una cacerola que tiene un tazón de agua hirviendo. En las alcachofas huecas se echa una cucharada de aceite crudo, pulpa de limón, un poquito de perejil y ajo picado, una pizca de pimienta blanca, y el poquito de laurel. Se ponen en el agua hirviendo y sazonada de sal, que esté más bien soso. Se cubren con un papel engrasado y se dejan cocer a fuego vivo cinco minutos, luego se retiran un poquito y se dejan cocer lentamente. Si se ponen en la «olla» se cuecen en un momento, pero ha de ponerse muy poquita agua.
Una vez cocidas se dejan en el mismo caldo, vaciando los fondos de alcachofa con una cucharilla. Aparte preparamos una salsa de tomate, de los que hemos quitado las semillas, ya que son las que más acidez dan, y la piel, partidos en trozos, así como el jamón, pescado o nada si no se desea, se rehoga en la sartén y se rellenan con la salsa de tomate, mezclando los centros de alcachofa, dejándola puntiaguda.
Se sirven con el mismo caldo donde cocieron.

### ALCACHOFAS CON SALSA

**Alcachofas.—Harina y huevo.—Aceite.—Salsa mayonesa o bechamel (ver en «Salsas y guarniciones»).**

Se preparan y se cuecen como las anteriores, dejando limpios los centros. Una vez cocidas se rebozan en harina y huevo y se fríen.
Se riegan con salsa «mayonesa» o con salsa «bechamel» u otra y se sirven.

## ALCACHOFAS EN ENSALADA

**Alcachofas.—Tomate, lechuga o escarola, rabanitos, etc.—Aceite, limón.—Cebolla, ajo, sal.**

Se quitan las hojas duras, dejando sólo los centros, y se parte en cuatro o más trozos, así como los demás ingredientes, una vez limpios. Aparte se hace una mezcla con aceite, limón, sal y muy poquito de agua. Por ejemplo, cuatro o cinco cucharadas de aceite, igual cantidad de limón y dos cucharadas de agua, con la sal necesaria. Bien mezclado y agitado se vierte sobre las alcachofas y demás ingredientes.

## ALCACHOFAS EN SALSA

**10 alcachofas.—Medio kilo de tomates.—100 gramos de aceitunas.—Un vasito de vino blanco.—Aceite, limón.—Sal, cebolla.**

Limpias y preparadas las alcachofas, como en las anteriores, se parten en cuatro trozos a lo largo, se frotan con limón y se cuecen en agua hirviendo, sazonada de sal, durante diez minutos. Una vez cocidas se escurren y se refrescan al chorro.
En una cacerola se pone aceite; cuando está caliente se echan los tomates en trozos, sin las semillas y sin la piel, se les dan unas vueltas y se agrega el vino blanco o el jerez seco, dos jícaras de agua y cebolla picada muy fina. Se cuecen veinte minutos. Al servirlas se añaden las aceitunas deshuesadas y partidas en trozos.

## ALCACHOFAS ESTOFADAS

**Alcachofas.—Un poco de tocino y de jamón.—Aceite, cebolla, ajo.—Perejil, limón y sal.**

Se preparan para limpiarlas como en «alcachofas al natural». Se escurren bien del agua y se ponen en una cacerola con un chorro de aceite, cebolla, ajo, perejil y un trocito de tocino y jamón, todas estas cosas partidas en trozos, grandes la cebolla y pequeños los demás; se añade un chorro de limón y se pone a cocer todo, sazonado de sal. Una vez cocido se sirve con la salsa, sin pasar por el tamiz.

## ALCACHOFAS RELLENAS

**Para una docena de alcachofas, doscientos gramos de carne, pollo, gallina, jamón, etc., picado, o pescado.—Cebolla, ajo, perejil, limón.—Aceite y un poquito de mantequilla.—Harina, dos huevos.—Dos nueces, o seis almendras, crudas.—Caldo o agua.—Sal.**

Se limpian y se preparan las alcachofas como las anteriores, quitándoles las hojas duras y cortándoles las puntas, se les saca el cogollito y se pica mezclándolo con la carne o pescado con que se quiere rellenar, añadiendo la cebolla (poca o mucha, la que se desee), medio diente de ajo, una ramita de perejil, un poquito de tocino y de jamón, todo ello muy picadito, sazonado de sal y mezclado con un huevo batido. Con esta farsa se rellenan las alcachofas, que se habrán frotado con limón. Una vez rellenas se rebozan en harina y huevo y se fríen en aceite y mantequilla, a partes iguales, y se ponen a cocer en caldo, o en agua con caldo comercial, si así se quiere, el caldo ha de estar hirviendo, en él se echan las almendras o nueces, limpias y machacadas en el mortero, dejándolas cocer hasta que estén tiernas. Si se pone en la «olla» necesita menos caldo y menos tiempo.

También se puede agregar a la salsa dos galletas Marías, molidas para que espese, dejándolo cocer un poco, y los restos del relleno.

Los troncos de las alcachofas, la parte más tierna, también puede rebozarse y freírse y ponerse a cocer con las alcachofas.

Si se quiere hacer más económico puede suprimirse la carne y rellenarse con la cebolla y demás hierbas, con salsa «bechamel», etc.

## BERENJENAS FRITAS

**Berenjenas.—Sal y azúcar.—Aceite, harina y huevo.**

Se lavan y se parten en rodajas finas, después se ponen en agua y sal y se dejan así media hora para quitarles el gusto amargo que tienen. Pasado este tiempo se escurren bien, se rebozan en harina y huevo y se fríen en aceite ligeramente, pues si se doran demasiado se ponen duras. Se espolvorean de azúcar o de sal.

El remojo en que se ponen al principio hace que no sólo pierdan su sabor amargo, sino que estén más tiernas.

## BERENJENAS RELLENAS

**Para ocho berenjenas más bien pequeñas, un huevo, 100 gramos de avellanas y piñones.—200 gramos de carne picada (ternera, pollo, cerdo, gallina, etc.): 50 gramos de jamón.—Caldo o agua.—Aceite, sal, cebolla.—Media cucharada de queso rallado.—Una cucharada de mantequilla.**

Se lavan y se parte en dos trozos teniéndolas a remojo en agua y sal durante media hora, pasado este tiempo se escurren, se vacían de la carne o pulpa que tienen dentro, reservándola.

En el aceite se rehoga la cebolla, el trocito de diente de ajo, si se quiere, la carne y el jamón y la pulpa de la berenjena, todo ello sazonado de sal. Con todo ello se rellenan las berenjenas, poniendo alguna bolita de mantequilla sobre el relleno y se meten al horno un momento.

Se rehoga cebolla y se agregan las avellanas y piñones machacados, mezclándolo con el caldo sin sal. Se deja cocer unos veinte minutos y colado se echa sobre las berenjenas, dejándolas cocer durante unos treinta minutos en el horno, espolvoreadas de queso rallado; pueden ponerse en la «olla», pero de una o de otra manera han de meterse últimamente diez minutos al horno antes de servirlas. Deben quedar jugosas, pero sin mucha salsa.

## BUDIN DE COLIFLOR

**Para una coliflor de tamaño regular, 50 gramos de mantequilla (o dos cucharadas).—Una lata de trufas.—Un litro de leche y tres huevos.—Cinco cucharadas de harina.—Aceite, pan rallado.**

Se cuece la coliflor, en agua hirviendo, partida, lavada y sazonada de sal. Una vez cocida, se escurre, se pisa con un tenedor y se escurre otra vez. Se baten las claras de los tres huevos a punto de nieve. Con la harina y la leche se hace una salsa «bechamel» y se mezcla con la coliflor, a la que se unen las tres yemas y las claras a punto de nieve, sazonándolo de sal, si lo necesita.

Se unta un molde con aceite, se escurre y se espolvorea con pan rallado, también se puede untar de mantequilla en vez de aceite. Se pone el molde con la coliflor durante diez minutos al bañomaría, y después de quince o veinte minutos a horno regular. Pasado este tiempo se desmolda en una fuente y se adorna con trufas, partidas en rodajitas, picaditas, etc.

## BUDIN DE VERDURA

**Un repollo o berza. Para cuatro o cinco personas ha de pesar un kilo.—La mejor verdura es la rizada o la que llaman «gallega», la blanca tiene menos vitaminas y minerales.—Doscientos gramos de carne, riñón, pollo, jamón u otra clase de carne.—Cebolla, ajo, perejil, sal.—Aceite.—Caldo o agua.—«Salsa bechamel».—Pan rallado.**

Se parte la verdura y se lava, poniéndola a cocer en caldo o agua hirviendo, sazonado. La carne picada, un poquito de cebolla, medio diente de ajo y una ramita de perejil, todo ello picadito, se rehogan muy bien en la sartén, primero la carne sola, después se agrega lo demás, pues si se pone todo a la vez la carne cuece, no se dora. Puede agregarse tomate, pimientos, etc. Se sazona de sal.

Una vez cocida la verdura se escurre bien, luego se le mezcla la carne picada y demás. Se prepara un molde, que se unta de grasa, es decir, de mantequilla o aceite, después se espolvorea con pan rallado; así preparado el molde se le echa la verdura con lo demás, se desmolda sobre una fuente redonda y se baña con una «salsa bechamel» muy caliente y que no esté muy espesa. Se sirve inmediatamente.

## CALABACINES CON ZANAHORIAS

Para que los calabacines sean buenos es necesario que sean tiernos y pequeños.

**Unos calabacines tiernos y pequeños, que son los mejores.—Cebolla, tomate, zanahoria.—Sal, vino blanco.—Un huevo, miga de pan.—Un picadillo, de carne, pollo, etc., para el relleno.**

Se raspan con un cuchillo y se vacían con el aparato de hacer patatas rellenas o con el mango de una cuchara, con cuidado, se lavan y se rellenan con el picadillo preparado con la carne, cebolla, etc. Una vez rellenos se tapa el agujero con una miga de pan mojada en el huevo batido.

Se doran los calabacines en la sartén o en una cacerola, agregando cebolla picada, tomate sin semillas, una zanahoria regular, todo ello picado sazonado de sal, agregando un buen chorro de vino blanco y el agua necesaria para que cuezan. Una vez cocidos se cuela la salsa y se vierte sobre los calabacines. Si la zanahoria se corta en rodajas puede reservarse y pasarla por el colador, adornando con ella la fuente donde van los calabacines. También pueden hacerse bolas de zanahoria, como las patatas «avellana», dejándolas cocer con la salsa y poniéndolas después adornando la salsa.

## CALABACINES RELLENOS

Los calabacines admiten las mismas formas de condimentación que las patatas.

**Para seis calabacines pequeños, 100 gramos de picado de carne (ternera, magro de cerdo, pollo, gallina, etc.).—Una cucharada de jamón picadito.—Cebolla, ajo, perejil, tomate.—Una cucharada de almendras, avellanas o nueces.—Una cucharada de queso rallado.—Un huevo, aceite y harina.**

En un poco de aceite caliente se rehoga el picadillo de carne, el jamón, ajo y perejil picadito; a los cinco minutos se añade un tomate sin piel ni semilla, y se sazona de sal. Se retira del fuego y se le agrega un huevo batido, mezclándolo bien.

Los calabacines se pelan y se vacían, como las patatas rellenas, o se parten en dos trozos ahuecándoles y rellenándoles de picadillo con el relleno hacia arriba, y si no se abren, se rellenan por dentro con el picadillo preparado.

En un poco de aceite se rehoga cebolla picadita, bien rehogada, se agrega una cucharada de harina y las almendras o avellanas, etc., machacadas y desleídas en un poco de agua o de caldo, mejor caliente. Se deja dar un hervor y se echa sobre los calabacines para que cuezan, agregando agua si hace falta. Una vez cocidos se ponen en una fuente, se pasa por el colador la salsa y se echa sobre los calabacines espolvoreándolos con el queso rallado, metiéndolos unos diez minutos en el horno. En vez de espolvorearse con todo el queso puede echarse la mitad en la salsa y espolvorearle con el resto.

## CARDOS

Para que el cardo sea bueno ha de ser blanco y tierno. Se les quitan las hojas verdes y todas las hebras del tallo. El cardo admite la misma cocina que el repollo y la lombarda.

Se cortan en trozos, una vez limpios, y se riegan o se frotan con limón para que no se pongan negros. Se cuecen en agua hirviendo echándoles muy poquita sal. Se escurren y se sirven con «bechamel», «vinagreta», «mayonesa», salsa de tomate, etcétera.

Si se ponen en la «olla» no necesitan limón.

## CARDOS ALIÑADOS

**Cardos.—Limón, pimienta blanca.—Canela y ajo.—Un poquito de pan frito, azafrán.—Aceite, harina.**

Se lavan bien y se les quitan las hebras de los bordes. Se cortan en trozos de cinco o siete centímetros. Se cuecen en agua hirviendo con un chorro de limón. Se sazonan de sal, un poquito de pimienta blanca, canela y ajo machacado en el mortero con un trozo de pan frito y azafrán, rehogándolo todo en la sartén añadiendo al final una cucharadilla de harina para que espese la salsa. Se echa sobre los cardos dejándolos cocer otro momento, añadiendo un poquito más del caldo en que cocieron primeramente, si es necesario. Una vez en su punto, se sirven.

## CARDO CON JAMON

**Para un cardo grande.—100 gramos de jamón.—Aceite, leche.—Limón, harina.**

Se limpia el cardo como en las recetas anteriores, y se corta en trozos pequeños. En un poco de agua se deshace una cucharada de harina, se echa en una cacerola, con una o dos tacitas más de agua o, mejor, caldo, hirviendo hasta que cubra los cardos, con un chorro de limón, removiéndolo para que no se pegue, sólo en los primeros momentos.

Aparte se rehoga el jamón en trocitos o cuadritos, se le añade una cucharada de harina y una jícara grande de leche hirviendo, se remueve bien.

Una vez cocido el cardo, se escurre el agua y se une al jamón y la leche, deján- dolo cocer unos minutos más. Se sirve adornado con tiritas de pimientos, patatas fritas como palillos, etc.


## CARDOS CON SALSA RUBIA

**Cardos.—Dos o tres yemas.—Caldo o agua.—«Salsa rubia». (Ver «Salsas».)**

Se cortan las espinas del tallo y se parte en trozos de unos 15 cm. de largo; se ponen los trozos en agua hirviendo, con una pizca de sal, hasta que la piel exterior se suelte fácilmente. Se agrega agua fría para poder meter las manos y pelarlos den- tro del agua; una vez pelados se van echando en agua muy fría. Después se sacan del agua fría y se riegan con caldo concentrado, sin grasas. Se ponen en una cace- rola con la «salsa rubia», dejándolos cocer hasta que estén tiernos. Al momento de servirlos se mezclan a la salsa las yemas desleídas en un poquito de caldo o de agua.


## COLES DE BRUSELAS GUISADAS

**Coles.—Mantequilla, jamón.—Harina, sal.**

Las coles de Bruselas se lavan bien con agua fresca, y se ponen a cocer en agua hirviendo. Casi al final de la cocción se sazonan con bastante sal, pues son muy sosas. Cinco minutos más tarde se les escurre el agua con una espumadera movién- dolas bien, pues tienen mucha tierra.

En la mantequilla se rehoga un poquito de harina para espesar la salsa; se le echa un poco de caldo hirviendo o de agua, después el jamón picadito y, por fin, las coles. Se dejan cocer otros quince minutos y se sirven.

También pueden guisarse con cebolla, ajo, tomate, etc., como se guisa la carne.

Pueden ponerse, una vez cocidas, con «salsa bechamel» y espolvoreadas de queso ra- llado y se meten al horno.

Sirven de guarnición de carnes, con guisantes, coliflor, etc.


## COLIFLOR A LA CREMA

**Una coliflor.—«Salsa bechamel».—Mantequilla, sal.**

Se lava y se parte en trozos, se cuece en agua hirviendo un poco sazonada de sal. Una vez cocida se deja escurrir y se coloca en una fuente resistente al hono, se cu- bre con una salsita «bechamel» un poco ralita, se le ponen encima unas bolitas de mantequilla y se mete al horno regular unos quince minutos. Se sirve caliente.

Antes de meterse al horno puede espolvorearse con queso rallado y pan rallado. Entonces el horno debe estar fuerte, teniendo cuidado que no se queme, pero que forme la corteza o gratín. Puede dársele la forma que tenía antes de partirla, o dejar sueltos los trozos, buscando otra figura.

## COLIFLOR EN ENSALADA

**Coliflor.— Aceite, pimentón.— Limón, sal, ajo.**

Una vez lavada y cortada en trozos, es decir, separados los cogollitos, se cuece como las anteriores, en agua hirviendo con la sal necesaria. En aceite caliente se dora un ajo, se retira la sartén del fuego y se añade un poco de pimentón y un chorro de limón, todo ello se echa sobre la coliflor y se le da unas vueltas para que se empape, o se rehoga también la coliflor en la sartén, pero hay el peligro de que como es muy tierna, se deshace con facilidad. Se echa en una fuente y se sirve.

## COLIFLOR CON ESPARRAGOS

**Coliflor. Mantequilla. Cebolla, ajo, sal.— Lechuga o escarola. Limón, espárragos.**

En poca agua hirviendo, con un trozo de mantequilla, muy poquito de sal, un trozo grande de cebolla, un chorro de limón y un diente de ajo, sin pelar, pero limpio, se pone a cocer la coliflor, partida en cogollos, es decir, con las cabezas separadas, cuidando que no se estropee. No debe esperarse a que esté muy cocida, pues se deshace.

Una vez en su punto se escurre el agua y se va colocando sobre una fuente, volviendo a hacer la forma de la coliflor. Se rodea de la lechuga o de la escarola aliñada con limón, sal, aceite y ajo picadito si se quiere; también pueden añadirse unos rabanitos. Sobre la lechuga se van colocando los espárragos, apoyados en la coliflor y en la verdura. Se sirve.

## COLIFLOR CON QUESO O AL GRATIN

Una vez cocida como en la fórmula anterior y colocada en una fuente refractaria, la coliflor se espolvorea de queso rallado y bolitas de mantequilla y se mete al horno regular durante unos minutos.

## COLIFLOR CON SALSA

La coliflor se cuece como las anteriores, y se coloca en una fuente, en forma de coliflor u otra forma y se cubre con salsa «bechamel», «mayonesa», de tomates. etc.

## COLIFLOR MARGARITA

**Coliflor.—Zanahorias, remolacha.—Limón, cebolla, ajo y perejil.—«Mayonesa», mantequilla.**

Se ponen a cocer todas las hortalizas con la mantequilla y un poquito de sal y limón, en agua hirviendo. Las hortalizas han de estar partidas en trozos grandes, o en rodajas. Una vez escurridas las hortalizas se colocan en una fuente, combinándolas por sus colores, cubriendo algunas de ellas con la «mayonesa», o solamente la coliflor, o se sirve la mayonesa aparte y se presenta la fuente con las verduras. También puede salpicarse de guisantes.

## COLIFLOR REBOZADA

**Coliflor.—Aceite, sal, huevo, harina, leche.**

Se lava la coliflor, se parte en trozos y se pone a cocer en agua hirviendo. Una vez cocida y escurrida, se reboza en huevo y harina, hecho una crema no muy espesa y se fríe en aceite bastante caliente.


## CEBOLLAS RELLENAS

**Para seis cebollas más bien pequeñas, dos patatas regulares, pimienta y dos o tres nueces, o unas seis almendras.—Carne (pollo, ternera, novillo, etc.) picada, o pescado blanco.—Pan rallado, huevo.—Un poco de jamón con tocino.—Un chorro de vino blanco.—Tomates, pimientos, sal, perejil, ajo.**

Se quitan las capas exteriores de la cebolla y el centro. Con la carne o el pescado se hace una farsa añadiendo tomate sin piel ni semillas, un trozo de pimiento verde, o mejor rojo, se pica en trocitos, así como medio diente de ajo y una rama de perejil, se sazona de sal y se mezcla uno o dos huevos batidos y con todo ello se rellenan las cebollas. Pueden taparse con miga de pan mojada en huevo.
Se habrán cocido las patatas, lavadas y con piel. Antes de que se enfríen se pelan y se hacen puré. En la sartén se rehoga el jamón y tocino partido, las nueces o las almendras machacadas en el mortero, las patatas que se acaban de pasar y la pimienta y canela (muy poquito de especias); con esta pasta blanda se cubren las cebollas, que se habrán colocado en una fuente para el horno o en la «olla» exprés. Si se colocan en la fuente se meterán al horno, cubiertas con un papel para que no se quemen y se cuezan bien. Si se ponen en la «olla» no necesitan papel. También se pueden poner en una cacerola sobre la cocina en vez de meterlas en el horno: en todos los casos se cubrirá con un poquito de agua y un chorro de vino blanco el fondo del recipiente donde han de cocer. Cuando estén en su punto se sirven calientes.


## CRIADILLAS DE TIERRA

**Criadillas.—Zanahorias, cebolla.—Pimienta.—Mantequilla o aceite, sal.—Caldo o agua.**

Se lavan y se parten en dos si son grandes, se les echa sal y pimienta, más bien poca.
En el aceite o mantequilla o mitad y mitad se echa la cebolla y zanahoria picadas muy finas, se agregan las criadillas y caldo o agua hirviendo y se dejan cocer. Una vez cocidas se ponen en una fuente y se les echa la salsa, pasada por tamiz, sobre ellas.


## ESPARRAGOS AL NATURAL

**Espárragos y sal.**

Se raspan los espárragos con un cuchillo y, bien limpios, se ponen a cocer en agua hirviendo, sazonada de sal. Se corta parte del tallo por ser duro. Tardan en cocer unos veinte minutos o algo más.

Pueden servirse con aceite y limón, «mayonesa», «vinagreta», «muselina», etc.
Pueden también guisarse con mantequilla, cebolla, jamón, etc., es decir, una vez cocidos guisarles y dejarles cocer un poco con la salsa que se les ha puesto.
Están muy ricos con jamón y tomate; una vez cocidos darles un hervor con el jamón y el tomate.
Sirven de guarnición de platos de carne, pescado, verduras, etc., con sólo cocerlos en agua con sal.

## ESPINACAS

Las espinacas se cocinan como la berza o el repollo.
Pueden cocerse con los garbanzos de vigilia. Para decorar algunos platos de huevos o de carne, etc.

## GUISANTES AL NATURAL

Los mejores guisantes son los tiernos, que están verdes; los que empiezan a tener un color verde claro y de piel dura, que son más grandes, son menos buenos.

**Guisantes y aceite o mantequilla.**

En una cacerola, tapados, pues si no saltan, se rehogan en aceite o mantequilla, moviéndolos con la tapa puesta durante unos minutos; luego se dejan cocer al vapor, pues se les agregará muy poquita agua, sazonados de sal.
Así preparados pueden agregarse a un picadillo de jamón, pollo, etc.
Sirven de guarnición para cualquier plato de carnes, verduras, etc.
También se toman sólo rehogados en el aceite.

## GUISANTES CON JAMON

**Guisantes.—Jamón con algo de tocino.—Mantequilla o aceite.—Cebolla, perejil, unos cogollos de lechuga.—Caldo o agua, sal, ajo.—Costrones de pan frito.**

En una sartén se derrite la mantequilla o el aceite y se rehoga el jamón con tocino partido en trocitos; en seguida se agregan los guisantes con mucha cebolla y el perejil en trozos grandes, así como los cogollos de lechuga y el ajo entero, sazonándolo de sal, teniendo en cuenta que lleva el jamón. Después que se ha rehogado se echa un poco de caldo o de agua para que cueza suavemente. Una vez cocido se le quita el perejil, la cebolla y el ajo.
Al caldo donde cocieron se le puede agregar unas galletas o un poquito de harina para que espese; también unas nueces o almendras machacadas.
Puede servirse con salsa o sin ella, en fuente honda o plana, rodeados de costroncitos de pan frito.

## HABAS VERDES O JUDIAS VERDES

**Habas verdes.—Sal.**

Las mejores y más tiernas son las que no tienen granadas las habas, es decir, que al tacto no se aprecian las habas que guardan dentro. Si son tiernas apenas tendrán hilos, pero si son más talludas es necesario cortarles o pelar las orillas o bordes de la `vaina y quitarles las hebras, después se parten en dos o tres trozos.

Se cuecen en agua hirviendo sazonada de sal. Si se quiere que conserven el color verde que tienen, debe echarse un poco de bicarbonato, pero teniendo en cuenta que el bicarbonato destruye los principios nutritivos de los alimentos. El agua donde han cocido es muy nutritiva; debe aprovecharse para sopa u otra cosa. Así preparadas y escurridas del agua donde cocieron, pueden aliñarse con un refrito de ajo, pimentón y aceite y un chorro de limón o en crudo.

Si quieren ponerse con «salsa bechamel» se pondrán en una fuente echando sobre ellas la salsa y metiéndolas unos minutos al horno.

Pueden cocerse con patatas guisadas, dando a éstas un sabor muy agradable. Sirven de guarnición para varios platos de carnes o de verduras, etc.


## LENTEJAS GUISADAS

**Lentejas.—Cebolla, ajo, perejil, aceite.—Limón, si se quiere.**

Se ponen a remojo; aunque no se pongan pueden cocerse en poco más tiempo, pero poniéndolas a remojo cuecen más fácilmente. Se echan a cocer cuando el agua está casi hirviendo o hirviendo. Se les agrega cebolla, perejil y ajo, éste sin pelar, pero limpio. Una vez cocidas se les echa el refrito de aceite y pimentón y un chorro de limón.

Puede echarse el refrito con la cebolla, ajo, perejil, especias, etc., a media cocción, con un chorro de limón.

También pueden agregarse unos trocitos de jamón frito, costroncitos de pan, chorizo, etc.


## PASTEL DE LEGUMBRES FRESCAS

**Guisantes, espárragos.—Escarola, tomates.—Jamón y lomo de cerdo.—Dos huevos, como mínimo, para más de dos personas.—Pan rallado.—Aceite o mantequilla.—«Salsa mayonesa».**

Se cuecen juntas o por separado, en agua hirviendo, las legumbres menos los espárragos, si son de lata, y si los guisantes son de conserva tampoco es necesario cocerlos.

En una sartén, con el aceite o la mantequilla bien caliente, se echan los tomates sin piel ni semillas (véase «Tomates»), las legumbres escurridas del caldo o del líquido en que vienen las que están en conserva, la escarola, picadita y los espárragos partidos en dos o tres trozos, así como el jamón y el lomo picaditos. Se rectifica de sal si es necesario, se agrega el pan rallado y se mezcla todo; no debe echarse demasiado pan, pues resta el buen sabor. Se retira del fuego y se le mezclan los huevos batidos.

Se prepara un molde untado de aceite o mantequilla y espolvoreado de pan rallado. La mezcla que teníamos preparada se echa en el molde y se pone unos momentos al baño maría para que se cuaje. Se puede poner en la «olla» de seis a diez minutos. Una vez en su punto se desmolda poniéndolo en una fuente y bañándolo con «salsa mayonesa». (Ver «Salsas y guarniciones».)

Puede adornársele con huevos duros, en rodajas, aceitunas rellenas o deshuesadas, puntas de espárragos o enteros, langostinos o cigalas, etc.

**Repollo o berza (para un kilo).**—Tomate.—Jamón o chorizo fresco, 100 gramos.—Huevos, dos.—Sal, cebolla, aceite, ajo.—Tres o cuatro cucharadas de pan rallado.—«Salsa bechamel».

Lavado y limpio el repollo se pica y se cuece en agua hirviendo, un poquito sazonado de sal. Una vez cocido se escurre del agua y se echa en una fuente honda. En aceite se rehoga un poco de cebolla, ajo y jamón o chorizo picadito; una vez rehogado se le agrega un tomate grande o dos regulares, partidos en trozos, después de haberles quitado la piel y las semillas.

Volvemos a escurrir el repollo y le mezclamos con lo de la sartén, los dos huevos batidos (pueden echarse más si se quiere) y dos o tres cucharadas de pan rallado. Se mezcla todo bien y se echa en un molde engrasado y espolvoreado de pan rallado. Se pone al baño maría o al horno unos minutos para que se cuaje el huevo, luego se desmolda sobre una fuente y en el momento de servirlo se cubre con una «bechamel» caliente y ralita.

Se puede mezclar con el repollo, carne picada, asada, etc.

## PIMIENTOS RELLENOS

**Seis pimientos pequeñitos de los llamados «loras», u otros.**—Picadillo de carne, jamón, salchichas, etc., 200 ó 250 gramos.—Cebolla, ajo, perejil.—Uno o dos huevos.—Un poquito de pan rallado.—Aceite, sal, tomates.—Caldo o agua.

Se lavan los pimientos, quitándoles el rabo; por este sitio se vacían de las semillas que tienen dentro, teniendo cuidado de no romperlos. Se vuelven a lavar y se escurren de agua.

Con los tomates pelados, sin semillas y picados, así como un trozo de cebolla, medio diente de ajo, una ramita de perejil, todo picadito, y la carne, sazonada de sal, se mezcla con uno o dos huevos batidos y se rellenan los pimientos cuidadosamente poniéndolos boca arriba. Cuando estén todos rellenos se fríen y se colocan después en una cacerola, cubriéndolos de caldo; si no hay, puede ponerse agua con algún hueso o caldo comercial, dejándolos cocer hasta que estén tiernos; se hará como siempre, pinchándolos con una aguja y si sale fácilmente y limpia, es que está cocido.

Una vez cocidos se pelan con mucho cuidado si se quiere y se van colocando sobre una fuente; la salsa se pasa por un tamiz y se echa sobre los pimientos. Pueden adornarse con lechuga o escarola aliñada.

Se puede suprimir el huevo.

## PISTO

**Para un cuarto kilo de patatas, un tomate grande.**—Un trozo grande de pimiento.—Una loncha grande de jamón con algo de tocino.—Una cebolla regular.—Un diente de ajo, perejil.—Aceite, sal.—Dos huevos.

Se pelan las patatas y se lavan, se parten en dados o cuadraditos y se sazonan de sal friéndolas después; a los pocos momentos se agrega el jamón y el tocino, también partido en cuadritos, a la vez se echa la cebolla picadita, así como el ajo y el pimiento. Cuando todo está pasado se añade el tomate sin piel ni semillas, picadito, se rehoga con todo lo demás y después se añaden los huevos batidos, se sazona todo de sal, si no se ha hecho ya y se revuelve bien con los huevos: así revuelto y una vez pasados los huevos, se sirve.

## REPOLLO O COL RELLENA

**Un repollo o col de un kilo aproximadamente, para cuatro o cinco personas. Carne, salchichas, pollo, etc., picado.—Un poco de tocino.—Si es tiempo de castañas, unas doce o catorce castañas buenas. Si no, tomate.—Cebolla, ajo, perejil y sal.—Aceite y un poco de mantequilla.—Caldo o agua.—Un huevo. Queso rallado, una cucharada colmada.**

Se lava bien el repollo y se le quitan las hojas más duras de fuera. Se pone a cocer entero en la «olla» o en una olla corriente, con agua hirviendo y muy poquita sal. No necesita estar demasiado cocido, sólo un poco.

En una sartén se rehoga la carne o las salchichas, sin piel, el pollo o la carne que sea, picadita; después se agrega cebolla, un poquito de ajo y unas ramitas de perejil, todo ello picadito, así como el tocino, que ha de estar picado para no encontrarlo demasiado entero, al que no le guste.

El repollo a medio cocer se le saca por la parte del tronco el cogollo central, cuyo hueco se rellena con la carne, pero antes de rellenarlo se le agregan las castañas peladas y cocidas, hechas una pasta, mezclándolas bien con la carne, sazonándolo todo de la sal necesaria. Si no se quieren poner las castañas se pondrán uno o dos tomates; también se pueden agregar pimientos, rehogados antes en la sartén. Se puede mezclar el relleno con un huevo batido o se puede mojar pan en el huevo y ponerlo en el hueco de entrada, para que no se salga el relleno. Si se pone el huevo con la farsa, es decir, con el relleno, en el momento de rellenarlo no hace falta tapar el agujero con la miga de pan.

Se puede terminar de cocer de dos modos: 1.º Se unta de mantequilla, se espolvorea de pan rallado, se pone un poco de caldo en el fondo de la cacerola para que no se queme y se mete al horno hasta que esté cocido: o bien se unta de mantequilla o se cubre con una loncha de tocino, se riega bien de caldo o de agua, si no hay caldo y se deja cocer hasta que está en su punto. Puede regarse con un poco de vino blanco. Se sirve caliente, con su jugo. No se eche demasiado caldo o agua al cocer, pues el repollo tiene mucha agua de por sí.

## TOMATES CON SETAS

**Para nueve tomates, duros y maduros.—Tres cuartos de kilo de setas.—Pan y queso rallado.—Mantequilla, perejil.—Aceite, sal, limón.—Vino blanco, pimienta y nuez moscada.**

Los tomates se limpian y se cortan en dos, vaciándolos; se espolvorean de sal y pimienta, si se quiere y se dejan escurrir.

Las setas se lavan bien y se cuecen en un poquito de agua y vino blanco, sazonándolas de sal y echándolas un poquito de nuez moscada, si se quiere. Cuando estén bien cocidas, hasta que se deshagan, se hacen un puré espesito y con él se rellenan los tomates. Se espolvorean de pan rallado, se les pone un poco de mantequilla encima y se meten al horno una media hora. Al servirlos se espolvorean de perejil picadito y se colocan sobre rodajas de pan frito.

## TOMATES RELLENOS AL HORNO

**Tomates igualitos y lisos, maduros, pero duros, no blandos.—Unas bolitas de mantequilla.—Carne, jamón, pollo, pescado, etc., para el relleno.—Queso rallado.—Sal.**

Se meten los tomates en agua hirviendo dos o tres segundos para poder pelarlos. Una vez pelados se les hace un hueco en la parte donde va el tallo y se vacían de las semillas y parte de su carne. Se espolvorean de sal y se ponen a escurrir boca abajo.

El relleno, ya sea de alguna clase de carnes o de pescados, si está crudo debe rehogarse en la sartén, puede agregársele un poquito de cebolla y otros condimentos. Se rellena con ello los tomates, que se irán colocando boca arriba en una fuente refractaria, es decir, que resista la temperatura del horno. Una vez rellenos se coloca encima de cada uno una bolita de mantequilla, se espolvorea de queso rallado y se meten a horno regular una media hora. No se sirven demasiado calientes.

Estos tomates también pueden partirse a la mitad, vaciarlos y luego, cuando se les ponga el relleno se llenará formando copete. Se les pone la mantequilla y después de espolvorearlos de queso rallado se meten al horno como los anteriores.

El relleno también puede mezclarse con «salsa mayonesa». Pueden cubrirse con unas aceitunas y adornarse con lechuga, etc.

## ZANAHORIAS ESTOFADAS

**Para un kilo de zanahorias.—Una cebolla regular.—Una ramita de perejil, media hoja de laurel.—Aceite, pimienta, si se quiere.—Jugo de limón.—Una cucharada de harina.—Un cuarto kilo de arroz.—Dos cucharadas de manteca de cerdo.—Sal.**

Se raspan o se pelan las zanahorias y se parten en tiras, en rodajas o en dados. En una sartén se rehogan en unión con la cebolla y el perejil picadito y la media hojita de laurel. Luego se pone a cocer. Cuando están cocidas las zanahorias se escogen de entre la cebolla y se separan a una cacerola. En la cebolla se echa la cucharada de harina, se rehoga un poco y se le echa un poquito de agua, se sazona de sal y se echa sobre las zanahorias una vez colado. Se deja hervir otro poco.

Limpio y escogido el arroz se pone a cocer en doble cantidad de agua que de arroz, con un diente de ajo, limpio pero sin pelar, un trozo grande de cebolla y una rama de perejil sin picar y el zumo de limón, un chorrito. Se sazona de sal y se deja cocer diez minutos destapado; luego se tapa, se retira un poquito y se deja que termine la cocción, que tardará otros diez minutos.

Una vez cocido el arroz se le quitan la cebolla, ajo y perejil y se le echan las dos cucharadas de manteca de cerdo y se dejan deshacer bien unos momentos, removiéndolo.

En una fuente se coloca el arroz en forma de corona o se han hecho moldecitos y se colocan graciosamente alrededor de la fuente, poniendo en el centro las zanahorias con su salsa o adornando los moldes. Se sirve caliente.

## ZANAHORIA GLASEADA

**Para medio kilo de zanahorias, dos cucharadas de mantequilla.—Azúcar, sal.**

Se raspan o se pelan las zanahorias, se lavan y se cortan en rodajas, tiras, etc. Se ponen a cocer en agua hirviendo, cuando estén casi cocidas se les echa un poco de sal y se dejan unos minutos más. Se escurre de esa agua y se echan en una cacerola o fuente refractaria. Se les echa agua hirviendo sólo hasta que se cubran las zanahorias; sobre ellas se echa la mantequilla y media cucharadita de azúcar; también puede echarse un polvito de pimienta y sal. Se ponen a hervir cinco minutos, luego se tapan y se meten a horno fuerte hasta que se reduzca la salsa, quedando sólo la necesaria para que no estén secas. Se sirven calentitas. Pueden servir para acompañar a la carne.

## ZANAHORIAS RELLENAS

> **Un kilo de zanahorias grandes.—Doscientos gramos de carne picada, ave o salchichas, jamón, etc.—Cebolla, ajo, sal.—Aceite o mantequilla.—Caldo o agua.—Un huevo.**

Se raspan o se pelan y se lavan. Con un cuchillo de punta se vacían bien de la carne que tienen dentro y que muchas veces es tronco.

Se bate el huevo y se mezcla con la carne picada, agregándole la cebolla y medio diente de ajo muy picadito, se sazona de sal y con esta farsa se rellenan las zanahorias. Se les da una vuelta en aceite o mantequilla bien caliente y se ponen en la «olla» o en una cacerola a cocer después de haberles echado los restos del relleno, si sobraron, y si no, un poco de cebolla y el caldo necesario o agua para que cuezan; si no es en la «olla», por lo menos una hora, y, por fin, un chorro de vino blanco, si se quiere.

Una vez cocidas se colocan en una fuente y se les echa por encima la salsa en que cocieron, pasada por el colador. Se sirven calientes.

SALSAS Y GUARNICIONES

# Salsas y guarniciones

La salsa acompaña casi siempre a todos los platos, pero también hay otro acompañante, que son las guarniciones. Se llama guarnición en términos culinarios a un alimento sólido que adorna el plato principal y a la vez sirve para hacer éste más abundante. Hay muchísimas clases y variedades de guarniciones; entre ellas citaremos la patata, las legumbres frescas, remolacha, zanahoria, rábanos, etc.

No pretendemos dar aquí todas las guarniciones posibles, pues el buen gusto del ama pondrá las que más le agraden. Además ya en muchas recetas ponemos la guarnición que le puede ir bien a cada plato.


## BERENJENAS Y CALABACINES

Las berenjenas, sabroso plato para guarnición de carnes, y cuya receta le ofrecemos en la sección de «Legumbres y verduras».


## CALABACINES PARA GUARNICION

**Calabacines.—Mantequilla.—Caldo o agua.—Cebolla, ajo, perejil, sal, laurel.**

Se pelan y se cortan los calabacines en rodajas o en trozos. Se ponen a cocer en el caldo o agua hirviendo, en la que se habrá puesto unos trocitos de cebolla, unas ramitas de perejil y sazonado de sal y una hojita pequeña de laurel.

Una vez cocidos se rehogan en mantequilla, después de escurrirlos del agua y secarlos.

Sirven para acompañar asados de carnes, principalmente.


## CHURROS DE PATATA

Para carnes y legumbres

**Un «puré de patata duquesa».—Aceite.**

Se hace un «puré de patata duquesa», según indica la fórmula en la sección de «Legumbres y verduras», se mete en la churrera y se hacen churros cortándolos como los de pasta y friéndolos. Con ellos fritos se adornan los platos que deseemos.

## GELATINA PARA CARNES O AVES

**Para dos litros de agua, un cuarto kilo de carne de vaca.—Una pata de ternera o cerdo.—Un cuarto kilo de zanahorias.—Dos claras.**

Se pone todo a cocer durante tres o cuatro horas. Se separa del fuego, se cuela y se deja enfriar; luego se le mezclan las claras batidas, sin que lleguen a cuajar, y se pone de nuevo a hervir durante unos minutos, se espuma y se deja enfriar o se usa para lo que se desee, colándolo antes.

## GELATINA PARA CARNES O PESCADOS

**Consomé (ver en «Sopas, caldos y potajes»).—50 gramos de colas de pescado, transparentes y que rompan como si fuera cristal.**

Se hace un consomé clarificado. Las colas se tienen en remojo en agua fresca, una media hora.
El consomé, una vez clarificado, se pone a hervir de nuevo, agregando las colas de pescado y removiéndolas hasta que se deshagan. Se filtra y se usa.

## GELATINA PARA PESCADOS

**Despojos de pescado.—Unas dos hojas pequeñas de cola de pescado.—Una zanahoria pequeña.—Un poco de cebolla y puerro.—Medio litro de agua.—Una clara.**

Los despojos de pescado, las cebollas y la zanahoria se ponen a cocer con el agua durante veinte o treinta minutos. Las hojas de pescado se humedecen en agua y se dejan media hora ablandando, después se agregan al caldo hirviendo y a los dos o tres minutos se filtran por un paño húmedo. Se agrega la clara batida, se le da un hervor, se filtra de nuevo y se puede usar.

## GUARNICIONES PARA CARNES

Las carnes pueden adornarse con buñuelos de patata, puré de patatas duquesa, setas, tomates rellenos, lechugas, ensaladas, zanahorias, guisantes, alcachofas, espárragos, coles de Bruselas, patatas fritas, etc., etc.
Con las carnes estofadas pueden servirse macarrones al horno; cada cosa en su fuente.

## PATATAS A LA VITORIA

**Patatas.—Aceite y sal.**

Se pelan las patatas y se parten a la larga en trozos muy grandes, de la misma forma que las patatas que se parten alargadas para freír, pero de mayor grueso. Se sazonan de sal y se fríen en abundante aceite no demasiado caliente para que no se quemen y se pasen. Cuando están doraditas se retiran. Sirven para acompañar a las carnes.

## PURE DE PATATAS DUQUESA

**(Véase «Puré duquesa» en la sección de «Caldos, sopas y potajes».)**

## PATATAS FRITAS

Para acompañar a toda clase de carnes

**Patatas de buena clase.—Aceite.**

Se pelan, se lavan y se parten ya sea redondas y finas, que después de salarlas se fríen en abundante aceite, echándolas de una en una. Se llaman «patatas a la inglesa»; son como las que se venden en los bares. También se pueden partir en cuatro partes, es decir, una patata regular en cuatro trozos alargados se sazonan de sal y se fríen como las otras, en abundante aceite caliente y poquitas de cada vez, sin que esté demasiado fuerte el aceite para que se pasen y no se quemen.
En los comercios venden unos aparatitos con los que se ahuecan las patatas y, por lo tanto, las *patatas* que salen son redonditas como *avellanas*.
Esas patatas de tan agradable aspecto se fríen como las anteriores. También se pueden hacer imitando pajitas, es decir, muy finas. Y de otras mil variedades.
Cualquier clase de patatas que se quieran freír se harán siempre en abundante aceite caliente y echando muy poquitas de cada vez.

## REMOLACHA PARA GUARNICION

Para carnes y pescados

**Remolacha.—Canela.—Pepinillo en vinagre.—Limón.—Sal.**

En agua hirviendo se pone a cocer la remolacha pelada y partida en trozos no muy grandes, sazonándola con un poco de canela, especias si se quiere, un chorro de limón y pepinillo picado. Una vez cocida y sazonada de sal se escurre y se pone en la fuente que se desee.
También se puede cocer con agua y una vez cocida y escurrida del agua, se sazona, es decir, se guisa o se aliña con aceite crudo, limón y sal.

## SALSA AL AJO ARRIERO

**Ajo.—Limón.—Aceite.—Sal.**

En un mortero se machaca ajo, se le agrega un poco de limón y bastante aceite refinado, se sazona de sal. El limón y la sal se echan según el gusto de cada uno. Removerlo bien.

## SALSA ALIOLI O AL AJOACEITE

**«Salsa mayonesa».—Ajo.**

Preparada la «Salsa mayonesa» se le añade ajo muy machacado, a gusto.

## SALSA AMARILLA

**Una cucharada de harina.—Una yema.—Mantequilla.—Pimienta.—Sal.—Caldo o agua.**

En dos jícaras de caldo o de agua fría se deshace la harina y una vez deshecha se pone a cocer diez minutos, removiéndola para que no se pegue, se sazona de sal y pimienta. Se retira del fuego, una vez cocida y se le agrega la yema batida y una cucharada de mantequilla. Se vuelve a poner al fuego para que se caliente y se deshaga la mantequilla y se sirve caliente. Especial para huevos.

## SALSA BECHAMEL

**Para medio litro de leche.—Dos o tres cucharadas de harina.—Dos o tres de mantequilla o de aceite.—Sal.**

La «bechamel» se hace rehogando la harina en el aceite o la mantequilla calientes, que puede ponerse dos cucharadas de aceite por una de harina, y lo mismo si se trata de mantequilla, aunque la mantequilla debe ser más abundante. Una vez rehogada la harina, sin dorar, pues si no da un color feo, tostado, cuando debe ser blanquita, se le va agregando la leche, según se quiera más o menos espesa, dejándola cocer y removiéndola mucho para que no tenga grumos.
Si se quiere más líquida habrá de echarse más leche a medida que se va consumiendo, y si se quiere más espesa debe dejársela cocer más.
Esta salsa debe servirse muy caliente, pues si se deja enfriar espesa y ya no es salsa.
Se emplea lo mismo para carnes, pescados, huevos, legumbres y toda clase de guisos.

## SALSA BELLA

**Tomate.—Ajo.—Pimientos.—Aceite.—Limón.**

En aceite caliente se echa tomate partido, sin piel ni semillas, pimientos colorados o verdes, picados, así como un poco de ajo y un chorro de limón, se sazona de sal y se deja cocer unos veinte minutos. Puede agregarse un poquitín de agua si se seca mucho. Se cuela y se sirve caliente.
Para huevos, pescados y legumbres frescas.

## SALSA BLANCA

**Dos cucharadas de harina tostada.—Un cuarto litro de caldo o agua.—Un huevo cocido.—Limón.—Aceite.—Perejil.**

En una jícara de caldo o agua fría se deslíe bien la harina y se agrega el resto del caldo hirviendo, dejándolo cocer unos siete minutos. Se sazona de sal; se cuela y se le agrega el huevo cocido, partidito, una cucharadita de limón, una cucharada de aceite y una ramita de perejil muy picado.
Salsa para mariscos, judías verdes y pescados.

116

## SALSA CON ALCAPARRAS

Para servirla principalmente con pechuga de ave.

**Dos cucharadas de mantequilla.—Dos cucharadas de harina.—Vino blanco.—Dos yemas.—Alcaparras.—Sal.**

En la mantequilla se dora la harina, añadiéndole después una copita de vino blanco y una jícara de agua; se sazona de sal y se deja cocer unos minutos. Una vez cocida se separa del fuego y se le agregan las dos yemas batidas y unas alcaparras. Se sirve calentita.

## SALSA DE ALMEJAS

Para pescados.

**Mantequilla.—Harina.—Almejas.—Yemas.—Sal.—Un poco de sidra o vino blanco.**

En la mantequilla se dora un poco de harina; aproximadamente para dos cucharadas de mantequilla, una de harina.
Se ponen a cocer las almejas después de lavadas en agua sazonada de sal. Una vez cocidas se escurren del agua y se ponen aparte, el agua se deja reposar y se agrega a la mantequilla, con cuidado de que no pasen las arenas que están en el fondo, por eso no debe echarse toda, sino hasta donde se vea que está limpia. También se añade un chorro de sidra o de vino blanco.
Se deja cocer unos cinco minutos y se cuela. Esta salsa se espesa con yemas cocidas o crudas, si es poco se echa una sola, si es más se agregan las que una crea conveniente.
Con las almejas se adorna el pescado.

## SALSA DE ALMENDRAS

**Veinticinco gramos de almendras crudas.—Una cucharada de harina.—Mantequilla.—Cebolla.—Sal.—Nuez moscada, si se quiere.—Caldo o agua.**

En dos o tres cucharadas de harina se fríe la cebolla finamente picada, después se agrega una cucharada de harina y una pizca de nuez moscada, si se quiere; después de darle unas vueltas se agregan dos o tres jícaras de caldo o agua hirviendo y las almendras peladas (en agua hirviendo), molidas o machacadas. Se deja cocer unos diez minutos sin dejar de moverlo. Se sazona de sal. Se pasa por el colador y se emplea.

## SALSA DE ANCHOAS

Para carnes.

**Anchoas.—Mantequilla.—Perejil.**

Si las anchoas son frescas se limpian y se les quita la espina. Frescas o en conserva se machacan en el mortero y se mezclan con mantequilla; a gusto, que esté blanda o más bien derretida, se agrega perejil muy picadito y ya está preparada para servir de guarnición.

## SALSA DE CEBOLLA

Para carnes y guisos.

> **Medio litro de caldo o agua.—Dos cucharadas de harina.—Una zanahoria pequeña.—Una cebolla pequeña.—Ajo.—Sal.—Aceite. — Veinticinco gramos de tocino, o una loncha pequeña.**

Se pone en la sartén el tocino picado y un poco de aceite. Cuando el tocino está casi frito se agrega la zanahoria, la cebolla, medio diente de ajo, todo ello picadito. Una vez dorado se agrega la harina y se dora, se echa todo en el caldo y se deja cocer quince o veinte minutos.

Una vez cocido se cuela y se agrega al plato para el que se ha preparado. Se puede suprimir la zanahoria.

## SALSA DE FRESAS

> **Fresas.—Azúcar.**

Se ponen fresas y azúcar a partes iguales, con un poquito de agua; una cucharada de agua por cada cien gramos de azúcar. Todo junto se deja hervir unos diez minutos. Después se pasa por tamiz y se sirve o se emplea para lo que se desee, una vez fría.

Esta salsa va muy bien para cubrir el arroz con leche.

## SALSA DE GROSELLA

Para caza asada o guisada. Especial para caza mayor.

> **El jugo de tres limones grandes.—Dos jícaras del jugo del asado o guisado. «Salsa de cebolla».—«Salsa de tomate».—Mantequilla, una cucharada.—Dos cucharadas de jalea de grosellas.**

Se mezcla el jugo de limón y el jugo de la caza y se deja hervir hasta que se reduzca casi a la mitad. Después se agrega una jícara de «salsa de cebolla» y otra de «salsa de tomate», una cucharada de mantequilla y las dos de la jalea de grosellas. Se mezcla bien y se deja hervir unos momentos, sazonada de sal, luego se cuela y ya está preparada para usarla.

## SALSA DE LANGOSTINOS

Para pescados.

> **Unos langostinos.—Vino blanco.—Una yema.—Mantequilla.—Cebolla, perejil.—Sal, harina.**

En un poco de agua con un chorro de vino blanco, una rama de perejil, unos trozos de cebolla, sazonada de sal, se cuecen los langostinos. Una vez cocidos se les separa la cola y se pelan. Las colas se reservan y lo demás se machaca en el mortero, se mezcla con el agua donde cocieron y se les deja cocer otro momento.

En un poco de mantequilla se dora una cucharadita de harina, por cada jícara de caldo. El caldo se cuela y se pasa por un paño húmedo para que no pase ningún trocito de cascarón machado. A este caldo se agrega la harina rehogada y se deja hervir unos cinco minutos, se sazona de sal. Se retira del fuego y se agrega una yema. deshaciéndola bien en el caldo o salsa.

Se agregan las colas y se vierte sobre el pescado que hayamos preparado.

## SALSA DE MANTECA NEGRA

Esta salsa no consiste más que en poner a dorar la manteca hasta que adquiera un color oscuro y filtrarla.

## SALSA DE MENTA

**Para 150 gramos de hojas de menta.—Media cucharada de azúcar.—Un chorro de zumo de limón.—Sal.**

Se pican muy finas las hojas de menta, se le agrega media cucharada de azúcar, un chorro o una cucharada de limón y una pizca de sal. Se mezcla bien y está preparada para usarla

## SALSA DEMI-GLACE
Para carnes y aves.

**Dos cucharadas de mantequilla.—Dos cucharadas de harina.—Dos jícaras de caldo o agua.—Una cucharada de jugo de carne.—Una cucharada de vino de Oporto o blanco.**

Se ponen a derretir las dos cucharadas de mantequilla, en una sartén, y las de harina a dorar en la mantequilla; una vez doradas se le agrega el caldo o agua y se deja cocer unos minutos. Se cuela y se añade el jugo de carne y el vino, se le da otro hervor y se sirve.

## SALSA DE NATA
Para bacalao, rodaballo, otros pescados, patatas.

**Cuatro cucharadas de mantequilla.—Dos cucharadas de harina.—Cebolla.— Perejil.—Sal.—Especias (pimienta, nuez moscada).—Un vaso de nata o leche.**

En la manteca derretida se dora la harina, después se agrega la cebolla y el perejil picadito, entre las dos cosas la cantidad de un pocillo pequeño. Se echan las especias que se deseen, en poquita cantidad. Después de rehogado se agrega la nata o a falta de ésta la leche, en igual cantidad. Se remueve sin cesar durante unos minutos para que cueza. Se cuela y se sirve.

## SALSA DE PEREJIL
Para pescados.

**Una miga de pan.—Perejil.—Caldo o agua.—Aceite.—Limón.**

Se fríe una miga de pan en el aceite bien caliente. Se saca y se pone en el mortero, se agrega un chorro de limón, dos o tres ramas de perejil picado o solo partido, y se machaca bien. Después se agrega una jícara de caldo o de agua hirviendo, se sazona de sal, se cuela y se pone a cocer con el pescado unos minutos.

## SALSA DE PESCADOS

**Despojos de pescados (cabeza, tripas, piel, etc.). Vino blanco.—Puerros o cebolleta, también sirve cebolla a falta de las anteriores.—Un cuarto kilo de tomates. Unas cucharadas de mantequilla.—Limón.—Perejil, sal, pimienta. si se quiere.—Una cucharada de harina.—Aceite, si se quiere.**

Los despojos de pescado se cuecen en agua, una vez lavados y limpios.
El puerro o cebolla se pica fino. En la mantequilla y un poco de aceite se rehoga una cucharada de harina, después se agrega la cebolla picada, una pizca de pimienta, un chorro abundante de vino blanco y se pone a cocer unos minutos. Cuando se ha rehogado todo bien se añaden los tomates partidos, sin semillas, el perejil picado y un chorro de limón. Se deja cocer unos minutos más añadiendo caldo de pescado cocido y colado. Se deja cocer hasta que espesa a nuestro gusto. Se cuela y se sirve caliente.

## SALSA DE SETAS O CHAMPIÑONS

Para guarnición de carnes

**Un cuarto de kilo de setas. Una cucharada de manteca de cerdo.—Un chorro de aceite.—Un tazón grande de «Salsa de tomate».—Dos cucharadas de extracto o de jugo de carne concentrado.—Un vasito de vino blanco.—Media copita de coñac.—Sal.**

En una cacerola se derrite la manteca con el aceite. Cuando esté bien caliente se doran las setas bien lavadas y secas con un paño, se parten muy picaditas, se agrega después la «salsa de tomate» y el jugo de carne, el vino blanco y el coñac. Se sazona de sal y se deja hervir unos minutos hasta que espese un poquito y se emplea.

## SALSA DE TOMATE

**Aceite.—Tomates.—Sal.—Cebolla.**

En agua hirviendo se meten los tomates unos segundos, se secan y se pelan, se parten en sentido transversal, es decir, atravesado, se le quitan las semillas y se echan en un poco de aceite caliente para rehogarlos, se sazonan de sal y se parten unos trozos de cebolla. Si gusta la cebolla, que ha de quedar un poco cruda, debe partirse pequeñita, pero sino se quiere así, puede partirse en trozos grandes para poder separarlo del tomate cuando todo ello haya cocido unos minutos.
Si se quieren echar los tomates lavados y sin pelarlos, con sus semillas, debe ponerse un poco de azúcar para contrarrestar el ácido del tomate que lo tienen principalmente y en gran catidad, las semillas, pero si éstas se quitan no se necesita el azúcar. Debe colarse una vez cocido, cuando se ha puesto con piel, de lo contrario no es necesario. También puede rehogarse la cebolla picadita antes, luego echar el tomate y una vez bien pasado, se cuela y se asa.

## SALSA DE TRUFAS

**Dos o más cucharadas de mantequilla.—Una cucharada de harina o maizena.—Una latita pequeñita de trufas.—Sal.**

En la mantequilla derretida se dora la harina muy poco; si es maizena, menos tiempo. Las trufas muy picaditas, se mezclan con la mantequilla y demás. Se sazona de sal, si se quiere. Puede agregarse un poquito de agua y dejarlo cocer.

## SALSA MADERA

Para carnes rojas.

**Manteca de cerdo.—Mantequilla.—Harina.—Sal.—Extracto o jugo de carne. Vino de Madeira, o vino seco.**

En mitad manteca de cerdo y mitad manteca de vaca se dora una cucharada de harina (por cada dos de manteca, una de harina). Una vez dorada se agrega por cada una que hemos puesto de harina, un vasito grande de vino y una cucharada de extracto de carne o dos de jugo, dejándolo cocer un poquito.
Se sazona de sal si se desea.


## SALSA MAITRE D'HOTEL

Principalmente para pescados.

**Mantequilla.—Perejil.—Pimienta.—Sal.**

La mantequilla se coloca en un tazón y se mezcla bien con perejil picadito, un poco de pimienta y sazonado de sal. Para la mezcla se emplea una cuchara de madera de boj mojada en agua fresca, para que la mantequilla no se pegue.
La fuente donde debe servirse la comida con la que va a servirse la salsa, se pone sobre una olla con agua hirviendo o cerca de la cocina y con la mantequilla se cubre el fondo de la fuente y encima se pone la comida caliente para que se derrita la mantequilla; se sirve con zumo de limón.
Para los pescados blancos va bien si se espesa con una yema.


## SALSA MAYONESA

Para pescados, mariscos, huevos, legumbres, etc.

**Una yema.—Aceite refinado (un vaso de los de vino).—Limón y sal.**

Esta salsa es muy delicada, y si no se sabe batir, con facilidad se corta.
Primero se bate un poco la yema; una vez batida se va echando hilo a hilo, el aceite, que ha de ser refinado para que no sepa mal. A la vez que se va echando el aceite se bate sin parar y de modo que se envuelva bien el aceite que va cayendo. Puede echarse menos aceite del que señalamos si no se quiere hacer mucha salsa; nunca debe echarse más.
Al final se echa también con mucho cuidado y despacito el chorro de limón y la sal. Tanto el limón como la sal se echa a gusto de cada uno, pues hay a quien le gusta más ácido o más salado.
Si se ve que se corta se le puede echar unas gotas de agua fresca, moviéndolo sin parar. Si no se arregla, hay que empezar a batir otra yema y en vez de aceite ir echando la salsa cortada.
Si se quiere hacer una «salsa» más económica se le puede agregar la clara batida a punto de nieve, siempre muy despacito y con mucho cuidado, ésta también hace que la «mayonesa» quede más delgada y aumente mucho.
También se le puede agregar leche para adelgazarla.

## SALSA MAYONESA CALIENTE
Para carnes y verduras.

**Una yema.—Una jícara de aceite.—Sal.—Pimienta.**

Se bate la yema y se pone en un recipiente al bañomaría. Se le va agregando el aceite refinado poco a poco y se revuelve hasta que espese. Se sazona con pimienta (si se quiere) y sal. Se sirve caliente en el momento de terminarla.

## SALSA MAYONESA CON MANTECA

**Manteca de cerdo o mantequilla de vaca.—Yemas.—Limón.—Sal.**

Se deshace la manteca y se le agregan las yemas necesarias para que espese. Suele ponerse dos o tres cucharadas de mantequilla por cada yema, pero va en gustos. Se bate bien, separándolo del fuego. Se le echa el limón y la sal a gusto.

## SALSA MORENA
Para pescados.

**Dos cucharadas de mantequilla.—Una cucharada de harina.—Caldo o agua.
Vino blanco.—Cebolla o cebolleta.—Perejil.—Sal.—Especias (si se quiere).**

En un recipiente se pone la mantequilla y la harina a dorar, una vez dorado se añade un poquito de caldo o de agua, una media jícara, y un chorro de vino blanco. Se añade el perejil picado, las especias y la cebolla o cebolleta también picada. Se sazona de sal y se deja cocer hasta que espese lo que se quiera. Una vez cocida se cuela y se usa.

## SALSA MUSELINA
Tiene aplicaciones como la mayonesa.

**Una «Salsa mayonesa», una jícara aproximadamente.—Dos cucharadas de nata.**

Hecha una jícara aproximada de mayonesa, que se hace con una sola yema (véase la receta), en el momento en que se va a servir se le incorpora una cucharada de nata, sin batir. La nata será de leche cruda o pasterizada, pero también puede ponerse de leche hervida, muy escurrida de leche, batida antes para que esté fina.

## SALSA PARA ASADOS

**Mantequilla.—Cebolla.—Perejil.—Sal.—Limón.—Caldo o agua.**

En la tartera o fuente donde se va a hacer el asado se pone esta salsa. Primero se se pone la mantequilla, después la cebolla picadita, y un poquito de perejil, también picado, un poquito de caldo o agua, un chorrito de limón y sazonado de sal. Encima se coloca el asado y se mete al horno. De vez en cuando se echa la salsa por encima del asado.

## SALSA PARA GARBANZOS

**Un huevo.—Una cebolla.—Pan.—Limón.—Caldo.—Aceite.**

En el aceite caliente se fríe un trocito de pan; una vez dorado, se machaca en el mortero, después se añade una cucharada de zumo de limón, un huevo cocido y picadito y una jícara de caldo o más cantidad, según se desee de espeso. Se sazona de sal, se cuela bien y se agrega a los garbanzos.

## SALSA PARA PESCADOS

**Caldo.—Vino blanco.—Pimienta, sal, limon.—Laurel.—Ajo.—Perejil.**

Una jícara de caldo, con un chorrito de vino blanco, un poquito de pimienta, una rajita o corteza de limón, media hojita de laurel, una ramita de perejil, una pizca de ajo, y la sal necesaria. Se tiene en sitio templado, estando el caldo caliente, durante seis o siete horas, en infusión.
Para usarlo se dora una cucharadita de harina y se le agrega el caldo colado.

## SALSA PARA TODO

Se usa lo mismo para carnes, aves, pescados o legumbres.

**Dos jícaras de caldo.—El jugo de tres limones grandes.—Jícara y media de vino blanco.—Especias, si se desea. Un clavo y un poco de pimienta.—Sal. Un trozo de la monda de una naranja.—Laurel o hierbabuena.**

Todos estos ingredientes se ponen en un pote o cacerola de barro bien cocido o en un recipiente de cristal. Una vez todos mezclados y sazonados de sal se tapan muy bien y se ponen en un lugar fresco durante todo el día o toda la noche, es decir, unas doce o catorce horas; después se cuela muy bien y se pone en una botella de buen tapón y se guarda para usarla cuando se quiera. No se corrompe fácilmente y se conserva mucho tiempo.

## SALSA PICANTE

Para cerdo, carnes frías, rojas y aves.

**Una «Salsa Madeira».—Limón.—Pepinos y alcaparras, una cantidad pruden-te, a gusto de cada uno.**

Hecha la «salsa Madeira» se le agregan los pepinos y alcaparras picaditos, y un chorro de limón.

## SALSA ROJA

Para huevos, pescados, carnes rojas y garbanzos.

**Mantequilla o aceite.—Un tomate grande.—Pimentón.—Tres cebolletas. Vino tinto.—Sal.—Ajo.**

En aceite o mantequilla se rehoga el tomate sin piel ni semillas y partido; el ajo, también partido.
En vino tinto se cuecen las cebollas muy picaditas; una vez cocidas se mezclan, escurridas del vino, con los tomate, agregándoles un poco de pimentón y la sal necesaria. Se sirven sin pasar por el colador.

## SALSA RUBIA
Para chuletas de cordero y verduras.

**Una cucharada de harina.—Dos cucharadas de mantequilla.—Nuez moscada, si se quiere.—Treinta gramos de jamón o una loncha pequeña.**

En la mantequilla se dora la harina y el jamón picado, después se añade un poco de nuez moscada y dos jícaras de caldo o agua. Se sazona de sal y se deja hervir unos momentos para que espese un poquito. Se sirve sin pasar por el colador. Se puede suprimir el jamón para economizar.

## SALSA RUSA
Para solomillo, carne y pollo a la rusa.

**Caldo desgrasado.—Un pocillo de nata.—Unas cucharadas de mantequilla.— Una cucharada de harina.—Limón.—Sal.**

Con la harina y la mantequilla se hace una pasta agregándole dos jícaras de caldo casi frío, para que se deshaga bien, y una vez bien deshecho se pone a cocer diez minutos, removiéndolo sin parar para que no se pegue. Una vez cocido se cuela y se va mezclando con la nata, que no necesita batirse. Se sazona de sal a gusto si no se ha hecho ya.

Se pone en sitio templado para que no se enfríe demasiado. Al tiempo de servirla se le añade un chorrito de limón.

## SALSA TARTARA
Va muy bien con patatas y pescado.

**Una «Salsa mayonesa».—Aceitunas.—Pepinillos aliñados.—Mostaza.—Perejil.—También pueden ponerse alcaparras, chalotas, estragón, etc.**

En la «salsa mayonesa» se pican unas aceitunas, los pepinillos, el perejil, un poquito de mostaza y demás ingredientes, que anotamos, siempre picadito y bien mezclado con la «salsa», a gusto de cada uno, pudiendo echar más o menos según se desee. Esta salsa se hace en frío.

## SALSA VERDE
Para pescados y legumbres.

**Dos cucharadas de harina.—Aceite.—Cebolla.—Perejil.—Sal.—Ajo.—Caldo o agua.**

En aceite caliente se dora la harina y luego una cucharada de cebolla muy picadita y machacada en el mortero. Una vez dorada se agrega caldo o agua, unas dos jícaras, para que cuezan unos minutos, se sazona de sal. En el mortero se machacan unas hojitas de perejil antes picadas, se disuelven en un poquito de caldo o agua y se agregan a la salsa cuando está cocida. Se sirve.

## SALSA VERDE CRUDA

**Aceite.—Perejil.—Sal.—Dos o tres galletas.**

En el mortero se machacan las ramas picadas, las galletas y luego se agrega aceite refinado hasta que esté regularmente espesa, moviéndolo sin cesar. Se sazona de sal y se sirve.


## SALSA VINAGRETA

Para ensaladas y pescados cocidos.

**Ajo.—Limón.—Cebolla.—Perejil.—Aceite.—Sal.**

Se pica muy fina cebolla y unas ramitas de perejil y ajo. Se agrega aceite refinado. un chorro de limón. Se sazona de sal mezclada con un poquito de agua, removiéndolo bien, y hasta que adquiera el espesor deseado.
Al servirlo puede agregarse algún huevo cocido, pepinillos u otros variantes, todo ello muy picadito.

# FRITOS Y
# PLATOS VARIOS

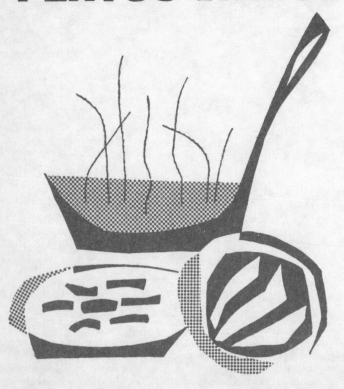

# Fritos y platos varios

Los fritos y asados a la cazuela se sirven escurridos de grasa, en fuentes de metal o loza.

Los fritos deben hacerse en abundarte aceite, bien caliente y muy escurridos de grasa.

Cuando se han frito cierta cantidad el aceite se cansa y es necesario colarlo y limpiarlo de tòdos los residuos, agregando aceite fresco y así se podrá continuar friendo sin que salga feo lo último que se haga.

*Glasear* es meter al horno un alimento para abrillantarlo, es decir, para que adquiera al calor una capita brillante.

*Gratinar* es meter al horno un alimento para que forme una cortecita. Por ejemplo, un plato de macarrones que se ha espolvoreado de queso rallado, u otro plato que se haya espolvoreado con pan rallado, etc.

## ANCAS DE RANA

La mejor época para tomar buenas ancas de rana es de marzo a mayo. Para que sean frescas deben estar tiesas.

Una vez peladas se lavan y se ponen a ablandar en *agua* y *leche*, a partes iguales, durante una hora. Pasado este tiempo se escurren y se secan con un paño, se adoban con *sal, ajo, perejil, aceite* y un chorro de *limón*; se dejan en ese adobo otra hora larga o más, luego se secan y se pueden cocer un poco en una salsa para carnes, sirviéndose con ella.

También se pueden asar a la parrilla.

Están muy sabrosas rebozadas en harina y fritas, luego se pueden cocer con arroz guisado.

Se pueden rebozar en harina y huevo o en una crema como la que se hace para las gambas a la gabardina o los sesos huecos.

Siempre han de secarse muy bien, pues no se pueden freír húmedas.

## BECHAMEL CON TOMATE

### «Salsa de tomate».—«Salsa de bechamel».—Huevos.

Hecha la «salsa de tomate» se coloca sobre una fuente, sobre esta capa se pone otra de huevos cocidos partidos en rodajas, y sobre ésta una capa de bechamel. Se adorna con patatas fritas en forma de avellanas o en otra forma cualquiera, colocándolas alrededor de la fuente, espolvoreando el centro con yema cocida, pasada por el pasapurés.

## BIZCOCHO RELLENO

**Un bizcocho.—Picadillo de carne o de pescado, etc.—«Salsa bechamel».**

Se hace un bizcocho de la clase que se desee (en la sección de Repostería hay varios donde escoger), de forma cuadrada o redonda, sin azúcar y con un poco de sal. Se parte por la mitad. Con el picadillo de carne, pescado, etc., y una salsa de tomate u otra, se hace una farsa, es decir, se rehoga el picadillo y se le añade una salsa, la que se quiera; con todo ello se rellena el bizcocho, que se cubrirá con la otra tapa. Si se quiere se puede vaciar un poco de bizcocho para que quepa más relleno. Se coloca en una fuente y en el momento de servirlo se cubre con una «salsa bechamel», muy caliente y no muy espesa.

## BIZCOCHO DE MARISCOS

**Un cuarto kilo de merluza, otro de rape y otro de salmonete.—Se pueden poner otros pescados, pero han de ser blancos o finos a ser posible.—Cien gramos de gambas.—Un cuarto kilo de almejas.—Bote o cuarto kilo de guisantes.—Dos o tres zanahorias, regulares.—Una remolacha no grande.—Cebolla.—Sal.—Perejil y ajo.—Dos o tres tomates regulares.—Un «bizcocho» en forma de rueda.—Lechuga o escarola.—Medio vasito de vino seco.—«Mayonesa».**

El pescado limpio se pone a cocer en poca agua, donde haya cocido antes un trozo de cebolla, las zanahorias partidas en trocitos, unas hojas de lechuga y se sazona de sal y especias si se quiere. Poco después del pescado se echan abiertas como para el arroz las almejas y las gambas, que se habrán lavado antes muy bien, también se añade el vino y el tomate, sin piel ni semillas.
Las remolachas se cuecen y se aliñan, para guarnición.
Se sacan el pescado y las gambas con las almejas. El pescado se limpia de espinas y se desmenuza, no demasiado. Las gambas se pelan y las almejas sin concha. El caldo donde cocieron se pasa por el colador y se espesa con un poquito de maizena o fécula, si así lo deseamos; ese caldo se mezcla con el pescado para hacerlo jugoso, no echándolo todo si es mucho. Se parte el bizcocho en dos tapas y se rellena del pescado poniendo la otra tapa encima; se cubre la parte superior de «mayonesa» y en el centro se pone la lechuga selecta y aliñada. Como guarnición se colocan alrededor las remolachas, los guisantes de conserva y huevos cocidos, partidos en rodajas. También se puede agregar centros de alcachofa, espárragos, aceitunas, etc. Este bizcocho también se puede hacer así: una vez abiertos y limpios los mariscos, se mezclan con la crema de hacer el bizcocho y se cuece todo junto. Lo demás igual.

## BUDING DE BACALAO

**Para medio kilo de bacalao.—Pan.—Tres huevos.—Dos cucharadas de mantequilla y un poco de aceite.—Pasas y almendras.—Especias, si se desea.— Una «salsa bechamel».—Pan rallado.**

El bacalao se pone a remojo tres o cuatro horas antes, después se deshace muy bien, se le agrega miga de pan mojada en leche, todo ello hecho una pasta suave; se baten tres huevos y se mezcla todo muy bien, agregando la mantequilla, unas uvas pasas, unas almendras machacadas (crudas o tostadas). Se engrasa un molde con mantequilla y se espolvorea con pan rallado y en él se echa la mezcla anterior. Se mete al horno para cocerlo; también se puede cocer al bañomaría.

·Una vez cocido, que tarda poco, se baña con salsa bechamel bien caliente e inmediatamente se sirve.

## BUDING DE SESOS

**Una sesada.—Cebolla, sal.—Pan rallado.—Aceite o mantequilla.—Dos huevos.—Un chorro de vino blanco.—Ajo, perejil.**

Los sesos se limpian de la tela que los envuelve y se lavan con agua fresca. Luego se ponen a cocer en agua hirviendo con unos trozos de cebolla, un diente de ajo, sin pelar, pero limpio, una rama de perejil y un chorro de vino blanco, sazonados de sal. Cuecen en pocos minutos si son de ternera. Una vez cocidos se les escurre del agua y se dejan enfriar. Luego se colocan sobre la tabla de partir carne y se parten en trozos pequeños.

En el aceite o mantequilla se hace una salsita con cebolla muy picada, que se mezcla con los sesos, una vez sazonada de sal, se agregan dos huevos batidos y el pan rallado necesario para formar una pasta no muy dura.

Se engrasa un molde espolvoreándolo de pan rallado, en él se echan los sesos y se mete al horno, que no esté muy fuerte, durante unos diez minutos. Se deja enfriar un poco y se desmolda sobre una fuente.

## CALLOS A LA MADRILEÑA

**Medio kilo de morro de ternera.—Medio kilo de callos.—Una mano o pata pequeñita.—Uno o dos chorizos buenos.—Un cuarto kilo de tomates.—Ajos y perejil.—Pimienta, nuez y clavo.—Aceite.—Sal.—Limón o vinagre.—Laurel, hierbabuena o estragón, etc., si se quiere.**

Los callos y el morro se lavan bien y se frotan con limón o vinagre, como si se estuviera lavando ropa, también se puede frotar un poco la pata.

Las patas se parten por las articulaciones, para que no tenga la salsa huesecillos sueltos que es muy desagradable encontrar. Después de haberlos frotado bien durante unos minutos con limón o vinagre, se escaldan con agua hirviendo. Todo ello se parte en trozos pequeños, poniéndolos a cocer en agua hirviendo, con unos trozos de cebolla, perejil y unos dientes de ajo, sin pelar, pero limpios, las hojas de laurel o las hierbas que se deseen, con las especias. En la «olla» cocerán enseguida, pero en una cacerola corriente tardarán de tres a cinco horas, según sean de cordero, ternera o vaca. Después de cocidos se dejan enfriar en el mismo agua en que cocieron, que debe quedar poca.

En el aceite se fríe el chorizo partido, la cebolla, una rama de perejil, ajo, etc. Todo muy picadito, después se agrega el tomate partido sin piel ni semillas. Se vuelve a poner a cocer con los callos, un poco sazonado de sal. Se les puede agregar lomo y jamón, pimentón dulce o picante.

Se sirven en cazuela de barro o en sopera, muy calientes.

## CANELONES AL HORNO

**Canelones.—Picadillo de carne, pescado, jamón, ave, etc., aliñado con cebolla, ajo, perejil, tomate, etc.—Aceite.—«Salsa bechamel».—Queso rallado.**

En el comercio se compran los canelones, que son unas láminas rectangulares de pasta blanca; generalmente vienen en cajitas. Es pasta como la de los macarrones u otra sopa. Se echan en agua hirviendo sazonada de sal y se dejan cocer unos diez minutos como si fuera sopa, pero con cuidado que no se ablanden demasiado; una vez cocidos se sacan con una espumadera, con cuidado, y se van colocando sobre un paño para secarlos.

También pueden hacerse en casa con leche, harina, sal y una clara, haciendo una masa fuerte. Después de bien amasada se estira y se cortan rectángulos pequeños y se echan a cocer como los comprados, siguiendo las mismas operaciones.

El picadillo se rehoga en la sartén y se adereza correspondientemente.

Los canelones se rellenan con el picadillo, enrollándolos como tubos, y se van colocando en una fuente refractaria. Todos colocados, se cubren con una «salsa bechamel» ralita y se espolvorean con queso rallado, metiéndoles unos minutos al horno.

## CANUTILLOS DE CARNE

**Dos huevos.—Picadillo de carne, pescado, etc.—Tres o cuatro cucharadas de leche.—Harina.—Aceite.—«Salsa bechamel».**

Se baten los huevos y se les echa tres o cuatro cucharadas de leche, sal para sazonarlo y la harina necesaria para formar una crema ligera. De esta crema se van echando en la sartén pequeñas cantidades con un cucharón para hacer tortitas, y como tortillitas se fríen y se van poniendo en un plato, bien escurridas y aplastadas. Estas tortillitas se rellenan del picadillo ya preparado y rehogado, envolviéndolas con cuidado y colocándolas sobre la fuente; minutos antes de servirlas se bañan con una «salsa bechamel» no muy espesa, metiéndolas en el horno unos momentos. Se sirven calentitas.

## CARACOLES

La mejor época para los caracoles es la primavera o el otoño.

Los caracoles se tienen dos o tres días en un cesto tapados para que suelten toda la baba. Pueden estar sin comer hasta ocho días. Después se lavan en agua templada varias veces, dejándolos por fin en agua tibia y limpia con bastante limón y sal para que suelten la espuma, dejándolos en esa agua dos o tres horas. Después se lavan todas las veces que sea necesario para que queden perfectamente limpios. Se dejan en agua fresca hasta que los caracoles salgan de su concha. Enseguida se ponen a cocer en agua templada, pues si se ponen con ella muy caliente se esconden.

Cuecen en cinco o diez minutos y luego *se guisan* como la carne, entonces seguirán cociendo dos o tres horas. Estos se sirven en cazuela de barro.

## CARACOLES CON JAMON

**Para medio kilo de caracoles, limpios y preparados como los anteriores, 100 gramos de jamón.—Un cuarto kilo de guisantes o un bote pequeño.— Un cuarto kilo de tomates.—Cebolla.—Ajo.—Caldo o agua.—Perejil.—Aceite. Pan.—Laurel.**

Ya hemos dicho en receta anterior cómo se preparan los caracoles. Se ponen en una cazuela con aceite, ajo picadito, cebolla, y perejil también picadito. Una vez rehogados, se agrega el jamón cortado a cuadritos, los guisantes, los tomates partidos, sin piel ni semillas, y el caldo o agua necesaria para que cuezan.

## CROQUETAS

**Aceite.—Harina.—Sal.—Picadillo de carne, pescado, jamón, etc.—Pan rallado.—Huevo.**

En el aceite, bien refrito con ajos, pan, corteza de naranja, etc., se rehogan unas cuatro cucharadas de harina, para medio litro de leche. Rehogada la harina, y no dorada, pues las croquetas han de estar siempre blancas, pero, en fin, al que le gusten un poquito doradas puede dejarse la harina tostar un poquito más de lo que recomendamos. Se va agregando la leche, mejor, fría, poquito a poco, a la vez que se remueve constantemente para que la pasta no se pegue y se queme, se echa la leche necesaria para hacer una crema espesa; es lo mismo que la «bechamel», pero mucho más sólida. Se deja hervir, removiéndolo siempre unos quince minutos. Si se quiere se echa el picadillo al terminar la cocción, después de haberlo rehogado en la sartén; también puede echarse crudo, al principio de cocer la crema. Una vez cocida se extiende sobre una fuente, humedecida con agua fresca, y se deja enfriar. Se baten dos huevos, para esta cantidad, y en otro plato se echa pan rallado. Una vez fría la pasta se toman cucharadas grandes y así alargadas se bañan en el huevo, después en el pan rallado y luego se fríen en aceite bien caliente y abundante. Con una espumadera se les da vuelta y se escurren bien, colocándolas en una fuente, quedando así dispuestas para servir.
También las croquetas se pueden hacer con caldo en vez de leche.
En vez de rehogar la harina en la sartén se puede echar en la leche o caldo en frío, agregando unos trocitos de mantequilla y poniéndola a cocer sin dejar de revolverlo.
Se hacen también con la crema sola, sin carne.

## EMPANADA A LA BORGOÑESA

**Para un cuarto kilo de carne, partida o picada, tres cucharadas de maizena o copos de avena.—Una copita de vino de mesa.—Cuatro cucharadas de cebolla picadita.—Una ramita de perejil, también picadito, así como un poquitín de ajo.—Dos o tres cucharadas de mantequilla o aceite.—Dos huevos batidos.—Sal.**

Se baten los huevos, se derrite un poco de mantequilla y se mezclan los demás ingredientes sazonándolos de sal. Se echa todo en un molde engrasado, y se mete al horno. Una vez cocida y un poco fría se vuelca en una fuente y se sirve.

## EMPANADA EVA

**Leche.—Una yema.—Levadura.—Sal.—Harina.—Picadillo para el relleno, ya aderezado (carne guisada, pescado, etc.).**

En una taza pequeña de leche templada se deshace la yema, una cucharadita de levadura en polvo y un poquito de sal, a todo esto bien deshecho se le agrega la harina necesaria para formar una pasta suave. Se deja reposar cerca de una hora como máximo, en sitio templado, tapado, para que la masa fermente mejor.

La masa ya fermentada se parte en dos trozos, uno un poco mayor que el otro, se extiende con el rollo o con una botella limpia y sin dibujos, se puede meter en un molde engrasado, cubriendo todo el fondo con la parte más grande, se rellena y se cubre con la otra parte, ya estirada también. Si no se quiere poner en un molde se coloca de igual modo en una besuguera pequeña. Se mete a horno regular.

Puede dejarse un poco de pasta para adornarlo, haciéndola tiras con las que se hace un enrejado en la parte superior de la empanada. Se pueden hacer hojas de pasta, flores, etc. Se pinta con la clara batida, si es con la yema y la clara, quedará mejor. Si se quiere hacer más económica se le pasa un pincel mojado en agua, todo esto antes de meterlo al horno. También se puede untar de mantequilla.

La pasta de la empanada se puede hacer poniendo en vez de levadura en polvo, de la que se vende en las panaderías, y agregar dos cucharadas de mantequilla.

## EMPANADILLAS

**Igual cantidad de agua que de vino blanco y aceite.—Sal.—Media cucharadita de polvos «Litines», o levadura en polvo Royal, también salen sin poner las levaduras, pero siempre es bueno no conociendo la clase de harina con que se trabaja.—Harina.—Relleno.**

En el líquido donde hemos hecho las mezclas se disuelve la levadura, se sazona de sal, que quede más bien salado, después se agrega la harina necesaria para formar una pasta no dura, que una vez amasada se deja reposar en sitio templado durante una media hora; pasado este tiempo se estira y se corta en círculos con un vaso, o en rectángulos, poniendo en cada uno una cucharadita de la farsa que hemos preparado para el relleno (carne, pescado, etc., ya cocinado), cubriéndolo con el resto de la pasta y apretando los bordes con los dedos o con un tenedor para que no se salga el relleno.

Se fríen en abundante aceite caliente, echándoles con la espumadera el aceite por encima; no deben darse la vuelta, pues el mismo aceite que se les eche las dorará y hará que se hinchen.

También pueden rellenarse de crema dulce.

La pasta anterior también puede hacerse con leche en vez de agua y vino blanco.

Otra pasta medio hojaldrada para las empanadillas es la siguiente:

**Un pocillo de agua y tres cucharadas de aceite refinado.—Mantequilla.—Sal. Huevo, si se quiere.**

Se mezcla el agua con el aceite y dos cucharadas de mantequilla y media cucharilla escasa de sal, se agrega la harina necesaria para formar una pasta suave. A medida que se extiende se van poniendo trocitos de mantequilla hasta dos cucharadas rasas.

envolviéndola en la pasta y amasándola; una vez amasada se deja reposar como las anteriores, terminando de hacerlas de igual modo.

Téngase en cuenta que la masa ha de reposar bien tapada y en sitio templado.

## EMPAREDADOS DE JAMON

**Pan.—Leche.—Lonchas de jamón.—Huevo.—Aceite.**

Se cortan rebanadas de pan, se mojan rapidísimamente en leche, para que no se ablanden. Entre cada dos rebanadas de pan se pone una loncha de jamón, este emparedado se reboza en huevo y se fríen en aceite bastante caliente, escurriéndolo bien al sacarlo.

## MACARRONES A LA ITALIANA

Se cuecen como los siguientes y una vez limpios de la cebolla, etc., con que han cocido, se les añade *mantequilla* y *queso de Parma* rallado.

Pueden cocerse solamente con agua y sal o con pocos condimentos. No se meten al horno.

La mantequilla, el queso y la pasta de los macarrones ha de ser de la mejor clase.

## MACARRONES A LA ITALIANA (OTROS)

**Para un cuarto kilo de macarrones, una cucharada de queso rallado.—Dos cucharadas de mantequilla—Un chorizo de buena calidad.—Un cuarto kilo de tomates.—Cebolla.—Ajo.—Sal.—Perejil.—Pimentón.—Puede ponerse también laurel o alguna otra hierba, si se desea.—Aceite.**

Se parten los macarrones en trozos, teniendo en cuenta que crecen mucho. Se ponen a cocer cuando el agua esté hirviendo, en la que se echan unos trozos grandes de cebolla, ajo, perejil, etc., sazonados de sal. Se revuelven durante unos diez minutos, dejándolos cocer después hasta que estén tiernos.

Debe echarse el agua abundante, pero teniendo en cuenta que no deben quedar con mucho caldo, aunque muchas personas los escurren del caldo en que cocieron y lo tiran, lo que no debe hacerse, pues pierden mucha sustancia, por eso deben dejarse solamente jugosos y quitarles los trozos de cebolla, ajo, perejil, etc., dejándolos limpios.

En aceite caliente se fríe el chorizo, partido y sin piel, una cucharada de cebolla, una ramita de perejil y un trocito de ajo, todo ello muy picadito, así como el tomate partido y sin piel ni semillas, después de rehogado se echa en los macarrones y la mitad del queso rallado. Se echan en una fuente refractaria, se espolvorean del queso rallado que sobró y de trocitos de mantequilla, se mete al horno regular durante unos minutos. Se sirven en la misma fuente.

## PASTEL DE HIGADO

**Para medio kilo de hígado.—Limón.—Nuez moscada.—Pimienta.—Dos huevos.—Cebolla.—Ajo.—Perejil.—Cincuenta gramos de tocino de jamón.—Pan rallado.—Jamón.—Aceitunas.—Aceite.—Sal.**

Se pica el hígado muy bien quitándole la piel, nervios, etc., que tenga. Lo mismo se hace con el tocino. Se sazona de sal y de las especias, echando muy poco de nuez y pimienta.

En aceite caliente se rehoga la cebolla, ajo, perejil picadito, así como el jamón picado, después se mezcla con el hígado, también se puede agregar unas aceitunas partiditas, sin el hueso. Se baten los huevos y se mezclan con el hígado, así como unas cuatro cucharadas de pan rallado. Se echa todo en un molde engrasado y espolvoreado de pan rallado. Se pone en agua fría al bañomaría durante un cuarto de hora, después se mete al horno otro cuarto de hora. Se desmolda y se sirve calentito.

Si algún ingrediente del condimento o el jamón no se quieren poner, no por eso deja de salir bueno el pastel.

Se puede poner en la «olla», como se hace con el flan (ver Repostería).

## PASTEL DE ITALIA

**Para un cuarto kilo de lomo.—Un cuarto kilo de ternera.—50 gramos de jamón.—Un trocito de tocino.—Vino blanco.—Dos huevos.—Pimienta, si se quiere.—Sal.**

Con el lomo y la ternera se hace un picadillo, sazonándolo de sal y pimienta. Se mezcla con los huevos batidos y media copita de vino blanco.

En un molde engrasado y espolvoreado de pan rallado, si se quiere, se van colocando capas de picadillo y capas de jamón y tocino ligeramente fritos. Una vez lleno el molde se mete al horno y se deja hasta que esté en su punto. En otras recetas ya hemos dicho que para saber cuándo una carne, pescado, pastel, etc., está en su punto, se pincha con una aguja de hacer punto de media; si la aguja sale mal y manchada de la comida es que aún no está, pero si sale fácilmente y limpia, lo que se ha cocinado está listo.

Cuando esté cocido se quita la grasa, se prensa, es decir, se aprieta bien y se desmolda. Se puede poner en la olla, como el anterior.

## PASTEL DE MACARRONES

**Para medio kilo de macarrones.—Cebolla.—Ajo.—Perejil.—100 gramos de carne, ave, jamón, etc., picado.—Queso rallado. — Mantequilla. — Aceite.— Pan rallado.—Sal.**

En agua hirviendo, con unos trozos de cebolla, ajo y perejil, se echan los macarrones partidos, sazonándolo de sal.

En aceite caliente se dora el picado que se vaya a poner, agregándole un poco de cebolla, ajo y perejil muy picadito; también se puede poner un poco de tomate, pues le va muy bien a las carnes y las hace más sabrosas.

Una vez cocidos los macarrones, que no deben tener agua, se les quita la cebolla, etc., que se le ha puesto para cocer, y se les echa unos trozos de mantequilla, y queso rallado, unas dos cucharadas.

En un molde engrasado se van poniendo capas de macarrones y de picadillo, siendo la primera y la última de macarrones. Se meten a horno regular unos diez minutos. Se desmolda con cuidado y se sirven calientes.

## PASTEL DE MACARRONES CON MARISCO

Se cuecen unos macarrones como en recetas anteriores y se le agregan los *mariscos* que se quiera, *huevos batidos,* muy poquito de pan *rallado,* se ponen en un molde engrasado y se meten al horno unos minutos para que se cuajen los huevos. Se desmoldan en una fuente.

## PASTEL DE SESOS

> **Una sesada, mejor de ternera.—Acelgas, espinacas o cualquier otra clase de verduras finas.—Zanahorias. — Cuatro huevos.—Mantequilla. — Pimienta.— Pan rallado.—Cebolla. — Ajo.—«Salsa bechamel», «salsa blanca» u otra.— Vino blanco.**

Las verduras, lavadas y picadas, se ponen a cocer en agua hirviendo, con un trozo de cebolla, ajo y zanahorias, peladas o raspadas y lavadas. Dos huevos se cuecen también.

Los sesos se lavan en agua fresca, quitándoles la tela que los envuelve, y se ponen a cocer también en agua hirviendo, con unos trozos de cebolla, ajo, perejil, un chorro de vino blanco o de mesa y sazonados de sal, o una corteza o chorro de limón. Una vez cocidas las verduras se escurren bien del agua, se sazonan de sal y se mezclan con los otros dos huevos batidos, un trozo de mantequilla, como una cucharada colmada y la pimienta si queremos.

Los sesos ya cocidos se sacan del caldo donde han estado y escurridos se colocan sobre la tabla y se parten en lonchas finas.

En un molde engrasado y espolvoreado de pan rallado se van colocando capas de verdura, de sesos y de huevos cocidos y partidos finitos. Se pone el molde al baño maría unos diez minutos.

Se desmolda y se cubre con una «salsa bechamel», «salsa blanca» u otra salsa.

Si se quiere hacer más económica se usan dos huevos en vez de cuatro, uno cocido y otro batido.

## PIOS NONOS

> **«Bechamel».—Dos huevos.—Harina.—Sal.—Carne, ave, jamón, etc., picado. Vino blanco.—Una latita de trufas.**

Las claras se baten a punto de nieve y se mezclan con las yemas también muy batidas, dos pulgadas de sal fina y dos cucharadas de harina, mezclándola suavemente para que no se baje el punto de nieve.

En un molde de bizcocho o en una lata ancha se coloca papel blanco engrasado y sobre éste se echa el batido muy extendido y se mete al horno, no muy fuerte, durante muy pocos minutos, pues estará enseguida.

Se prepara el relleno del picado de carne, rehogado en la sartén, con un chorro de vino blanco, las trufas picaditas, etc., con unas cucharadas de «bechamel» para que espese, todo ello sazonado de sal.

El bizcocho ya cocido se parte en rectángulos, antes de que se enfríe, en cada uno se echa una cucharadita del relleno y se enrolla como si fueran canutos. Se colocan en una fuente para servirlos.

## RAVIOLES

**Canelones o pasta de canelones.—Relleno (carne, jamón, ave, etc., aderezado). «Salsa bechamel», de «tomate» u otra.—Queso rallado.—Si no se pone salsa se necesitan huevos.**

Rectángulos de pasta, como los «Canelones», cocida la pasta y seca con un paño, se pone en cada rectángulo una cucharada del relleno, doblándolos como las empanadillas, no enrollándolos; pegando bien los bordes se ponen en una fuente refractaria, al horno, cubiertos con una de las salsas que hemos indicado y espolvoreados de queso rallado.

Si no se les pone la salsa, deben rebozarse en huevo batido y freirse, sin meterlos al horno.

Se sirven calientes.

## ROLLO DE PATATA

**Patatas. — Carne picada, salchichas, etc., para el relleno. — Huevos.—Sal.— Mantequilla.**

Se cuecen las patatas, lavadas y con piel, en agua hirviendo. Una vez cocidas se pelan y se pasan por el pasapurés para convertirlas en harina, se les mezclan unas yemas o los huevos enteros, batidos o sin batir, se sazonan de sal y se trabajan junto con la mantequilla. Podrá ponerse por cada cuarto de kilo de patata un huevo y una o dos cucharadas de mantequilla, y por kilo, unos tres huevos. Todo ello se hace rápidamente para que la patata no se enfríe y se ponga dura.

Se extiende sobre un paño, en forma de rectángulo; sobre la patata se extiende el relleno, y como si fuera un brazo de gitano se va enrollando con la ayuda del paño. Una vez enrollado, que debe estar caliente, si no, se mete un poco al horno. Se cubre con salsa de tomate, mayonesa, bechamel, etc., y se sirve caliente.

## SESOS A LA FRANCESA

**Una sesada, cocida como en la receta siguiente.—Cebolla.—Perejil.—Ajo.— Miga de pan.—Una zanahoria pequeña.—Un vasito de vino seco (blanco u otro).—Pimienta.—Aceite.**

En el aceite se rehoga media cebolla pequeñita, una ramita de perejil, medio diente de ajo pequeño, una zanahoria pequeña, todo ello picadito; un miga de pan y un vasito de vino. Se sazona con pimienta si se quiere y sal. Se deja cocer unos minutos hasta que todo ello esté tierno. Si se seca mucho se puede agregar unas cucharadas de agua.

Esta salsa se pasa por el colador y se vuelve a poner a cocer con los sesos partidos en trozos durante cinco minutos. Recuérdese que los sesos ya estarán cocidos y preparados.

Se sirven con la salsa.


## SESOS HUECOS

**Una sesada.—Limón o vinagre, o vino blanco.—Cebolla.—Sal.—Ajo.—Perejil.—Dos huevos.—Aceite.—Harina y leche.**

La sesada se lava en agua fresca y se le quita la tela que la envuelve, se pone a cocer en agua hirviendo con unos trozos de cebolla, unas ramitas de perejil, otras hierbas si se quiere, un diente de ajo sin pelar, pero limpio, una rodaja de limón o un chorro de vinagre o un chorro de vino blanco y sazonada de sal.

Se baten las claras a punto de nieve, con cuidado se le agrega un poquito de leche, como dos o tres cucharadas, la sal necesaria y la harina, poquito a poco para que forme una crema espesita.

Los sesos, una vez cocidos y escurridos del caldo donde han cocido, se ponen sobre la tabla de partir la carne y se parten en trocitos.

Los sesos partidos se mezclan con el batido de huevos, con cuidado.

Se prepara una buena sartén de aceite, bastante caliente. Con una cucharilla de las de postre, y cuando el aceite está ya refrito, se van echando cucharaditas del batido de sesos y huevo. Con una espumadera se les echa el aceite por encima para que suban; se hacen en un momento. Se escurren bien y se sacan a una fuente. Se sirven calentitos.

Para hacerlo más económico se pone un solo huevo, medio pocillo de agua, un polvito de «Litines», sal y la harina necesaria. O se emplea la «Crema para fritos» o filetes finos.


## SESOS CON MAYONESA

**Sesos de cordero, cocidos como los de la receta anterior.—Lechuga o escarola, aderezada.—Huevos cocidos. — Espárragos. — Aceite.—Una salsa «mayonesa».**

Se cuecen los sesos como los de la receta anterior. Se sacan enteritos del caldo donde cocieron y se colocan en una fuente sobre un lecho de lechuga o escarola ya aderezada con limón, aceite y sal; a quien le guste se le puede poner un poquito de ajo picadito muy fino.

Los sesos se cubren de salsa «mayonesa» y se adornan alrededor con espárragos y huevos cocidos partidos a capricho.

Se pueden partir los huevos a lo largo, en dos trozos, o si se quiere más económico, en rodajas, que se van colocando en corona alrededor de la fuente; otra corona más interior de la ensalada (lechuga, etc.) y en el centro los sesos amarillos por la mayonesa, rodeados de una rueda formada por los espárragos, que saldrán como rayos del mismo centro.

## SESOS GUISADOS

**Mantequilla y aceite a partes iguales.—Sesos cocidos y preparados como en recetas anteriores.—Aceite.—Cebolla. Ajo. Una cucharada pequeña de harina.—Caldo o agua, un pocillo.—Pimentón, si gusta.**

En mitad de mantequilla y mitad de aceite se rehogan dos cucharadas de cebolla picadita, un poquito de ajo; después que esté rehogado se agrega la harina y un poco de pimentón, si se quiere con color; después se agrega el pocillo de caldo o agua y se deja cocer un cuarto de hora. Puede pasarse la salsa por el colador o no, según se quiera. Los sesos partidos se dejarán cocer al final, cuando la salsa esté hecha, unos cinco minutos para que tomen su gusto.

## SETAS AL HORNO

**Para un cuarto de kilo de setas.—Pan rallado. — Aceite refinado.—Perejil.— Caldo o agua.—Vino blanco.—Limón.**

Las setas se lavan muy bien, pues tienen mucha tierra. Se ponen a escurrir con los tallos hacia arriba, después de secarlas con un paño. Después se colocan en una fuente refractaria con los tallos hacia arriba, se espolvorean con un poquito de sal, se espolvorean en abundancia con pan rallado, perejil picadito y se riegan con aceite refinado, caldo y un chorrito de vino blanco o un chorro de limón. Se meten al horno hasta que estén cocidas, vigilándolas de vez en cuando y añadiendo el caldo necesario para que no se sequen. Si no hay caldo, póngase agua.

## TALLARINES

**Canelones o pasta de ellos.**

Se hacen de la misma pasta de los canelones; después de cocidos como ellos se refrescan al chorro y se secan, cortándolos en tiritas finas.
Se cocinan como los macarrones o se sirven con carne, solomillo, riñones, etc., dejándolos hervir un poco con la salsa de la carne que se acompañe.

## TALLARINES CON CHAMPIÑONES

**Tallarines, se pueden hacer también con canelones, como los anteriores.—Mantequilla.—Champiñones. — Tomates. — Ajo. — Perejil.—Aceitunas.—Queso rallado.—Caldo.—Sal.**

Los tallarines cocidos y refrescados se rehogan con mantequilla y champiñones, agregando unos tomates partidos, sin piel ni semillas. Un poquito de ajo y perejil muy picadito. Se echa un poco de queso rallado, a gusto. Se sazona de sal. Si se quiere se pueden poner aceitunas. Se les da un hervor. Se sirven calientes.

## TOURNEDOS

Los tournedos son lonchas de filete de vaca gruesos. Se cocinan igual que los filetes.
La mejor carne para los tournedos es la de solomillo.

## TOURNEDOS A LA AMERICANA

**Carne asada del redondo o filetes de solomillo.—Lonchas de jamón.—Huevos.—«Salsa de tomate».—Pan en lonchas.—Aceite.**

El pan se corta en rebanadas o lonchas y se fríe rápidamente en aceite muy caliente, escurriéndolo muy bien. Los lonchas de jamón con algo de tocino se pasan también rápidamente por el aceite hirviendo. La «carne asada» se parte en lonchas o filetes fritos.

Sobre cada rebanada de pan frito se coloca una loncha de la carne; sobre ésta, una de jamón, y sobre ésta, un huevo frito. Se cubre todo con una salsa de tomate y he mete al horno cinco minutos. Se sirve caliente. Se agrega el jugo de la carne asada a la salsa. Se pueden adornar con espárragos.


## TOURNEDOS CON CHAMPIÑONES

**Carne de solomillo.—Una latita de champiñones o al natural.—Espárragos.—Guisantes. — Patatas. — Harina.—Limón.—Huevos.—Vino blanco.—Aceite. Sal.—Pan.—Caldo o agua.**

Se sazonan los filetes de sal, se rebozan en harina y se fríen.

En el aceite de freírlos se echa un chorro de limón, un poquito de harina y un chorro de vino blanco, con un poquito de caldo o de agua y los champiñones; se les da una vuelta y se colocan sobre los filetes. Sobre cada uno se pone un huevo frito, y todo ello sobre una tostada de pan frito rápidamente en aceite muy caliente.

Se adorna con patatas fritas, espárragos y guisantes de lata, que se les mete un instante en agua hirviendo para quitarles el sabor a lata.

Si los espárragos son al natural habrá que prepararlos antes y cocerlos en agua hirviendo con un poco de sal. Si los guisantes no son de conserva también hay que cocerlos; puede ser en la misma agua de los espárragos.

Sobre cada tournedo se coloca una rodaja de limón. Se mete al horno unos momentos y se sirve caliente.


## VOL-AU-VENT O PASTEL DE HOJALDRE

**«Hojaldre». Carnes o mariscos para el relleno.**

En la sección de Repostería encontrará usted la receta para hacer hojaldre. Con frecuencia se encarga a las confiterías.

Si tiene preparada la pasta se hace una masa redonda, del tamaño de un plato, si es que no va a hacer pastelitos individuales, pues si los hace individuales habrá de hacer tortitas pequeñas, de la misma forma que los grandes, pero en pequeño. Continuamos hablando del tamaño grande. Hecha la torta grande se marca en el centro una circunferencia o redondel más pequeño, pero sin calar mucho para que no se corte. Se mete al horno para que se dore y se cueza, sin que coja demasiado calor, pues el hojaldre es muy delicado y pronto se quema. Tendrá un dedo de grueso, aproximadamente.

Se prepara el relleno, aderezado a gusto, guisado, etc., lo mismo si se trata de mariscos, pescado, carne, huevos duros, jamón, bechamel, verduras, etc.

Al hojaldre cocido se le quita la tapa que hemos marcado y se vacía un poco más si hace falta. Se rellena con lo que hemos preparado y se vuelve a cubrir con la tapa de hojaldre que le habíamos quitado. Se sirve.

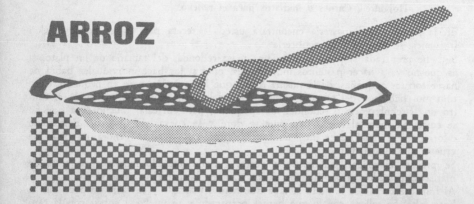

# Arroz

## ADVERTENCIAS

El arroz es un alimento astringente.
El arroz es de fácil digestión.
El arroz es poco nutritivo.
El arroz siempre debe presentarse con una cocción perfecta: los granos enteros y cocidos, pero no en forma deshecha y de papilla.
Para que el arroz se conserve bien y no se pase, cuando se retrasa la comida debe ponérsele al cocer un chorro de limón.

## ARROZ A LA ITALIANA

**Un «arroz blanco».—Una «salsa de tomate».—Queso rallado.—Mantequilla.**

Hecho un arroz blanco, como en la receta siguiente, pero mezclado con una salsa de tomate.
En un plato o en una fuente de gratinar se pone una capa de arroz y otra de mantequilla y queso rallado, otra de arroz, quedando la última de mantequilla y queso rallado. Se mete a horno fuerte unos momentos.

## ARROZ BLANCO

**Cebolla. Ajo y laurel.—Arroz. Sal. Perejil.—Aceite o grasa de cerdo.**

En el aceite o la grasa se rehoga la cebolla, ajo y laurel, todo en trozos grandes; se agrega el arroz para rehogarlo.
En una carcerola se habrá puesto doble cantidad de agua que de arroz. Sazonándolo de sal, haciendo que el agua esté más bien salada.
Cuando el agua esté hirviendo se echa el arroz, cebolla, etc. Se deja hervir a fuego fuerte durante diez minutos, revolviéndolo con frecuencia, después se tapa y se retira a un lado para que se pase o se mete a horno suave otros diez minutos. Al terminar la cocción se le quitarán la cebolla, laurel y ajo, que habrán subido a la superficie, por lo que se sacarán con facilidad.
También se le pueden poner los ingredientes en frío y después sazonarlo.
Este arroz sirve para acompañar huevos fritos, riñones, calamares en su tinta, habas negras, etc.

## ARROZ CON MEJILLONES

**Un «arroz blanco».—Trescientos gramos aproximadamente por persona, de mejillones con cáscara.—Aceite. Pimientos morrones.—Jerez o vino blanco.— Cebolla. Ajo. Perejil. Harina.—Limón. Sal.**

En la sartén, con un poquito de agua, se abren los mejillones. Una vez abiertos se separan de las conchas y el agua donde se abrieron se reserva.

En un poquito de aceite caliente se dora una cucharadita de cebolla picada por cada persona, una pizca de ajo picadito y una ramita de perejil también picada; después de dorado se le agrega un poquito de harina, luego un chorro de jerez o vino blanco, se sazona de sal y se deja cocer, echándole también el caldo de los mejillones y un chorrito de zumo de limón.

Se hace un «arroz blanco», que puede cocerse en «caldo de carne» y se pone en un molde engrasado, con hueco en el centro; se desmolda y el hueco se rellena con los mejillones y la salsa. Los pimientos se cortan en tiras, que se colocarán sobre el arroz adornándolo.

## ARROZ GUISADO

Se hace como el «blanco», pero agregándole pimentón. Admite chorizo y jamón.

## ARROZ IMPERIAL

Se hace lo mismo que el anterior, pero lleva jamón cortado en trocitos; guisantes, que se echan a rehogar con el arroz; va sazonado con mantequilla en vez de aceite y se adorna con huevos duros, aceitunas, colas de gambas y tiras de pimientos.

## ARROZ MARINERA

**Para medio kilo de arroz, un vasito de vino blanco.—Almejas, gambas, quisquillas, etc., todos los mariscos que se deseen.—Cebolla, ajo perejil.—Dos tomates regulares.—Pimientos.—Aceite.—Sal.**

Los mariscos se lavan muy bien y se cuecen en el vino blanco mezclado con agua y sazonado de sal. El líquido debe cubrir los mariscos para que a la vez que se cuecen se limpien de las arenas que luego veremos en el fondo del caldo donde han cocido. Se revuelven con la espumadera una vez abiertas. Se espuman; luego se sacan, escurriéndolas del caldo. Se deja reposar el agua donde cocieron los mariscos.

Se limpia o se lava el arroz. En aceite caliente se rehoga un poco de cebolla, ajo, perejil, todo picadito; después se agrega el tomate, sin piel ni semillas. Una vez rehogado todo se echa el arroz, unos trozos de pimiento y se le da unas vueltas. En una cacerola se pone doble cantidad de agua que de arroz, pero el agua debe tomarse de aquélla en que cocieron los mariscos, sin echar la última, que tendrá arenas; si es poco, agréguese agua o caldo. Se sazona de sal si es necesario, pues antes de cocer el arroz el agua debe estar más bien salada. El arroz no debe echarse hasta que el agua no esté hirviendo. Los mariscos se despojan de sus conchas o caparazones; si son quisquillas se echan sólo la colas peladas y así los demás, y se echan con el arroz, que seguirá hirviendo a fuego fuerte durante diez minutos, removiéndolo con frecuencia; después se tapa y se retira a un lado del fuego para que termine de pasarse. En vez de retirarlo a un lado, también puede meterse sin tapar a horno suave. Si el arroz no se va a tomar inmediatamente, para que no se pase se le echa al principio un buen chorro de limón.

Este arroz admite también chorizo, que se le puede agregar cuando se echa la cebolla.

## ARROZ RUBIO

**Para medio kilo de arroz, aceite, cebolla, ajo, perejil, sal.—Doscientos gramos de salchichas, lomo o magro de cerdo.—Pimientos.—Harina.—Vino blanco.**

Se prepara el arroz como en la receta del «arroz blanco», pero a la vez que el ajo, cebolla, etc., se rehogan las salchichas o la carne y el vino blanco.

En un poco de aceite se doran dos cucharadas de harina, se agrega un poco de caldo o agua para que cueza y espese. Se sazona de sal.

Al servir el arroz se le echa la salsa por encima.

## PAELLA VALENCIANA (Huerta de Valencia)

*Ingredientes para 6 personas*

**Medio kilo de arroz.—Medio pollo.—Medio conejo.—Un cuarto kilo de judías verdes.—Un cuarto kilo de guisantes.—Un cuarto kilo de alcachofas.—Un tomate.—Aceite de oliva.—Una pizca de pimentón.—Azafrán.—Sal.—Limones.**

Primeramente se escoge el pollo y el conejo, se cortan en trozos y se les pone la sal; se vierte aceite de buena calidad en la «paella» y cuando esté caliente se ponen los trozos de pollo y conejo y se sofríen a fuego lento durante unos cinco minutos. Cuando el pollo y el conejo estén casi fritos se añaden las judías verdes y cuando éstas estén fritas se añade el tomate, picándolo antes en trozos pequeños. Después se agrega el pimentón removiendo todo el conjunto.

Se añade el agua rápidamente, en estos momentos, hasta el nivel de las asas del recipiente. Cuando comienza la ebullición se incorporan los guisantes y las alcachofas, así como el azafrán y la sal, dejando que cueza todo muy bien aproximadamente una hora y cuarto. Una vez que se suponga todo bien cocido, se rectifica añadiendo el agua que se haya consumido después de cocer los ingredientes anteriormente reseñados, y se añade a fuego muy vivo el arroz. El arroz se ha de echar de tal manera que quede repartido por toda la paella, de extremo a extremo, y cuando sobresalga un dedo aproximadamente del agua será indicativo de haber echado el suficiente arroz.

Aunque en un principio la cocción puede ser a fuego vivo durante unos minutos, la cocción definitiva deberá efectuarse a fuego lento, aunque sin interrupción, para evitar pérdidas de caldo. Esta cocción deberá durar aproximadamente unos 25 minutos. Si por cualquier causa el arroz queda un poco duro, se cubrirá el recipiente hasta que esté debidamente cocido.

Una vez retirada la paella del fuego, podrá dejarse reposar unos diez minutos antes de servir su contenido. Igualmente antes de servir, se podrá adornar la paella con rodajas de limón, así como rociar el arroz con zumo de limón.

Si se dispone de caracoles, se pueden añadir a la paella, pero hay que hacerlo antes de poner el arroz.

## PUDIN DE ARROZ

**Arroz.—Pollo, gallina o carne.—Grasa, aceite o mantequilla. — Pimientos.—Tomates.—Plátanos.—Sal, cebolla, perejil, etc.**

Se prepara un arroz como los anteriores, pero sin los plátanos y los pimientos. En un molde engrasado que tenga un hueco en el centro, se prensa suavemente el arroz y después de haber separado las carnes, se desmoldea en una fuente.

Los pimientos de lata se parten en tiras, si son naturales se habrán asado antes, y ahora también se parten en tiras. Los plátanos se pelan y se abren por las uniones que tienen, en dos partes, se fríen en aceite muy caliente, o mantequilla, unos instantes.

Sobre la orilla del borde interior del pastel de arroz que tenemos preparado se va colocando, en forma un poco arqueada, ya una tira de plátano, ya una de pimiento, hasta terminar el borde. Rellenando el hueco con la carne, sin los huesos.

Si se enfría debe meterse al horno unos minutos para servirlo caliente.


## SUFFLE DE ARROZ

**Un «arroz blanco», medio kilo.—Picadillo de carne, salchichas deshechas, jamón, riñones, ave, etc., aderezado.—Huevos, dos.**

Hecho el «arroz blanco» como en receta anterior, y preparado el picadillo aderezado con cebolla, ajo, tomate, etc., ya cocinado. Se coloca en una fuente o plato refractario una capa de arroz, otra de picadillo, otra de arroz. etc., hasta terminar con una de arroz.

Se baten las claras a punto de nieve, después se mezclan suavemente con las yemas también batidas de antemano, con esto se cubre el arroz, se mete a horno fuerte un momento, para que se dore, y se sirve inmediatamente.


## SUFFLE DE ARROZ CON YEMAS

**Medio kilo de arroz.—Seis huevos.—Seis rodajas de buen chorizo.—Mantequilla o aceite.—Caldo.—Sal.—Huesos de vaca, de la rodilla, jamón de punta, cebolla, perejil para el caldo.**

Se tiene preparado un buen caldo con los huesos de rodilla de vaca y demás ingredientes anotados, que se dejará cocer en cacerola ordinaria unas tres o cuatro horas; en la «olla» mucho menos tiempo, según la marca.

En aceite o mantequilla se rehoga el arroz y se le agrega doble medida de caldo, se sazona de sal y se deja cocer diez minutos a fuego fuerte removiéndolo, pasado este tiempo se tapa y se retira a un lado o en el horno otros diez minutos para que termine de pasarse.

Una vez cocido se pone en un molde engrasado, se prensa suavemente, se desmoldea en una fuente refractaria, se le hacen seis hoyos con una cuchara para poner las seis rodajas de chorizo, que antes se habrán pasado un poquito por la sartén. Sobre cada rodaja se pondrá una yema. Las claras, sazonadas de sal, se baten a punto de nieve, con ellas se cubre la parte descubierta del arroz y se mete a horno fuerte para que se dore durante unos minutos. Se sirve inmediatamente.

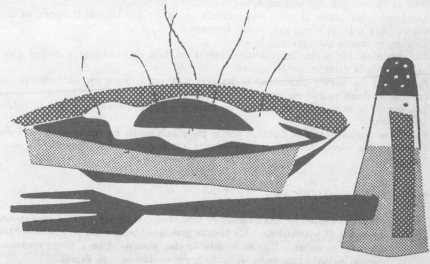

# HUEVOS Y TORTILLAS

# Huevos y tortillas

## ADVERTENCIAS

*Huevos.*—Son comestibles además de los huevos de gallina, los de pato, ganso, pavo, paloma, etc. En el extremo más achatado del huevo se forma una cámara de aire que aumenta de tamaño a medida que envejece el huevo; esta cámara puede apreciarse al trasluz, ello nos sirve para distinguir los huevos frescos de los que no lo son. Pero el que la cámara de aire sea mayor no quiere decir que el huevo deba desecharse; en cambio, cuando al trasluz se aprecian manchas oscuras interiores es que se trata de huevos alterados no comestibles. También puede recurrirse para conocer la frescura de los huevos, a sumergirlos en agua salada en un 10 por 100 de sal; los huevos frescos se van al fondo y los viejos suben a flote.
También se conocerá que los huevos son frescos por su aspereza y transparencia. Si el huevo está suave y brilla, es que no es fresco.
El huevo cocido, duro, no es más difícil de digerir que el pasado por agua, si se tiene el cuidado de masticar e insalivar bien la clara.
El huevo contiene un 13 por ciento de proteínas perfectamente digeribles y también es rico en grasas y minerales, como el hierro, fósforo, cal, etc.
Los huevos que tienen la yema muy amarilla son mejor que los que la tienen pálida, pues cuanto más rojos son, más hierro contienen.
La clara es menos nutritiva que la yema.
No deben abusar de los huevos las personas mayores de cincuenta y tantos años, así como de la carne ni de las grasas.
Para que a los huevos cocidos no se les ponga la yema negra por estar demasiado cocidos, se dejan enfriar en agua fría unos diez minutos.
Los huevos si se guardan en neveras de hielo o a bajas temperaturas, puede helárseles la yema.
Para conservarlos frescos se hunden por la parte más ancha en ceniza de leña. Para conservar, los huevos han de ser muy frescos, sin grietas o cáscaras débiles, y muy limpios.

## HUEVOS A LA AMERICANA

**Para seis huevos. — Seis gambas. — Seis cangrejos de río. — Tres cucharadas colmadas de mantequilla.—Un tomate grande.—Una cebolla pequeñita.—Media copa de coñac.—Una cucharada de vino blanco.—Una y media cucharadas de harina.—Una tacita de caldo o agua.—Limón. Sal. Perejil.**

En agua hirviendo sazonada de sal y con un chorrito de limón, se echan los *huevos* para *escalfarlos,* teniendo cuidado de que se cuaje la clara y no la yema. Cuando estén se sacan y se colocan sobre un paño para secarlos.

En la mitad de la mantequilla se rehoga la cebolla muy picadita, después se echa el tomate partido, sin piel ni semillas; se sazona de sal, y si se quiere puede echarse un poquito de pimienta. Se deja cocer unos minutos, después se agrega parte del caldo. En el otro caldo o agua sazonada de sal se cuecen los cangrejos y gambas, lavados y limpios. Una vez cocidos se sacan, se separan las colas y se pelan, reservándolos para el final, los cuerpos se machacan en el mortero, agregándoles a la salsa para que cuezan con los demás, después se agrega el coñac y el vino blanco, se les prende fuego y se tapan.

En el resto de la mantequilla se rehoga la harina, se agrega el resto del caldo o agua donde cocieron los mariscos, filtrada, y se deja dar un hervor agregándolo después al resto de la salsa.

Una vez cocida la salsa se pasa por el colador, después se filtra o se pasa por otro más fino para que no pase ningún trozo de caparazón, tan desagradable si se encuentra al comer.

Los huevos se habrán colocado en una fuente, con la salsa se cubren las claras y con las colas peladas se adornan los huevos.

También pueden ponerse sobre un lecho de «arroz blanco».


## HUEVOS A LA BOHEMIA

**Tartaletas (de hojaldre).—Foie-gras.—Queso rallado.—Huevos.—Sal. Caldo o agua.**

Se preparan unas «tartaletas», como se indica en Repostería, de pasta de hojaldre, o se compran o se encargan en la confitería.

Las tartaletas se untan de foie-gras.

En agua hirviendo o caldo con sal se escalfan los huevos, uno a uno. Se cogen con la espumadera, bien escurridos, y se colocan dentro de las tartaletas, un huevo para cada una. Se espolvorean de queso rallado y se meten al horno cinco minutos; se sirven inmediatamente.


## HUEVOS A LA FLAMENCA

**Para cuatro huevos.—Una latita de guisantes o su equivalente al natural.— Dos tomates grandecitos.—Unas habas verdes.—Dos zanahorias regulares.— Una latita de puntas de espárragos o su equivalente al natural.—Jamón y tocino.—Aceite. Cebolla. Ajo.—Dos cucharadas de mantequilla.—Harina. Nuez moscada y pimienta, si se quiere. Pimentón. Sal.**

Si los espárragos y los guisantes son al natural hay que cocerlos en agua hirviendo sazonada de sal, hasta que estén tiernos. Con ellos también pueden cocerse las judías verdes y las zanahorias, todas las legumbres peladas y lavadas, si no pueden cocerse solas. Una vez cocidas se sacan y se escurren bien.

En un poquito de aceite se doran unos trocitos de tocino y de jamón, con un poco de cebolla y ajo muy picaditos, después se echa el tomate siempre sin piel ni semillas, ya que éstas son muy ácidas, partido en trozos, después de darle unas vueltas se echa una cucharada de harina y un poquito de las especias, si se quiere, y se rehoga un poco, luego se agrega un poco de pimentón y una jícara de caldo o agua dejándolo cocer.

Cuando la salsa está cocida se le agrega la mantequilla, los espárragos partidos en dos, los guisantes, y las judías y zanahorias partidas. Se deja hervir y se sazona de sal. Después se va echando en cazuelitas individuales, si no hay se pondrá en una fuente refractaria. Sobre la salsa se van cascando los huevos, se deja que cuajen un poco sobre la chapa y enseguida se meten al horno después de haberles echado por encima jamón muy picadito. No debe dejarse cuajar la yema si es posible. Se sirven calientes.

## HUEVOS A LA FLORENTINA O AL GRATIN

**Para seis huevos.—Un cuarto kilo de espinacas.—«Salsa bechamel».—Sal. Limón. Queso rallado.—Jamón picadito.—Aceite y mantequilla.—«Tartaletas de hojaldre», las encontrará en Repostería.**

Se cuecen las espinacas en agua hirviendo y sal. Se prepara una «bechamel», que encontrará usted en la sección de «Salsas y guarniciones».
En agua hirviendo bastante sazonada de sal y con un chorro de zumo de limón, se echan los huevos, se dejan cuajar y se sacan con una espumadera colocándolos sobre un paño limpio, tapándolos para que se sequen. Se pueden espolvorear de sal.
Escurridas las espinacas se pican muy bien, después se les echa un poco de queso rallado y jamón picadito, o una de las dos cosas solamente. Se guisan con aceite refrito con cebolla y ajo, que luego se saca, o con la mantequilla sola, o mitad y mitad. Se sazonan de sal y se mezclan con parte de la salsa bechamel.
En las tartaletas se van colocando unas cucharaditas de esta crema y se meten al horno unos momentos para que se ablanden y tomen gusto.
Se sacan los moldes y sobre cada uno se coloca un huevo y se cubre de bechamel. Si sobró crema de espinacas se adorna con ella la fuente. Sobre cada huevo se pone un trocito de mantequilla y se espolvorean de queso rallado y jamón picadito.
Se meten al horno para que no se enfríen y se sirven calientes.
Por economía pueden ponerse en una fuente sin tartaletas.

## HUEVOS A LA JARDINERA

**Huevos.—Jamón.—Guisantes. Patatas. Lechuga.—Cebolla. Sal.—Aceite. Caldo o agua.**

En aceite caliente se doran cuadritos de jamón, cebolla finamente picada, patatas partidas en cuadritos, guisantes y lechuga picada menuda. Se dora todo y se le agrega una tacita de caldo o agua, dejándolo cocer. Se sazona de sal.
Los huevos se escalfan como en recetas anteriores, se fríen o se ponen «al plato» como los encontrará en recetas siguientes. También pueden cocerse y partirse en cuatro trozos a lo largo, etc.
Con la salsa que contiene patatas, jamón, etc., se adornan los huevos, terminando con la lechuga aliñada.
Pueden adornarse además con espárragos, rabanitos, centros de alcachofas, etc.

## HUEVOS AL NIDO

**Pan.—Huevos.—Mantequilla.—Aceite. Sal.—Salsa de tomate u otra.**

Se cortan ruedas de pan, bastante gruesas, se les hace un hoyo en el centro, se echa en cada hoyo un trocito de mantequilla, cascando en cada hoyo un huevo, de modo que quede en el hoyo la yema, se espolvorea de sal. Ayudados de la espumadera se colocan en el centro de una sartén grande con abundante aceite caliente y con la espumadera se les va echando el aceite por encima para que se cuaje la clara, sobre todo. Se sacan con cuidado y se colocan sobre una fuente. Se acompañan de «Salsa de tomate» u otra.


## HUEVOS AL NIDO DE PAJAS

**Huevos.—Patatas. Sal.—Aceite.—«Salsa de tomate» u otra.**

Se pelan patatas y se parten en tiritas, finas como pajas, se sazonan de sal. Estas patatas se colocan en el fondo de un cazo pequeño, imitando un nido, sobre ellas se echa aceite hirviendo, de modo que las cubra, y se ponen al fuego un momento para que terminen de freírse, sin tocarlas, teniendo cuidado que no se quemen. pues como son finas se pasan enseguida.
Se sacan del cazo, ayudadas de un tenedor o poniéndolas boca abajo, dejándolas escurrir bien el aceite. Se hace un molde para cada huevo. El huevo puede freírse o escalfarse y se colocará uno en cada molde, cubriéndolo con salsa de tomate u otra salsa.


## HUEVOS AL PLATO

**Huevos.—Mantequilla.—Sal.**

Cazuelitas individuales o en fuente refractaria si no se dispone de las individuales, se untan de mantequilla abundante, en ellas se cascan los huevos, uno por uno, se espolvorean de sal y se meten al horno para que se cuajen. La yema debe quedar tierna. También pueden ponerse un momento antes sobre la cocina para que se cuaje mejor la clara.
Pueden acompañarse con «riñones al jerez», «hígado encebollado», queso rallado, jamón picadito, etc.


## HUEVOS CON BECHAMEL

**Huevos.—Puré o «salsa de tomate».—«Bechamel».—Mantequilla.**

Se cuecen los huevos cinco minutos. Se parten en dos a lo largo o se dejan enteros y se colocan sobre un puré de tomate o una salsa.
Se hace una bechamel como indicamos en «Salsas y guarniciones», y con ella se cubren los huevos; por encima se ponen unos trocitos de mantequilla y se meten a horno fuerte unos cinco minutos. Se sirven inmediatamente.

## HUEVOS CON CASACA

**Huevos.—Pan rallado.—«Bechamel».—Aceite. Sal.**

Se fríen los huevos.
Se prepara una salsa bechamel espesa. En una fuente se van colocando cucharadas grandes de la salsa, sobre cada una se coloca un huevo frito y sobre el huevo se vuelve a echar bechamel hasta cubrirle. Se dejan enfriar.
Una vez fríos, si no han salido bien, se recortan en discos bien redondos. Se rebozan en huevo batido y pan rallado y se fríen rápidamente en aceite abundante y muy caliente. Se sirven enseguida.

## HUEVOS CON GELATINA

**«Gelatina para carnes», que encontrará en la sección de «Salsas y guarniciones».—Huevos.—Jamón o anchoas.**

Se hace una «gelatina para carnes». Se preparan moldes individuales o en un molde grande. Se cubre el fondo del molde con una capa delgada de gelatina y se deja enfriar. Cuando esté fría se coloca sobre ella una capa de tiras de jamón o de anchoas, formando una reja, una estrella o el dibujo que se quiera, y se vuelve a cubrir de otra capa de gelatina, dejándolo también enfriar. Sobre esta capa fría se ponen los huevos, fritos de antemano, cubriéndolos también con otra capa de gelatina que también se deja enfriar.
Para sacarlo del molde se pone al bañomaría unos segundos, pues si se deja mucho se derrite. Se sirven fríos.

## HUEVOS CON GUISANTES

**Huevos, tres.—Jamón picadito.—Un poquito de tocino de jamón.—Cebollas pequeñitas, tres.—Un cuarto kilo de guisantes.—Dos cucharadas de harina.—Perejil. Sal. Aceite.**

En un poquito de aceite se dora el tocino picadito, jamón, cebollas, la harina, después se agregan los guisantes. Cuando se les haya dado unas vueltas se agrega un poquito de caldo o agua. Se tapa y se deja cocer lentamente.
Se fríen los huevos o se escalfan y se acompañan de la salsa que hemos preparado.

## HUEVOS CON JAMON

**Huevos.—Jamón picadito.—Pan. Aceite. Sal.—Salsa de tomate u otra ensalada para acompañar a los huevos.**

Se fríen rebanadas de pan a ser posible redondas o de forma bonita. Han de freírse con toda rapidez para que no se pongan duras, y bien escurridas del aceite. El jamón picadito se rehoga ligeramente, y se pone sobre el pan frito, una tostada para cada huevo.
Los huevos se fríen o se escalfan y se colocan sobre el pan y el jamón. Una salsa de tomate u otra, o una ensalada, servirán de guarnición a los huevos.

## HUEVOS CON LANGOSTINOS

**Para cuatro huevos.—300 gramos de langostinos.—Una «salsa mayonesa».—300 gramos de guisantes.—Dos cucharadas de zumo de limón.—Sal.**

Se cuecen los huevos y se parten a lo largo.
Se cuecen los langostinos en agua hirviendo con sal y limón.
Se pelan las colas de los langostinos, y un par de ellas se deshacen y se mezclan con las yemas duras de los huevos y salsa mayonesa, se hará una pasta blanda con la que se rellenan los huevos, poniéndole el relleno bien amontonadito haciendo copa. Se colocan en una fuente y se adornan con las colas de los langostinos y los guisantes. Los guisantes si son naturales se habrán cocido en agua hirviendo, sazonada de sal, y si son de lata se rehogarán en la sartén rápidamente. También se pueden poner sin rehogar. Con el resto de la salsa se adorna la fuente.

## HUEVOS CON MAYONESA

**Huevos.—Espárragos.—«Salsa mayonesa».—Jamón picadito.**

Se cuecen los huevos y se parten en dos cortando unas tapitas en las puntas para que se tengan en pie, reservándolas. Se sacan las yemas que se mezclan con salsa mayonesa y el jamón picadito ligeramente rehogado.
Con esa mezcla de yemas, mayonesa y jamón se hace una pasta blanda con la que se rellenan los huevos quedando en forma de copa o pirámide. Los huevos así rellenos se colocan en una fuente y se bañan con salsa mayonesa, colocando encima la tapita que les quitamos al principio.
Se adorna la fuente con espárragos.

## HUEVOS CON SALSA DE YEMA

**Huevos.—Caldo. Jugo de carne.—Sal.**

Los huevos se escalfan en agua hirviendo con sal y se cubren con una salsa espesita hecha con un poquito de caldo, unas cucharadas de jugo de carne y yemas. Sazonado de sal.

## HUEVOS CON TERNERA

**Para dos huevos.—Un cuarto kilo de patatas.—200 gramos de ternera «asada»; es bueno el redondo.—Dos cucharadas de queso rallado.—Mantequilla. Anchoas.**

Se pone la carne a asar según la fórmula en la sección de «Carnes».
Se cuecen las patatas con piel, pero limpias y lavadas, en agua y sal.
Una vez cocidas se lavan y se dejan enfriar. Cuando estén frías se parten en rodajas y con ellas se cubre una fuente de horno untada de mantequilla. Sobre las rodajas finas de patata se colocan trocitos de mantequilla y lonchas finas de la ternera que ya está asada. Si en vez de asada, la ternera es de solomillo, pueden ponerse los filetes ligeramente fritos.
Se baten los huevos y se mezclan con anchoas picaditas y el queso rallado. Se cu-

bren las lonchas de ternera con los huevos batidos y demás y se mete al horno regular quince minutos aproximadamente.
Puede adornarse con espárragos, ensalada, etc.


## HUEVOS CUBIERTOS

**Huevos.—Puré de tomate, o salsa.—Salsa bechamel.**

Se hace una salsa de tomate o de puré y se coloca cubriendo el fondo de una fuente. Los huevos se cuecen y se cortan en rodajas, que se van colocando sobre el tomate. Cubriéndolo todo con una salsa de bechamel un poco espesa.


## HUEVOS DOBLES

**Huevos.—Jamón, pescado, mayonesa, etc., para el relleno.—Pan rallado.— Aceite.**

Se cuecen los huevos, se parten en dos, se les saca las yemas y se mezclan con jamón picadito y rehogado, mayonesa, pescado cocido, etc., lo que se quiera. Si no se pone salsa, debe echarse un poquito de leche para que no resulte dura y seca. Una vez rellenos se rebozan en huevo batido, pan rallado y se fríen en abundante aceite caliente, cada medio huevo, que parecerá entero con el relleno.
Pueden acompañarse de tomate, bechamel, mayonesa, etc., si se quiere.


## HUEVOS CON ALCACHOFA

**Huevos.—Alcachofas.—Salsa de tomate, mayonesa, bechamel, o una indicada para legumbres.**

Si las alcachofas son naturales se les quitan las hojas duras y se les cortan las puntas, que también están duras. Se cuecen en agua hirviendo con sal.
Se les quita el corazón a las alcachofas y dentro, en su lugar, se colocan los huevos escalfados o fritos con una de las salsas que hemos indicado. Puede meterse al horno para que no se enfríe y servirlo caliente.
También se pueden poner los huevos crudos en las alcachofas, a las que se les habrá puesto un poco de mantequilla dentro y fuera, y meterlas al horno para que se cuajen los huevos. Se adornan con los centros que quitemos.


## HUEVOS EN ESPUMA

**Huevos.—Pan.—Jamón picado.—Aceite.—Sal.—Mantequilla.**

En platitos individuales o en una fuente refractaria, untada de mantequilla, se colocan rodajas de pan ligeramente frito, una para cada huevo. Sobre cada rodaja de pan se pone su clara batida, a punto de nieve, mezclada con jamón muy picadito. En el centro de cada clara se coloca la yema con mucho cuidado. Se puede espolvorear de sal. Se mete a horno fuerte para que se dore la clara y se sirve inmediatamente.

Se puede acompañar de una ensalada.

## HUEVOS EN HOJALDRE

**Huevos.—Moldes de hojaldre o «tartaletas» (véase «Repostería»).—«Riñones al Jerez» (encontrará la receta en «Carnes»).—Queso rallado.—Mantequilla.**

En los moldecitos de hojaldre que tendremos preparados, en el fondo del molde se ponen dos cucharadas de riñones al jerez, sobre ellos se casca un huevo, se espolvorea con queso rallado y unos trozos de mantequilla y se mete al horno para que se cuajen los huevos.

No deben servirse demasiado calientes.

## HUEVOS EN MOLDE

**Huevos.—«Puré de patatas duquesa» (lo encontrará en «Legumbres y verduras»).—Espinacas, acelgas o verdura fina.—Espárragos. Coliflor.—Queso rallado. Sal.**

Moldes individuales; se untan con mantequilla, grasa o aceite, se espolvorea de pan rallado y se cubren los lados y el fondo con «puré duquesa». Dejando hueco en el centro para poner un huevo frito, escalfado o crudo; si es crudo hay que ponerle al horno para que se cuaje.

La verdura se cuece en agua hirviendo, sazonada de sal. Una vez cocida y escurrida se guisa con aceite refrito con cebolla y ajo, luego se pica muy picadito. Con ella se cubren los huevos. Se mete un momento a horno fuerte. Se saca, se desmoldea sobre una fuente y se adorna con espárragos, coliflor aderezada, salsa de tomate, etc. Se espolvorean con queso rallado.

## HUEVOS FLANEADOS

**Huevos.—Mantequilla. — Pan rallado.—Leche.—Una «Salsa de almendras», que encontrará en «Salsas y guarniciones».—Una latita de trufas.**

Se untan con mantequilla moldes individuales, ya sea de los que se tienen para tartaletas, galletas, etc., y se espolvorean con pan rallado.

Se bate una clara muy bien, después se agregan tres yemas y se bate mucho, se sazona de sal y se le agrega media jícara de leche muy caliente, se mezcla bien y se llenan los moldes, se espolvorean con trufas muy picaditas y se ponen al baño maría.

Cuando al pincharles con una aguja de hacer media salga ésta limpia es que ya están. Se desmoldean en una fuente, se cubren con una «salsa de almendras». Dispuestos para servir.

## HUEVOS FRITOS.

**Huevos.—Aceite.—Sal.**

Cada huevo se va cascando en una taza o en un plato y se espolvorea de sal. Se echa suavemente en la sartén, que será pequeña, y tendrá bastante aceite, no demasiado caliente, refrito o refinado. El huevo no ha de hacer burbujas, debe cuajarse la clara poco a poco, procurando que la yema quede tierna. Después que se haya empezado a cuajar, se puede poner a fuego un poco más fuerte, pero siempre que no haga freír a borbotones el huevo. Se escurre bien del aceite y se sirve caliente.

## HUEVOS GUISADOS

**Huevos.—Aceite.—Sal.—Pimentón.**

Se fríen los huevos escurriéndolos bien del aceite. Sobre cada huevo se echa un poco de pimentón y sobre éste se echa un chorrito de aceite hirviendo. Se sirven calientes.

## HUEVOS IMPERIALES

**Huevos.—Mantequilla.—Pechuga de «gallina en pepitoria» (véase en «Aves y caza»).—Una latita de trufas.—Gelatina, media hoja.**

Se cuecen los huevos y se les saca la yema.
Tendremos preparada la «gallina en pepitoria». La pechuga muy picadita se mezcla con el caldo de las trufas. Se sazona de sal y especias, si se quiere. Al baño maría se derrite un poco de gelatina, que se mezclará con la pechuga y las yemas cocidas.
Los huevos se rellenan de esta mezcla, dándoles la forma de huevo entero; se dejan enfriar un poco para que se cuajen y se bañan en gelatina, dejándoles enfriar.
Con la salsa de la gallina en pepitoria se adornan los huevos. También se pueden adornar con zanahorias glaseadas, langostinos, cangrejos, etc.

## HUEVOS QUEMADOS

**Huevos.—Mantequilla.—Coñac. Sal.**

Se ponen los huevos en moldes untados de mantequilla y espolvoreados de sal a horno fuerte. Se sacan del horno, se desmoldean, se les echa un poco de mantequilla si están muy secos y unas gotas de coñac y se queman las claras con un hierro candente. Se sirven inmediatamente.

## TORTILLA A LA JARDINERA

**Espárragos.—Guisantes.—Patatas.—Alcachofas.—Coliflor.—Zanahoria.—Huevos.—Aceite.—Sal.**

Se cuecen todas las verduras, después de lavadas y limpias, si no son de conserva. Una vez cocidas se parten y se rehogan en aceite muy caliente, incorporándoles los huevos batidos, y se hace la tortilla como de costumbre.

## TORTILLA CON PATATAS

**Para un kilo de patatas.—Una cebolla grande.—Medio diente de ajo.—Una ramita de perejil.—Tomate y jamón si se quiere.—Tres o cuatro huevos.— Aceite. Sal.**

Se pelan las patatas y después de lavarlas se parten en trocitos pequeños, la cebolla y el diente de ajo, así como la ramita de perejil y el jamón también se parten muy picaditos. Todo mezclado se sazona de sal y se echa en la sartén con abundante aceite muy caliente. Se revuelve con frecuencia para que no se pegue, hasta que todo esté pasado. Entonces se echa el tomate partido, sin piel ni semillas, y se le da unas vueltas para que se pase un poco. En un plato o en una fuente honda, mejor, se baten los huevos y con ayuda de una espumadera se van escurriendo las patatas de la sartén y se van echando sobre los huevos. Cuando se ha terminado se quita aceite de la sarten dejando solamente lo suficiente para hacer la tortilla. En la fuente se mezclan bien las patatas con los huevos; una vez mezclados se echan en la sartén y se hace en forma de torta, dejándola pasar de un lado durante un momento (si el fuego está fuerte debe retirarse la sartén un poco, pues se quemaría la tortilla), después se le da la vuelta por el otro lado y se espera a que se pase también unos dos minutos. Si se quiere tiernecita ha de tenerse muy poco tiempo; si, por el contrario, se quiere dura hay que dejarla que se pase más tiempo.
Se sirve caliente o fría, pero está mejor recién hecha.
Esta tortilla puede llevar también chorizo en vez de jamón o las dos cosas, o ninguna.

## TORTILLA DE ESPARRAGOS

**Una lata de medio kilo de espárragos o naturales.—Cuatro huevos.—Aceite. Sal.**

Si son de lata se sacan de ella los espárragos, tirando el líquido. Si no son de lata hay que cocerlos en agua hirviendo y sazonarlos después con un poco de sal.
Se parten un poco y se echan en los huevos batidos y se hace la tortilla como otra cualquiera.

## TORTILLA DE SETAS

**Para un cuarto kilo de setas.—Aceite.—Caldo o agua.—Tres huevos.—Sal.**

Bien lavadas y limpias de tierra las setas. Escurridas y secas con un paño se parten en trocitos y se fríen en aceite; después se cuecen en caldo o agua; también pueden cocerse antes de freirlas.
Se baten los huevos, se mezclan las setas y se hace una tortilla, como otra cualquiera.

## TORTILLA FRANCESA

**Se hacen huevo por huevo, generalmente.—Un poquito de jamón, si se quiere.—Sal. Aceite.—Una ramita de perejil.**

Se bate el huevo y se le mezcla el perejil picadito y el jamón también picado; entonces no se echa sal. Si no se echa jamón hay que sazonarlo de sal. También puede suprimirse el perejil, si no gusta. Pueden ponerse dos o más huevos de cada vez. Puede freirse con mantequilla o con aceite, pero debe echarse muy poquito, pues si no estará muy gras'enta y repugnará. No se hará en forma de torta, sino que se enrollará poquito a poco, haciendo que se pase por dentro, aunque no demasiado, pues están mejor tiernecitas. Se sirve caliente.

## TORTILLA GUISADA

Se hace una «tortilla con patatas» y después de hecha se cuece en *caldo* o agua que la cubra bastante; puede agregarse un chorro de *vino blanco* y unos *tomates*. Se hace en una media hora. Se sirve con el caldo en que ha cocido; si se han puesto tomates se pasan por el colador. Téngase mucho cuidado al sacarla, pues si está demasiado cocida se deshace.

## TORTILLA SABOYANA

**Para un kilo de patatas.—Mantequilla.—Aceite.—Tres o cuatro huevos.— Un poco de pimienta.—Sal. Queso rallado.—Dos cucharadas de nata.**

Se fríen las patatas cortaditas y preparadas como en la receta anterior. Sazonadas de sal. Se pueden freír en mantequilla sólo o mitad aceite y mitad mantequilla.
Se baten los huevos, echándoles un poco de pimienta, si se quiere; queso rallado y las dos cucharadas de nata. Escurridas las patatas una vez fritas o pasadas se mezcla y se hace la tortilla como en la fórmula anterior o en forma de rollo.

## TORTILLA SOUFFLE

**Para tres huevos.—Dos cucharadas de queso rallado, si se quiere.—Perejil.— Sal.—Leche.**

Se baten las claras a punto de nieve. Se baten las yemas muy bien, añadiéndoles después dos cucharadas de leche y un poquito de sal, si no se va a poner queso, y media ramita de perejil, picadísima; se bate todo muy bien. Se mezclan las yemas con las claras —digo mezcladas, no batidas— para que no se bajen. Se echan en un plato o en una fuente refractaria, engrasada, mejor con mantequilla. Se espolvorea bien con queso rallado (ya hemos dicho que si gusta) y se mete al horno. En el momento que esté hueca y a la vez jugosa se saca y se sirve inmediatamente.

PESCADOS

# Pescados

*Pescados.*—Los pescados contienen casi los mismos componentes químicos que la carne ordinaria y gran riqueza en vitaminas, pero a igualdad en el peso alimentan menos por su mayor proporción de agua, es decir, contienen más agua que la carne. Es importante advertir una diferencia notable entre carnes y pescados en cuanto a las alteraciones que en su conservación pueden experimentar. Ya dejamos dicho que la maduración de la carne no debe pasar de ciertos límites porque se originan entonces sustancias nocivas, tóxicas, para el organismo. En los pescados este peligro es aun mayor, ya que se alteran con mayor facilidad y rapidez, sobre todo en tiempo caluroso. Es del dominio público que el pescado fresco se reconoce por el vivo color rojo de las agallas, el ojo claro y transparente, la rigidez en muchas especies, etcétera, por lo cual no estimamos necesario insistir sobre este aspecto.

La digestibilidad del pescado es mayor para aquellas especies pobres en grasa, como merluza, lenguado, lubina, rodaballo.

El pescado posee mayor riqueza en calcio que las carnes, pero ya hemos dicho que como contiene gran cantidad de agua, en igualdad de peso con la carne nutre menos el pescado.

Los pescados podemos dividirlos en tres grandes familias principalmente:

*Pescados blancos.*—Se consideran pescados blancos aquellos de carne fina y de fácil digestión. Entre los pescados blancos podemos citar: merluza, pescadilla, lenguado, abadejo, rape, mero, bacalao fresco, trucha, tenca, pajel, boga, besugo, perca, sollo, platijas, etc.

*Pescados grasos y azules.*—Son más fuertes que los blancos y de más difícil digestión. Citemos el bonito, sardina, salmón, atún, angula, lamprea, verdel o caballa, chicharro, jurel, etc.

*Pescados grasos.*—Congrio, salmón, lubina, dorada, rodaballo, anguila, trucha, barbo, carpa, etc.

*Pescados de carnes rojas.*—Sardina, caballa, anchoa, bonito, atún, etc.

Para que el pescado sea fresco ha de tener ojo brillante, piel jugosa, carne dura, agallas rojas, buen olor.

Los pescados, en general, deben servirse en la besuguera o fuente en que hayan cocido.

Algunas de las salsas con que pueden servirse los pescados son: Salsa de tomate, salsa tártara, mayonesa, vinagreta, salsa de grosellas, salsa rubia, salsa verde, etc.

El pescado a la parrilla se sirve con aceite o manteca derretida y limón.

El pescado frito se sirve inmediatamente después de freírlo.

El pescado frito debe rebozarse en harina, huevo o en huevo, leche y harina hecha una crema. Debe freírse en abundante aceite caliente para que no se ablande y se empape de la grasa sin dorarse.

Los platos de pescado pueden ir adornados o servirles de guarnición las almejas, mejillones, langostinos, gambas, lechuga, espárragos, cebollitas enanas, huevos cocidos, guisantes, alcachofas, verduras cocidas, coliflor, etc.

## ANGUILAS

La anguila es un pez de agua dulce; sus crías, las angulas.
La anguila de mejor clase es la que tiene lomo negro y vientre plateado.
La anguila se cocina y, por lo tanto, admite casi las mismas recetas que la merluza. Se les quita con agua caliente la piel o camisa superior y la segunda piel, por ser muy indigestas. También se le quita la piel pasándola rápidamente sobre la chapa a fuego vivo y con la ayuda de un cuchillo.
Las anguilas pueden freirse, asarse, cocerse, escabecharse, etc. Admite casi todas las salsas. Un poquito de picante les va muy bien, pero no es aconsejable.

## ANGUILAS AL HORNO

**Anguilas.—Cebolla. Sal.—Harina. Aceite.**

Una vez limpias y sin la piel, como hemos dicho en la receta anterior, se sazonan de sal, se enroscan y se colocan en una fuente refractaria.
En aceite se fríe cebolla muy picadita para hacer una salsa, agregando después un poco de harina para que espese y el caldo o agua necesario; sazonado de sal se deja cocer durante diez minutos. Se cuela y se hecha sobre las anguilas, metiéndolas a horno fuerte hasta que estén cocidas.

## ANGUILAS FRITAS

**Anguilas.—Aceite. Sal.—Perejil. Harina.**

Limpia como hemos dicho al principio, se hace filetes, quitándoles la espina con cuidado; para ello se abre con el cuchillo por los dos lados y ayudados de éste se va despegando la carne de la espina. Se parte en trozos o filetes. Se sazonan de sal, se reboza en harina y se fríe. Se adorna con ramitas de perejil. También se pueden freír en rodajas.

## ANGUILAS GUISADAS

**Anguilas.—Cebolla.—Sal.—Aceite. Ajo.—Caldo o agua. Pimiento, si se quiere.**

Se quita la piel y se limpian, como en la primera receta. Se rehogan enteras o partidas. En el aceite que dejen se dora cebolla y ajo, muy picadito; se añade caldo o agua y un poquito de pimiento. Se echa sobre las anguilas y se deja cocer hasta que estén tiernas.
También se las puede poner a cocer en una «salsa verde», «salsa para pescados», «salsa de tomate», etc.

## ANGUILAS TARTARA

**Anguilas.—Vino blanco.—Cebolla. Pimienta. Laurel.—Perejil. Sal. Aceite.— Huevos. Harina.—«Salsa tártara», que encontrará en «Salsas y guarniciones».**

Una vez limpias las anguilas, como hemos indicado en la primera receta, se ponen a cocer en mitad de agua y mitad de vino blanco, con cebolla, una hoja de laurel pequeñita, si son pocas, más grande si son muchas; una rama de perejil y sazonadas de sal. El agua ha de estar hirviendo.

Una vez cocida se escurre y se seca con un paño, se reboza en harina y huevo y se dora en aceite caliente.

En salsera se sirve con las anguilas una «salsa tártara».


## ATUN

Por ser de carne tan parecida a la del bonito, pueden aplicarse a éste las mismas recetas que para el bonito.


## BACALAO

El bacalao alcanza hasta un metro de largo y 25 kilos de peso.

Su país natal es el Océano Glacial Artico y parte del norte del Atlántico. Se le encuentra desde Burdeos hasta Nueva York.

Si está fresco se cocina como cualquier pescado blanco.


## BACALAO A LA BILBAINA

**Para medio kilo de bacalao.—Una guindilla (puede suprimirse).—Mantequilla. Aceite. Cebollas. Ajo.—Un trocito de jamón.—Dos huevos, cocidos.—Azúcar.**

El bacalao, partido en trozos, se habrá puesto a remojo ocho o diez horas antes, junto con las guindillas, si está salado.

En una cucharada de mantequilla y dos de aceite se fríe una cebolla y el jamón, todo picadito. Una vez dorado se echa una jícara de agua y las guindillas picadas. Se pasa por tamiz y se agregan las dos yemas de los huevos cocidos deshaciéndolas, así como una cucharadita de azúcar. El bacalao se pone a cocer en agua con cebolla y ajo. Cuando esté casi cocido se le quitan las espinas y se le agrega la salsa bien deshecha. Se deja cocer con la salsa unos minutos para que termine la cocción y tome su gusto.


## BACALAO A LA INGLESA

**Para medio kilo de bacalao.—Cebolla. Ajo.—Dos patatas regulares, o un cuarto kilo.—Mantequilla.—Dos huevos.**

El bacalao se pone a remojo unas ocho o diez horas antes, si es salado. En agua hirviendo se pone a cocer con unos trozos de cebolla y ajo, que se sacarán cuando esté cocido, así como la piel y las espinas del bacalao.

Se cuecen las patatas, peladas y partidas, en agua hirviendo, sazonadas de sal y solamente la necesaria, pues no conviene que sea mucha. Una vez cocidas se, escurren bien del agua y se mezclan con el bacalao. Tanto el bacalao como las patatas se machacan bien en el mortero; a esta pasta se agregan dos cucharadas de mantequilla y dos huevos batidos. Se mezcla bien y se extiende en una fuente de gratinar, es decir, refractaria, una capa gruesa para que se dore un poco. Después puede cortarse en trozos y servirse con una salsa o sencillamente servirlo como está en la fuente, pero siempre caliente.

## BACALAO A LA PROVENZAL

**Para medio kilo de bacalao.—Cebolla. Ajo.—Perejil. Limón. Aceite. Pimienta. Manteca de cerdo.—Pan rallado.**

El bacalao se parte en trozos y se pone a desalar durante ocho o diez horas. Se limpia luego de piel y espinas.
En una fuente refractaria se echa cebolla picadita, así como un poco de ajo y una ramita de perejil machacado en el mortero. Dos rodajitas de limón, dos granos de pimienta, un chorrito de aceite, una cucharada de manteca de cerdo; se mezcla todo muy bien y se deja, cubriendo la fuente la mitad de estos condimentos; luego se pone el bacalao y se cubre con el resto de la cebolla, etc.
Se pone a cocer a fuego lento durante una hora aproximadamente sobre la chapa; después se le echa un chorrito de limón, se espolvorea de pimienta y pan rallado y se mete a dorar al horno. Se sirve caliente.

## BACALAO A LA VIZCAINA

**Bacalao.—Cebolla.—Tomate.**

Se pone a remojo como en recetas anteriores. Se deja cocer unos minutos con un poco de agua. Se fríe cebolla, sin dorarla, a la que se agrega tomate partido sin piel ni semillas. Todo ello se echa sobre el bacalao y se deja cocer a fuego suave, moviendo la cazuela sin revolverlo.

## BACALAO AL PIL-PIL

**Para medio kilo de bacalao.—Cebolla. Ajo. Laurel.—Vino blanco.—Leche.**

Puesto el bacalao a remojo como ya se ha dicho en anteriores recetas se corta en trozos, se cuece en agua sola durante unos cinco minutos. Se parte una cebolla pequeña y dos dientes de ajo y se doran en aceite caliente unos diez minutos, después se agrega el laurel, que también se rehogará un poquito (la cebolla no debe quemarse ni tomar color). El bacalao se escurre del agua y se le agrega la cebolla y demás y un vasito de vino blanco, rehogándolo todo otros diez minutos.
El bacalao se coloca en una cazuela de barro si es posible. A la cebolla se le añade un pocillo de agua, donde coció el bacalao, se cuela y se echa sobre el pescado y se deja cocer a fuego suave una media hora. A medida que se le consume la salsa se va agregando leche, moviendo la cazuela, sin revolverlo.
Se sirve en la misma cazuela espolvoreado de perejil muy picadito, hirviendo, que haga la salsa pil-pil.

## BACALAO AMPARO

**Bacalao.—Leche. Harina. Aceite.—Cebolla. Ajo. Perejil.—Canela.**

Partido el bacalao se pone a remojo diez o doce horas. Se escurre de agua. Pasado dicho tiempo se pone en una fuente, echándole leche hirviendo por encima hasta cubrirlo, dejándolo en ella durante media hora.

Después de este tiempo el bacalao se escurre y se seca bien con un paño. Se reboza en harina y se fríe, en aceite bastante caliente. Se coloca en una cacerola y se le echa por encima una salsa hecha con cebolla, ajo y perejil, picadito, dorado en la sartén.

Cuando se le haya dado unas vueltas al bacalao se le agrega la leche donde estuvo a remojo, con un poco de canela, dejándolo cocer suavemente hasta que esté tierno.

## BACALAO CON ALMENDRAS

**Para medio kilo de bacalao.—Un diente de ajo.—Perejil. Aceite.—Cebolla. Almendras crudas.—Harina.**

Desalado como en recetas anteriores y cortado en trozos, se rebozan en harina y se fríen. Se colocan en una cazuela con la parte que tiene piel hacia arriba. Se machacan en el mortero un diente de ajo, unas hojas de perejil, unos trozos de cebolla y una docena aproximada de almendras crudas y peladas en agua hirviendo, unos segundos. Se machaca hasta que se haga una pasta. Se le agrega una cucharada de harina, un chorrito de aceite refinado o refrito y un pocillo o jícara de agua. Se mezcla todo bien y se echa sobre el bacalao, se tapa y se deja cocer a fuego suave, moviendo la cazuela, pero sin revolverlo. Se sirve en la misma cazuela, caliente.

Se acompaña de la salsa que desee o con la que tiene.

## BACALAO CON PATATAS

**Medio kilo de bacalao.—Cebolla.—Patatas.—Aceite.—Vino blanco.**

Desalado el bacalao, como hemos dicho en otras recetas, se corta en trozos. En una cazuela de barro se van colocando capas de cebolla picadita, bacalao y rodajas de patata (como es natural, pelada). Se riega con vino blanco y aceite refinado, añadiendo el agua necesaria para que cueza. Las capas irán por el orden que hemos dicho, procurando que quede una de cebolla encima. Se mete al horno. Cuando estén cocidas las patatas se saca y se sirve en la misma cazuela.

## BACALAO CON TOMATE

**Bacalao.—Tomate.—Aceite.**

Desalado como dijimos en las primeras recetas. Se parte y se cuece en agua sola unos cinco minutos.

En una cazuela o fuente refractaria se colocan rodajas o trozos de tomate, procurando que no tengan piel ni semillas, por ser en éstas donde más ácido hay. Sobre él se echa aceite frito muy caliente. Encima se coloca el bacalao sin piel ni espinas, y sobre él otra capa de tomate y aceite hirviendo. Se pone a fuego lento o al horno para que cueza lentamente. Se agregará un poquito de agua si se seca mucho. Se sirve caliente.

También se puede cocer con una «salsa de tomate».


## BACALAO FRESCO O ABADEJO, GUISADO

**Bacalao o abadejo.—Cebolla. Perejil. Sal.—Ajo. Limón.**

Se cuece en agua hirviendo, hasta que le cubra, sazonándolo de sal, cebolla, ajo y perejil, machacado en el mortero, con un chorro de limón. Se deja cocer en la cazuela.

Se sirve sobre una servilleta la cazuela y sin salsa el pescado. La salsa aparte.


## BACALAO ZARAGOZANO

**Bacalao, medio kilo.—Patatas, medio kilo.—Laurel. Cebolla. Un diente de ajo.—Dos tomates regulares.—Canela y pimienta, si se quiere.—Perejil. Aceite.**

En aceite caliente se rehogan rodajas de patatas, laurel, cebolla picada. El bacalao desalado, como ya hemos dicho en recetas anteriores, se corta en trozos y se rehogan bien. En este aceite del bacalao se rehogan los tomates sin piel ni semillas, un diente de ajo, picadito y una ramita de perejil, se le echa un polvito de canela y de pimienta.

Se coloca todo en la cazuela, se cubre de agua y se deja cocer suavemente, moviéndolo, pero sin revolverlo. Cuando esté cocido y caliente se sirve en la misma cazuela.


## BESUGO A LA PARRILLA

**Un besugo.—Aceite. Limón.—Ajos. Vino blanco.—Pimienta, si se quiere.**

Se limpia el besugo, se escama, etc., se sazona de sal. Se unta de aceite y se pone en una parrilla a asar. Una vez asado se rocía de aceite hirviendo refrito con los ajos, que se sacan, y se echa un chorro de limón y un polvito de pimienta. Se sirve caliente.


## BESUGO AL HORNO

**Besugo. — Sal. Aceite. — Perejil. Limón. - Cebolla. Caldo o agua. — Vino blanco.**

Una vez limpio el besugo, se le hacen dos o tres cortes en el lomo, se sazona de sal. En cada corte se le pone una rajita de limón o de cebolla. Se riega un poco con aceite refinado, hirviendo, y con vino blanco, agregando un poquito de agua o caldo en la besuguera para que no se queme. Se echan a su alrededor o por encima unos trozos grandes de cebolla y unas ramitas de perejil.

Se sirve caliente, según se saca del horno.

## BESUGO EN SALSA

**Besugo. — Vino blanco. Harina. — Mantequilla. — Cebolla. Ajo. Pimentón.— Laurel.**

En mantequilla, o a falta de ésta aceite, se dora el besugo, limpio como es de suponer (escamado, sin agallas, tripas, etc.), sazonado de sal. En la misma grasa se fríe cebolla, ajo y perejil picadito. Una vez dorado se echa una cucharada de harina y laurel y se agrega caldo o agua y un chorrito de vino blanco. Se sazona de sal, se cuela y se echa sobre el besugo, y se deja cocer unos minutos con la salsa.

## BESUGO ESTOFADO

**Besugo.—Cebolla. Aceite.—Sal. Pimentón.**

Limpio el besugo, se parte en dos trozos o entero. Se coloca en una cacerola. Se echa media jícara de agua, se riega el besugo con aceite, se añaden unos trozos de cebolla, se sazona de sal, se le echa un poco de pimentón y se deja cocer a fuego regular.
Se sirve con la salsa sin colar.

## BESUGO O SALMONETE CON TOMATE

**Besugo o salmonete.—«Salsa de tomate».—Vino blanco.—Mantequilla.**

Limpios. Se ponen en la besuguera al horno después de sazonarlos de sal y untarlos de mantequilla. Se meten al horno diez minutos, después se sacan y se rocían con vino blanco, en la besuguera un poquito de agua. Se vuelven a meter al horno, hasta que estén en su punto. Se sirven en una «salsa de tomate».

## BONITO

El bonito y el atún admiten la misma cocina.
El bonito antes de freírlo y ponerle una salsa, para que esté más jugoso, se cuece en agua sazonada de *sal, limón, cebolla, ajo y perejil*. Cuando el agua rompa a hervir se mete el bonito, el agua dejará de hervir, y cuando vuelve a romper a hervir se saca el bonito.
Se deja escurrir y después se fríe y se acompaña de la salsa que desee. Le va muy bien la «salsa de tomate».

## BONITO EN ROLLO - FIAMBRE

**Para medio kilo de bonito del centro, que apenas tenga piel ni espina.—Cebolla. Ajo. Perejil. Nuez moscada.—Dos huevos. Pan rallado.—Aceite. Sal. Miga de pan.—Harina. Un trocito de tocino de jamón.**

Se le quitan las espinas y la piel, dejando solo la carne, al bonito, que con las manos limpias se deshará o se picará. Se agregarán tres cucharadas de cebolla muy picada, una ramita de perejil y medio diente de ajo, también el tocino todo muy

picadito, una miga de pan deshecha; un polvito de pimienta, canela y nuez moscada rallada; los dos huevos batidos y la sal necesaria, se mezcla todo muy bien y se hace un rollo, se reboza en pan rallado y se dora en abundante aceite, bastante caliente. Se pone en una cacerola o en la «olla». En parte del aceite donde se doró el rollo se fríe cebolla picadita y una cucharada de harina, se añade agua, se sazona de sal y se echa con el rollo dejándolo cocer, hasta que esté pasado, y esto se sabe pinchándolo con una aguja de hacer media, si sale limpia y con facilidad es que está cocido. Se deja enfriar y se parte en rodajas. La salsa se cuela sobre las lonchas de bonito. se mete al horno para que se caliente un poco antes de servirlo.
Si se quiere como fiambre no necesita la salsa y sólo se corta en lonchas.

## BONITO MECHADO

**Bonito.—Tocino.—Jamón.—Sal. Vino blanco.**

Se escama el bonito y se limpia de espinas. Con una aguja de mechar o ayudadas por un cuchillo de fina punta se hacen agujeros en la carne del bonito en los que se van introduciendo tiras de jamón y tocino. Si la carne no se sostiene bien se puede atar con un cordelito limpio. Se sazona de sal espolvoreándolo y se pone en una cacerola recogida, se cubre de tiras de tocino y se riega con agua y vino blanco, dejándolo cocer. Se sabrá si está cocido pinchándolo como se indica en la fórmula anterior.
Una vez frío se parte en lonchas, también puede tomarse como fiambre o con salsa, o rociándolo con el caldo en que coció.

## BUDING DE MERLUZA

**Para medio kilo de merluza.—Cebolla. Ajo. Perejil. Laurel. Aceite. Limón.— Unos 100 gramos de jamón.—Mantequilla.—«Salsa mayonesa».—Un cuarto kilo de tomates.—Tres huevos.—Pan rallado.**

La merluza se cuece en agua sazonada de sal, con unos trozos de cebolla, ajo, perejil y una hojita de laurel a más de un chorro de limón.
Una vez cocida se escurre del agua y se le quita la piel y espinas.
En mantequilla se rehoga ligeramente el jamón muy picadito, añadiéndole los tomates, como siempre, sin piel ni semillas, se deja cocer unos minutos para que se pase la cebolla. Se mezcla con la merluza y los huevos batidos. Se unta un molde de grasa, mantequilla o aceite y se espolvorea de pan rallado, se pone la merluza rellenándolo y luego al bañomaría, hasta que al pincharlo esté pasado.
Se desmoldea sobre una fuente y se cubre de «salsa mayonesa». Puede adornarse con aceitunas, huevos duros, gambas, etc.
En vez de merluza puede ponerse cualquier clase de pescado blanco.

## CALAMARES RELLENOS O CHIPIRONES

**Para un kilo de calamares, pequeñitos, de los llamados chipirones.—100 gramos de carne picada, jamón, etc.—Cebolla. Ajo.—Aceite.—Vino blanco.— Sal.—Harina.**

Se limpian los calamares de tripas y piel, ya que ésta amarga si se deja toda, se les quitan los ojos y la boca, etc.

Las patas o tentáculos se pican dejando sólo la bolsa del cuerpo, y reservando las bolsas de la tinta que vienen pegadas al estómago y tripas.

En aceite caliente se fríe una cebolla pequeña muy picadita, así como los tentáculos picaditos y la carne. Se sazona de sal y se le echa una cucharada de vino blanco. Se rehoga en la sartén y con todo ello se rellenan los calamares, cosiéndolos o sujetándolos con un palillo. Una vez rellenos se rehogan en aceite caliente y se van colocando en una cacerola.

Se dora un poco de cebolla picada, una cucharada de harina y otra de vino blanco, así como una jícara de caldo o de agua. En esta agua o caldo frío se deshacen las bolsas de tinta o se machacan en el mortero con un poco de sal gorda y luego se echa allí el agua, agregándolo todo a los calamares para que cuezan.

Sobre la chapa se asa un diente de ajo y cuando esté asadito se agrega a los calamares, rectificándolos de sal. Una vez cocidos se sirven con la salsa pasada por el colador.


## CALAMARES RELLENOS CON JAMON

**Calamares o chipirones, medio kilo.—Cebolla. Sal.—Jamón, 100 gramos.— Ajo. Perejil. Pan rallado.—Huevos, dos.—Un poco de vino tinto.—Pimentón. Harina. Tomate, si se quiere.—Pan.—Un «arroz blanco» (véase en «Arroz») para adornarlos.—Mantequilla.**

Se limpian como los anteriores. Se ponen a cocer en agua fresca unos minutos, para quitarles el mal sabor, si no se han pelado bien.

Se pica media cebolla regular, se rehoga y se le echa un pequito de vino tinto; después que la cebolla esté reducida se agrega ajo, perejil picadito y especias si se quiere, y el jamón picadito. Sazonado de sal se espesa con un poco de pan rallado. Todo ello escurrido del aceite se une a los huevos sin batir. Con esto se rellenan los calamares que se cosen en su abertura o se sujetan con un palillo.

Se rehoga otra cebollita picada a la que se agrega un poco de vino tinto y pimentón, agregándole una cucharadita de harina y tomate partido sin piel ni semillas, éste si se quiere.

Los calamares rellenos se rebozan en harina y se rehogan en el aceite caliente. Se ponen en la salsa anterior a cocer.

En un mortero se machacan las bolsas de tinta con un poquito de sal gorda, echándoles luego un poco de agua y agregándolo a los calamares que deberán cocer suavemente; si no es en «olla», tardarán una hora aproximadamente.

Se adornan con un «arroz blanco» puesto en moldecitos individuales o en molde grande, los chipirones·con la salsa pasada por colador, alrededor, y éstos rodeados de unas rebanaditas de pan ligeramente frito en mantequilla.


## CALAMARES EN SU TINTA

**Calamares, medio kilo.—Cebolla. Ajo. Sal.—Chocolate.—Vino tinto.—Harina. Pimentón.**

Se limpian los calamares, como en las recetas anteriores, o se ponen a cocer en agua fresca si no se limpian del todo.

Se parten en trozos y se rehogan en la sartén, después se va agregando cebolla picadita, una copita de vino tinto o blanco, una cucharada colmada de chocolate en polvo o rallado, un poco de pimentón.

Las bolsas machacadas en el mortero con un poquito de sal gorda y añadiendo un poco de agua se agregan a los calamares, que ya tendremos cociendo en una cacerola, después de haberse rehogado con todo lo que le hemos puesto. Se pone un ajo a tostar encima de la chapa y se une a los calamares, junto con la tinta.

Se dejan cocer, agregando el agua necesaria. Se sirven con toda la salsa como está.


## CALDERETA

**Admite toda clase de pescados y mariscos, un kilo.—Cebolla.—Perejil.—Pimientos morrones.—Puré de tomate.—Nueces o almendras, tres nueces, o seis, si son almendras.—Jerez, una copita.—Aceite. Sal. Especias si se quiere.**

Este plato es una especie de sopa en la que se pueden poner toda clase de mariscos y pescados.

Los pescados, partidos y limpios, se mezclan con los mariscos. Se pica cebolla, un poco de perejil, pimiento morrón, tres nueces o seis almendras crudas y machacadas en el mortero, una copa de jerez, dos clavos, si se quiere, y un pocillo de puré de tomate, se sazona de sal y se mezcla bien. En una cacerola o en una «olla», se van echando, primero una capa de la mezcla, después otra de pescados, otra de mezcla, y así hasta terminar con una de la mezcla. Se tapa herméticamente y se deja cocer a fuego suave. Es un plato asturiano riquísimo.

Las almejas se abren antes en un poco de agua que después de reposar se agregan al guiso, limpias de arenas, etc.


## C A R P A

Las carpas pesan hasta 30 kilos.

La carpa es un pescado de carne pesada y poco nutritiva. La mejor es la de río, no la de estanque ni charca, y mejor el macho que la hembra. La mejor época es de mayo a últimos de agosto.

Admite la condimentación de la mayor parte de los pescados. Se puede freír, asar a la parrilla o al horno, estofar, escabechar, etc.

Las huevas son muy sabrosas.


## CONGRIO

Dice un dicho popular: «La merluza cerrada y el congrio abierto». Sí señora, el congrio abierto, porque si no se le sabe sacar las espinas, que es cosa de mucha práctica y tino, es mejor el abierto, porque, aparte de ser más jugoso, tiene menos espinas.

Admite la misma condimentación que la merluza.


## CONGRIO EN SALSA VERDE

**Congrio.—Harina. Sal.—«Salsa verde».**

Se parte en rodajas el congrio, se sazona de sal, se reboza en harina y se fríen en aceite bien caliente y refrito. Después se colocan en una cacerola, sobre él se echa una «salsa verde» y se deja cocer con ella. Se sirve en su salsa.

# DORADA

Se condimenta como la carpa, tenca, anguila, perca, besugo, etc.
Como mejor le va es cocida, como cualquier otro pescado, y después con «salsa de alcaparras». También frito en filetes rebozados en harina y con «salsa de tomate».


## FILETES DE PESCADILLA CON TRUFAS

**Unas pescadillas, medio kilo.—Yemas de huevo, dos.—Mantequilla. Especias, si se quiere.—Tocino de jamón. Miga de pan.—Trufas, latita pequeña.**

Quitadas las espinas de las pescadillas y hechas filetes, y quitada la piel, se escogen las peores y la mitad aproximadamente con las pieles partidas, se machacan en el mortero, agregando igual cantidad de miga de pan e igual cantidad de mantequilla, sazonándolo de sal y de especias, si se quiere, las trufas y las yemas crudas, mezclándolo todo muy bien.
Se coloca en una besuguera o en una fuente refractaria, en forma de rollo cubriéndolo todo con los filetes reservados, bien colocaditos, de modo que cubran todo el rollo, se rocían con mantequilla derretida muy caliente y se cubren con lonchas finas de tocino. Se mete al horno regular.
Una vez cocido se quitan las lonchas de tocino. Se escurre de grasa. Puede acompañarse o bañarse con alguna salsa propia para pescados, «mayonesa», «bechamel», etcétera, etc.


## GALATINA DE BONITO O DE MERLUZA

**Para medio kilo de bonito o de merluza.—Una copita de jerez o vino blanco. Dos huevos.—Sal. Pimienta. Perejil.—Tocino de jamón, un trocito y jamón.— Una zanahoria regular.—Cebolla. Ajo.—«Salsa mayonesa».**

Se limpia el pescado de piel y espinas. Se pica y se mezcla con los huevos batidos, una copita de vino, un polvito de pimienta, perejil picadito y sazonado de sal. Se mezcla todo muy bien.
Sobre un paño limpio se extiende una capa de pescado y sobre ella se colocan tiras de tocino finas y de jamón, se va enrollando, con ayuda del paño, para que quede apretadito y se envuelve en el mismo paño, se ata y se pone a cocer en agua hirviendo, con la zanahoria pelada o lavada y partida, cebolla, ajo, etc. Sazonado de sal.
Cuando esté cocido se prensa. Se deja enfriar. Se parte en rodajas y se sirve con «salsa mayonesa». También puede ponerse «vinagreta», etc.


## LAMPREAS

Las mejores lampreas son las del Ebro. Es muy parecida a la anguila. Se come estofada, principalmente, como cualquier pescado. También se acompaña de una «salsa tártara», «salsa a la marinera», etc.
Se lavan antes de cortarlas, después pueden aderezarse con ajos, perejil, azafrán, especias, si se quiere, y la sangre que arrojó. Véase modo de prepararla en la receta siguiente.

## LAMPREA A LA ASTURIANA

**Una lamprea.—Vino blanco.—Media onza o una cucharada de chocolate.— Aceite. Cebolla. Ajo. Perejil.—Un papel de estraza.**

La lamprea se lava bien con agua caliente. Se le dan unos cortes por el lomo y se le saca la tripa, que amarga, teniendo cuidado de recoger la sangre que suelte y recoger el hígado.

En aceite se fríe cebolla picada, un poquito de ajo y perejil, también picadito, se le agrega después una copa de vino blanco o seco, la sangre que se recogió, el chocolate rallado o en polvo y el hígado de la lamprea picadito. Se echa la salsa sobre la lamprea, se sazona de sal, se cubre la cacerola con un papel de estraza y encima la tapadera, bien apretada. Se deja cocer a fuego lento. Se puede agregar unas cucharadas de agua si es poca la salsa para cocer. Se puede cocer en la «olla», sin papel, pero no sale tan bien.
Se sirve con la salsa pasada por el colador.

## LENGUADO

Se cocina como la merluza.
El lenguado de mejor clase es el de piel gris, preferido al que la tiene negra.
Para limpiarle se le arranca la piel oscura, tripas, etc.
El lenguado se puede poner frito, en trozos o en filetes, al horno, etc. Puede acompañarse de una «salsa de almejas», «salsa morena», ostras, langostinos, etc.

## LENGUADO A LA NORMANDA

**Lenguado.—«Salsa de almejas».—Mantequilla.—Vino blanco o sidra.**

En una fuente refractaria bien engrasada con mantequilla, se coloca el lenguado limpio y sazonado con sal y pimienta, si se quiere. Se riega con sidra o vino blanco, y se mete al horno. Se sirve con «salsa de almejas».

## LENGUADO AL GRATIN

**Para medio kilo de lenguados.—Pan rallado. Perejil.—Sal.—Queso rallado.— Aceite o mantequilla.—Limón.**

Como hemos dicho anteriormente se limpia el pescado, se le quita la piel oscura y se sazona de sal. Se pone en una fuente refractaria, cubriéndolos con queso y pan rallado, espolvoreados de perejil picadito; colocando por encima unos trocitos de mantequilla, rociándolos además con un chorrito de limón y otro de aceite refinado.
Se meten a horno regular 15 ó 20 minutos. Si se seca demasiado puede añadírsele un poquito de caldo o de agua.

## LENGUADO CON ALMEJAS

**Un lenguado de medio kilo.—Medio kilo de almejas.—Harina.—Pan rallado. Jamón. Perejil.—Sal.—Aceite.—Vino blanco.**

Las almejas se lavan y se abren metiéndolas al horno en un plato; refractario. Una vez abiertas se separan los animalitos de las conchas. Se mezclan con una cucharada de pan rallado, dos de jamón picadito, unas hojitas de perejil y un chorrito de vino. Se mezcla bien.

El lenguado se limpia, como en recetas anteriores, se sazona de sal, se reboza en harina y se fríe. Se coloca en una fuente rodeado de la mezcla de las almejas.

Sobre el lenguado se echa un chorrito de vino blanco o de sidra, hasta cubrirlo, y se mete al horno. Una vez cocido le servirá de guarnición una «salsa de almejas», a la que se agregará el caldo en que coció el lenguado.

## LENGUADO MEUNIERE

**Lenguado.—Harina. Limón.—Mantequilla.—Perejil. Guisantes.—Espárragos.**

Se le quita la piel al lenguado y se le hace filetes quitándole la espina que se reservará.

Los filetes se parten al medio y se rebozan de harina, friéndolos en mantequilla, y sobre una fuente o plato refractario se meten unos momentos al horno.

La espina se reboza en harina y se fríe. Sobre ella se colocan los filetes, intentando reconstruir su forma primitiva.

En la grasa de freírlos se echa un chorro de limón y un poquito de agua, y se echa sobre el lenguado espolvoreándolo de perejil picadito.

Se adorna con espárragos, guisantes de lata y rodajas de limón y se mete unos segundos al horno.

Si los guisantes no son de lata, es preciso cocerlos antes.

## LUBINA A LA VINAGRETA

Pescado exquisito y sabroso, de los más finos. Se cocina como la merluza, la pescadilla, el rape.

Se cuece, como cualquier otro pescado, en agua hirviendo, con cebolla, vino, etcétera. Escurrido se acompaña con una «salsa vinagreta».

## MERLUZA A LA BILBAINA

**Para medio kilo de merluza.—Un cuarto de espárragos, o una lata pequeña. Medio kilo de guisantes, o una lata pequeña.—Harina. Ajo.—Perejil. Sal. Aceite.**

En una cacerola se echa un diente de ajo muy pequeño, dos o tres ramitas de perejil, ambos picaditos. Sobre ellos se colocan los filetes o rajas de merluza sazonadas de sal y rebozadas en harina. Los espárragos y los guisantes, cocidos o sacados de la lata, se colocan sobre la merluza, agregando agua cuando se crea necesario para que no se queme o no se seque demasiado, hasta que esté en su punto.

Se meten en agua caliente cazuelitas individuales. Una vez calientes y secas se sirven en ellas la merluza en su salsa.

## MERLUZA A LA CAZUELA

**Para un kilo de merluza en rodajas.—Espárragos. Guisantes. Lechuga o escarola.—Almejas.—Pimentón.—Cebolla. Ajo. Harina. Perejil.—Pimientos de lata o asados.—Aceite. Sal. Pimienta, si se quiere.**

Las rajas de merluza se sazonan de sal, se rebozan en harina y se fríen.

En aceite caliente se dora cebolla, ajo, perejil muy picadito, y una cucharada de harina y un poquito de pimentón, después se echa un polvo de pimienta, si así se desea, y se agrega caldo o agua para que cueza, pero ha de ponerse muy poquito. Todo ello se echa colado en una cazuelita individual y encima la raja de merluza frita y se mete al horno unos minutos, luego se tiene sobre la chapa para que termine de pasarse otros cinco minutos o algo más. Sin que se enfríe se colocan a su alrededor la lechuga aliñada, las almejas de lata o al natural abiertas al horno y con un chorro de limón, luego los guisantes y pimientos cortados a cuadraditos o en tiras y en el centro, como un puro, sobre la raja se coloca un espárrago. Se mete al horno otros dos o tres minutos y se sirve.

También se le pueden poner otros mariscos.

## MERLUZA O BESUGO AL HORNO

**Para una cola de merluza de un kilo o un kilo de besugo.—Tres cucharadas de mantequilla.—Un tazón pequeño de leche, o un cuarto de litro.—Pan rallado. Limón. Sal.—Pimienta, si se quiere.**

Se limpia el pescado y se le quita la piel. Se sazona de sal y pimienta, si se quiere, se rocía con zumo de limón.

En una fuente refractaria se pone leche y encima el pescado, dejándolo así una o dos horas. Después se espolvorea de pan rallado y perejil y poniéndole mantequilla se mete al horno hasta que la leche se reduzca y esté cocido.

Se adorna la fuente con un festón de rodajas de limón.

Se puede suprimir el pan rallado y el perejil, y en vez de leche poner un poquito de agua y vino blanco, y unos trozos de cebolla cubriendo el pescado. Si se hace así no hace falta dejardo una o dos horas, se mete enseguida al horno.

## MERLUZA A LA JARDINERA

Es sencillamente merluza frita o cocida adornada con toda clase de legumbres cocidas y aderezadas o frescas y aliñadas, con espárragos, alcachofas, guisantes, etc., con una «salsa de yema», etc.

## MERLUZA EN ADOBO

**Para medio kilo de merluza.—Pan rallado. Ajo. Perejil.—Pimentón. Pimienta.—Aceite. Sal.—Caldo. Vino blanco.**

La merluza en filetes o en rajas se sazona de sal y pimienta, ésta si se quiere. Se pone en una fuente refractaria, se espolvorea de pimentón, ajo y perejil picadito, se rocía con aceite hirviendo y se deja así tres o cuatro horas.

Después de estar en el adobo, se espolvorea de pan rallado y se le echa una jícara de caldo o agua hirviendo y una cucharada de vino blanco, dejándola cocer, moviendo la fuente de vez en cuando.

Para servirlo puede agregarse a la salsa una yema, pasada por colador, cruda, bien deshecha.

## MERLUZA EN COLORES

**Una merluza, o una cola.—Puré de guisantes. Puré de tomate (espesos).—«Mayonesa».—«Puré de zanahoria» (espesos).—Jugo o extracto de carne para aderezar los purés. Aceite.**

Una merluza o cola a la que se le haya quitado la espina, que se puede hacer abriéndola o a fuerza de masajes, como se indica en «merluza rellena». Una vez sin espina se le quita parte de la carne central para meter el relleno.

Los purés estarán aderezados con extracto de jugo concentrado, y si se quiere puede agregarse un poquito de jerez o vino. Sazonados de sal y espesos. Han de combinarse los colores de modo que primero se puede poner el puré de zanahoria, después el de guisantes, luego el de tomate y después si se ha conseguido una «mayonesa» lo suficiente espesa, se pondrá a continuación del tomate. Se cose o se ata, y se mete al horno para que se cueza o se pase, después de haberle echado un chorrito de aceite. La carne que quitamos a la merluza se mezcla con los purés.

Para servirla se le echan por encima unos chorros del puré por el orden en que se ha rellenado el pescado.

## MERLUZA EN SALSA

**Merluza o pescadilla, cocida.—Salsa a gusto.—Limón.**

Se fríe o se cuece la merluza, y escurrida del agua en que coció se rocía de limón y se cubre de la salsa que se desee.

## MERLUZA COCIDA

**Merluza.—Cebolla. Ajo. Perejil.—Pimientos, si los hay.—Vino blanco o jerez. Aceite. Sal. Limón.**

Limpia la merluza o el pescado que sea, se pone en agua hirviendo, se le echan unos trozos de cebolla, perejil, ajo, un chorro de vino, pimientos naturales si los hay y una rajita pequeña de limón, un chorro de aceite, se sazona de sal y se deja cocer unos minutos, pues enseguida estará.

Si es para enfermos no debe ponérsele vino. Puede tomarse con un poco del caldo en que ha cocido o escurrido y ponerle una salsa.

## MERLUZA RELLENA

**Un kilo de merluza o pescadilla.—Jamón, carne picada o cebolla, para el relleno.—Aceite. Sal. Limón. Mantequilla. Harina.—Vino blanco.**

Puesta la merluza o pescado sobre un paño sobre la mesa se le dan unos masajes a lo largo, como quien hiciera rodar una botella, y se logrará que la espina se desprenda de la carne, porque luego se dobla la cola para partirla y por la parte superior se sacará fácilmente, esto tiene un inconveniente, y es que la carne sale después algo «mareada», que se llama, es decir, machacada. También puede sacarse la espina, como se acostumbra, abriéndola por el vientre, separando bien las carnes y sacando la espina con ayuda del cuchillo. Se sazona con un poco de sal.

En cualquiera de los dos casos, se le sacará un poco de carne para que quepa más relleno.

Se puede rellenar con jamón picadito, rehogado con cebolla y la carne que se le quitó sazonado de sal. Se puede rellenar con carne picada y rehogada, también con la carne de la merluza que se le quitó, sazonada de sal y vino blanco. Y se puede rellenar sólo con cebolla que se haya pasado bien en la sartén sin tomar color, escurrida del aceite y unida a la carne que se quitó del pescado.

Una vez rellena, si se ha abierto se cose o se ata muy bien, y si no se ha abierto se cose por la parte superior, para que no se salga el relleno. Se reboza en harina, se rocía de limón y aceite y mantequilla y se mete al horno, con muy poquito de agua en el fondo de la besuguera o fuente para que no se queme y un chorro de vino blanco. A media cocción se saca, se le da vuelta y se vuelve a meter al horno no muy fuerte, hasta que haga fru-fru la piel despidiendo la grasa. Para que no se queme puede ponérsele un papel de estraza u otro engrasado, por encima.

Se puede adornar con huevos cocidos, langostinos, gambas, espárragos, etc. También se puede rellenar de gambas peladas, jamón picadito, un poco de pimientos, ajo y perejil muy picadito y la carne que se le quitó.


## MERLUZA ROSADA

Una «merluza cocida», entera, porque se aprovecha más.—Pimientos de lata o asados.—«Salsa mayonesa».

Una vez cocida, según la fórmula anterior, se limpia de piel, espinas, etc., dejando la carne limpia, que se mezcla con dos o tres pimientos de lata para cada kilo y uno de los naturales, puede ponerse más o menos, según guste. Sobre la fuente donde ha de servirse se coloca la carne formando una cola, se baña con salsa mayonesa y se sirve. Puede adornarse con pepinillos, aceitunas, alcaparras, huevos duros, etc.


## MERO EN ADOBO

Admite la misma cocina que la merluza y el besugo.

Un mero.—Limón. Pimienta. Cebolletas. Sal.—Aceite.—Aceitunas deshuesadas.—«Manteca de anchoas».

Se prepara y se limpia. Se le hacen unos cortes y en cada uno se coloca una raja de limón, se sazona de sal y pimienta, si se quiere. Se parten unas cebolletas y se echan por encima, se deja así unas ocho o diez horas. Luego se fríe o se mete al horno, echándole por encima un chorro de aceite.

Se presenta rodeado de aceitunas deshuesadas y con manteca de anchoas.


## MERO CON JUGO DE CARNE

Mero «al horno».—Jugo o extracto de carne.

Se asa el pescado al horno como la merluza o el besugo, dicho en recetas anteriores. Al ir a servirlo, caliente, se rocía con extracto o jugo de carne.

# PAJEL

Este pescado abunda en las costas del Mediterráneo. De carne blanca, de olor agradable, color plateado, cabeza muy grande.
Se puede poner en salsa, asado, frito. Puede condimentarse como los pescados blancos (merluza, etc.).

# PERCA

Se puede freír, poner «a la marinera», «escabechada», «al horno», «a la parrilla», «cocida», con salsas, etc.
Este pescado es bueno en todas las épocas del año. Es pescado más fino que el sollo.

## PESCADO A LA MARINERA

El pescado que se quiera poner, se cuece con «salsa rubia», cebollitas, ajos, perejil, tomate y almejas.

## PESCADO AL HORNO

Cualquier pescado se hace al horno igual que la «merluza al horno».

## PESCADO COCIDO

El pescado cocido se hace igual que la «merluza cocida».

## PESCADO EN ESCABECHE

**Para un kilo de pescado.—Aceite. Vinagre de la mejor clase. Ajos. Laurel.— Cebolla y harina.**

Lavado y limpio el pescado, se sazona de sal, se reboza en harina y se fríe en mucho aceite. En el aceite en que se hizo el pescado se fríen mucho cinco o seis dientes de ajo, se dora una cebolla grande, de buena clase, partida en trozos grandes, o seis cebollitas pequeñas.
En una cazuela de barro se coloca el pescado y sobre él se echa el aceite con las cebollas, y ajos, agregando el laurel, dos hojitas y el vinagre necesario hasta cubrir el pescado. Se pone al fuego para que hierva dos minutos, se retira y se tapa, colocando debajo de la tapa un papel de estraza para que ajuste bien. Conviene agregar a los escabeches al cocer una mano de ternera o una hoja de gelatina para que tengan gelatina. También puede ponerse a hervir el vinagre con el aceite y entonces no necesita cocer en la olla.

## PESCADO ESTOFADO

El pescado estofado se hace igual que el «bonito estofado», puesto que para cualquier clase de pescado sirve esta receta.

174

## PESCADO FRITO

El pescado que se vaya a freír ha de estar partido en rajas para que éstas se pasen bien, de lo contrario sería dorarlo, pero no freírlo.

Después que el pescado se haya limpiado y lavado se sazona de sal y se reboza en harina. Si es un pescado blanco, puede después de la harina rebozarse en huevo, ya que la carne de este pescado se pasa fácilmente, no así el de otras clases que la carne es más dura y el rebozado en huevo no les conviene, porque se quemaría el huevo y no se pasaría el pescado.

Se sirve con rajitas de limón.

Todos los pescados fritos han de hacerse en bastante aceite, lo suficiente para que se fría bien y no se queme, ya que esto sucede con facilidad. El aceite ha de estar bastante caliente, pues sino el pescado se ablandará y cocerá y se empapará de aceite, lo que repugna. Al sacarlo del aceite ha de escurrirse bien. No conviene darle más que una vuelta de cada lado.

## PLATIJA

La platija se cocina igual que las rayas, lenguados, gallos, etc., y admite la misma condimentación que los pescados blancos.

## PULPO A LA GALLEGA

**Un pulpo de kilo o un kilo de pulpo.—Aceite. Laurel.—Dos patatas grandes. Pimentón. Sal.—Guindilla.**

El pulpo se lava muy bien y se frota como quien está lavando. Con un mortero de metal u otro instrumento se machaca bien para que suelte las arenas que tiene entre las ventosas, y se vuelve a meter en agua fresca y a frotar mucho hasta que se vea que está limpio del todo.

Se tiene una olla con agua hirviendo y unas hojas de laurel, se coge el pulpo por un extremo y se mete y se saca tres o cuatro veces, mientras el agua sigue hirviendo, hasta que se rice, entonces se deja ya en el agua para que siga cociendo, durante veinte minutos, si es pequeño, y más si es duro.

Las patatas se pelan, se parten en trozos grandes y se echan a cocer con el pulpo. Se remueve para que cueza por igual. Al final de la cocción se le echa un puñado de sal. El pulpo cuece mejor con las patatas que solo. Una vez cocido se parte en trocitos y se coloca en el centro de una fuente larga y se adorna con las patatas cocidas a un lado y huevos duros, partidos, al otro.

En aceite caliente se fríe una guindilla picada, si se quiere.

El pulpo, patatas y huevos se espolvorean de pimentón y se riegan con el aceite donde freímos la guindilla, colado.

Si se quiere hacer al «ajo arriero» se fríe el aceite con bastantes *ajos, pimentón,* puede ser picante, o poner también guindilla, y limón o vinagre. Se puede quitar el ajo si no gusta. Con ese aceite se riega el pulpo como el anterior.

## PULPO AMPARO

Se hace el pulpo igual que el anterior, pero sin patatas ni huevos. Después de cocido se deja en el agua en que coció dos o tres horas, procurando que el agua se conserve muy caliente, pero sin hervir y sin sal, que se agrega al final. Se sazona al «ajo arriero», partidito en trozos.

# RAPE

El rape es un pescado blanco, cuya carne se parece a la de la langosta, por eso muchas veces en vez de langosta se sirve rape, y apenas se distingue.

## RAPE EN CENTOLLO

**Medio kilo de rape.—Una concha o caparazón de centollo.—Coñac. Leche.— Queso rallado. Mantequilla.—Cebolla. Ajo. Perejil. Sal.—Harina. Aceite. Tomate.**

Se cuece el rape en agua sazonada de sal, con unos trozos de cebolla, ajo y una ramita de perejil. Una vez cocido se le quita la piel y espinas.
En aceite caliente se rehoga una cucharada de cebolla finamente picada, y machacada en el mortero, a ésta se le agrega un cucharada de harina, después de rehogada ésta, se añaden dos tomates partidos, sin piel ni semillas, una copita de coñac y medio pocillo de leche.
Se rehoga el rape partido y se le agrega la salsa que hemos preparado.
En una concha o caparazón de centollo, limpio, o a falta de éste en cazuelitas individuales, se echa el rape con la salsa. Se espolvorea de queso rallado y se le ponen unos trocitos de mantequilla. Se mete al horno diez o quince minutos y se sirve.

## RAYA

Para la cocina existe la raya lisa y la arrugada, que es más pequeña y más sabrosa que la lisa. Tiene un sabor fuerte.
Recién pescada es dura y ablanda a medida que pasan los días. La raya admite la misma condimentación que casi todos los pescados blancos.
El hígado cocido de la raya se machaca en el mortero y se mezcla con una «salsa de avellanas», y se sirve con la raya cocida o frita.
Alguna clase de rayas, como el pez torpedo, producen electricidad.
La raya gigante, con su larga cola, da terribles latigazos que producen heridas mortales al hombre.
Las rayas alcanzan gran tamaño. La raya gigante del Mar de las Antillas y Golfo de Méjico llega a dos metros y 25 centímetros de ancho y unos cinco de la cabeza a la cola.

## RODABALLO O TRUCHA ROSADA

**Un rodaballo o una trucha.—Leche. Harina. Puré de tomate. Mantequilla.**

Una vez cocido el pescado, como en la receta que se da para la merluza, se coloca sobre la fuente donde vaya a servirse, se riega con mantequilla hirviendo.
Se prepara una salsa con dos jícaras de leche fría en la que se deshace una cucharada de harina. Se pone a hervir hasta que se reduzca hirviendo unos diez minutos, después se le agregan dos cucharadas de puré de tomate, se sazona de sal y se deja cocer otro momentito, cubriendo con ella el pescado.
El rodaballo admite la misma condimentación que el besugo.

## SALMON A LA MARINERA

**Salmón.—Aceite. Sal.—Perejil. Limón.**

El salmón hecho rodajas se adoba con sal, perejil, ajo picadito, aceite y un chorro de limón. Se deja así una media hora. Se pone en una cacerola con aceite refinado o frito, que no esté muy caliente, echándole de vez en cuando, mientras se cuece, la salsa por encima.

Se adorna con albondiguillas pequeñitas, con «manteca de cangrejos», etc.

## SALMONETE O BESUGO CON TOMATE

Se dice que los salmonetes mejores son los del Mediterráneo. Se cocinan como la sardina.

Recién llegados del mar se asan a la parrilla y están riquísimos.

**Salmonetes o besugos.—«Salsa de tomate».—Vino blanco.—Mantequilla.**

Limpios y lavados, se asan al horno untados de mantequilla, después de unos minutos se riegan con vino blanco y se vuelven a meter al horno, hasta que terminen de pasarse.

Se sirven con «salsa de tomate».

## SALMONETES MARIA

**Salmonetes.—Pan de molde si es posible.—«Manteca de anchoas».—Patatas fritas en forma de «pajas».—Mantequilla.**

Se asan como el «besugo a la parrilla».

Se parte rebanadas de pan del tamaño del pescado, se fríen rápidamente si no son de molde en aceite muy caliente, se untan de «manteca de anchoas», cuya fórmula encontrará usted en la sección «entremeses»; se coloca el pescado encima; se unta la mantequilla y se meten un instante a horno fuerte.

Se adornan con patatas fritas en forma de pajas.

## SARDINAS A LA VIGUESA

**Sardinas.—Aceite.—Sal.**

De la sardina y del arenque existen diez formas locales, bien definidas, cada una tiene una alimentación propia y lleva una forma de vida particular, desarrollando incluso, en su propia región, «razas estacionales» típicas. Abundan en todos los mares, sobre todo en el Atlántico.

Sardinas grandes, lavadas, sin escamar. Se sazonan de sal. No se les saca la tripa. Se fríen en abundante aceite caliente, y se pasan por un lado y por otro sobre la chapa muy fuerte, después de fritas. Se sirven inmediatamente.

# SARDINAS CON TOMATE

**Para medio kilo de sardinas.—Medio kilo de tomates.—Cebolla. Ajo. Perejil. Vino blanco o jerez seco.—Aceite. Sal.—Harina. Pan rallado.**

En aceite caliente se hace una salsa con cebolla, ajo, perejil picadito y el tomate; después se añade una curachada de harina se rehoga y se agrega una copa de jerez seco o vino blanco. Se sazona de sal.

Las sardinas se limpian, se les saca las tripas, se escaman, etc.

En una fuente refractaria o en una cazuela se van colocando una capa de la salsa que tenemos preparada, encima otra de sardinas, otra de salsa, así hasta terminar con una de salsa. Se espolvorea de pan rallado y se mete al horno hasta que se pasen las sardinas. Pínchese con la aguja de media, si sale limpia es que ya están cocidas.

Se sirven a temperatura moderada.


# SARDINAS REBOZADAS

**Sardinas.—Harina. Huevo.—Aceite. Sal.**

Se lavan las sardinas, quitándoles las tripas y la espina central, con cuidado. Por la misma abertura por donde se sacan las tripas se prolonga y empezando desde la parte superior se aprieta con los dedos la espina y se va empujando hasta la cola, se deja la última aleta de la cola para cogerla. Una vez abierta se sazona de sal, se reboza en harina, después en huevo y se fríe en aceite, no demasiado poco, pues se quema el aceite y, por lo tanto, se gasta y se quema el pescado. Bien escurridas se colocan en la fuente donde vayan a servirse. Pueden acompañarse de una ensalada de tomate, lechuga, etc.


# SARDINAS RELLENAS

**Sardinas.—«Salsa bechamel».—Carne picada o jamón.—Aceite. Sal.**

Se lavan bien las sardinas y se les quita la espina como en la receta anterior. Sazonadas de sal se coloca sobre cada sardina una cucharadita de bechamel y otra de picadillo, previamente rehogado en la sartén, se cubre con otra sardina, se atan con un hilo, si no unen bien, se rebozan en harina y huevo y se fríen. Si se les ha puesto el hilo se les quita con cuidado al terminar de freírlas. Se sirven calientes.


# SOLLO

Pescado de agua dulce. De carne sabrosa y de fácil digestión. Pertenece a la familia de los esturiones. Pez temible y voraz, tiene formidables colmillos. Come peces de todas clases: ranas, crustáceos, aves acuáticas, etc. Los sollos del Danubio son los tiburones de agua dulce, algunos se han encontrado hasta de dos metros y de 35 kilos de peso. Es peligroso para el hombre.

Pertenece a las especies más antiguas.

## SOLLO ASADO

**Sollo. — Tocino, de jamón. — Mantequilla. Vino blanco o seco. Limón. — «Manteca de anchoas», «salsa rubia» o ajos.**

Se escama y se limpia de agallas, etc. Se lava y se espolvorea de sal poniéndolo después a remojar un rato en agua fresca.

Se seca después con un paño y se mecha con tocino o con anguila, se rocía con mantequilla derretida, vino blanco y limón. Se envuelve en un papel blanco, engrasado, y se mete al horno.

Al jugo que queda después de asarse, puede agregarse «manteca de anchoas» y un ajo machacado en el mortero o «salsa rubia». Se sirve caliente.

También puede cocerse como cualquier pescado y servirse con una «salsa».

## TENCA

Pescado de río. Admite los mismos guisos que la perca y la carpa.

## TRUCHAS

La trucha es pez de agua dulce y el que con más velocidad nada en el río. Recorre nueve metros por segundo.

De carne exquisita. Pertenece a los pescados blancos y se cocina como estos.

## TRUCHAS A LA MONTAÑESA

**Truchas.—Cebolla. Pimienta. Laurel.—Harina. Vino blanco. Aceite.**

Se limpian las truchas y se sazonan de sal dos o tres horas antes de condimentarlas.

Se ponen las truchas a cocer en una cazuela, mejor de barro, rociándolas con un vasito de vino blanco, añadiendo un pocillo de agua, unos trozos de cebolla, dos granos de pimienta o un poco de polvo y una hoja de laurel. Una vez cocidas se dejan enfriar. La salsa se cuela.

En aceite se dora una cucharada de harina, añadiendo después la salsa colada y dejándola hervir dos o tres minutos. Se echa sobre las truchas y se sirve.

## TRUCHAS AL MINUTO

**Truchas fresquísimas.—Limón. Perejil.—Sal.**

Recién pescadas se limpian sin mojarlas, teniendo cuidado de no dañar la carne. Se sazonan de sal sólo por la abertura donde se sacaron las tripas. Se ponen en una sartén con un poco de agua y bastante zumo de limón. Se calienta zumo de limón y se le echa por encima cuando esté hirviendo, lo que les dará un color azulado. Enseguida se pasarán. Sacarlas con mucho cuidado. Se sirven sobre una fuente o un plato con una servilleta. Se adornan con ramitas de perejil y se rocían de mantequilla hirviendo.

## TRUCHA ORIENTAL

**Para un kilo de truchas o una trucha de tres cuartos de kilo.—Una latita de trufas.—Una cucharada de jugo de carne.—Aceite. Sal. Cebolla.—Perejil. Zanahoria. Limón.—Tomate. Pimienta. Canela.—Una hoja de gelatina.—Vino blanco.**

Se limpia el pescado, se sazona de sal y se coloca en la besuguera o fuente refractaria.

Un pocillo de agua y otro de vino blanco se mezclan. En aceite se rehoga media cebolla partidita, una zanahoria y un tomate sin piel ni semillas, también partidos, después se agrega una cucharada de jugo de carne, una ramita de perejil y una rajita de limón, las trufas picaditas, un polvo de pimienta y canela, se sazona de sal, se le agrega el vino y el agua y todo mezclado en la besuguera o fuente se deja cocer diez minutos. Una vez cocida se deja enfriar sin sacarla de la salsa. Una vez fría se escurre bien y se coloca en la fuente donde vaya a servirse. En la salsa donde ha cocido la trucha se deshace una hoja de gelatina o cola de pescado, y con ello se pinta la trucha, para que brille. Se adorna con espárragos, cogollos de lechuga, huevo cocido, trufas, etc.

## TRUCHA RELLENA

La trucha rellena se hace lo mismo que la «merluza rellena».
Se puede rellenar con pescado de otra clase, siempre que no sea rojo, con mariscos, jamón, carne, etc.

## TRUCHA TRUFADA

**Truchas.—Vino blanco.—Una latita de trufas.**

Una vez limpias se les quita la piel y se mechan con trufas, se rocían con vino blanco o seco y se ponen a cocer en un poco de agua mezclada con caldo de las trufas. Se adorna con albondiguillas, mariscos, etc.

# CARNES

# Carnes - Sus categorías

1, pernil; 2, 3, lomo; 4, cuello o pestorejo; 5, brazuelo o paletilla; 6, vientre:
7, cabeza; 8, patas.

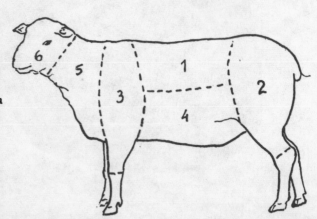

*De primera categoría:*

1, solomillo; 2, pierna
o muslo.

*De segunda categoría:*

3, espalda.

*De tercera categoría:*

4, pecho y falda; 5, cuello; 6, cabeza.

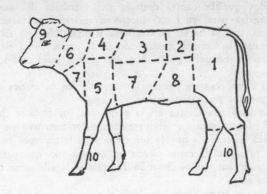

*De primera categoría:*
1, pierna; 2, lomo bajo o silla.

*De segunda categoría:*
3, lomo alto; 4, aguja; 5, espalda.

*De tercera categoría:*
6, cuello o pescuezo; 7, pecho; 8, falda. Despojos: 9, cabeza; 10, patas.

*De primera categoría:*
1, solomillo; 2, lomo alto; 3, lomo bajo; 4, cadera; 5, tapa; 6, contratapa; 7, babilla.

*De segunda categoría:*
8, aguja; 9, espalda; 10, brazo; 11, morcillo anterior o brazuelo; 12, morcillo posterior o jarrete.

*De tercera categoría:*
13, cuello; 14, pecho; 15, costillar; 16, falda.

Sabido es de todos que la carne, después del sacrificio del animal, adquiere mayor dureza o rigidez para, en horas sucesivas, ablandar nuevamente y adquirir ciertas características, que la hacen más sabrosa y digestible; en este posterior reblandecimiento consiste la llamada maduración de la carne. Claro está que este período de la maduración no debe pasar de cierto límite, pues entonces se originan productos tóxicos.

Las proteínas de la carne contienen todos los aminoácidos necesarios para que nuestro organismo forme sus propias proteínas.

Las sales minerales más abundantes en la carne son los fosfatos de potasio, calcio y magnesio, el cloruro sódico y el hierro. El valor nutritivo de la carne varía según el tratamiento culinario a que la sometemos. Si la cocemos metiéndola en el agua fría desde el principio, la carne pierde un 40 por 100, que pasa al agua para formar el caldo, en el cual vemos flotando la grasa y la albúmina que se coagula formando como una nata.

En cambio, si se cuece la carne echándola desde el principio en agua hirviendo, las albúminas más superficiales en la carne se coagulan repentinamente e impiden la salida de las demás sustancias, resultando así un caldo insípido y una carne jugosa y sabrosa.

La fritura produce un efecto análogo a esta cocción rápida, pues las grasas, al freír, pierden un 180 por 100. Pero al objeto de que la carne pierda aún menos jugos, deben rebozarse en harina.

Es de interés práctico (destrucción de vitaminas, parásitos o microorganismos) saber que las carnes que presenten después de la cocción un color sanguinolento, no se han calentado más de 56° (56 grados); sólo a partir de los 70° toma la carne el característico color pardo.

Y, por último, haremos una recomendación muy importante en relación con el consumo de carne de cerdo: los embutidos frescos y jamones que no han sido sometidos a la inspección veterinaria pueden ser portadores de la triquina, gusano microscópico que muchas veces ha sido mortal para el hombre que ha comido estas carnes crudas.

Despojos.—Se da el nombre de despojos rojos a la sangre, la cabeza, la lengua, corazón, pulmones, hígado, bazo y riñones; y se llaman blancos, el cerebro, timo (o mollejas), páncreas, testículos, panza o callos, morros, patas, tripas y mamas. Casi todos los despojos rojos (excepto los pulmones) tienen mayor valor nutritivo que la carne muscular.

Las carnes en los mamíferos pueden ser rojas y blancas.

Son carnes *rojas* la del buey, vaca, carnero, cerdo, jabalí, venado, conejos, liebre, caballo, etc.

Son carnes *blancas* la de ternera, lechazo, es decir, cordero que no ha comido aún hierba, cabrito, etc.

Pertenecen a las carnes *rojas* en las aves: la de oca, pato, ánade, pichón, perdiz, faisán, etc.

Son carnes *blancas* la de gallina, pollo, pavo, pintada, etc.

Las carnes rojas, en general, son más nutritivas, pero más indigestas. Son muy adecuadas para los que se dedican a trabajos intensos, pues es un excelente alimento energético-reparador.

La caza es indigesta: por la carrera y muerte que lleva, su carne se pone dura.

*Clases de carnes.*—La carne roja y de grasa amarillenta es de buey. Nunca la carne debe estar negruzca.

Carne roja y blanca la grasa, en la novilla y carnero. Rosada y blanca la grasa, en la ternera, cordero, cabrito y cerdo.

Rosada la carne y amarillenta la grasa, en las aves de carne blanca. Carne roja y grasa amarillenta, en la oca, palomo, pato, etc.

Las aves han de tener la cresta roja y tiesa, no morada, blancuzca y caída.

Las aves, sea cualquiera la clase de ave, estarán más tiernas si se cocinan dos o tres días después de muertas, y más sabrosas, si no se pelan con agua caliente. La aves que no se laven se conservan mejor.

La carne de morcillo es muy jugosa, pero sólo sirve para el cocido o guisado.

La mejor carne para el cocido es la de brazuelo o morcillo, la de aguja y la de pescuezo.

La carne puede adornarse con toda clase de legumbres frescas, en conserva o cocidas. Mantequilla, nata, mayonesa, alcaparras, etc.

## ALBONDIGUILLAS

**Para medio kilo de carne.—Dos huevos.—Cebolla. Perejil. Sal.—Aceite. Pan rallado.—Punta de jamón.—Tomates.—Vino blanco.**

Medio kilo de carne picada, a la que se añade el jamón con tocino o punta de jamón, un poquito de cebolla, unas ramas de perejil, todo ello muy picado. Se le agregan los dos huevos batidos y un poquito de pan rallado, el suficiente para que espese sin estar demasiado seco. Se hacen bolas pequeñas y se fríen. Se van colocando en una cacerola o en la «olla».

En el aceite de freír las albondiguillas, si es mucho se quita parte, se rehoga un poquito de cebolla, muy picadita y dos tomates sin piel ni semillas, partidos; después se les agrega un buen chorro de vino blanco y se agrega a las albondiguillas para que cuezan, añadiendo un poco de agua si lo necesitan. Se sirven calientes en su misma salsa.

## BISTEF O FILETES ENCEBOLLADOS

El bistef se diferencia del filete en que el bistef es grueso y el filete fino.

**Bistef o filetes.—Cebolla. Ajo. Perejil.—Aceite. Sal. Vino blanco.**

Se pica mucha cebolla con un poquito de ajo y unas hojas de perejil, se sazona de sal. Los filetes se sazonan también de sal.

En una cacerola o en la «olla» se extiende una capa de cebolla, encima se pone otra de los filetes o bistef y luego otra de cebolla, así hasta terminar con una de cebolla. Sobre la última capa se echa un buen chorro de vino blanco y otro de aceite más pequeño. Se tapa muy bien y se deja cocer a fuego suave.

## BUDING DE HIGADO

**Para medio kilo de hígado.—50 gramos de tocino de jamón.—Cebolla. Ajo. Perejil.—Limón. Nuez moscada.—Canela. Medio pocillo pequeño de pan rallado.—Pimienta.—Cuatro cucharadas de leche.—Dos huevos.**

Se pica el hígado y se le quita piel, nervios, etc., muy picado a mano o a máquina. En aceite caliente se rehoga, sin que tome color, media cebolla grandecita; una vez rehogada se saca y se agrega una pizca de ajo y perejil machacado, el hígado, el tocino picadito, un chorro de zumo de limón, un poquito de canela, pimienta y nuez moscada, muy poquito. Se echa todo ello en los dos huevos batidos, se le añade el pan rallado y la leche, se mezcla todo muy bien y se echa en un molde untado de aceite y espolvoreado de pan rallado. Se pone al baño maría durante veinte o veinticinco minutos; después se mete al horno para que termine de hacerse. Cuando esté cocido saldrá la aguja de media con que le pinchamos completamente limpia. En este buding también puede ponerse un poco de jamón, que le hará más sabroso. En la «olla» se cubre con un papel como el flan; estará en ella unos diez minutos.


## CARNE A LA JARDINERA O A LA PRIMAVERA

**Para medio kilo de «carne asada».—150 gramos de coles de Bruselas.—150 gramos de espinacas. Espárragos.—Una coliflor pequeñita o media regular.—Tres alcachofas. Cogollos de lechuga.—Mantequilla. Patatas. Sal.—Aceite.**

Se pone la carne «asada» como indicamos en la receta correspondiente. Se cuecen las verduras en agua hirviendo con sal. Las coles de Bruselas deben cocerse aparte porque necesitan más sal qué las demás, pues son muy sosas. La lechuga no se cocerá. Las patatas se cortarán en forma de avellana, con un aparato especial que se vende en las ferreterías y se freirán. Si no se tiene aparatito se pueden cortar en cuadritos.
Los espárragos, si no son de lata, se cuecen con las verduras.
Una vez cocidas las legumbres se escurren del agua; han de estar cocidas, pero no deshechas, y una vez bien escurridas se ponen en una cacerola con el jugo de la «carne asada» y dos cucharadas de mantequilla y se rehogan durante unos minutos. Cuidado con la coliflor, que se deshace con facilidad.
La carne se parte en trozos o lonchas, se coloca en una fuente rodeada de las verduras, que se pondrán combinando los colores y con las patatas fritas y el jugo de rehogar las verduras.


## CARNE ASADA

**Carne del redondo o de otro sitio de la pierna.—Cebolla. Ajo. Perejil.—Aceite. Vino blanco.—Mantequilla o tocino.**

Vamos a dar aquí dos fórmulas de carne que puede asarse al horno o en una cacerola u «olla».
Siempre se sazona la carne con ajo, perejil y sal, machacada en el mortero; si es el día anterior, mucho mejor. Se ata y se aprieta bien con un cordelito limpio y fuerte. Si se va a poner al horno se untará bien de *mantequilla,* o se le ponen unas lonchas de tocino por encima, se riega con un chorro de vino blanco, se ponen por la fuente unos trozos de cebolla y se mete al horno. Si sólo se unta de mantequilla o se riega con aceite debe ponérsele un papel engrasado por encima para que se pase y no se queme. A media cocción se le dará la vuelta.
Si se pone en la cacerola se rehogará en la sartén la carne; después, unos trozos de cebolla y se pondrá en la cacerola u «olla», se le echará la cebolla que hemos frito, un chorro de vino blanco y se tapará lo mejor posible, poniendo un papel de estraza sobre la cacerola y debajo de la tapa y se dejará cocer, moviéndolo.
La carne asada es de fácil digestión. La carne asada mengua mucho. Se puede adornar con legumbres frescas o cocidas, patatas, guisantes, croquetas, etc.

## CARNE CON CHAMPIÑON

**Para medio kilo de carne en un trozo.—Una docena de champiñones.—Un trocito de tocino. Manteca de cerdo. Cebolla. Perejil.—Pimienta. Nuez moscada. Clavo.—Sal. Harina. Vino blanco.**

Se corta un trocito de tocino en cuadritos, que se colocan en una cacerola, junto con tres cucharadas de cebolla picadita y una ramita de perejil, también picadita. Un poquito de las especias, dos cucharadas de manteca y se espolvorea todo con una cucharada de harina. Se pone al fuego para que se haga y a los diez minutos se añade una copita de vino blanco y el caldo o agua necesaria para su cocción, poniendo a cocer con todo ello la carne.

En caldo o agua sola se cuecen las setas, partidas.

Una vez cocida la carne se saca de la salsa y se corta en lonchas.

La salsa se cuela y se mezcla con las setas cocidas y escurridas, se echa todo ello sobre la carne y se mete al horno diez minutos. Se sirve inmediatamente.

## CARNE ENROLLADA

**Para medio kilo de carne, en un filete grande o de falda.—Un cuarto kilo de magro o de salchichas.—Tocino. Pimientos encarnados. — Cebolla. Ajo. Perejil. Sal. Aceite.—Un huevo.—Pan rallado.**

Se adoba la carne con sal, ajo y perejil machacado.

A la carne se le da unos golpes, se extiende. Los pimientos, si no son de lata, se asan y se cortan en tiras, así como el jamón magro y el tocino. Sobre la carne extendida se van colocando las tiras alternando unas y otras. Se bate el huevo y se mezcla con una cucharada de pan rallado; después se extiende sobre las tiras y la carne, se enrolla y se ata apretadita. En aceite caliente se dora este rollo de carne y se deja cocer, como la «carne asada».

El huevo puede ponerse cocido y partido entre lo demás.

Se sirve con la salsa caliente, pasada por el colador o en salsera. El rollo de carne puede presentarse entero o cortado en lonchas, para lo cual hay que dejarlo enfriar un poco. Por supuesto, nunca se servirá a la mesa con el cordelito de atarlo.

## CARNE ESTOFADA

**Para medio kilo de carne.—Aceite. Limón. Cebolla.—Ajo. Perejil. Sal.—Pimentón. Harina. Laurel.**

Se sala la carne y se pone en una cacerola; por encima se le echa un chorro de aceite crudo y de limón, unos trozos de cebolla, ajo y perejil picadito (otras hierbas si se desean), se espolvorea de pimentón y se le echa un pocillo de caldo o agua para que cuezan suavemente.

Una vez cocida la carne se saca y la salsa se puede espesar con dos o tres galletas o con una cucharada de harina. Si se ponen galletas se deja hervir dos minutos. Si se pone harina se deja hervir diez minutos. Se sirve tal como está.

Hay quien prefiere la salsa colada.

## CARNE EN FIAMBRE

Se hace lo mismo que el «buding de hígado» que hemos dicho en recetas anteriores, pero la carne, en vez de ponerla en un molde al baño maría, se mete en una bolsita de tela o se envuelve en tela blanca, se aprieta bien y se cose. Se pone a cocer en caldo hirviendo con cebolla, laurel, perejil, ajo, zanahoria, etc. Una vez cocido, sin quitarle la tela, se prensa entre dos tablas con mucho peso encima o en máquina de prensar, se deja en la prensa hasta que esté completamente fría. Se saca de la prensa, se le quita la tela y se trincha en rodajas. Se sirve con patatas fritas, en mantequilla o de otra forma.


## CARNE FRANCISCANA

Esta carne se hace lo mismo que la «carne estofada», pero en vez de aceite se le pone también manteca de cerdo o tocino, se rehoga la carne y se pone a cocer con los demás ingredientes, pero lleva además pimientos y mucho tomate, además de un poco de vino seco. Cocerá muy tapada y sin más caldo que el que den los condimentos. También lleva especias si se quieren poner.


## CARNE MECHADA

**Carne de ternera y magro de cerdo.—Dos partes de ternera.—Vino blanco.— Sal. Aceite. Mantequilla.—Cebolla. Laurel Ajo.—Especias si se quiere.—Tomates.**

Se mecha la carne con tiras de tocino y de jamón, ayudados con la aguja de mechar o con un cuchillo de punta. Se rehoga en aceite y mantequilla o solo con aceite. En la grasa en que se rehogó se dora cebolla picada, ajo, una hojita de laurel y tomates sin piel ni semillas. Se añaden especias si se quiere, se echa todo sobre la carne, se agrega un chorro bueno de vino blanco y el agua necesaria para cocer. Una vez cocida se saca del caldo donde coció y se corta en lonchas.
Se sirve con la salsa pasada por el colador. Se adorna con buñuelos de patata.


## CARNE TRUFADA NATI

**Carne de ternera y magro de cerdo. Dos partes de ternera por una de magro. Una latita de trufas.—Sal. Pimienta blanca.—Velo de manteca de cerdo.— Huevos.**

La carne de ternera y el magro se pican muchísimo, se mezclan con trufas y se sazona con sal y pimienta blanca. Se mezcla todo ello con huevo batido y si se quiere se pone también huevo cocido partido en trozos para darle mejor vista. Una vez bien mezclado se envuelve en un velo de manteca de cerdo bien apretado y se mete al horno para que se pase. Una vez cocido se saca, se parte en rajas y se adorna con cualquier guarnición de las indicadas para carnes.

## CABRITO ASADO

**Para un kilo de cabrito.—Cebolla. Ajo. Perejil.—Aceite. Pimienta en grano. Tomillo, hierbabuena. Laurel.—Vino blanco. Sal.**

Se adoba el cabrito con sal, ajo, perejil y pimienta machacados. Se coloca en una fuente refractaria, se riega con vino blanco y aceite, se le ponen alrededor unas hojas de tomillo, hierbabuena y laurel. Se cubre con rodajas de cebolla y se mete al horno para asar. Póngase encima un papel engrasado para que no se queme. Para servirlo se pasa la salsa por el colador.

## CANUTOS DE CARNE

**Para medio kilo de filetes.—Un poco de jamón. Restos de ave, etc.—Cebollas. Ajo. Perejil.—Aceite o mantequilla.—Sal. Harina.**

Se recortan los filetes para igualarlos y se rellenan con jamón picadito, los restos de ave y los recortes de los filetes, todo ello sazonado de sal. Además se agrega un poco de cebolla, ajo y perejil picadito. Se enrollan y se atan con un hilo.
Se doran y se ponen a cocer en una salsa hecha con un poco de cebolla, harina y mantequilla o aceite, todo ello previamente dorado.
Una vez cocidos se les quitan los hilos y se sirven con la salsa pasada por el colador.
También se pueden rellenar con bechamel y jamón.

## CARNERO A LA PERIGORD

**Una pierna de carnero.—Una latita de trufas.—Tocino. Sal. Especias.—Cebolletas. Perejil. Ajo.**

Un trocito pequeño de tocino y las trufas se parten en cuadritos.
Se pica cebolla, ajo, perejil, se mezcla con el tocino y las trufas, se sazona de sal; con todo ello se cubre bien la pierna de carnero y se coloca sobre un papel de barba u otro fuerte, envolviéndola bien con todos los condimentos, teniendo cuidado que no le entre el aire. Se la tiene así dos días. Después se mete al horno sin el papel o se pone en una cacerola o en la «olla». Cuando esté en su punto se le quita la salsa, se coloca la pierna en una fuente y se le echa por encima la salsa pasada por el colador.

## CORDERO A LA INGLESA

**Una pierna de cordero.—Cebollitas. Zanahorias.—Ajo. Perejil. Laurel.—Sal. Patatas. Cebolla.**

Se limpia la pierna de gordo y tendones, quedando descubierta una parte del hueso que le servirá de mango. Se ata bien para que no se deforme y se pone a cocer en agua hirviendo, no demasiada, en unión de los restos de la carne que se le quitaron y los demás ingredientes partidos.
Una vez cocida se le quitan las ligaduras y se pone sobre una fuente. Las verduras y demás que coció con ella se hace puré y se cubre con ello la pierna. Se sirve caliente. Métase en el horno un momento antes de servirla si se ha enfriado.

## CORDERO ASADO

El cordero asado se pone lo mismo que el «cabrito asado» o que la «carne asada».

## CORDERO ASADO A LA INGLESA

**Una pierna de cordero.—Sal.—«Mayonesa».**

Se prepara la pierna como en «cordero a la inglesa», de fórmula anterior. Se cubre con una capa de sal gorda húmeda y se coloca sobre una rejilla, debajo de la cual habrá una fuente con agua. La carne no debe tocar el agua. Se mete con la fuente de agua y la rejilla a horno fuerte, hasta que esté cocida. Después se le quita la sal. Se sirve con una «salsa mayonesa». Ver «salsas y guarniciones».

## CRIADILLAS

**Criadillas de animal.—Sal. Limón. Pan rallado. Aceite.**

Se lavan y se les quita con todo cuidado la telita que las envuelve. Se cortan en trozos, se adoban con sal y limón, se rebozan con pan rallado y se fríen. Se sirven calientes.

## CHANFAINA

**Livianos de ternera o de cordero (pulmones, hígado, corazón, etc.).—Cebolla. Ajo. Perejil.—Pimentón. Especias, si se quiere.—Aceite. Patatas.**

Se parten los livianos en trozos pequeños y se rehogan en la sartén. El corazón y los pulmones deben rehogarse solos y ponerse a cocer aparte, pues son más duros que el resto y deben cocer antes unas dos horas.
Los livianos rehogados se pasan escurridos a una cacerola.
En el aceite de freírlos se rehoga cebolla, ajo y perejil picado; luego se agregan unas patatas peladas y partidas en trozos regulares. Cuando todo está rehogado se echa sobre los livianos, así como una hojita de laurel o alguna otra hierba, como hierbabuena, tomillo, etc., y el agua hirviendo necesaria para que cueza. Se agregan el corazón y los pulmones, que ya habrán cocido solos, para que tomen la sazón y terminen de cocerse.
Se sirve en fuente honda y caldoso, sin exceso.

## CHULETAS ASADAS A LA PARRILLA

**Una chuleta para cada uno.—Sal. Pimienta, si se quiere.**

Se colocan las chuletas en una parrilla. dándoles la vuelta. Cuando estén a punto echarles un poquito de sal y pimienta. Se sirven inmediatamente.

## CHULETAS CON BATIN

**Chuletas de cordero, dos o tres por persona.—Sal. Ajo. Harina. Aceite.—Levadura Royal.—Leche. Jerez o vino blanco.**

Se descarna el hueso de la chuleta. quedando toda la carne en la parte inferior. Se fríen un poquito en aceite no demasiado caliente y después se rocían de jerez. En un pocillo de leche caliente donde se disuelve la levadura, media cucharadita. pues es en polvo; un poquito de sal y la harina necesaria para hacer una crema muy espesa. En esta crema se reboza la carne de la chuleta, dejando el palo o hueso; ha de estar el aceite muy caliente y ha de ser muy abundante para que se bañe bien la chuleta.
Se colocan en una fuente y se sirven. Pueden acompañarse de patatas fritas, etc.


## CHULETAS DE CORDERO VILLARROA

**Chuletas de cordero, dos o tres por persona.—Aceite. Sal.—«Salsa bechamel». hecha con mantequilla (que quede espesita).—Harina. Huevo. Pan rallado.**

Se limpia el hueso, se le quitan los trozos feos que tenga, se limpia la carne quitándole el sebo o algún nervio que tenga, etc. Se machacan un poco con el mortero, se salan y se fríen. Se secan con un paño. Después se rehogan en la bechamel y se van colocando sobre un plato engrasado con aceite para que no se peguen y se dejan enfriar.
En la bechamel que sobró se puede picar jamón y hacer unas croquetitas para adornar después las chuletas.
Una vez frías las chuletas se rebozan en harina, huevo y pan rallado. Se fríen en abundante aceite caliente. Se pueden adornar con las croquetas que hemos dicho antes. Se sirven calientes.


## CHULETAS MARIPOSA

**Chuletas de cordero o de ternera, muy tiernas.—Ajo. Sal. Perejil.—Tocino. Cebolla. Zanahoria.—Papel blanco fuerte.**

Se deshuesan y se limpian las chuletas. Se adoban con sal y ajo. Se deshace un poco de tocino y se rehogan en él las chuletas. En el mismo tocino deshecho se fríe un poquito de cebolla y zanahoria muy picadita.
Se cortan unos trozos de papel en forma de corazón doble, se untan de grasa y se colocan poniendo sobre ellos una capa de la cebolla y zanahoria; encima se pone la chuleta y luego se pone otra capa de la cebolla. Se dobla el papel por la mitad y se pone sobre la parrilla o al horno fuerte, teniendo cuidado de que no se queme el papel. Se les da la vuelta y cuando estén en su punto se retiran.
Se sirven sin quitarles el papel.

## CHULETAS PAPILLOTE

**Chuletas de ternera (si no hay, se pueden hacer con filetes).—Papel vegetal, o blanco fuerte.—Mantequilla. Aceite. — Harina. Cebolla. Limón. — Jamón. Champiñones.**

Las chuletas se espolvorean de sal.

Se cortan rectángulos de papel, grandecitos, para envolver después las chuletas. Se untan de mantequilla los papeles.

Las chuletas se rebozan en harina y se fríen, colocándolas sobre los papeles. Se pica cebolla muy fina y se fríe en la grasa de freír las chuletas, se sazona de sal y se le echa un chorro de limón y unos trocitos de jamón y los champiñones, todo picadito; se espolvorea con un poco de harina. Todo esto rehogado se coloca un poco sobre cada chuleta. Se envuelven en los papeles y se meten a horno fuerte unos momentos antes de servirlas, para llevarlas a la mesa muy calientes.

Pueden adornarse con salchichas.


## ESCALOPES

Escalopes son los filetes que se quitan a las chuletas.

Se rebozan en harina, huevo y pan rallado y se fríen. Se acompañan con «salsa de avellanas».

## FILETES CON FOIE-GRAS

**Filetes, medio kilo. — Patatas. Mantequilla. Foie-gras. — Vino blanco. Sal. Caldo.**

Una patata grande se lava y sin pelar se pone a cocer en agua hirviendo y sal. Una vez cocida, antes de que se enfríe se pasa por el pasapurés y se mezcla con mantequilla, una o dos cucharadas, y con tres cucharadas de foie-gras, con lo que se hace una pasta suave.

Los filetes se sazonan con sal, se untan con la pasta que hemos preparado y se van uniendo de dos en dos. Se colocan muy juntos, para que no se salga la pasta, en una fuente refractaria. Se rocían con vino blanco y con un pocillo de caldo o agua hirviendo y se meten al horno hasta que estén en su punto. Se adornan a gusto. Véase «guarniciones para carnes».


## FILETES CUBIERTOS

**Para medio kilo de filetes.—Mantequilla. Aceite. Perejil.—Queso rallado. Chocolate.—Limón. Un huevo.—Sal. Ajo.**

Se derriten dos cucharadas de mantequilla y se pican una ramita de perejil, la cuarta parte de una onza de chocolate o media cucharilla si es en polvo, se echa la yema de un huevo cocido, una cucharada de queso rallado y un chorrito de limón; se rehoga. Se mezcla muy bien.

Se limpian los filetes de nervios, se adoban con sal y ajo machacados y se fríen en aceite. Se colocan en una fuente, se cubren con la mezcla que hemos preparado y se sirven.

## FILETES EMPANADOS

Se hacen como los «escalopes», se adoban con sal y ajo, se rebozan en harina, huevo y pan rallado y se fríen, eso es todo.

El aceite donde se fríen ha de ser abundante y no demasiado caliente para que se pasen y no se quemen.

Hay quien fríe el filete antes un poco, pero pierde todo su jugo, que conserva haciendo como nosotros decimos.


## FILETES RUSOS

**Carne picada.—Aceite. Sal. Ajo.—Leche. Harina.—Huevo.**

La carne picada se sazona con sal y ajo machacados. Después se mezclan un poco de leche y harina, que se mezclará con la carne para que forme liga, es decir, para que una. Hay quien echa solo leche y hay quien también echa huevo batido con harina. De cualquier forma, la carne debe formar una masa unida. Se echa en la sartén una cucharada grande de la carne con la mezcla, se deja que se dore un poco y se le da vuelta aplastándolo con una espumadera. Se escurren del aceite y se ponen sobre la fuente para servirlos al momento.


## HIGADO CON SALSA

**Hígado, medio kilo—Mantequilla. Cebolla. Zanahoria.—Tomate. Laurel. Perejil.—Harina.—Caldo o agua.**

Se parte el hígado en trozos, se espolvorea de sal y se rehoga en mantequilla. En la grasa que queda se dora media cebolla pequeña, una zanahoria regular, una cucharada de harina y un tomate pequeño sin semillas, todo ello partido, se añade una hojita de laurel y un pocillo pequeño de caldo o agua hirviendo, dejándolo cocer unos veinte minutos; después se pasa por el colador sobre el hígado y se deja cocer con él cinco minutos. Téngase en cuenta que el hígado, como los riñones, cuanto más cuezan, más duros se ponen.

Se sirve con su salsa.


## HIGADO EMPANADO

**Hígado.—Pan rallado. Sal.—Aceite. Huevo.**

Se sazona de sal el hígado, se reboza en pan rallado, después en huevo y se fríe en aceite no demasiado caliente para que se pase un poquito. Se escurre bien del aceite y se pone en la fuente para servirlo al momento. El hígado ha de estar en filetes.

## HIGADO MECHADO

**Hígado de ternera.—Jamón. Tocino. Magro o salchichas.—Sal. Especias. Cebolla. Ajo. Perejil.—Vino blanco.**

Se mecha el hígado con una aguja de mechar o con un cuchillo de punta, metiéndole el jamón, tocino, magro o salchichas, en tiras. Se sazona de sal y se pone a cocer en poca agua hirviendo y vino blanco, con unos trozos de cebolla, ajo, perejil, especias, si se quiere, durante un cuarto de hora.
Cuando esté cocido se saca. La salsa puede espesarse con un poco de harina y dejarla cocer o con un par de galletas; después se pasa por el colador y se sirve en salsera.
El hígado puede servirse entero o partido en lonchas.


## JUGO DE CARNE

**Carne magra sin grasa (pídase carne para jugo).—Sal.**

La carne se llena de cortes primero en un sentido, después en el otro, primero por un lado, después por el otro. Se le echa una pizca de sal, muy poca. Se refresca un poco al agua y se pone en un cazo u otro recipiente que le venga justo, es decir, que no quede la carne muy holgada, se tapa muy bien y se pone al baño maría durante una media hora o algo más.
El jugo se recoge en un pocillo y la carne puede prensarse, aunque ya no saldrá casi jugo, pues de esta manera la carne queda completamente seca.
Especial para convalecientes y como reconstituyente.


## LECHON ASADO

**Cochinillo.—Ajo. Sal. Perejil.—Pimienta. Ramillete de hierbas.—Mantequilla.**

Se limpia y se le quita la grasa lo más posible y se adoba con sal, ajo, perejil machacado y pimiento, si se quiere. Se pone en agua durante un día escaso, después de haber echado en el agua el ramillete de hierbas (laurel, orégano, hierbabuena, etc.).
Pasado este tiempo se saca y se escurre, se unta de mantequilla y se pone en un asador que lo atraviese a lo largo, y dándole vueltas.
Si no se dispone de asador se puede meter al horno, para que se dore sin tostarle.
Puede acompañarse de cualquier salsa propia para asados.


## LENGUA

La lengua se puede poner de muchas maneras, pero lo primero que hay que hacer es lavarla y pelarla, y para ello basta cogerla por la parte de atrás y meterla y sacarla varias veces en agua hirviendo. Si así no se consigue pelar, es necesario ponerla a cocer con el condimento necesario, y luego se aprovecha el caldo donde coció para hacer la salsa que le vayamos a poner.

## LENGUA A LA ESCARLATA

**Una lengua, descargada.—Sal gorda y el doble de sal nitro.—Huesos de ja-. món, de vaca, etc. — Cebolla. Ajo. Perejil. Laurel. Zanahorias. — Pimienta. Clavo, etc.**

Se limpia la lengua sin lavarla y con un cuchillo se pincha bien por todas partes. Se coge por un extremo y se le dan unos cuantos golpes, luego por el otro extremo y se golpea lo mismo. Después se frota muy bien con la mezcla de las dos clases de sal, introduciéndosela por todas partes. Se coloca en una fuente de barro y se tiene así durante dos días.

Pasado este tiempo, se pone a cocer con todos los demás ingredientes que hemos anotado, agregando si se quiere un poco de tomillo, hierbabuena, etc., el caldo ha de cubrir siempre a la lengua.

Se saca del agua y se pela. Si se va a usar en el momento se parte en lonchas para servirla. Si se va a conservar unos días, se preparan *dos lonchas de tocino* no muy gruesas, pero que colocando una a cada lado de la lengua la cubran perfectamente, después se mete en una *tripa ancha* que quede bien apretada.

Se compra en la farmacia un colorante rojo llamado «*carmín bretón*», se mezcla un poquito con agua y se pinta la tripa que estará muy bien atada y ajustada a la lengua para que no le entre aire. Una vez pintada se cuelga a la sombra en sitio fresco y así se conserva.

## LENGUA A LA VINAGRETA

Decimos «lengua a la vinagreta» porque lleva vinagre en su salsa, pero nosotros, por causas que hemos indicado en otros capítulos, preferimos siempre el limón al vinagre.

**Mantequilla. Harina. Limón. Sal. Pimienta, si se quiere.**

Se pela la lengua como hemos indicado en fórmulas anteriores.

En dos cucharadas de mantequilla se dora una cucharada de harina, después se agrega un pocillo de caldo o de agua, una cucharada de zumo de limón, un polvo de pimienta si se quiere y se sazona de sal, se deja hervir un poquito.

La lengua se parte en filetes, se deja cocer con la salsa. Una vez cocida se espolvorea de perejil picadito.

Se sirve con su salsa; puede adornarse con rodajas de huevo cocido, espárragos, etc. También puede servirse con una «salsa vinagreta».

## LENGUA EN PAPEL

**Una lengua, descargada.—Mantequilla. Sal. Pimienta.—Nuez moscada. Perejil. Ajo.—Laurel. Cebolla. Pan rallado.—Papel blanco o papel vegetal—Zanahorias, etc.**

Se cuece la lengua en un caldo sazonado de sal, con cebolla, perejil, ajo, zanahoria, laurel. Una vez cocida se pela y se corta en filetes finos, se unta con mantequilla y las especias que se deseen, se envuelve en pan rallado y cada uno se envuelve en un rectángulo de papel vegetal y se van colocando sobre una fuente refractaria, cuando ya están todos se mete a horno regular unos veinte minutos.

Se desenvuelven al momento de servirlos. Pueden adornarse con fritos de patata, guisantes, etc.

## LENGUA EN SALSA

Una vez pelada y cocida como en recetas anteriores, se parte en filetes y se sirve con la salsa que se quiera de las que hay en «salsa y guarniciones» propias para carnes.

## LENGUA ESTOFADA

Se cuece y se pela como en fórmulas anteriores, después se cocina como la «carne estofada», de fórmulas anteriores.

## LENGUA REBOZADA

Pelada y cocida la lengua como en recetas anteriores, se parte en filetes y se reboza en harina, huevo y pan rallado, se fríe y se deja cocer unos minutos con el caldo en que ha cocido, pasado por el colador.

## LOMO DE CERDO A LA PARRILLA

**Lomo.—Manteca de cerdo.—Limón. Perejil. Comino. Sal. Orégano. Ajo. Pimienta blanca, muy poca.**

Se limpia el lomo de la grasa y demás, dejando sólo la carne. La manteca de cerdo se reservará. Los demás ingredientes, muy poquita sal, se machacan en el mortero y con ellos se adoba el lomo, regándolo con el zumo de limón, si no se había puesto ya con los demás ingredientes en el mortero. Se atará bien y se dejará un día aproximadamente o algo menos en ese adobo.
Pasado este tiempo se untará muy bien de manteca de cerdo y se meterá sobre una parrilla al horno. No debe tocarse. Una vez frío se partirá en lonchas y se colocarán en una fuente con guarniciones de frutas, verduras frescas, etc.

## LOMO DE CERDO EN LECHE

**Lomo.—Leche. Sal. Ajo.**

Se adoba con sal y ajo, se pone en una cacerola cubierto de leche y se deja durante una hora; pasado este tiempo se deja cocer en la misma leche donde estuvo, dándole vuelta de vez en cuando, hasta que se ponga doradito.
Se parte en lonchas y se sirve con la leche que ha quedado, pasado por el colador si se quiere.
Se adorna con puré de legumbres, fritos de patatas, etc.

## LOMO O TERNERA RIZADA

**Medio kilo de lomo o ternera en un trozo.—Aceite. Cebolla. Harina.—Jamón. Tocino. Huevos. Pimentón.—Zanahoria. Ocho o diez almendras crudas.—Pimientos.**

El lomo o la ternera se parte en filetes sin separarles del trozo, cada filete se enrolla poniendo en cada uno una tira de jamón, una de pimientos y una tira de tortilla francesa y otra de tocino. Una vez enrollados todos se atan o se sujetan con palillos para que no se deshagan.

El trozo de carne así preparado se dora en abundante aceite a fuego suave, se le agrega un poquito de pimentón. Se coloca en una cazuela y se le añade uno o medio pocillo de caldo o agua para que termine de cocer.

En la salsa de cocer la carne se echa la zanahoria partida en trocitos, una cucharada de harina desleída en una de agua fría o dos o tres galletas, las almendras peladas y machacadas y se deja cocer un ratito. O se dora la harina en la salsa.

La carne ya cocida se desata y se le cortan los filetes del todo, se colocan en la fuente apoyados unos en los otros en forma de abanico.

Pueden enrollarse los filetes sin llevar relleno.


## MANOS DE TERNERA O DE CORDERO

**Manos de ternera o de cordero.—Cebolla. Ajo. Laurel. Perejil.—Huesos de jamón. Sal.**

Las manos se limpian y se lavan bien. Se atan para que no pierdan su forma. Se cuecen en agua hirviendo con todos los ingredientes que hemos anotado, sazonado de sal.

Después de cocidas se les quitan los huesos, con mucho cuidado, y se colocan en la fuente sin las ligaduras, acompañadas de una «salsa vinagreta».

De otra forma. Cocidas como indicamos en la fórmula anterior, se sacan, se rebozan en *harina*, se rehogan en *mantequilla*.

El agua donde cocieron se cuela y se echa a cocer otro poco con las patas que acabamos de freír. El caldo se puede espesar con yemas, galletas o harina. Puede agregárseles pimentón.


## MOLLEJAS GUISADAS Y OTRAS

**Mollejas. — Tocino. Puerros o cebollas. — Ajo. Perejil. Sal. — Vino blanco. Caldo o agua.**

Las mollejas se limpian muy bien y se lavan con todo cuidado. Se ponen a remojo una hora en caldo o agua fresca para que blanqueen. Luego se ponen en una cacerola en agua hirviendo con cebolla, ajo, perejil, puerros, etc., un chorro de vino blanco y sazonadas de sal.

Se les echa un poco de tocino derretido donde se puede echar un poco de pimentón y todo ello se echa a cocer con las mollejas hasta que estén cocidas.

También se pueden poner de otras maneras, por ejemplo: Se echan a cocer en el agua como las hemos preparado en la receta anterior, pero sin el tocino. Se les quita la espuma con una espumadera después que han hervido cuatro o cinco minutos. Enseguida se sacan y se las quita el sebo, tela que las envuelve, etc. Se secan muy bien con un paño, se parten en trozos y se fríen, rebozándolas en *harina, huevo* y *pan rallado, en aceite o mantequilla*. Una vez fritas se pueden meter al horno un momento. Se adornan con legumbres, guisantes, alcachofas, zanahorias, etc.

## MORCILLO EN SU JUGO

**Para medio kilo de morcillo.—Aceite. Cebolla. Sal. Vino blanco.**

La carne se limpia de nervios de fuera y éstos se ponen a cocer en poquita agua fría. En un poco de aceite se rehoga una cucharada de cebolla picadita. El aceite, la cebolla y una cucharada de vino blanco que se le agregue se echan en el agua donde cocieron los nervios y se pone a cocer echando también la carne. Se sazona de sal y se deja cocer.
Se sirve con su jugo limpio, y una guarnición de guisantes, alcachofas, zanahorias, etc.

## PATAS RELLENAS

**Una o dos patas o manos de cerdo o ternera.—Picado de alguna clase de carnes o de legumbres (espinacas, zanahorias, coliflor, etc.).—Aceite. Harina. Huevo.—Cebolla. Perejil. Laurel.—Sal. Ajo.**

Se cuecen las manos en agua hirviendo en la que se habrá puesto cebolla, ajo, perejil, laurel, sazonándolo de sal.
Una vez cocidas se les quitan los huesos, con cuidado de no estropearlas, y se rellenan de cualquier clase de carnes, jamón, aves, etc., picaditas y aderezadas; también puede rellenarse de una mezcla de verduras cocidas y sazonadas, pudiendo mezclarse las que se quieran.
Una vez relleno se le cosen los extremos o se sujetan con un palillo. Se rebozan en harina y huevo y se fríen. Se les deja enfriar un poco y se cortan en rodajas. Se sirven con la salsa que se desee.

## RIÑONES AL JEREZ

**Riñones—Aceite o mantequilla.—Jamón. Cebolla. Perejil. Jerez.—Pimienta, si se quiere.**

Para limpiar los riñones del orín que aún les queda y que les da mal gusto, se parten en trocitos y se rehogan en la sartén a fuego fuerte con una cucharada de aceite, se les da unas vueltas y se ponen en un colador a escurrir, entonces echarán todo lo que no nos gusta.
En aceite o mantequilla o mitad y mitad, se rehogan unos cuadritos de jamón y se dora un poquito de cebolla, un poquito de ajo y una ramita de perejil picadito y medio vasito de Jerez. Se agregan los riñones escurridos y luego se agrega un polvito de pimienta, si se quiere, rehogándolo cinco minutos.
Si se dejan mucho tiempo los riñones se pondrán duros, pues son como el hígado, cuanto más cuezan más duros se ponen. Se sirven con su salsa.
Pueden servirse con arroz blanco.

## RIÑONES SALTEADOS

**Riñones.—Limón. Ajo. Perejil.—Mantequilla. Sal.**

Se les saca el orín como los anteriores.
Una vez escurridos se les echa un chorro de limón y se sazonan con sal, ajo y perejil. Se doran al fuego fuerte en mantequilla. Se retiran enseguida, para que no se pongan duros. Se sirven.

## ROLLO DE CARNE

**Pera medio kilo de carne picada, un cuarto kilo de hígado picado. — Huevos. Pan rallado.—Tocino. Jamón.—Cebolla. Ajo. Perejil. Aceite. Sal.**

La carne y el hígado se adoban con sal, ajo y perejil, machacados, se les une media cebollita muy picada, dos huevos batidos, un trocito de jamón y otro de tocino bueno, también picaditos. Puede añadirse especias si se desea. Se rectifica de sal, se añaden cuatro cucharadas de pan rallado y se hace un rollo, metiendo uno por un lado y otro por el otro, dos huevos cocidos, ocultándoles entre la carne. Este rollo se dora en abundante aceite caliente, después se pone sobre unas lonchas de tocino o de cebolla y unas cucharadas de caldo o de agua, en una fuente al horno para que se pase. Puede cubrirse con lonchas de tocino o con un papel engrasado para que no se queme.

Al pincharlo con una aguja de media si ésta sale limpia es que ya está cocido.

Una vez frío se parte en lonchas y se sirve con «salsa de tomate» u otra.

Si se quiere hacer más económico pueden suprimirse los huevos cocidos y el jamón. Y si se quiere aumentar el rollo se cuece una patata grandecita, con piel, en agua con un poco de sal; sin que se enfríe se pela y se pasa por el pasapurés y se mezcla con todo el picado; hace la farsa más suave.


## ROLLOS DE SOLOMILLO

**Para seis filetes de solomillo.—Jamón. Tocino.—Un trocito de lomo de cerdo. Un huevo. Mantequilla. Sal. — Miga de pan. — Ajo. Perejil. — Leche.—Harina.**

Se adoban los filetes con sal, ajo y perejil machacados. Se pican unos trocitos de jamón, otros de tocino y otros de magro; se moja una miga de pan en leche y se bate un huevo, mezclándolo todo, sazonado de sal. En cada filete se pone igual cantidad de la farsa hecha, enrollándolos y sujetándolos con un palillo o atándolos con un hilo. En mantequilla se rehogan los rollitos de carne rebozados en harina. Se les coloca en una cacerola y se les echa por encima la mantequilla donde se rehogaron y medio pocillo de caldo o agua hirviendo, y se dejan cocer suavemente. El agua puede echarse después de cocer la carne y dejando hervir un poco la salsa. La salsa puede servirse en salsera.


## ROSBIF ASADO

**Lomo del centro.—Manteca de cerdo.—Cebolla. Sal. Aceite.—Papel vegetal o de estraza.**

Se limpia de nervios y grasas, si los tiene.

Se ata el rosbif, para darle buena forma, se sazona de sal, se rocía de aceite refinado mezclado de manteca de cerdo, que se puede suprimir si no se quiere. Se cubre con un papel vegetal o de estraza u otro fuerte, engrasado, y se mete a horno fuerte sobre un lecho de cebolla picada y los recortes de la carne. Se puede echar en el fondo de la fuente unas cucharadas de agua o vino blanco para que no se queme.

Una vez asado se pone en una cacerola, bien tapado, cerca del fuego para que no se enfríe hasta el momento de servirlo. La cebolla y demás que queda en la fuente

se mezcla con un poquito de agua y se deja hervir un poco, se pasa por el colador.
El rosbif se corta en lonchas y se colocan en fuente larga rociándolas con su salsa;
el resto en salsera.
Puede adornarse con lechuga, berros, patatas fritas, etc.


## SOLOMILLO

El solomillo sólo debe asarse al horno o a la parrilla, es como mejor está.
También puede freírse.
La carne de cerdo, y también la de ternera, vaca, etc., adquiere un sabor especial
adobándola con sal y ajo machacado en el mortero, en especial la que vaya a freírse.

# AVES Y CAZA

# Aves y caza

## BECADAS

Se dejan al sereno uno o dos días después de limpias y adobadas.
Se condimenta como cualquier pieza de caza, y que damos en otras recetas: estofada, guisada, asada, etc.

## CODORNIZ

La codorniz admite la misma condimentación que el pollo.
La codorniz en el cocido hace un caldo sabrosísimo.

## CODORNICES AL NIDO

**Codornices.—Tocino de jamón.—Cebolla. Ajo. Sal. Perejil.—Patatas. Huevos. Harina.**

Se pelan las codornices y se limpian sin mojarlas ni cortarles la cabeza. Se les quita los ojos y las patas. Se lava el pico para que dentro o en él no le quede basura. Se adoban con sal, ajo y perejil machacados y se atan las alas y los muslos al cuerpo, como se hace con los pollos, para que quede recogido. Se pica un poquito de cebolla y se coloca sobre una fuente refractaria. Encima de la cebolla se coloca la codorniz o codornices, rociadas con aceite y cubiertas con lonchas de tocino. Se meten al horno.
Las patatas se pelan y se parte finitas como pajas, se fríen, sazonadas de sal. Se bate un huevo, se le echa una cucharadita de harina, se mezcla con las patatas fritas. En una cazuela o fuentecita se hace un nido con la mezcla de las patatas y el huevo. Se mete un poco al horno para que se pase el huevo y luego se coloca una codorniz en cada nido, después de haberlas sacado de la cazuelita. Las codornices ya no tendrán el tocino ni las ligaduras. Se les colocará bien la cabecita. El jugo en la salsera.
También se puede hacer el nido poniendo las patatas colocadas en forma de nido en un cazo y echándoles el aceite hirviendo, sin tocarlas, y dejándolas al fuego hasta que se frían. Se escurren bien del aceite y se coloca la codorniz en el centro.

## CONEJOS

Los conejos, como casi todos los animales de caza, y aunque éste no sea de monte, conviene tenerle, una vez limpio, por lo menos veinticuatro horas al sereno.
Se cocina igual que el «cabrito asado», véase «Carnes».

## CONEJOS DE MONTE CON ENSALADA

**Un conejo.—Mantequilla. Guisantes. — Cebolla. — Ajo.—Sal. Perejil. Otras hierbas.—Guisantes. Laurel. Sal.—Un cuarto de kilo de carne de vaca y un hueso.—Un trozo de lacón o jamón.**

Se limpia el conejo y se adoba con sal, ajo, perejil, hierbabuena, etc., y se le tiene una noche, por lo menos, al sereno.

Pasado este tiempo, se parte el conejo en trozos más bien pequeños y se dora en mantequilla. En esa mantequilla se dora una cebolla pequeñita, picada, los guisantes, una ramita de perejil y una hoja de laurel.

Con la carne de vaca, el hueso y el jamón o el lacón se hace un caldo que se une al conejo, para que cueza, junto con la cebolla, etc., rehogado en la mantequilla. La salsa debe quedar reducida. Se sirve en salsera.

Una «ensalada» como guarnición.

## CONEJOS EN ADOBO

**Conejos.—Cebollas. Ajo. Laurel. Pimentón. Aceite. Limón o vinagre de la mejor clase (es preferible el limón). Perejil.**

Se limpian los conejos y se tienen en adobo, como en recetas anteriores, durante doce a catorce horas, pero echándoles además cebolla picada y pimentón, así como el jugo de un limón pequeñito. Se revuelve y se impregna bien la carne del adobo y poniéndolo en una cazuela se deja toda la noche. En la misma cazuela donde ha estado en adobo se pone a guisar rociándolo de aceite; más tarde, se agrega caldo o agua para que termine su cocción, tapándolo muy bien, moviendo la cazuela de vez en cuando, sin revolverlos.

Se sirven en su salsa sin colar.

## CONEJOS ESCABECHADOS

**Para dos conejos que pesen dos kilos aproximadamente entre los dos.—Un cuarto de litro de zumo de limón o de la mejor clase de vinagre.—Cebolla. Ajos. Pimienta. Aceite. Laurel. Sal. Nuez moscada.**

Limpios los conejos se parten en trozos y se adoban con sal, ajo machacado y se van dorando en la sartén, colocándolos después en un recipiente de barro. En la grasa que sobró de freírlos se fríe una cebolla chiquita entera, seis dientes de ajo, también enteros, dos hojas de laurel y un polvito de especias (canela, pimienta, nuez moscada, etc.). Una vez bien frito se le agrega el limón o vinagre y se echa todo sobre los conejos, terminando de cubrirlos con caldo o agua hirviendo. Se ponen a cocer, sacando la cebolla cuando estén casi cocidos; a la vez se retiran del fuego y se dejan enfriar completamente. A las ocho o diez horas en que ya estarán bien fríos se tapan y pueden conservarse durante mucho tiempo teniéndolos en sitio fresco y cubiertos con la salsa.

## CONEJOS ESTOFADOS

**Un conejo.—Cebolla. Ajo. Perejil.—Aceite. Tocino. Laurel. Limón. Sal. Pimentón.**

Una vez limpio y después de estar en adobo, como indicamos en anteriores recetas, se pone en una cacerola el conejo partido en trozos y se le echa dos cucharadas de zumo de limón, cebolla picadita, como tres o cuatro cucharadas, una hoja de laurel, un chorro de aceite, con un poco de pimentón, y se pone a cocer añadiendo un poquito de agua para que cueza. El agua puede agregarse poco a poco, según lo vaya necesitando, pues si se echa mucha agua se desustancia y no sabe a nada. Se sirve en su salsa.

## CONEJO O POLLO AL COÑAC

**Conejo o pollo.—Coñac. Pimienta.—Cebolla. Caldo o agua. Mantequilla y aceite.**

Limpios y adobados, ya sea pollo o sea conejo, y pasados toda la noche con el adobo. Los trozos se doran en mantequilla y aceite, añadiendo un poquito de cebolla picadita, una copita de coñac y un polvito de pimienta, si se quiere; se agrega un poco de caldo o de agua y se deja cocer.
Para servirlo, la salsa se pasa por el colador; puede espesarse con yemas. Se vierte sobre las carnes.

## CHOCHAS O AVE-FRIAS

Las chochas o ave-frías, para cocinarlas no se les quita la cabeza. Admiten las mismas fórmulas que el pato, es decir, se cocinan como éste.

## CORZO

El corzo se guisa y se cocina como el cabrito o cordero.

## FAISAN ASADO

El faisán que tiene las patas ásperas es que es viejo. Se condimenta como el pavo y la gallina.

**Faisán.—Tocino. Coñac.—Ajo. Sal.**

Se pela y se limpia, adobándolo con sal y ajo y teniéndolo uno o dos días al sereno, como las becadas.

Se ata como los pollos, por los muslos y las alas. Se rocía con coñac y se cubre con lonchas de tocino finas, se mete al horno echando en la fuente un poco de caldo o agua, para que no se queme ésta.

Para servirlo, una vez asado, se le quitan las lonchas de tocino y se sirve con su jugo.

### FAISAN TRUFADO

**Faisán.—Trufas.—Carne de ternera y magro picado.—Tocino. Jerez o coñac. Sal.**

Se adoba y se prepara como en la receta anterior.

Se mechan las pechugas con trufas, si no se tiene aguja de mechar se introducen con ayuda de un cuchillo de punta aguda. Se le cortan los alones, el pescuezo y las patas, sujetando con un palillo la piel cortada o cosiéndola. Se rellena con la ternera y el magro picado, añadiendo unas trufas también picadas, sazonándolo con una copa de coñac o jerez y la sal necesaria. Se cose para que no se le marche el relleno. Se ata los muslos al cuerpo, como los pollos. Se cubre con lonchas de tocino y se mete al horno con un poquito de caldo o agua en la fuente para que no se queme.

Para servirlo se le quitan las lonchas de tocino y se le quita el hilo con cuidado. La salsa en salsera.

Puede también hacerse como el «pavo trufado».

### GALLINA ASADA

Se hace lo mismo que el «pollo asado».

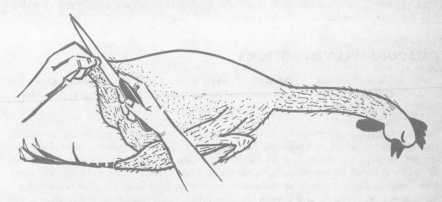

### GALLINA EMBUCHADA

**Una gallina.—Cebolla. Ajo. Perejil. Zanahoria.—Sal. Laurel.—Vino blanco. Trufas.—Una vejiga de cerdo.—200 gramos de carne de vaca y unos huesos de rodilla.—Un trocito de jamón o de punta, que no esté rancio.**

Pelada y limpia la gallina, se le cortan los alones, el pescuezo, las patas. Con estos despojos, los hígados, mollejas, etc., el hueso, la carne de vaca y el jamón o punta de jamón, con unos trozos de cebolla, un diente de ajo, dos zanahorias pequeñas, una ramita de perejil y media hojita de laurel, se hace un caldo poniéndolo a cocer todo ello en agua fría.

La vejiga de cerdo se deja remojar una hora en agua templada, frotándola de vez en cuando.

La gallina se parte en trozos y se adoba, rociándola con vino blanco, se pican unos

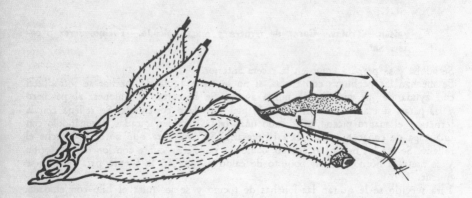

trocitos de trufa chiquitos y todo ello se mete en la vejiga, se ajusta lo más posible para que salga todo el aire, se ata bien y se pone a cocer en el caldo que le hemos preparado anteriormente, esperando a que el caldo esté más bien frío. Si se hincha mucho la vejiga, se pincha con mucho cuidado para que no se reviente y salga el aire.

Una vez cocida, se sirve con su salsa colada. Unas alcachofas de lata y unas «zanahorias glaseadas» pueden servirle de guarnición.

## GALLINA O POLLO EN PEPITORIA

**Gallina.—Aceite. Mantequilla. Zanahoria.—Cebolla. Ajo Perejil. Jerez o vino blanco.—Huevo. Almendras crudas. — Laurel. Pimienta. Nuez moscada.— Azafrán. Sal.**

Se pela la gallina, sin mojarla, pues está más jugosa. Se parte en trozos. Se adoba con sal, ajo y perejil machacados, un poquito de pimienta y nuez moscada, si se quiere. Se deja en adobo una media hora. Pasado este tiempo, se dora en mitad de aceite y mitad de mantequilla, o en aceite solo, y se va colocando en una cacerola. En la grasa que quedó se rehoga un pocillo de cebolla y una zanahoria pequeña picadita, el laurel y una docena de almendras crudas, peladas y machacadas en el mortero, así como el azafrán, también machacado y disuelto en un poquito de agua, y medio vasito de jerez o vino blanco. Se echa todo ello sobre la gallina poniéndola a cocer bien tapada.

Si se consumiese el caldo puede agregarse, pero muy poquito de cada vez, hasta que esté cocida.

Una vez cocida la gallina se separa de la salsa. Esta se espesa con dos yemas que se deshacen en la salsa fría y se dejan hervir con la salsa un momento. También se pueden agregar las yemas cocidas y deshacerlas con un poquito de salsa.

Una vez espesada la salsa se vierte sobre la gallina y, todo caliente, se sirve.

## GALLINA TRUFADA NATI

**Una gallina.—Carne de ternera, magro, jamón, etc., para el relleno, todo picadito.—Caldo para cocer la gallina (cebolla, ajo, perejil, huesos de vaca, mano de ternera (para que dé gelatina), un trozo de punta de jamón, una zanahoria, etc.).—Una latita de trufas.—Sal y especias, si se quiere.—Jerez o vino blanco.**

Se pela la gallina sin meterla en agua caliente y, como a todas las aves, se soflama para quemarles el plumón que aún les queda y que es muy difícil de quitar. Así preparada se empieza a deshuesar, cortando la primera parte de los alones, descoyuntando los huesos de la parte superior del ala, y a fuerza de masajes en sentido hacia afuera, se va extrayendo el hueso de cada alón. Se le corta el pescuezo, abertura que luego se cose.

Se le hace un corte en la columna vertebral, es decir, por el lomo, de arriba hacia abajo, y con mucho cuidado se va separando la carne de las vértebras y de las costillas; por esta misma abertura se le extraen los huesos de los muslos, de la pechuga, etc. Una vez sacado el esqueleto completo se le sacan los intestinos, etc. Por la abertura hecha en el lomo se le mete el relleno aderezado con sal, especias si se quiere, unas trufas picaditas, y las carnes y jamón picado, una copa de jerez y todo mezclado bien. Una vez rellena la gallina se le cose el lomo y se pone a cocer en el caldo que hemos preparado, del siguiente modo: en agua fría echamos unos trozos de cebolla, un diente de ajo, unas ramas de perejil, los huesos de rodilla de vaca, la mano o pata de ternera, un trozo de punta de jamón, la zanahoria, los menudos de la gallina etc.; ya se sabe que el caldo admite todo lo que se quiera. Cuando el caldo haya hervido una hora aproximadamente, se le echa la gallina, cosida, para que cueza con el caldo y en el caldo. Una vez cocida se sirve fría y en lonchas. Salsa en salsera.


## LIEBRE ASADA

La liebre admite la misma condimentación que el conejo.
La liebre asada se hace como el «cabrito asado».


## LIEBRE CON HABAS

**Una liebre.—Aceite. Cebolla. Ajo. Perejil. Hierbabuena, etc. Habas.—Sal. Laurel. Jamón. Un hueso de rodilla de vaca.—200 gramos de carne de morcillo u otra para el caldo.**

Una vez pelada la liebre y limpia, se adoba con sal, ajo, perejil, machacado en el mortero. Se deja en este adobo por lo menos una noche o más. Las habas se ponen a remojo diez o doce horas antes de cocinarlas.

Pasado este tiempo se prepara un caldo con agua fresca, no demasiada, unos trozos de cebolla, un diente de ajo, perejil, una hoja de laurel, los huesos y la carne de vaca, el poco jamón o de punta, hierbabuena, tomillo, etc., si se quiere.

Las habas se ponen a cocer en poca agua hirviendo, sazonada con ajo, cebolla, perejil y laurel, sin ponerles sal. Se dejan cocer hasta que estén casi cocidas.

La liebre, en trozos, se rehoga en aceite caliente y se pone a cocer en el caldo. Cuando la liebre esté casi cocida se le unen las habas para que terminen de cocer juntas, sazonándolo de sal. No debe tener más caldo que el justo para que no se queme.

Para servirlo se separarán los huesos, carne de vaca, jamón, ajo, laurel, etc., procurando que queden tan solo las habas y la liebre.

Se sirve caliente. Puede acompañarse de una ensalada.

También puede cocerse la liebre directamente con las habas a media cocción.


## LIEBRE O CONEJO GUISADO

**Una liebre.—Tocino de jamón o de buena clase.—Limón. Cebolla. Ajo. Laurel. Perejil.—Aceite. Pimentón.**

Se prepara la liebre como en recetas anteriores.

En aceite caliente se rehoga cebolla picadita, que se extiende en el fondo de una tartera; sobre la cebolla se colocan lonchas de tocino finas. La liebre, en trozos, adobada, se coloca sobre el tocino, con los higadillos, etc., rociándola con un chorro de zumo de limón, se espolvorea de pimentón, se le echa una jícara de caldo o de agua hirviendo y se deja cocer a fuego fuerte, agregándole agua cuando sea necesaria, pero siempre lo justo para que no se queme la salsa, pues cuanto menos agua tenga más sustanciosa estará.

La salsa se espesa con los higadillos machacados. Puede quitarse el tocino.


## PATO

El pato se cocina como el pollo o la gallina, teniendo en cuenta que su carne es más dura e insípida.

Si el pato tiene el pico flexible, la grasa gris, los tendones duros, la piel suave, puede asegurar que no tendrá más de seis meses y es tierno.


## PATO CON ESPARRAGOS

**Un pato.—200 gramos de carne picada, para el relleno.—100 gramos de jamón.—200 gramos de magro de cerdo picadito, para el relleno.—Manteca de cerdo. Limón.—Cebolla. Ajo. Perejil. Jerez seco.—Espárragos.**

Una vez pelado el pato se le corta el pescuezo, se abre por la parte inferior y como a todas las aves se les sacan las tripas, etc. Se sazona de sal y se unta de manteca de cerdo y limón, y si se rellena se le mete en el hueco de las tripas las carnes y el jamón picadito con una ramita de perejil, diente de ajo, especias si se quiere y la sal necesaria, se cose y se ata como a los pollos. Se unta por fuera también con manteca y se rocía con una copita de Jerez seco, colocado sobre la «olla» o la cacerola, echando una jícara de agua para que no se pegue o metiéndolo al horno para asarle.

Se sirve caliente con la salsa que haya soltado y adornado con espárragos.

Si no se quiere relleno se partirá en trozos, se rehogarán en manteca de cerdo y se le pondrá a cocer con una salsa. Como es natural, no necesitará las carnes del relleno, pero se aliñará lo mismo con manteca, limón y jerez.

## PATO CON NABOS

**Pato.—Cebolla. Ajo. Perejil.—Tocino de jamón. Vino blanco. Mantequilla. Nabos, dos regulares, o seis pequeñitos, que se echan enteros.—Pimienta, si se quiere. Sal.**

Preparado el pato y partido en trozos se adoba con sal, ajo, perejil y vino blanco, dejándolo en adobo el mayor tiempo posible, hasta veinticuatro horas.

Se rehoga en mantequilla a fuego fuerte. En la grasa que haya quedado se rehoga cebolla picadita, una ramita de perejil y los nabos, se une al pato y se deja cocer, añadiéndole poco a poco el agua que necesite para su cocción, pero siempre que cueza en poca agua; ya hemos dicho que es más sabrosa la carne que se cuece en poca agua que en mucha.

Cuando estén tiernos se saca de la salsa, así como los nabos, con cuidado de que no se deshagan. La salsa se cuela y se echa sobre el pato, adornándolo con los nabos.


## PATO SILVESTRE

**Un pato.—100 gramos de hígado de ternera o de cerdo.—150 gramos de tocino.—Manteca de cerdo o manteca de vaca.—Harina. Vino tinto.—Perejil. Caldo o agua.**

Al matar el pato procurar que no se desangre. Limpio y preparado como en recetas anteriores.

El hígado del pato se mezcla con el otro hígado, con el tocino y con unas hojitas de perejil, picándolo todo muy bien, agregando dos cucharadas de manteca o de mantequilla, una cucharada de harina y dos vasitos de vino tinto. Con esta farsa se rellena el pato y se brida como los pollos, se unta de mantequilla y se mete al horno para asarlo como las demás aves.


## PAVO

El pavo de patas rojas y escamosas es viejo.
El pavo se cocina como la gallina o los pollos.


## PAVO ASADO

Se pone como el «pollo asado», se sirve trinchado, quitando todos los huesos que se puedan desprender con cierta facilidad. Se acompaña de «ensalada de lechuga» o escarola.


## PAVO RELLENO

Se hace como el «pato relleno con espárragos» o como cualquier otra ave rellena. Se sirve trinchado, adornado con el relleno, cortado en rodajas finas. La salsa, en salsera.

## PAVO TRUFADO

Se hace como la «gallina trufada». Una vez cocido se puede bañar en un poquito de caldo o agua donde se haya deshecho una hoja de gelatina para que esté más bonito, o en una «gelatina para carnes», dejándolo secar después.

## PASTEL DE LIEBRE

**Una liebre.—Sal. Ajo. Jerez. Pan rallado.—Una latita de trufas. Tocino y jamón.—Coñac. Cuarto kilo de ternera picada. Cuarto kilo de magro de cerdo. Dos huevos.—«Hojaldre» o «medio hojaldre».**

Sin piel la liebre, adobada y partida, dejada uno o dos días al sereno, se limpian los huesos de la carne, que se va cortando a tiras, combinándolo con tiras de tocino y de jamón y de trufas; se rocía de coñac. La ternera y el magro picaditos, mezclados con una copa de Jerez, dos huevos batidos y una cucharada de pan rallado.
Se forra un molde con pasta de «hojaldre» o de «medio hojaldre» y se va colocando el picado con las tiras de liebre, tocino, jamón y trufas, picadas, alternando. Se cubre de pasta y se mete al horno. Se cubre el molde con un papel engrasado para que se cueza la carne sin quemarse la pasta. Pinchando con una aguja sabrá que está cocido si al sacarla está limpia y sale fácilmente.

## PERDICES A LA MONTAÑESA

**Perdiz.—Cebolla. Perejil. Pimentón. Aceite. Sal. Limón.**

Se limpia y adoba. Se tiene uno o dos días al sereno. Pasado este tiempo se parte en trozos y se dora en el aceite, añadiéndole, una vez dorada, cebolla, perejil picadito y pimentón, rehogado en el que se ha echado un chorro de limón. Se pone a cocer, echándole caldo o agua, pero nunca en abundancia, solamente lo necesario para que no se queme.

## PERDICES AL NIDO

Se hacen como las «codornices al nido», que encontrará usted en las primeras recetas de esta sección.

## PERDICES CON BERZAS

**Una perdiz.—Magro de cerdo.—Un chorizo de buena clase.—Jamón.—Mantequilla.—Cebolla. Berza. Limón.**

Preparada la perdiz, es decir, limpia y entera, adobada con sal y zumo de limón, se rehoga en aceite bien caliente. Se agrega a este aceite un pocillo de cebolla picadita, una loncha de jamón, un felite de magro y un chorizo, todo ello picadito, añadiendo el caldo o agua necesaria para cocer todo en unión de la perdiz, pero sin exceso de caldo.

Un repollito de berza rizada o gallega, nunca repollo blanco, se pone a cocer en agua hirviendo, sazonada de sal, durante unos veinte minutos; después se pasa, escurrido, a cocer con la perdiz.

Para servirlo se abren las hojas de la berza y dentro, en el cogollo se colocará la perdiz rodeada de la salsa donde coció. Si se partió la berza se hace un nido para colocar la perdiz.

## PERDICES EN CONSERVA

**Perdices.—Aceite. Ajos. Pimienta. Sal. Laurel. Vinagre de la mejor clase o zumo de limón.**

Limpias las perdices se tienen en agua fresca unas cuatro horas, cambiándolas para que suelten la sangre y quede su carne blanca. Pasado este tiempo se secan con un paño. Se adoban con sal, ajo, pimienta y se bridan como los pollos. Se doran en abundante aceite. Se colocan en cacharros de barro. Se doran dos o tres dientes de ajo por cada pieza, una hoja de laurel y una cucharada abundante de zumo de limón o de vinagre, se echa con las perdices, se cubren de aceite y se ponen a cocer. Una vez cocidas y bien frías pueden envasarse en recipientes de cristal, o dejarlas en el puchero de barro, siempre bien cubiertas del aceite en que cocieron y tapadas perfectamente.

Se tienen en sitio fresco y se conservan hasta tres meses.

## PERDICES EN LECHE

**Perdices.—Mantequilla. Limón. Sal. Cebolla. Tocino. Leche.**

Una vez limpias las perdices, se untan de mantequilla, se espolvorean de sal y se riegan con zumo de limón por dentro. Se cubren con lonchas finas de tocino y se bridan como los pollos. Se rehogan en aceite abundante y caliente y cebolla picada. Se cubren con leche y se dejan cocer hasta que estén tiernas.

## PERDICES ESTOFADAS

**Perdices.—Tocino de jamón.—Zanahorias. Unas hojas de verdura.—Ajo. Perejil. Cebolla. Laurel. Sal.—Aceite y mantequilla. Limón. Pimentón.**

Se pica el tocino, una zanahoria pequeña por cada pieza, cebolla, ramita de perejil, un diente de ajo, hoja de berza por pieza, etc. Se echa todo sazonado de sal en una cacerola. Sobre este lecho se colocan las perdices adobadas, rociando cada una con un buen chorro de limón y otro de aceite o untándolas de mantequilla. Se agrega caldo o agua lo necesario para que cuezan después de espolvorearlas de pimentón, si se quiere. Se cubre la cacerola con un paño tupido y se tapa perfectamente. Se pone a cocer a fuego bastante fuerte. Pueden hacerse en la «olla».

Para servirla se pasa la salsa por colador.

## PESCUEZO RELLENO

**Un pescuezo de ave.—Carne, jamón, magro, salchichas, etc., lo que se prefiera, para el relleno.—Cebolla. Ajo. Sal. Perejil. Aceite.—Un hueso, un trocito de punta de jamón. Una zanahoria, etc., para el caldo.—Vino blanco.**

Limpio y sazonado el pescuezo se le vacía por completo de los huesos, etc. Una vez vacío el pescuezo se cose por un lado o se sujeta con un palillo y se rellena de una farsa hecha con la carne o carnes que hayamos escogido, aderezadas con sal, un poquito de ajo, una ramita de perejil, un chorro de vino blanco y todo ello bien picadito. Una vez relleno el pescuezo se cose o sujeta por el otro lado, se le dora en aceite bien caliente y se pone después a cocer en el caldo que ya debe estar hirviendo, cuyos condimentos indicamos en «ingredientes». Se deja cocer en este caldo hasta que esté tierno.
Se coloca en una fuente y se parte en lonchas. El caldo puede espesarse con yemas crudas o cocidas y servirse en salsera.
Pueden servirle de guarnición cualquiera de las que se indican para carnes.

## PICHONES RELLENOS

Se hacen como los «pollos rellenos».

## POLLO ASADO

**Un pollo regular.—Sal. Ajo. Perejil. Limón.—Vino blanco.—Tocino.**

Pelado, limpio y soflamado el pollo, quitadas las patas, el pescuezo y los menudos, se adoba con sal, ajo y perejil machacado, se rocía con un chorrito de limón, frotándolo, se riega con un chorro de vino blanco cuando está colocado en una fuente para el horno y se cubre de lonchas de tocino finas, se parten unos trozos de cebolla, que se colocan en el fondo de la fuente, así como un chorrito de agua para que

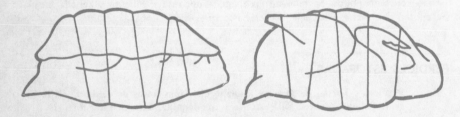

no se queme. Se sujeta como indica el dibujo. Se mete en el horno para que se ase, dándole vuelta a media cocción, echándole la salsa por encima.
También puede hacerse: una vez adobado, se coloca sobre la fuente, se riega con vino blanco y aceite, se cubre con rodajas de cebolla y se mete al horno.
Para servir el pollo asado, que ha de estar bien caliente, se presenta trinchado, separados los muslos, la pechuga, sin presentar a la mesa los huesos más descarnados. Si se ha puesto relleno, el relleno se pondrá rodeando los mismos, etc., partido en ruedas.

Al jugo se le quitará, con una cuchara por encima, la grasa, se le agrega un chorro de caldo o agua, se deja hervir un momento, se pasa por el colador y se riega con un poco al pollo trinchado; lo demás se sirve en salsera.
Se adorna con cogollos de lechuga, patatas souffles u otra guarnición.


## POLLO CON GUISANTES

**Pollo tomatero.—Guisantes. Jamón.—Cebolla. Vino blanco o Jerez.—Ajo. Perejil. Sal.—Aceite o mantequilla.**

Una vez limpios los pollos se parten o se dejan enteros y se adoban con sal, ajo, perejil machacados. Se doran en aceite o mantequilla o mitad y mitad, agregándoles un poco de jamón con tocino, partido en trozos, un chorro de vino blanco o de jerez y un pocillo de guisantes por pieza, así como dos o tres cucharadas de cebolla picadita y se deja cocer, añadiendo caldo de vez en cuando para que no se queme. Si los guisantes son de lata no es necesario echarlos hasta cinco minutos antes de servirlos.
Puede agregarse un poco de tomate, si se quiere.
Los guisantes sirven para adornar los pollos, colocándolos alrededor de la fuente.


## POLLO EN ENSALADA

**Un «pollo asado».—Dos o tres docenas de nueces, sin cáscara. Dos lechugas o escarolas.—Una «salsa mayonesa».—Rabanitos. Remolacha.—200 gramos de queso gruyére.**

En una ensaladera se van colocando capas de lechuga o escarola, muy lavada y cortadita, se le riega un poquito con mayonesa, otra capa de carne de pollo, regada otro poquito con mayonesa, otra capa de nueces y rabanitos pelados y partidos en dos trozos, como las nueces partidas en trozos grandes, se espolvorean bien con queso rallado; se pone otra capa de remolacha cocida con agua y sal o sencillamente cruda partida en trocitos, está más rica; otra capa de la lechuga regándola un poquito con mayonesa, otra de carne de pollo desmenuzado y así sucesivamente, cubriéndolo todo con la mayonesa.


## POLLO REBOZADO

**Pollo.—Ajo. Sal. Perejil.—Caldo.—Leche. Harina. Huevos. Pan rallado. Aceite.**

Limpios los pollos se parten en trozos y se adoban, se rehogan en aceite caliente y se ponen a cocer en el caldo sazonado de sal. Una vez cocidos se sacan; el caldo se cuela y si es poco se le agrega leche y harina hasta hacer una crema espesa, dejándola cocer unos diez o doce minutos, o se hace una bechamel con el caldo y leche. Los trozos del pollo se bañan en esta crema, después se rebozan en pan rallado y huevo y se fríen. Se sirven muy calientes.

## POLLO SORPRESA

**Un pollo.—Aceite, Mantequilla.—Una zanahoria grandecita. Una cebolla regular. Perejil.—Laurel. Vino seco. Especias si se quiere.—Puré de patata «duquesa». Queso rallado.**

Una vez limpio el pollo se le adoba con sal, ajo, perejil. Se parte en trozos, se cuece con dos cucharadas de mantequilla, una copita de vino seco y los demás ingredientes anotados para el caldo.

Una vez cocidos se ponen los trozos de pollo en un montoncito y se cubren con el «puré de patata» y con lo que sobra se hacen dibujos con una boquilla rizada. Este puré que se emplea para adornar se le puede dar color con yemas, con un poco de puré de tomate, verde vegetal, etc., siempre en tono pálido para que resulte más fino. Se espolvorea de queso rallado y se mete un momento a horno fuerte. La salsa, en salsera.

## POLLO TRUFADO

Se hace como la «gallina trufada».

# CONSERVAS Y QUESOS

# Conservas y quesos

## ATUN U OTRO PESCADO EN ACEITE

**Atún u otro, recién pescado.—Sal. Aceite selecto.**

Los pescados bien limpios, sin tripas, sazonados de sal, se cuecen en agua hirviendo y poca hasta que la espina dorsal se desprenda de la carne. Se dejan enfriar una vez cocidos y se separan los huesos y la piel. Si el pescado es grande, como el atún, se colocan los trozos mejores en vasijas de cristal o loza y se cubren inmediatamente de aceite de oliva, cuidando que queden bien sumergidos, se llenan hasta el borde y se cubren con un papel vegetal atándolos muy bien, se coloca otra tapa que cierre bien encima.
Si se llenan botes es preciso hacer el vacío y después que se suelden se cuecen en agua hirviendo o al vapor hasta que todo el contenido de la lata haya estado sometido a 100 grados de temperatura. Inmediatamente después se hace un orificio por donde saldrá el aire que tuviera dentro, volviendo a cerrar los botes inmediatamente cuando ya sólo salga agua. Si se ha llenado de aceite no hay este inconveniente, ni es necesario abrirlos.

## CONSERVA DE GUISANTES

Se escogen guisantes maduros y sanos, se lavan muy bien. Se cuecen cinco minutos en agua hirviendo. Se escurren muy bien, se dejan secar perfectamente y se guardan en recipientes muy limpios.
Cuando se vayan a usar hay que ponerlos a remojo unas horas antes.

## CONSERVA DE JUDIAS VERDES

Se limpian muy bien con un paño, escogiendo siempre las mejores y las más sanas. Se enhebran con un cordelito por el extremo más fuerte y se meten cuatro o cinco minutos en agua hirviendo, dejándolas cocer ese tiempo. Se dejan escurrir en sitio fresco, pero que no les dé el sol, separadas unas de otras o sobre una arpillera.
Para cocerlas se pondrán a remojo una o dos horas antes.

## CONSERVA DE PIMIENTOS

Se escogen los pimientos más maduros y más sanos. Se limpian muy bien. Se colocan sobre una fuente y se meten al horno para que se asen, no demasiado, a fuego fuerte. Se sacan, se les quita la piel y las semillas y se colocan en tarros muy limpios, cubriéndolos de aceite, dejándolos sin tapar hasta que el líquido haya penetrado por todos los rincones. Antes de taparlos se cuecen al baño maría durante media hora por lo menos. Inmediatamente se tapan como las mermeladas, con papel impregnado en alcohol de 90 grados y otro papel encima para que quede bien cerrado, atándolo fuertemente con un cordel mojado.

Si se mete en botellas es necesario hacer los pimientos tiras, que luego puedan salir fácilmente. Lo mismo que el recipiente anterior el cuello de la botella se llena de aceite, se tapa con un corcho y éste se baña bien en cera para que no entre aire por sus poros. Consérvense en sitio fresco. También se ponen al baño maría.


## CONSERVA DE TOMATES

Siempre se escogen tomates maduros, pero no blandos. Se tiene preparada una olla con agua hirviendo donde se van escaldando los tomates. Después se pelan y se meten en frascos de cristal muy limpios, se les echa agua hirviendo con sal hasta que queden llenos todos los huecos. Se cuecen al baño maría unas dos horas. Se cierran herméticamente y lo demás, como los anteriores.

Otro procedimiento es el siguiente: Después de pelados en agua hirviendo como los anteriores se les parte en trozos, quitándoles la parte central dura y las semillas. Se les deja escurrir en una fuente y se les echa un gramo de *salicilato* por cada kilo de tomates limpios y escurridos, aunque no del todo, pues debe dejárseles jugosos, mezclándolo bien, y se introducen en las botellas o los frascos, que deben estar perfectamente limpios y secos. La parte del cuello de la botella o la parte superior de los frascos se llenará de aceite. Lo demás, como los anteriores: cocerlos al baño maría, etc.


## CONSERVA DE UVAS AL NATURAL

Las uvas pueden conservarse, escogiendo buenos racimos. Como siempre, la fruta sana y madura, bien limpias y quitando todo lo que pueda dañarlas.

En una cuerda separada de la pared se colocan los racimos, unos separados de los otros. También se pueden poner sobre una arpillera. En sitio fresco, que nunca les dé el sol. Se pueden conservar así dos o tres meses perfectamente.


## FRUTAS EN ALMIBAR O EN DULCE

Las frutas que se vayan a conservar es preciso cocerlas en recipientes de porcelona nueva, que no tenga ningún desperfecto o, mejor, en recipientes de hierro esmaltado, sin nada saltado y que sean amplios para poder remover bien las frutas, pues de ningún modo deben pegarse al recipiente. Jamás deben emplearse recipientes de cobre o estañados, pues estropean la fruta.

La fruta ha de estar sana y madura por igual, sin que tenga ninguna materia extraña y retirando todas las que no estén perfectamente sanas.

Es necesario remover mucho las frutas, pues es indispensable que suba a la superficie toda la espuma y quitarla, pues si el dulce no está bien espumado, fermentará y estropeará la conserva. Además hay que tener cuidado que las frutas, ya lo hemos dicho, no se peguen a los lados ni al fondo. Usar cuchara de madera, que no dé mal gusto.

Se hace un jarabe a 32 grados o a su punto equivalente.

Cuando el dulce tape la espumadera es que ya está cocido y en su punto. Esto se nota cuando al meter la espumadera en el dulce cae despacio y al final se aglomera al borde, de modo que cae gota a gota. No debe pasarse de este punto, pues si está demasiado cocido pierde la fruta color y presentación y el dulce sería escarchado. Es decir, por la saturación dejaría de ser líquido y se convertiría en sólido.

Se prepara la fruta que sea, limpiándola bien, partiéndola a la mitad y deshuesándola; se les quita lo feo que puedan tener, feo y malo; si tiene la monda dura se le puede quitar; se va colocando en la vasija donde vaya a cocerse por capas de azúcar y de fruta, quedando la última una muy espesa de azúcar. Conservándolo sin moverlo y al fresco, destapado, de diez a veinticuatro horas, según la fruta sea más gruesa y fuerte. como el albaricoque, membrillo, etc., o sea más delicada, como la frambuesa, fresas, cerezas, etc.

Pasado este tiempo póngase a cocer a fuego vivo, moviéndolo sin parar, teniendo cuidado de que no se pegue el dulce al fondo, espumándolo sin cesar. Cuando esté en buen punto el dulce, es decir, que haga hebra cogiéndolo, después que haya enfriado un poquito, con los dedos y que al separarlos formen hilitos o hebras. Entonces se deja enfriar un poquito y después se echa en recipientes o frascos de cristal perfectamente limpios y calentados para que no se rompan al echarles el dulce mezclado con una copita de conac. Eche éste a cucharadas.

Se dejan en reposo hasta el día siguiente o dos o tres días, se vuelven a llenar si no están bien llenos y se tapan, colocando en cada recipiente un papel que cubra perfectamente la boca, el papel untado con glicerina rectificada o de alcohol de 90 grados que se pide en la farmacia. Se cubre con otro papel vegetal u otro fuerte y se ata fuertemente con bramante mojado, ajustándolo bien.

## PROPORCIONES DE AZUCAR PARA VARIAS FRUTAS YA LIMPIAS Y DESHUESADAS

| | | | | | |
|---|---|---|---|---|---|
| Para cinco kilos de albaricoque ... ... ... ... | | | | Cuatro de azúcar | |
| » | un | » | » albaricoque ... ... ... ... | 800 gramos de azúcar | |
| » | » | » | » cerezas ... ... ... ... ... | 700 » » » |
| » | » | » | » ciruelas claudias ... ... ... | 800 » » » |
| » | » | » | » fresas ... ... ... ... ... | 800 » » » |
| » | » | » | » grosellas ... ... ... ... | 800 » » » |
| » | » | » | » manzana ácida ... ... ... | 1.000 » » » |
| » | » | » | » manzana dulce ... ... ... | 800 » » » |
| » | » | » | » membrillo ... ... ... ... | 1.000 » » » |
| » | » | » | » naranjas ... ... ... ... | 1.000 » » » |
| » | » | » | » peras ... ... ... ... ... | 700 » » » |

Muchas de estas frutas pueden dejarse enteras, como son las peras, grosellas, fresas, cerezas sin pepita, que se les saca fácilmente con una horquilla de moño, etc.

Otras de las frutas se pueden partir en gajos. Y por fin otras se podrán pasar por un colador para que quede un dulce fino.

A los dulces de frutas se les puede agregar, una vez cocidos, por cada tres kilos medio litro de agua hirviendo, en la que se hayan disuelto tres hojas de gelatina y una copita de coñac, mezclándolo muy bien con el dulce. Con esto el dulce quedará más fino.

## LECHE CUAJADA

En las farmacias se vende «cuajo» preparado para cuajar la leche y tomarla así o hacer queso. Pero también hay otra manera de cuajar la leche, y es con una rama de higuera que tenga algún corte en el tallo. Después de bien lavada se agita en la leche caliente y se cuaja inmediatamente. También se corta la leche echando en ella zumo de limón.

La leche cruda puesta al calor de la cocina, sin que se caliente demasiado, después de varias horas también se corta.

## LENGUA, RIÑONES, HIGADO EN CONSERVA

**Lengua, riñones, hígado.—Manteca de cerdo, abundante.—Ajo. Laurel. Canela. Sal.—Pimentón dulce o picante.**

La lengua se habrá pelado; los riñones se les habrá sacado el orín como se enseña en las recetas de «riñones» y de «lengua».

Se pueden poner las tres clases de carnes o sólo una o dos, como se quiera. Se parten las carnes en trozos y se rehogan en la manteca derretida, agregando unos ajos picados, hoja de laurel, un poco de canela, un poco de sal, añadiendo un poco de pimentón dulce o picante, como se desee.

Se rehoga muy poquito y se echa en un pote pequeño o en otro recipiente de barro, quedando siempre cubierto por la manteca derretida, moviéndolo para que penetre en todos los rincones del cacharro, pues si queda aire en algún hueco se estropearía. Si está bien hecho se conserva varios meses.

## QUESOS

Hay varias clases de queso, y todo ello depende de la clase de leche, de la fermentación, ambiente, temperatura, etc.

Lo primero que hay que hacer es cuajar la leche, ya sea de vaca, de cabra, etc.

En cada región se hace una clase de queso, que varía según el modo de secarlo y de los demás datos que ya hemos apuntado.

Por ejemplo, para hacer el queso de Galicia es necesario que el local donde se haga esté a unos 18 ó 20 grados de temperatura, o en la cocina, sin que haya exceso de calor.

La leche se filtra bien recién ordeñada o si no se calienta un poco a la temperatura que tiene recién ordeña. Se cuaja con cuajo comprado en el comercio, donde trae la indicación de su empleo y la dosis. Se echa el cuajo, que suele ser una cucharada por litro. Se remueve bien la leche y luego se deja sin tocar hasta que se vea que al mover un poquito el cacharro donde se ha echado, que debe ser de porcelana y muy limpio, esté sólido. Cuando esté bien cuajado se le quita el suero, que debe ser verdoso y claro y la leche cuajada se echa en un paño y con cuidado se va envolviendo o atándola en forma de bolsa y se cuelga para que escurra bien del suero.

Una vez escurrido, después que hayan pasado unas horas ya se ve que casi no echa líquido y que está bastante seco. Con la cuajada se van llenando los moldes, apretándolos y dejándolos en el mismo sitio templado donde se hizo. Se tienen así dos o tres días, dándoles vuelta con frecuencia. Después que se ve que están bien sequitos se rocían de sal por un lado y por los bordes, dejándolo así un día; al siguiente se les da la vuelta y se salan por el otro lado, siempre fuera del molde. Se dejan sobre una tabla o sobre la mesa de madera. Pasadas otras veinticuatro horas se pone a orear, es decir, a secar en sitio fresco y seco.

De modo parecido se hace el queso llamado de «pata de mulo», de León. Cuajada la leche y escurrida como en el proceso anterior, en vez de meterla en moldes se enrolla en un paño, muy apretadita y prensada, por lo que tiene forma alargada y parecida a la pata de un mulo; de ahí su nombre. Cuando se ha secado se echa en un recipiente con agua saturada de sal. La prueba la hacen echando un huevo en el agua; cuando éste flote es que tiene bastante sal, pero si no se quiere muy salado para consumirlo antes, no hace falta echar tanta sal. Se mete el queso en el agua y se deja allí cuatro o seis horas, según se quiera de salado y según esté de apretado el queso, pues si está flojo, más pronto absorbe la sal. Se saca del agua y dejándolo escurrir se puede poner en sitio fresco y seco, conservándose varios días o puede consumirse en el acto.

Muchos quitan a estos quesos la nata y aprovechan más la leche echando más cuajo, pero no son tan finos ni cremosos.

Cuanto más tiempo se deja cuajar, hasta veinticuatro horas, mejor se aprovechará el suero y más suave será el queso, ya que no tendrá tanta consistencia o dureza, pero nunca prolongando demasiado la coagulación, pues si no se acidifica la leche y se estropea.


## YOGOURT

Se vende en el comercio el «fermento yogourt», que viene preparado, o en botes de yogourt, que sirve de cuajo.

Se hierve leche hasta conseguir mengüe bastante para que se evapore el agua. Se deja enfriar un poco y cuando esté templada se echa el fermento y se deja así después de ponerlo en recipientes de cristal o loza durante varias horas, hasta que esté completamente cuajado. Si se deja demasiado puede estropearse o separarse el suero, que es muy nutritivo.

Es uno de los alimentos más sanos y nutritivos.

Si se deja un poco de yogourt cada día y se mezcla con la leche, dejándolo hasta el día siguiente, tendrá usted siempre yogourt.

BEBIDAS

# Bebidas

## BATIDO CALIENTE DE NATA

**Para tres huevos.—Azúcar a gusto.—Canela o vainilla.—Medio litro de leche. Un cuarto litro de nata, o un tazón pequeño.—Una copita pequeña de coñac o de ron, si se quiere.**

Menos la leche, se pone todo en la batidora hasta que esté crecido. Después se agrega la leche hirviendo, mezclándolo. Se sirve.

Si no se tiene batidora se baten primero las claras a punto de nieve; después, las yemas y el azúcar; luego se bate la nata hasta que espese; después ya no debe batirse, pues se convierte en manteca. Se mezcla todo muy bien y se agrega la leche hirviendo.

## BATIDO DE FRUTAS

**Para dos vasos de leche.—Una copa de coñac o de ron.—Medio kilo de melocotones, mejor en dulce.—Cuatro huevos.—Tres plátanos.—Un cuarto kilo de nueces, ó 200 gramos de almendras.—Un cuarto kilo de cerezas, fresas u otra fruta.—Azúcar a gusto.**

Se pone todo en la batidora, reservando unas cerezas y unas rajitas de melocotón para adornarlo. Se bate todo hasta que esté espumoso. Puede ponerse en la nevera para tomarlo frío.

Si no se hace en la batidora se machaca toda la fruta, reservando la misma que hemos dicho para adornar las copas. Se pasa toda la fruta por un pasapurés muy fino. Las claras se baten a punto de nieve y las yemas lo más posible. Después se mezcla todo muy bien y con cuidado que no se bajen las claras. Se adorna con las frutas reservadas.

## BATIDO DE NARANJA

**Para medio litro de jugo de naranja.—El jugo de medio limón.—Un vasito de agua.—Una taza de nata.—Miel o azúcar a gusto.**

Se mezcla todo y se bate muy bien.

## BATIDO DE NATA O DE YEMAS

**Para un litro de leche.—Seis yemas.—Dos galletas tostadas.—Azúcar o miel a gusto.—Un tazón de nata.**

Se baten las yemas y se les mezcla con cuidado la nata. La leche se bate con el azúcar y las galletas. Se mezclan con cuidado la nata y las yemas.
En la batidora, ponerlo todo junto, pero puede echarse un poquito menos de leche.
Puede agregarse canela, vainilla, chocolate, café, etc.

## BATIDO MOUSSE DE CHOCOLATE

**100 gramos de chocolate o unas cuatro cucharadas en polvo.—Tres huevos.— Un pocillo de leche.**

Se hace el chocolate con la leche.
Las tres claras se baten a punto de nieve o de merengue.
Se baten unos minutos las yemas y se les agrega el chocolate templado; después se mezclan con cuidado para que no se bajen las claras.
En la batidora puede ponerse todo junto.
Pueden variarse los batidos hasta lo indecible en sus múltiples combinaciones agregándoles hielo, agua, más o menos yemas, leche, etc. Son sanos y refrescantes.

## CAP DE FRUTAS

El cap de frutas es la bebida característica de un guateque.
Se admiten *frutas de todas clases* muy picaditas y mezcladas con *azúcar* en abundancia; se le añade hielo picadito, vino blanco y sidra, con un poquito de licor (curacao, coñac, ron, etc.). Cada copa debe tener pocos frutos y mucho líquido.

## COCKTAIL

**Una yema.—Medio litro de caldo.—Media copita de vino de solera.—Unos trocitos de hielo.**

Se agita mucho todo mezclado y se toma.

## CHARTREUSE

**Para un litro de aguardiente.—Una copita de anís de estrella.—Medio kilo de azúcar o tres cuartos de kilo de miel, o mitad y mitad.—Un gramo de cilantro. Seis gramos de hierba luisa.—Seis gramos de manzanilla.—Un polvito de nuez moscada.**

Se mezcla y se deja en maceración seis u ocho días, Pasado este tiempo se filtra y se embotella.

## LECHE DE ALMENDRAS

**Para 150 gramos de almendras dulces.—Un litro de leche.—Un chorrito pequeño de agua de azahar.—Azúcar a gusto.**

Las almendras se machacan o se muelen en la maquinilla, en unión del azúcar para que no se hagan aceite. Hechas una pasta se mezclan con la leche, el azúcar y el agua de azahar. Se filtra y ya está preparado para tomar.
Si se pone en la batidora no necesitan molerse las almendras, pues la batidora lo tritura, aunque es conveniente machacarlas un poco.


## LECHE MERENGADA

**Para un litro de leche.—Cuatro claras.—Azúcar. Limón. Canela. Hielo.**

Se hierve la leche con una cortecita de limón. Una vez fría se agregan las claras a punto de nieve y el azúcar necesaria para endulzarlo a gusto. Se mezcla todo muy bien y se pone a helar o entre hielo para que esté muy fría.
Se sirve en vasos corrientes espolvoreados de canela.


## LICOR DE CAFE

**Para un litro de aguardiente.—Un pocillo de agua.—La piel seca de dos naranjas o de limón.—Cincuenta gramos de café molido.—Dos tazones regulares de azúcar.**

Con el agua y el azúcar se hace un almíbar fuerte, al que se agregan las pieles de las naranjas o de los limones, que si no pueden ser secas se les quitará la parte blanca lo más posible, raspándola bien. A este almíbar se le agrega el café y luego el aguardiente, ya separado del fuego. Se pone en un recipiente de cristal, bien cerrado, durante unos seis o más días. Pasado este tiempo se filtra y se embotella.


## LICOR DE NARANJA

**Un cuarto de litro de leche hervida y fría.—Medio kilo de azúcar.—Un palo grande de canela o vainilla.—Un cuarto kilo de naranjas de la mejor clase y jugo.**

Las naranjas se parten en trocitos; después de haberlas limpiado bien se mezclan con todos los demás ingredientes y se dejan en maceración unos veinte días. Pasado este tiempo se filtra y se embotella.


## LICOR ESTOMACAL

**Para un litro de orujo.—Un poquito de hierbabuena, hierba luisa y manzanilla.—Un almíbar con cuarto kilo de azúcar y medio pocillo de agua.**

Se toma un poco de cada una de las hierbas que hemos anotado y se echan en el orujo, se bate un poco y se deja en infusión ocho o nueve días.

Con el azúcar y el agua se hace un jarabe que se agrega a la infusión preparada cuando han pasado los días necesarios y después de filtrado. Se embotella y puede tomarse cuando se quiera.


## LIMONADA

**Un cuarto kilo de limones.—150 gramos de azúcar.—Un litro de agua hirviendo.**

Se cortan los limones en trocitos muy pequeños y se mezclan con el azúcar en'una vasija resistente al calor, agregando un litro de agua hirviendo. Se deja dar unos hervores y se pone a enfriar. Se filtra y puede servirse.


## MACEDONIA O COCKTAIL DE FRUTAS

Admite, como el cap, toda clase de frutas del tiempo, peladas y partidas en trozos pequeños, se les echa bastante sifón o gaseosa y un poquito de licor, anís, coñac, etc., muy poco. Se echa bastante azúcar y se deja en maceración hasta el día siguiente. Puede rodearse de hielo. Se sirve en copas. Esto tiene más cantidad de frutas que el cap.


## MAZAGRAN

**Medio vaso de agua.—Un pocillo de café.—Una copa de coñac o ron.—Una rodaja de limón.—Un pocillo pequeño de azúcar.—Un trozo de hielo.**

Se mezclá todo, se revuelve durante cinco o más minutos, se filtra y se sirve.


## REFRESCOS

Los más sencillos o simples son con azúcar o miel, agua y jugos de frutas, ya sean varias a la vez o ya sea limón solo, naranja, etc. Pueden llevar hielo o no.
Se sirven en vasos de refresco o en copas, con pajas, etc., para no dañar los dientes con el frío o con el ácido de las frutas.


## REFRESCO DE ALMENDRAS O CHUFAS

Las chufas o las almendras se muelen o se machacan, se dejan a remojo en agua fresca durante veinticuatro horas, después se les agrega azúcar a gusto; sin quitar el agua se remueve bien para que se deshaga el azúcar, se filtra y se sirve.


## REFRESCO DE TOMATE, NARANJA O LIMON

Se pasa un tomate por el pasapurés o si se va a poner en la batidora se lava y se le quitan las semillas. El tomate y las otras frutas se rebajan un poquito con agua y se endulzan a gusto.

## REFRESCO DE VINO

Se mezcla la clase de vino que se quiera con agua, ya sea tinto o blanco, se le ponen unas rajitas de limón, un poco de hielo y azúcar a gusto.

## REFRESCO DE FRESA

Se mezclan fresas y azúcar, casi en iguales cantidades o a gusto de cada uno. Se agrega bastante zumo de limón y un poquito de clavo, se pone a hervir hasta que espese mucho, revolviéndolo sin cesar. Se filtra y se embotella; debe consumirse pronto. Para usarlo se mezcla con agua.

# REPOSTERIA

# Repostería

ALMIBAR

El almíbar es una mezcla de mucha azúcar con poca agua; cuanto más fuerte se quiera el almíbar más tiene que cocer o menos agua tiene que llevar.

Con un pesajarabes se sabrá muy bien la graduación del azúcar, o si no se tiene debe acostumbrarse a conocerlo al tacto con los dedos.

Cuanto más enfríe, más grandos tendrá, es decir, más espeso quedará. De modo que un almíbar que caliente marque 20 grados, por ejemplo, cuando se enfríe del todo llegará a marcar 25, es decir, cinco grados más, definitivamente.

Mientras el almíbar está hirviendo debe espumarse todo lo posible hasta que quede cristalino, pues de ello depende muchas veces el éxito.

Primer punto, llamado de *jarabe* o *almíbar*. Es un almíbar ligero, que tapa los agujeros de la espumadera al introducirla; este punto llaman los confiteros *napa*. En el pasajarabes marcará de 18 a 28 grados, según se deje cocer más o menos.

Punto de *hebra fina*, marcará los 29 grados. Se mojan los dedos en agua y después cogen un poquito de almíbar, apretando los dedos, y al separarlos se forman unos hilitos o hebras finas que se rompen fácilmente.

Punto de *hebra fuente* o *gruesa*, marcará 30 grados. La misma prueba que el anterior, pero la hebra será más fuerte y ofrecerá más resistencia al romperse.

Punto de *perla*, marcará 33 a 35 grados. Se nota al hervir el almíbar: formará unas perlitas, y al hacer la prueba de los dedos la resistencia será mucho mayor que en los anteriores.

Punto de *goma* o de *bola*, marcará de 37 a 38 grados. En la prueba de los dedos debe formar una bola. Y metiendo la espumadera y soplando a través de sus agujeros se formarán unos globos alargados y blancos.

Punto de *lámina*, marcará de 39 a 40 grados; también se le denomina de escarchado. En la prueba de los dedos habrá que formar la bola amasando el almíbar; luego se morderá y se comprobará que está fuerte o se partirá con un chasquido, si el punto es más fuerte. Sobre el mármol no se pegará.

Después de los 40 grados es punto de *caramelo*, que es el punto más fuerte, porque si no se retira se quemará.

PARA CLARIFICAR EL ALMIBAR.—Para cada kilo de azúcar se empleará una clara de huevo y un litro de agua fría. colocándola en un recipiente limpio donde se hervirá; al notarse que va a romper a hervir se le agrega el resto del agua batida con la clara o la clara batida primero y luego vuelta a batir con el agua para que se incorpore bien. Se pone todo a hervir, espumándolo cuidadosamente, echándole un poquito de agua fría cada vez que suba el almíbar, así por tres veces; últimamente la espuma será blanca; entonces se podrá colar o filtrar, estando ya la clarificación bien efectuada.

No damos cantidades para hacer el almíbar; cuanto más se ponga más tendrá que dejarse cocer hasta conseguir el punto que se desee. Por regla general se pueden poner dos partes de azúcar y una de agua.

## AZUCAR GLAS

**Azúcar de pilón fino o corriente.—Harina de almidón o de arroz.**

Se muele como harina sobre un mármol el azúcar, cuando está hecha polvo, si se quiere más económico, se mezclan dos partes de azúcar y una de harina. También puede ponerse el azúcar sólo.

## AZUCARILLOS

**Claras.—Azúcar.**

Es necesario un cazo de cobre.
Se baten las claras a punto de nieve, se les echa azúcar, después se ponen en un cazo de cobre al fuego. Primero se echan unas gotitas de agua y luego una clara. Se revuelve un poco y se pone a enfriar en forma alargada sobre una fuente u otra cosa similar, engrasada con mantequilla, mejor que con aceite. Con un hierro candente se le hace una línea ancha a lo largo.

## ARROZ CON LECHE AL CARAMELO

**Para un tazón de arroz.—Un pocillo de agua.—Dos tazas de leche.—Tres cucharadas de mantequilla.—Azúcar. Canela en rama. Limón. Sal.**

Se pone a cocer en el agua hirviendo el arroz limpio, para que abra. Se le agrega la mantequilla y un poquito de canela en rama, o en polvo, si no hay. Según haya consumido el agua se le echa la leche y una rajita de limón, para que siga cociendo a fuego suave. No debe echarse toda la leche de una vez, pues depende de la clase de arroz que cueza primero y, por lo tanto, que consuma más o menos leche. Se le echa una pizca de sal.
Una vez casi cocido se echa el azúcar para endulzarlo a gusto (teniendo en cuenta que llevará toda la superficie de caramelo) y se deja terminar de cocer con él. Cuando ha cocido del todo se echa en una fuente y se deja enfriar un poco; cuando la superficie esté un poco sólida se espolvorea bien de azúcar. Con una placa o un hierro candente se va tostando el azúcar, y se le pueden hacer dibujos. Se sirve apenas templado.

## ARROZ CON LECHE ECONOMICO

**Para una taza de arroz.—Una taza de agua.—Una taza de leche grande.—Un poquito de canela en rama.—Una rajita de limón. Sal.—Azúcar a gusto.**

En el agua hirviendo, se echa el arroz limpio y se deja abrir, es decir, cocer hasta que se consuma el agua. Después se agrega la leche, el limón y la canela. Se tapa y se deja cocer a fuego suave; cuando esté casi cocido se le agrega el azúcar y una pizca de sal.

Para servirlo se le quita el limón, se le deja enfriar un poquito y se espolvorea canela, si se quiere.


## ARROZ IMPERIAL

**Para un tazón de arroz.—Tres huevos. Mantequilla.—Leche.—Corteza de limón, un trozo.—100 gramos de frutas en almíbar o confitadas.—Azúcar. Sal. Una ramita de canela.—Un pocillo de nata.—Almendra molida, cruda.**

El arroz, como los anteriores, se puede abrir en un poquito de agua, porque se cuece primero, pero puede cocerse desde el principio con la leche aunque tarda más. Al principio puede echársele un trozo de mantequilla, y una pizca de sal que hace el arroz más sabroso, y el limón y un poquito de canela. El arroz ha de cocer a fuego suave para que se penetre bien de la crema de leche. Cuando esté casi cocido se le echa el azúcar y se saca la corteza del limón.
Una vez cocido se le agregan las yemas batidas, la nata y las almendras molidas. Se le deja dar un hervor y se retira removiéndolo bien. Después se agregan las frutas partiditas reservando algunas para adornarlo.
Se echa en una fuente a enfriar, se cubre con las claras a punto de nieve y se adorna con las frutas que hemos reservado. También puede dejarse un poco de nata que se mezclará con las claras.


## BAÑO ACARAMELADO

Para acaramelar frutas, dulces, bombones, etc., se bañan en un almíbar más o menos fuerte, según se desee, y se dejan enfriar.


## BAÑO DE CARAMELO

**Azúcar.—Agua.—Limón.**

Se hace un almíbar a punto de hebra fina (ver «Almíbar»). Cuando ya se retira del fuego se le agregan unas gotas de limón. Se remueve bien. Se introducen en él lo que queramos bañar o con un pincel se pinta lo que queramos abrillantar.


## BAÑO DE CHOCOLATE

**Para tres onzas de chocolate. — Dos cucharadas de mantequilla. — Azúcar. Agua.—Harina. Una clara.**

En una tacita o pocillo de agua se deshace una cucharada de harina. Se pone al fuego y se agrega la mantequilla y el chocolate rallado o en polvo. Se deja cocer hasta que se deshaga el chocolate y haya espesado, pudiendo agregársele más agua si no se quiere tan espeso. Se retira un poco del fuego y se le agrega una clara a punto de nieve: sin dejarlo enfriar se baña lo que se desee, pues si se enfría se pone duro. Se puede suprimir la clara de huevo o se puede añadir un huevo batido.

## BAÑO DE FONDANT

Se emplea para relleno de bombones, baño de pasteles, dulces, etc.

Se hace un almíbar a punto de perla (véase «Almíbar»), y se vierte sobre un mármol húmedo, para que no se pegue. Se echan en el almíbar unas gotas de limón trabajándolo mucho con una espátula o cuchara de madera, moviéndolo en todos los sentidos, hasta que se forme una pasta muy dura y blanca. Con ella se hace una bola, que cuando se quiere conservar se pone en un recipiente hondo cubriéndola con un paño húmedo.

Para bañar los dulces, etc., se pone al baño maría, se derrite y con el líquido se bañan. Si no se meten los pasteles en el baño, y éste se vierte sobre ellos, se puede alisar con un cuchillo, luego se meten al horno unos segundos para que brille, teniendo cuidado de que no se derrita.

El fondant nunca puede sacarse del baño maría mientras se están bañando los pasteles. Téngase en cuenta que sólo debe ponerse al baño maría la cantidad de fondant que creemos vamos a necesitar. Si a pesar de todo se endureciera habría que echarle unas gotas de agua para que tomara otra vez el punto que perdió al solidificarse.


## BAÑO GLASA REAL

**Para cinco claras.—Un chorrito de limón, unas cuatro gotas por cada clara.— 600 gramos de azúcar glas.**

Se trabaja todo muy bien hasta que forme una crema blanca y espesa.

Si se quiere más espesa se echa más azúcar. Se le pueden poner unas gotas de licor para perfumarlo.

Sirve para baños, rellenos, etc.

Se pueden batir primero las claras a punto de merengue, solas, y unirles luego lo demás.


## BAÑO DE MANTEQUILLA

**Para 100 gramos de mantequilla.—Un huevo.—Limón rallado o esencia de limón o vainilla.—Azúcar glas.**

Se bate la mantequilla hasta hacerla crema, se batirá fácilmente con una cuchara de madera de boj mojada en agua, pues así no se pega la mantequilla.

Puede echarse la clara sola o batida a punto de nieve o si se quiere algo de color se le echará también la yema. Se mezclará con la mantequilla, así como el azúcar glas hasta que ésta tenga la consistencia que se desee.


## BAÑO DE NARANJA O LIMON

**Para dos cucharadas de mantequilla.—El jugo de una naranja o limón y su piel rallada.—Una clara. Azúcar.**

En un recipiente se pone la mantequilla y el jugo de la fruta con un poco de azúcar para endulzarlo a gusto. Se retira del fuego una vez disuelto, y se le agrega la clara de huevo a punto de nieve. Se usa.

## BAÑO DE YEMA

**«Almíbar a punto de hebra».—Yemas.**

Se hace un almíbar a punto de hebra (véase en «Almíbar»). Una vez hecho se retira del fuego y cuando se haya enfriado bastante se le agregan las yemas, una por cada pocillo de almíbar, pero si se quieren poner más, no hay inconveniente. Se vuelve a poner al fuego hasta que espese lo que se quiera, removiéndolo siempre y se usa.

## BAÑO MARQUISE DE CHOCOLATE

**100 gramos de chocolate (unas cuatro cucharadas colmadas).—100 gramos de mantequilla (unas cuatro cucharadas colmadas).—Azúcar glas, dos cucharadas.—Tres huevos.—Coñac, unas gotas.**

Se mezcla todo y se trabaja mucho. Cuando quede una masa igual se le mezclan las yemas y unas gotas de coñac, se mezcla todo muy bien y se le agregan las claras a punto de nieve.
Además de servir para bañar tartas, bizcochos, etc., puede cubrir unos bizcochos borrachos, es decir, empapados en almíbar y jerez, colocados sobre un plato de cristal.

## VIRUTAS

**Un pocillo de aceite refinado.—Un pocillo de vino blanco. Sal. Harina. Aceite. Azúcar glas y canela.—Palos de caña.**

Con todos los ingredientes se hace una pasta muy bien amasada y fina. Se estira y se corta en tiras que se envuelven en los palitos de caña. Se fríen en mucho aceite, se sacan del palo a medio freír, en cuanto han tomado la forma de viruta, terminando después de freírlas.
Una vez fritas se envuelven en azúcar glas mezclada con canela, o sola.

## BIZCOCHO

**Para tres huevos.—Tres cucharadas de harina.—Tres cucharadas de azúcar.**

Se baten las claras a punto de nieve. Se baten las yemas y se mezclan con las claras en unión del azúcar; después de mezclarlo se agrega con cuidado, para que no se bajen, la harina, poquito a poco. Cuando esté bien unido se echa en un molde engrasado. Todos los bizcochos se dejan reposar en los moldes o papeles, hasta que formen una pequeña capa en la superficie, antes de meterlos en el horno, tapados con un papel engrasado para que no se queme. Ha de tener calor por debajo, es decir, que el horno esté fuerte, pues de lo contrario se posa la harina y se cuaja en el fondo sin que llegue a subir más que la parte superior, pero como hemos dicho, ha de tener el papel, y cuando se queme uno se pone otro para que cueza por debajo, pues por encima se cuece enseguida. Si al pincharlo con una aguja de hacer media sale ésta limpia es que ya está cocido y se saca. Una vez frío se desmoldea.
El molde ha de ser amplio, pues el bizcocho crece.

## BIZCOCHO DE NARANJAS

**Un «bizcocho».—Dos huevos. Cuatro naranjas.—Harina tostada o maizena.—Azúcar. Vino blanco. Agua.**

Se hace un bizcocho alargado en forma rectangular, bastante grueso.
El bizcocho alargado se corta en dos tapas, atravesándolo.
Se hace una crema de naranjas del siguiente modo: Se baten dos huevos, con el jugo de cuatro naranjas, tres cucharaditas de harina tostada o de maizena, una copita de vino blanco, medio pocillo de agua y el azúcar necesario para endulzarlo.
Una vez batido se pone al baño maría para que espese lo suficiente hasta tener consistencia de crema.
Con esta crema se cubre la tapa inferior del bizcocho, cubriéndolo con la otra tapa.
Puede adornarse con coco rallado y almíbar, huevo hilado, almendras, etc.
El bizcocho puede emborracharse con almíbar.

## BIZCOCHO DE ALMENDRAS

Se hace un bizcocho corriente, agregando las almendras, piñones, nueces, etc., molido o machacado, dejando algunas para adornarlo.

## BIZCOCHO DEL AMA

**Un huevo.—Jícara y media de harina.—Media jícara de aceite.—Una jícara de leche.—Jícara y media de azúcar.—Medio sobre de polvos de litines.**

El huevo se bate muy bien, como para tortilla. Se van agregando las demás cosas mezclándolas muy bien. Se engrasa un molde de papel o de lata, pero mejor de papel, porque se pasa mejor, y se mete a horno regular. Póngase un papel engrasado encima si hay peligro de quemarse sin pasarse.

## BIZCOCHO CON MANTEQUILLA

**Cinco yemas.—Cuatro claras.—Un cuarto kilo de mantequilla.—Un cuarto kilo de harina.—Un cuarto kilo de azúcar.—Limón o naranja rallados.**

Se bate el azúcar y la mantequilla hasta que se ponga casi blanca; luego se le agregan una a una las claras a punto de nieve, después la harina y cuando esté todo bien unido se echa en un molde engrasado y se mete al horno fuerte. Síganse los consejos que a este respecto damos en la receta anterior.

## BIZCOCHO DE MARMOL

**«Bizcocho».—Carmín vegetal.—Verde vegetal.—Cacao. Café.**

Se prepara un batido como en la primera receta de «bizcocho», al que se agregan un pizquito de polvos de carmín y verde vegetal, muy poquitos, pues tiñen mucho. Una cucharada de cacao y otro poquito de café. Se revuelve muy poco, para que quede con vetas. Se echa en el molde y lo demás como en la receta de «bizcocho».

# BIZCOCHO DE NATA

**Para tres huevos.—Un tazón de nata.—Harina.—Levadura Royal.**

Se baten las claras a punto de nieve. Se mezclan las yemas batidas. La nata se mezcla con el azúcar que se quiera para endulzar, aproximadamente unas seis o siete
cucharadas. Se mezcla todo con los huevos. Se agrega una cucharada de Royal y la
harina hasta que forme una crema espesita. Se mete al horno en un molde engrasado. Puede echarse un poquito de limón rallado para darle mejor gusto. Síganse
las mismas instrucciones que damos en la primera fórmula de «bizcocho».

# BIZCOCHO REINA

**Una taza de «compota de manzana» (ver en «frutas»).—Seis cucharadas de
mantequilla.—Cuarto kilo de azúcar.—Cuarto kilo de harina de primera.—
Dos cucharadas de polvos Royal (levadura).—Diez cucharada de leche.—Canela o vainilla, o esencia de limón.**

Se baten el azúcar y la mantequilla hasta formar una crema; después se van agregando los huevos batidos, uno a uno, y la esencia. La harina y el Royal, se mezclan. Se une todo y bien fina la mezcla se pone en un molde engrasado y espolvoreado de harina. Se pone la mitad de la masa y en el centro se extiende la compota
de manzana sin caldo, a medio cocer, cubriéndola con la pasta que dejamos.
En vez de la compota de manzana se puede poner manzana cruda partida muy
finita y bien cubierta con azúcar.
Se mete a horno fuerte cubierta con un papel engrasado para que no se queme.
Se sirve adornado con rodajas de manzana.

# BIZCOCHO SARO

**Para dos huevos.—Cuatro cucharadas de harina.—Dos cucharillas de aceite
refinado.—Cuatro cucharadas de azúcar.—Medio sobre de polvos litines.**

Se baten los huevos y se mezcla todo muy bien. Se mete a horno regular en un
molde engrasado, ya sea de papel o no, dejando bastante margen porque aumenta.
Si el horno está fuerte cúbrase con un papel engrasado para que no se queme.

# BIZCOCHOS

**Ocho claras. Cinco yemas.—Cinco cucharadas de azúcar finísima o azúcar
glas.—Cinco cucharadas de harina.—Limón.**

Se baten las claras a punto de nieve, luego se agrega el azúcar y un poquito de
limón rallado. Después se añaden las yemas batidas y luego las tres cucharadas de
harina. Se mezcla despacito.
Sobre un papel engrasado con mantequilla, es lo mejor, o aceite refinado, se hacen
los bizcochos echando la crema que hemos preparado, en forma alargada, y separados unos de otros, porque aumentan. Se meten a horno fuerte unos minutos.

## BIZCOCHOS DE SOLETILLA

**Cinco huevos.—100 gramos de azúcar.—100 gramos de harina de primera.— Azúcar glas.—Azahar o esencia de limón.**

Se baten las claras a punto de nieve. Aparte se baten las yemas y el azúcar con unas gotas de azahar o de esencia de limón, hasta formar una crema fina e igual; después se agregan las claras y la harina con cuidado para que no se bajen.

Sobre papel engrasado o sobre lata engrasada se van colocando cucharadas de la crema en forma alargada, sin juntarlos para que no se peguen al aumentar y se dejan reposar diez o quince minutos y se meten al horno vigilándolos, pues se hacen muy pronto.

## BIZCOCHOS QUEMADOS

**24 bizcochos.—Crema. Almíbar con Jerez.—Azúcar. Canela.**

En un almíbar clarito hecho con medio pocillo de agua, tres cucharadas de jerez y pocillo y medio de azúcar, se mojan los bizcochos y se van colocando en una fuente o en un plato de postre. Sobre cada bizcocho se coloca una capa de la crema que se quiera (véase en «cremas») y se cubre con otro bizcocho también mojado en el almíbar. Se espolvorean con azúcar y canela y se queman con un hierro candente, haciendo barras en diagonal.

## BIZCOCHUELO ESPONJOSO

**Una taza de azúcar.—Media taza de agua.—Cuatro huevos.—Una taza de harina.—Una cuarta parte de un sobre de litines o algo más.—Sal.**

Con el agua y el azúcar se hace un almíbar a punto de perla fina, que se verterá sobre las claras batidas a punto de nieve, mezclándolo y dejándolo enfriar. Se baten las yemas hasta que espesen y se les añade poco a poco la mezcla de harina, una pizca de sal, la levadura o litines, las claras con el almíbar, alternando un poco de cada mezcla.

Una vez todo mezclado se agregan dos cucharadas de agua fría, en la que se habrán echando unas gotas de esencia de limón, removiéndolo suavemente.

Se pone en un molde untado de mantequilla y se mete a horno regular.

Para servirlo se puede cubrir con dulce de coco, adornándolo con frutas.

## BIZCOTELAS

**Un bizcocho (véase «bizcocho»).—Claras. Limón. Azúcar. Almíbar.**

Se hace un bizcocho que se parte en trozos rectangulares, pequeños, del tamaño de bizcochos pequeños, y se bañan en el siguiente baño:

Para doce bizcotelas se necesitan cuatro claras a punto de nieve, que en unión de una cucharadita de zumo de limón y seis cucharadas de azúcar se mezclan bien. Las bizcotelas se bañan, primero por un lado, se ponen a secar a horno muy flojo, pues si no se dora y no queda blanco. Una vez que se haya secado este lado se bañan por el otro, poniéndolas a secar del mismo modo.

También pueden bañarse con «glasa real», siguiendo el mismo procedimiento que se indica con las claras.

## BOCADO DE DAMA

**Para seis huevos.—Una cucharadita de fécula de patata.—Medio pocillo de agua.—Cuarto kilo escaso de harina de primera.—Medio gramo de carbonato amonio o medio sobre de litines.**

Se baten las claras a punto de nieve y luego se le agregan las yemas también batidas, bien batidos los huevos se le agregan los demás ingredientes. Hecha una crema fina e igual, se echa en moldes de papel y se mete al horno. No se deben llenar los moldes para que no se vierta el contenido al crecer en el horno.

## BOLLO INGLES

**Mantequilla. Harina. Azúcar y huevos.**

Pesados los huevos, se pone igual cantidad de harina, azúcar y mantequilla. Se baten los huevos, el azúcar y la mantequilla muy bien, hecho todo una crema, a la que se unirá la harina. Mezclado perfectamente se echa en un molde engrasado y se mete al horno, espolvoreado de harina.

## BOLLO MARGARITA

**Para cuatro huevos.—Cinco cucharadas de mantequilla.—Cinco cucharadas de azúcar.—Seis cucharadas de harina.—Una cucharada de pasas de Corinto. Una cucharada de almendras.—Cuatro cucharadas de leche.—Medio sobre de Litines o una cucharada de Royal.**

Se derrite la mantequilla, se retira del fuego y se le mezclan las cuatro yemas y el azúcar, trabajándolo muy bien; una vez bien unido se le van agregando poco a poco las cuatro cucharadas de leche y las claras batidas a punto de nieve, se sigue trabajando y se le agregan los litines, las pasas y las almendras machacadas. Todo muy unido se echa en un molde engrasado y se mete al horno. Se cubre con un papel engrasado para que no se queme. El horno debe estar bastante fuerte.

## BOMBONES DE CHOCOLATE

**Tres onzas de chocolate superior.—Dos cucharadas de avellanas o almendras tostadas.—Tres cucharadas de azúcar, muy molida y fina.—Una clara. Chocolate para bañarlos.**

Se rallan o se muelen las avellanas y el chocolate, quedando como harina.
Se mezcla todo con una clara batida a punto de nieve. Se moldean los bombones a capricho.
Se bañan en chocolate espesito. Pueden adornarse con una avellana.
Se dejan secar sobre un mármol o sitio frío, engrasado, doce o catorce horas.

## BOMBONES AL CHOCOLATE RUSO

**Un pocillo de leche.—Un pocillo de miel.—Dos pocillos de chocolate superior, en polvo o molido.—100 gramos de mantequilla, de primera calidad.— Un pocillo de azúcar.**

Con la leche, el azúcar y el chocolate, se pone al fuego y se hace una crema muy espesa a la que se agrega la mantequilla de primera calidad y la miel.
Se revuelve sin cesar para que no se pegue y se queme, retirándolo un poco del fuego si hace falta. Cuando esté muy espeso se vierte sobre mármol u otra piedra fría y engrasada para que se enfríe un poquito e inmediatamente se corta en cuadritos, rombos, círculos, etc.
Una vez fríos se ponen en cápsulas de papel.
Se adorna con el mismo chocolate puesto en una manga con boquilla rizada. Adorno que puede llevar cualquiera de los bombones cuyas recetas damos.

## BOMBONES AL KIRSCH

**Para cuatro magdalenas o cinco mantecadas.—Dos claras de huevo.—Unas tres onzas de chocolate rallado, o en polvo 50 gramos.—Tres o cuatro cucharadas grandes de azúcar glas.—Media copita abundante de licor Kirsch.— 100 gramos de almendras molidas.**

Se deshacen las magdalenas y se mezclan con el licor, las almendras, el azúcar glas y el chocolate molido, se une todo con la clara a punto de nieve, se moldean los bombones, ya en forma alargada, ya en bolas, etc.
Se envuelven en el chocolate rallado y se dejan en reposo ocho o diez horas.
Se ponen en cápsulas de papel. Puede ponerse en cada bombón, dentro, una guinda en licor.

## BOMBONES DE CREMA

**Un pocillo de azúcar.—Tres cucharadas de nata.—Canela, vainilla, ron o coñac.—25 gramos de chocolate de cobertura, rallado o chocolate superior.— Almíbar cobertura.**

Con un pocillo de azúcar y menos de medio de agua se hace un almíbar espeso.
Se deja enfriar un poco y se le agrega la esencia o el licor que se quiera, y la nata, después se trabaja mucho con una espátula de madera o con una cuchara también de madera, haciendo los bombones de la forma que se quiera.
En otro recipiente se pone al fuego el chocolate rallado o partido. Se hace un almíbar con el azúcar de cobertura, a punto de caramelo, y se mezcla con el chocolate. Cuando esté bien fino se bañan en él los bombones, colocándolos a secar sobre un mármol o sitio frío, engrasado, doce o catorce horas.
Se ponen en cápsulas de papel.

## BOMBONES DE NATA

**100 gramos de chocolate superior, molido o en polvo.—100 gramos de azúcar glas, bueno.—100 gramos de avellanas o almendras tostadas y molidas.— Un pocillo pequeño de nata.—Canela o vainilla.—Chocolate para el baño o para cubrirlos.**

Se mezclan el chocolate, las avellanas, el azúcar y un polvito de canela o vainilla, si se quiere. Se bate la nata hasta hacerla una crema, entonces se mezcla con la masa anterior, trabajándola mucho hasta que esté a punto de hacer las bolas o los bombones de la forma que se quiera. Puede ponerse dentro una avellana.

Se bañan en chocolate o se envuelven en chocolate en polvo. Se dejan reposar como los anteriores, poniéndolos también en cápsulas de papel.


## BORRACHINES

**Un «bizcocho» (ancho) (véase «bizcochos»).—Almíbar sencillo con Jerez.**

Se parten trozos rectangulares de un bizcocho, que ya se habrá hecho, y que ha de ser alto.

Se hace un almíbar sencillo y se le echa un chorrito de jerez.

Se colocan los trozos de bizcocho con la parte dorada para abajo, sobre la fuente o bandeja y se les riega con el almíbar, tibio, dándoles la vuelta para que quede lo que está doradito en la parte más visible del bizcocho.


## BORRACHINES FALSOS

**Tres huevos.—Cuatro cucharadas de azúcar.—Seis cucharadas de leche.— Aceite o mantequilla.—Pan rallado. Almíbar con Jerez.**

Se baten los huevos, como para tortilla, se les echa la leche, el azúcar y el pan rallado o miga de pan hasta formar una masa espesita, pero no dura.

Se cogen cucharadas, y en forma alargada, se echan en la sartén y se doran con mantequilla o aceite bastante caliente.

En una cacerola se pone a cocer azúcar, como un pocillo, otro de agua y un buen chorro de jerez; una vez hecho el almíbar flojito, se van echando allí los fritos para que cuezan un buen rato hasta que estén tiernos. Si consumen el líquido puede echárseles más azúcar, agua y jerez, a gusto.

En vez de pan rallado se puede poner, para aprovechar, pan duro ablandado con un poquito de agua.


## BORRACHUELOS

**Dos pocillos de aceite refinado o de mantequilla derretida.—Un pocillo de anís seco.—Un pocillo de Jerez seco.—Harina.—Un almíbar, para el baño.— Azúcar para endulzarlos a gusto.—Azúcar glas, para espolvorearlos.**

Se mezclan todos los ingredientes y la harina necesaria para formar una masa que no se pegue y blanda, menos el almíbar para bañarles y el azúcar glas para espolvorearles. Bien trabajada la masa se hacen roscas y se fríen. Se pasan por el almíbar caliente. Se espolvorean de azúcar glas.

## BRAZO DE GITANO

**Un bizcocho largo y fino, es decir, poco grueso.—Crema pastelera.—Crema de chocolate.**

Mientras el bizcocho se cuece en el horno (véase «bizcochos») —puede hacerse de la clase que se desee, pero cuanto más fino mejor—, se hace la «crema pastelera», que encontrará usted en las «cremas», y se hace también una «crema chocolate». En el momento que se saque el bizcocho y antes de que enfríe se extiende sobre él una capa de la crema pastelera, enrollándolo inmediatamente; si se enfría se cortará y partirá el bizcocho. Una vez enrollado se envuelve en un papel blanco y se deja enfriar.

Una vez frío se coloca sobre una fuente y se extiende sobre la parte superior una capa de crema de chocolate. Se pueden cortar los extremos antes del baño de chocolate y colocarlos uno a cada lado del brazo.

También se adorna con mantequilla muy trabajada con azúcar, metida en la manga con boquilla rizada.


## BUDING DE ARROZ

**Un «arroz con leche» de cualquiera de las recetas del arroz.—Almendra machacada.**

Hecho el arroz con leche se mete en un molde acaramelado y se pone al horno unos diez minutos. Después de este tiempo se deja enfriar un poco. Se espolvorea de almendra machacada después de sacarlo del molde y se sirve.


## BUDING FLOTANTE

**Tres huevos.—Una cucharada de harina.—Azúcar.—Un poquito de canela o de vainilla.—Dos vasitos (de los de vino) de leche.—Limón. Ocho o diez nueces, sin cáscara.**

Con las claras se hace un merengue, batiéndolas mucho, se endulzan con un poco de azúcar. Se echan en un molde acaramelado y se pone a secar al baño maría, a horno más bien flojo.

Una vez seco se saca y se deja enfriar.

En la leche fría se deslíe la harina, las yemas batidas, cuatro cucharadas de azúcar y un polvo de canela, se pone a hervir revolviéndolo para que no se pegue, hasta que esté cocido. Una vez cocido se deja enfriar un poco y se le añaden las nueces machacadas. Se echa en una fuente colocando sobre la crema el merengue.

Puede sustituirse la harina por maizena. Las nueces también pueden sustituirse por almendras o avellanas.


## BUÑUELOS DE MANTECA

**Un cuarto de kilo de manteca de cerdo.—Medio litro de agua.—Cinco huevos.—Harina.**

Se mezcla el agua con la manteca y se bate en un recipiente sobre el fuego. Cuando esté hirviendo se echa harina suficiente hasta formar una masa fuerte. Se mezcla

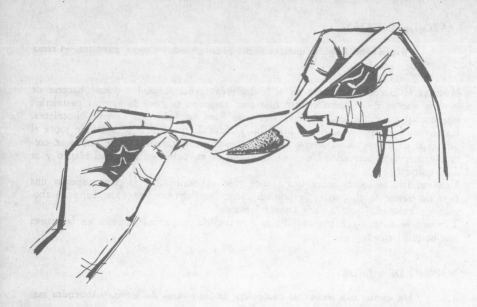

bien sin dejar de moverlo y sin apartarlo de la lumbre. Una vez la pasta fina, se retira del fuego y se le agregan cinco huevos, uno por uno, sin batir, mezclando perfectamente cada huevo antes de echar el otro.

Con dos cucharillas se van haciendo bolas que se fríen en mucho aceite, etc., lo demás como en la receta siguiente.

## BUÑUELOS DE VIENTO

**Una taza de harina.—Una taza de agua. Una pizca de sal.—Dos huevos.— Canela. Azúcar glas.—Aceite.**

Se pone el tazón de agua a hervir, y cuando rompe a hervir, se le echa un poquito de sal, después la harina, revolviendo sin parar, hasta que se haga una pasta igual, dentro del fuego o muy cerca de él. Cuesta mucho trabajo, pero no se agregue más agua. Cuando la pasta va estando uniforme se separa del fuego, se le echan los huevos uno a uno, es decir, cuando se ha mezclado bien uno con la pasta, se le echa el otro. Se trabaja mucho y se deja reposar unos minutos.

Se prepara una sartén con mucho aceite, bastante caliente, en el que se van echando con dos cucharillas de las de café montoncitos de la pasta. No se revuelven, sino que se mueve la sartén constantemente, pues ellos solos se dan la vuelta cuando están dorados de un lado. Debe tenerse una tapadera como escudo para defenderse de los buñuelos que revienten, pues la pasta que tiene dentro, a medida que se va dorando el buñuelo, se va hinchando por un lado hasta que revienta por allí y sale con mucha fuerza, lo que es peligroso, pues puede abrasar a la que los está haciendo o a otra persona que esté cerca. Hay que tener cuidado de que el aceite no se caliente demasiado, pues pueden quemarse por fuera y quedar crudos por dentro, además de no reventar.

Se escurren y se sacan. Se espolvorean de azúcar glas y canela, mezcladas.

## CABEZA DE NEGRITO

**«Arroz con leche».—«Baño de chocolate». Chantilly o merengue.**

Se hace un arroz con leche de la clase que se quiera. Se le da forma de bola, para lo cual tiene que estar un poquito espeso y frío. Se coloca sobre una fuente o plato de cristal, se baña con el «baño de chocolate» y se rodea de chantilly, o merengue. Se le pueden poner dos ojos de chantilly, almendra o arroz, y de boca unas cerezas o guindas en almíbar.

## CARAMELOS

**Para un cuarto kilo de azúcar.—La mitad de un cuarto de litro de agua.— Cuatro gramos de glucosa.—Esencia y colorante si se quiere.**

En el agua se deshace la glucosa y el azúcar, con los cuales se hace un almíbar a punto de bola, de lámina o de caramelo (véase «Almíbar»). Según el caramelo se quiera más duro o más blando. Debe hacerse en un cazo nuevo, con pico largo, el aluminio va muy bien porque no se salta.
Cuando el almíbar está hecho, momentos antes de verterlo sobre el mármol o fuente engrasado con aceite de almendras, se le echa la esencia y el colorante que se quiera poner, se revuelve y se vierte. Antes de que se enfríe del todo se cortan los caramelos con un molde, pero si no se tiene molde pueden cortarse con un cuchillo engrasado y ayudados de una regla.
También se pueden, cortados los trozos, enrollarlos, hacer bolas, etc.
A los caramelos también se les puede echar chocolate rallado al empezar a hacer el almíbar.
Para hacer caramelos de «Crema de chocolate» se ponen a cocer igual cantidad de azúcar, mantequilla, chocolate rallado y miel pura. Se deja un cuarto de hora hasta que tenga el punto necesario o marque 40 grados el pesajarabes.
Todos los caramelos, una vez fríos, se secan con un paño y se envuelven en papeles.

## CARAMELOS O PASTILLAS DE CAFE CON LECHE

**Para dos pocillos de azúcar.—Una cucharilla de las de café de mantequilla, o cuatro de nata.—Un pocillo de café con leche muy concentrado.—Dos gramos de glucosa.**

Se deshace primero el azúcar con la glucosa y el café con leche, a fuego suave; cuando ha adquirido el punto de hebra dura se le agrega la mantequilla o la nata, mezclándolo muy bien y dejándolo cocer hasta que tenga el punto de lámina. Si cuece demasiado pierde el gusto a café.
Se vierte como los demás caramelos, siguiendo las instrucciones que hemos dado anteriormente.

## CHANTILLY

**Nata de leche cruda, un cuarto de litro.—Azúcar glas, buena, 100 gramos.**

El chantilly no debe hacerse más que momentos antes de servirlo. Dede batirse a golpecitos, la nata sola primero y después de un buen rato, se le agrega el azúcar, también puede ponérsele perfume de algún licor echando unas gotas si se quiere.

Debe batirse y tenerse siempre en sitio frío. La nata aumenta casi el triple, quedando espumosa, pero no debe batirse demasiado porque se convierte en mantequilla. Cuando el batidor haga surcos y éstos permanezcan, es que ya está bastante batido y no debe continuarse.

## CHOCOLATE

Como el ama de casa no va a fabricar chocolates, para los que necesitaría una maquinaria especial, le damos aquí unas fórmulas para que haga chocolate para su uso y gusto particular.

**Para un chocolate de primera se necesita: Cacao de primera, un kilogramo.— Azúcar blanca molida, medio kilo.—Canela o vainilla, si se desea, dos gramos.**

Se mezcla todo muy bien y se usa, para un pocillo, una cucharada. Este chocolate no espesa por no llevar harinas. Puede ponérsele más azúcar si se quiere.

## CHOCOLATE SUPERIOR

**Medio kilo de cacao.—600 gramos de azúcar.—Harina tostada o galletas deshechas, 300 gramos.**

Se mezcla y como lo anterior.
Si se quiere que espese más, échese harina corriente, a partes iguales el azúcar, el cacao y la harina, pudiendo agregar más azúcar según el gusto de cada uno. En vez de harina pueden agregarse féculas, avellana o almendra molida, etc.

## CHOCOLATE DE MERIENDA

**Un cuarto kilo de azúcar.—100 gramos de cacao.—Una cucharada de glucosa.—Dos cucharadas de mantequilla, o cuatro de nata.—Medio pocillo de leche.—100 gramos de avellanas o almendras, que se agregan al final de la cocción.**

Se mezcla todo, menos las almendras, y se pone a cocer hasta que esté espeso y tenga suficiente consistencia. Se le mezclan las almendras partidas. Se extiende sobre mármol engrasado de aceite de almendras dulces o en otro recipiente igualmente engrasado y se deja enfriar un poco. También se puede poner en moldes, si se tienen. Antes de que enfríe del todo se parte en cuadritos o rectángulos.

## CHURROS

**Para un tazón de harina.—Un tazón de agua.—Una rajita de limón.—Un poquito de sal.—Azúcar para espolvorearlos.—Aceite para freirlos.**

Se pone el agua a hervir, con el limón y ligeramente salada. Cuando rompe a hervir se le agrega la harina, que se revuelve hasta conseguir una masa uniforme, retirándolo del fuego y trabajándolo hasta que esté bien fina. Se saca la rajita del limón.

Se mete la pasta en la churrera humedecida y sobre una mesa u otro sitio enharinado se van colocando los churros, que se freirán inmediatamente en abundante aceite caliente. Si el aceite no está caliente, la pasta se abre y los churros se estropean y si está muy caliente, se queman y no se pasan. Se escurren bien del aceite y se colocan en una fuente, espolvoreándolos de azúcar. Se sirven recién fritos.

## CREMA BLANCA

**Para 100 gramos de mantequilla.—100 gramos de azúcar.—Medio pocillo de nata, escaso.—Una clara a punto de nieve.**

Con el azúcar y medio pocillo de agua se hace un almíbar flojito. La mantequilla se deshace en el almíbar un poco tibio, mezclando después la nata.
Se le agrega después la clara a punto de nieve. Hay que batirlo mucho, hasta que se ponga casi blanco.

## CREMA DE ALMENDRAS

**Un pocillo de azúcar.—Dos yemas.—150 gramos de almendras.—Un poco de licor, si se quiere.**

Con un pocillo de azúcar y medio de agua se hace un almíbar corriente. Se deja enfriar un poco una vez hecho y se le unen las almendras molidas y las yemas batidas; entonces también puede agregarse el licor, unas gotas, si se quiere. Se mezcla todo muy bien hasta que quede una crema fina.

## CREMA DE CAFE

**Tres cucharadas de harina.—Medio litro de leche.—Una cucharada de mantequilla.—Café. Azúcar.**

En un cazo se ponen dos cucharadas de azúcar a dorar; en seguida se echa la leche y tres cucharadas de café molido. Cuando el azúcar se haya disuelto y hervido se filtra por un paño muy fino y húmedo. *El café así hecho es exquisito.*
A este café con leche se le agregan tres cucharadas de harina y la mantequilla. Se pone al fuego y se revuelve constantemente para que no se pegue. Cuando la crema esté cocida se sabe si, echando un poco en un plato húmedo, al enfriar se despega fácilmente; se le agrega el azúcar para endulzar a gusto. Puede usarse.
También puede hacerse esta crema empezando por cocer la leche con la harina y la mantequilla; después añadir un poco de azúcar dorada en la que se ha puesto medio pocillo de agua donde se cocerá el café; una vez colado se une a la crema cuando esté casi cocida, mezclándolo bien y dejándola cocer un poco más si es necesario para que espese. De esta forma sabe más a café.

## CREMA DE CAFE SELECTA

**25 gramos de mantequilla. Café, un pocillo.—Azúcar. Yemas, tres.**

Se hace un café muy cargado.
Se hace un almíbar regularmente fuerte. Se mezclan el almíbar frío y el cafe car-

gado con las yemas y la mantequilla, se pone al fuego, removiéndolo bien para que espese lo que se desee, teniendo en cuenta que al enfriar espesa más.

Ésta crema se puede hacer en frío; en vez de hacer almíbar poner el azúcar tal como está. Trabajarlo todo mucho, endulzándolo a gusto; de este modo hay que poner más mantequilla, que es la que dará dureza.

## CREMA DE CHOCOLATE

**Dos pocillos de agua.—Seis onzas de chocolate, o seis cucharadas si es en polvo.—Una cucharadita de harina.—Tres cucharadas de mantequilla.—Dos o más cucharadas de azúcar.**

En el agua se deshace la harina y luego se mezcla el chocolate, la mantequilla y el azúcar a gusto para endulzar. Se deja cocer un poco hasta que espese y se ponga fino, removiéndolo sin cesar.

Se usa especialmente para bañar el «brazo de gitano».

## CREMA DE LECHE

Se hace igual que la salsa «bechamel», poniendo en vez de sal azúcar y en vez de aceite mantequilla, pero sin rehogar la harina en la mantequilla.

## CREMA DE LECHE CONDENSADA

**Leche condensada.—Coñac o Jerez seco.**

La mitad de un bote de leche condensada se mezcla con una copa de licor o de jerez seco, se mezcla bien y se usa.

## CREMA DE MANTEQUILLA

Se trabaja con la mano, muy limpia y mojada, o se bate mucho la mantequilla, agregándole azúcar desleída en agua caliente o almíbar o azúcar sola, poquita, hasta que se desprenda fácilmente del recipiente o hasta que adquiera la consistencia deseada.

Se emplea principalmente para adornos de tartas, pasteles, etc.

## CREMA DE MANTEQUILLA CON YEMAS

**200 gramos de mantequilla.—Tres yemas.—Cinco cucharadas de azúcar.— Esencia de limón, vainilla, canela, etc., si se desea.**

Se baten las yemas, la mantequilla y el azúcar, mucho, hasta conseguir una crema a la que se puede añadir la esencia que se quiera.

Esta crema de manteca se usa para adornar tartas, pasteles, etc. Puede también hacerse sin la yema o si se desea más dulce agregarle más azúcar.

## CREMA DE MERENGUE

**Cuatro claras.—Cuatro cucharadas de azúcar glas.**

Se baten las claras a punto de merengue y se le unen con cuidado para que no se bajen, las cucharadas de azúcar glas; también pueden agregarse unas gotas de esencia de limón u otra.
Se emplea principalmente para adornar tartas y pasteles.

## CREMA DE NARANJA

**Dos cucharadas de jugo de naranja.—La corteza rallada de media naranja. Dos cucharadas de mantequilla.—Azúcar glas.—Una clara a punto de merengue.**

En un recipiente se bate mucho el azúcar con el jugo y el rallado de la naranja y la mantequilla hasta formar una crema. Se le agrega la clara a punto de merengue y se mezcla con cuidado suavemente.

## CREMA DE NUECES

**Dos yemas.—Un pocillo de azúcar.—Ocho nueces de la mejor clase.**

Se hace un almíbar a punto de hebra floja, con el azúcar y medio pocillo de agua. Hecho el almíbar se retira del fuego y se deja enfriar. Cuando esté tibio se le agregan las dos yemas, un poco batidas y se vuelven a poner al fuego para que espesen un poquito, pero moviéndolas sin cesar para que no se corten. Se retira en seguida y se le agregan las nueces molidas.
En vez de nueces pueden ponerse avellanas, almendras, cacahuetes, etc.

## CREMA ESPECIAL PARA TARTAS NATI

**Dos pocillos de azúcar.—100 gramos de almendras crudas.—Tres o cuatro yemas.—Dos o tres bizcochos, tostados o molidos.—Ron o coñac.**

Con los dos pocillos de azúcar y medio de agua se hace un almíbar a punto de perla, echando también las almendras machacadas y se deja enfriar un poco; entonces se agregan las yemas, removiéndolas sin cesar para que no se corten. Cuando esté como natilla espesa se separa del fuego y se le agregan los bizcochos, un chorrito de ron o de coñac, se mezcla bien y ya está para emplearla en la tarta o también pasteles.

## CREMA PASTELERA

**Tres cucharadas de azúcar.—Dos cucharadas de harina.—Uno o dos huevos batidos, mejor sin claras.—Corteza de limón.—Leche hirviendo.—Canela.**

Se mezcla todo y se pone a cocer unos diez minutos, removiéndolo para que no se queme o no se corte. Debe hacerse a fuego suave.
Se extiende en una fuente, se espolvorea de canela y se mete al horno para que no se enfríe; mientras, se prepara el pastel, tarta, etc., donde haya de emplearse.

## OTRO MODO DE HACER LA CREMA PASTELERA

Se pone la leche con el limón y la canela a hervir. Mientras tanto se mezclan en una vasija el azúcar, la harina y las yemas, trabajándolo mucho; entonces se vierte sobre ello la leche hirviendo, batiéndolo muy bien y poniéndolo a la lumbre, para que espese y cueza unos ocho minutos, quedando entonces lista para su empleo.

## CREMA REGIA

**Seis yemas.—Seis cucharadas de azúcar.—Tres claras a punto de merengue.**

Se baten las claras, como ya indicamos y las yemas aparte; después se mezclan agregando el azúcar. Se pone a fuego suave o al baño maría, moviéndolo constantemente hasta que se funda bien el azúcar y se forme una crema.
Puede agregarse esencia o unas gotas de licor, si se quiere.

## CUBILET

**200 gramos de mantequilla.—200 gramos de azúcar.—200 gramos de harina. 200 gramos de nueces partidas.—Una copita de vino de Oporto o Jerez seco. Frutas en almíbar, 100 gramos, partidas para mezclar al final.**

Se mezcla todo muy bien hasta formar una masa igual y fina, trabajándola mucho. La pasta se hace dos partes; la mitad se pone en un molde untado con mantequilla u otra grasa que no dé sabor y se mete al horno. La otro mitad se le mezclan las frutas picaditas e inmediatamente se pone sobre la masa que está en el molde y se vuelve a meter al horno hasta que esté cocido.
Una vez cocido se prueba con la aguja de hacer media, se adorna con claras a punto de nieve, chantilly, etc.

## ESPONJADOS ASTURIANOS

**Una clara para cada esponjado.—Cuatro cucharadas de agua y cuatro de azúcar, también para cada uno.**

Se mezcla la clara sin batir con una cucharada de azúcar.
En un cazo de cobre se hace un almíbar con las cuatro cucharadas de azúcar y las cuatro de agua. Cuando al remover el almíbar se vea el fondo del cazo se separa de la lumbre y se le echa la clara, batiéndolo rápidamente y subirá. Se tiene preparado un hierro candente; la clara quedará como una torta a la que se le harán tres rayas paralelas con el hierro candente. Con la ayuda de un cuchillo se saca del cazo, con cuidado y en seguida. Todas estas operaciones se hacen muy de prisa.
No es indispensable el cazo de cobre, pero es en el que mejor se hacen, por ser de un material que no salta y guarda mucho el calor. La cuchara que se emplee ha de ser de madera. Nunca deben usarse otra clase de cubiertos para la cocina.

# FLAN

**Por cada yema o huevo que se eche se pondrá: Un pocillo de leche.—Una o dos cucharadas de azúcar.—Un poquito de canela, si se quiere.**

Se prepara un molde acaramelado.
Se baten los huevos o las yemas, uniéndoles el azúcar, la leche y la canela si se quiere poner. Se bate todo muy bien y se echa en el molde. Se pone al baño maría hasta que se vea que está cuajado casi todo, pues el centro es el último en cuajar: entonces se mete al horno sin sacarlo del agua, hasta que esté sólido. Se deja enfriar y una vez frío se desmoldea sobre una fuente o un plato de cristal.
Si se va a poner en la «olla» se echa poca agua en el fondo, con la rejilla boca abajo, se mete el molde y se cubre con una tapadera o con un papel fuerte y limpio. Cuando empiece a pitar la «olla» o llegue al máximo de presión se contarán de cinco a ocho minutos, depende de la clase de «olla». Se enfría rápidamente la olla y se deja enfriar el molde, como el anterior, para sacarlo.

## FLAN DE COCO BLANCO

**Tres claras a punto de nieve.—Un pocillo de agua caliente.—Un pocillo de coco rallado.—Un pocillo de azúcar.—Cuatro galletas, molidas.**

Se mezcla todo con el agua, menos las claras, que se agregan ya batidas cuando esté lo demás bien unido.
Se echa todo en un molde acaramelado y se pone al baño maría.
Se puede poner en la «olla» siguiendo los consejos que damos en la receta anterior.

## FLAN DE PAN

**Pan. Leche. Azúcar. Huevos. Mantequilla.**

Se pone la cantidad de pan que se quiera a remojar en leche. Aunque sea duro no importa; mejor si es miga; después se pone a cocer un poco en la misma leche. Una vez cocido se pasa por el pasapuré para que quede fino y se le echa el azúcar, un poquito de canela si se quiere y se mezcla bien. Para dos tazas de esta crema se ponen unos cuatro o cinco huevos; puede ponerse alguno menos, aunque no quedará tan bien. Se baten las claras a punto de nieve: las yemas, un poco batidas, se unen a la crema de pan. Todo ello mezclado se le da unas vueltas en la sartén donde se habrá puesto una pizca de mantequilla para que no se pegue o de aceite refinado. Se unen las claras, se pasa en seguida a un molde acaramelado y se mete al horno hasta que se cuaje y se dore la superficie. Una vez frío se saca del molde a una fuente o plato.

## FLAN DE SUIZOS.

**Dos huevos.—Tres bollos suizos.—Azúcar.—Canela. Leche.**

Se baten los huevos. En una tacita se deshacen los suizos con un poco de leche. A los huevos se les echa el azúcar que se desee y se mezclan con los suizos, de modo que quede una crema muy espesa; se ponen en un molde acaramelado al baño maría para que se cuajen. Cuando esté cuajado se deja enfriar fuera del agua y una vez frío se desmoldea.

Se puede poner en la «olla»; como indicamos en el primer flan.


## FLORONES Y FRISUELOS

**Un huevo.—Leche, dos pocillos.—Harina. Sal. Azúcar. Aceite.**

Se bate el huevo y se le agrega la leche, una pizca de sal, despues la harina necesaria para formar una crema espesa. Se prueba en el aceite caliente; si la crema se divide en mil partecitas es que necesita más harina, hasta que al echarla en el aceite se quede casi toda en un solo cuerpo. No debe quedar demasiado espesa, pues se fríe mal y es indigesta.

Si se van a hacer frisuelos se echará un reguerito de esa crema, con una cuchara grande de servir en forma de espiral. Ha de freírse en abundante aceite, no demasiado caliente, que se queme y no se pase. Se echa en una fuente y se espolvorea de azúcar.

Si se van a hacer florones, para ello se necesita que la crema esté un poco más densa, más espesa y un molde, que venden en las ferreterías, especial para ello. El molde hay que calentarlo en la sartén y después introducirlo en la crema, sin cubrirlo del todo; después se mete en el aceite caliente y la pasta, a los pocos segundos, se desprenderá fácilmente, quedando el frisuelo en forma de flor o la forma que tenga el molde. Hay que coger bien el temple al molde, pues si se calienta demasiado, la pasta no quedará adherida a él y se desprenderá, y si está frío, tampoco y manchará el molde.

Según se van friendo se escurren bien del aceite y se ponen en un plato o fuente y lo mismo que los anteriores se espolvorearán de azúcar.


## FRITOS DE LECHE O LECHE FRITA

**Medio litro de leche.—Cuatro o cinco cucharadas de harina; si es de primera, bastan con tres colmadas.—Una o dos cucharadas de mantequilla.—Corteza de limón. Canela en rama o en polvo.—Uno o dos huevos. Azúcar.— Aceite.**

En la leche fría se deshace la harina, se le echa una corteza o rajita de limón y una ramita de canela. Se pone a cocer, sin dejar de removerlo, agregándole también la mantequilla. Se deja cocer durante quince minutos por lo menos y se le agrega al terminar casi la cocción el azúcar necesario y a gusto de cada uno.

Una vez cocido se extiende sobre una fuente húmeda para que enfríe, sacando el limón y las ramas de canela. Cuando ha enfriado se corta en cuadritos grandecitos, que fácilmente se desprenderán de la fuente si está bien cocido. Esos cuadritos de la crema fría se rebozan en harina y huevo, friéndolos en aceite caliente. Según se sacan del aceite se escurren bien y ya en la fuente se espolvorean de azúcar.

Igual cantidad de harina que de mantequilla.—250 gramos de harina. 250 gramos de mantequilla, las dos de primera clase.—Una pizca de sal. Un pocillo de agua, aunque no se puede decir exactamente la cantidad de agua que se necesita, ya que ello depende de la clase de harina, pues unas harinas admiten más agua que otras.—Harina para espolvorear la masa y la pasta.

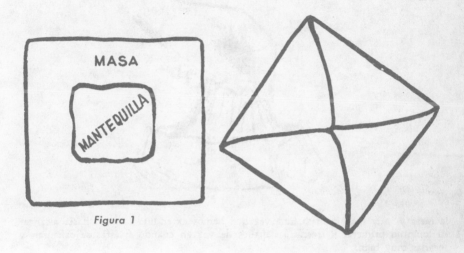

Figura 1

El hojaldre es de las pastas más delicadas para conseguir y, por lo tanto, hay que tener cuidado en seguir todos los consejos, pues el menor detalle hace que la pasta no salga hojaldrada. Hay varios procedimientos. Damos los más sencillos y comprobados con éxito.

Sobre una mesa de mármol, si es posible, espolvoreada de harina, que esté en sitio fresco se echa la harina, formando un círculo.

En el agua se deshace la sal y ambas se echan poco a poco en el círculo de harina; con la mano izquierda se echa y con la derecha se incorpora hacia el centro, que debe hacerse con toda rapidez, no echando más agua que la que admita la harina. Debe trabajarse con los dedos, sin amasarla para que no forme correa. Una vez hecha la mezcla del agua y la harina se va aplastando la masa, que puede hacerse separando trozos y con la mano se aplasta cada uno de los trozos, haciéndolo resbalar, pero sin amasarlo, así hasta que se haga una bola de consistencia más bien blanda; entonces se la dan unos cortes con el cuchillo y se la espolvorea de harina y tapada con un paño húmedo se la deja reposar de quince a veinte minutos.

La mantequilla, que debe estar en sitio muy frío o entre hielo, se envuelve en una servilleta enharinada y se amasa un poco para hacerla más suave y que pueda unirse mejor a la masa, sin tener que calentarla. La bola de la masa se colocará sobre el mármol enharinado y se aplastará con la mano, dándole forma cuadrada. En el centro, y sin que llegue a las orillas, se extenderá la mantequilla por un igual, es decir, que tenga el mismo espesor en todas partes. Entonces las cuatro puntas de la masa se doblan hacia el centro en forma de un sobre. Con un rollo muy bueno y muy igual o con una botella fría se extenderá la masa poco a poco en todos los sentidos por igual, teniendo cuidado que no se salga la mantequilla, pues entonces no sale el hojaldre. La masa debe conservar siempre la misma forma cuadrada, recortando si es necesario o empujando los bordes que se salgan. Se vuelve a espolvorear

la mesa y muy bien la masa, una vez que hemos extendido la masa hasta alcanzar su longitud primera. Refrescar las manos de vez en cuando si éstas se calientan y secarlas muy bien.

Se le da la primera vuelta, que consiste, hecha la operación de incorporar la mantequilla y extendida la masa, como hemos visto, se dobla la masa en tres partes, doblando éstas a su vez, como se indica en el dibujo. Con el rollo o botella, puesta en medio de la masa, con la misma fuerza a un sitio que a otro, se extiende arriba y abajo. La masa y la mesa se enharinarán todo lo que sea necesario para que la masa no se pegue, así como el rollo. Se extiende partiendo siempre del centro de la masa, hasta que vuelva a extenderse en el cuadro primitivo, doblándola como hicimos en esta primera vuelta pero en sentido contrario, es decir, dando vuelta a la masa y volviendo a estirarla como la primera vez. Se deja reposar un cuarto de hora y se procede a darle otras dos vueltas como acabamos de indicar. Dejándola también reposar otros diez o quince minutos. Se le vuelven a dar otras dos vueltas y se procede a cortar el hojaldre en la forma que deseemos, ya sea para milhojas, tartas u otros empleos, y meterlo a horno regular, pero sin andar abriendo y cerrando mucho, ya que se enfría el horno. El hojaldre necesita poco tiempo, pues se hace en seguida y se quema con facilidad.

### Otra forma para hacer Hojaldre

Los mismos ingredientes que para el anterior, pero la mitad de la mantequilla se mezcla con la masa al principio y la otra mitad se extiende como en la fórmula anterior. En vez de doblarla como un sobre, aquí se cubre solamente la mantequilla. Véanse los dibujos, que es la mejor explicación.

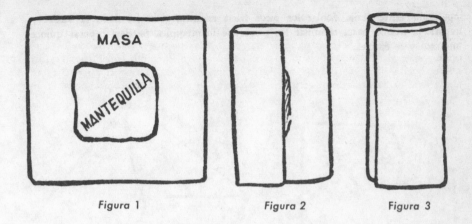

Figura 1      Figura 2      Figura 3

Una vez extendido se dobla en forma de libro, estirándolo y volviendo a doblarlo en sentido contrario, y volviendo a estirarlo por dos veces. Se deja reposar quince minutos doblado como en la figura 4, estirándolo y cortándolo en la forma que se desee.

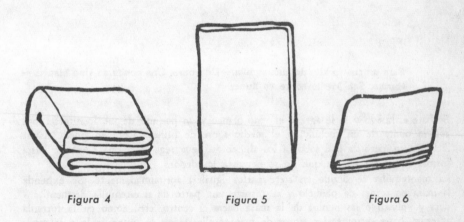

Figura 4      Figura 5      Figura 6

## HOJALDRE MUY SENCILLO

Las proporciones son iguales que en las recetas anteriores. Pero después de hacer la masa con la mitad de la mantequilla, la otra mitad se divide en seis partes iguales, aproximadamente. Estirada la masa en forma de cuadro se extiende desmenuzando la mantequilla, doblando las puntas de la masa hacia adentro, como si fuera un sobre. Se estira con el rollo, se le da vuelta y vuelve a hacerse la misma operación; extenderla, doblar los picos hacia adentro, estirarla, darle la vuelta y repetir lo mismo hasta terminar los trozos de mantequilla. Se deja reposar quince minutos y se emplea.

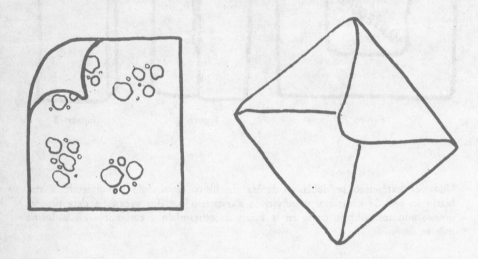

## HOJALDRE PARA COMIDAS

**Para un cuarto kilo de mantequilla.—Un huevo. Una copita de vino blanco.— Harina. Sal. Medio sobre de litines.**

Se bate el huevo y se le agrega el vino blanco y un poquito de sal, lo que se coge con la punta de un cuchillo, y el medio sobre de litines. También puede usarse bicarbonato, pero da mal sabor a los alimentos. Se agrega la harina necesaria hasta formar una masa blanda que no se pegue a los dedos.

La mantequilla se divide en siete partes iguales, aproximadamente. Se extiende la masa en forma de pañuelo y se reparte una parte de mantequilla, desmenuzándola y volviendo las puntas de la masa hacia el centro, etc., como en la fórmula anterior, hasta terminar los trozos de mantequilla. Hacia la mitad se la deja reposar unos diez minutos y se vuelve a terminar de poner la mantequilla restante. Espolvoreando siempre la masa y la mesa con harina todo lo que sea necesario, para que no se pegue.

Tengamos siempre en cuenta que si revienta la mantequilla es muy difícil que salga bien el hojaldre, pudiendo asegurar que no saldrá laminado.

Terminada la última vuelta se deja reposar unos veinte minutos.

Este hojaldre sirve especialmente para pastelitos de carne, pescado, empanadillas, etcétera.

Métase a horno regular y síganse las indicaciones de la primera fórmula.

## HUESOS DE SAN EXPEDITO

**Para dos huevos. Las claras a punto de nieve.—Dos cucharadas de aceite.—
Dos cucharadas de azúcar.—Medio sobre de litines o una cucharadita de
levadura en polvo.—Una cucharada de aguardiente.—Unas ocho cucharadas
de harina de primera, hasta formar una masa blanda que no se pegue.—
Aceite.**

Se mezclan todos los ingredientes, menos la harina. Las claras batidas a punto de
nieve. Se mezcla la harina y se deja reposar un cuarto de hora en sitio templado
y envuelto en un paño enharinado. Pasado este tiempo se estira, se corta en rectángulos alargados y pequeños, se enrollan y se fríen en aceite caliente.
Pueden rellenarse de crema si se quiere.

## HUESOS DE SANTO

**Pasta de «mazapán».—Dulce de yemas, cabello de ángel o mermelada, para
el relleno.**

Hecha la pasta de «mazapán», que encontrará usted más adelante, se estira y se
enrolla en unas cañitas o palitos que no tengan mal sabor, para darles la forma de
canutos. Se meten en el horno para que sequen y se endurezcan un poco. Se sacan,
se les quita la caña y se rellenan de «dulce de yema»; son los más exquisitos. También pueden rellenarse de cabello de ángel, mermelada, etc.
Se hacen en algunas partes con pasta de almendras en vez de la de mazapán.

## HUEVOS AL NIDO

**Cáscaras de huevo, enteras y vacías; sólo deben tener un agujerito por la
parte más puntiaguda, y otro chiquito por el otro extremo.—La crema o cremas que se deseen. Huevo hilado.**

Se tienen preparadas varias cáscaras de huevo, lo más enteras posibles. Se pueden
vaciar haciendo dos agujeritos, uno a cada lado, y soplando se sale el contenido.
Se hacen varias clases de cremas, que todas lleven mantequilla para que se despren-
dan mejor. O puede hacerse sólo una clase de crema. Con ayuda de un cucurucho
fino se va rellenando cada huevo de una crema o todos de la misma. Téngase
cuidado de rellenar bien los huevos para que no queden huecos por algunas partes.
Se deja enfriar varias horas. Una vez fríos se les quita con cuidado la cáscara,
quedando enteros los huevos de crema. Se tiene preparado «huevo hilado» y se
coloca en la fuente o bandeja, en forma de nido, poniendo sobre él los huevos de
crema. También puede ponerse, en vez de huevo hilado, cabello de ángel, fideos
cocidos con agua y azúcar, etc. Los huevos se pueden bañar con un baño de merengue, secándolos a horno muy suave, para que no se pongan dorados, como se hace
con las rosquillas.

## HUEVOS FALSOS

**Un bizcocho redondo.—Un bote de «melocotones en dulce».—Crema blanca o merengue.—Almíbar con jerez si se quiere emborrachar el bizcocho.**

Hecho el bizcocho redondo, puede emborracharse, si se quiere. Se cubre con crema blanca o con merengue. En el centro se van colocando los melocotones en dulce, en mitades, boca abajo, semejando las yemas.

## HUEVO HILADO

**Almíbar.—Yemas.**

Se hace un «almíbar» a punto de hebra flojo. Se echa una capita sobre una fuente refractaria, u otra resistente, se pone al fuego y con un colador especial o una boquilla de agujero finísimo, se van echando hilitos de la yema, que no tendrá clara, como es natural, ni la membrana que la cubre, sobre el almíbar, de un lado al otro de la fuente, lo que hay que hacer con toda rapidez. Con un tenedor o espumadera se van sacando y se van pasando rapidísimamente por agua fría, se escurren bien y se ponen en otra fuente.
Tienen infinidad de aplicaciones en repostería, sobre todo para adornos de tartas, pasteles, etc.

## HUEVO HILADO EN FORMA CASERA

Los mismos ingredientes que en la receta anterior.
Hecho el almíbar a punto de hebra flojo se le echan las yemas limpias como hemos dicho, se revuelven con un tenedor hasta que se cuajen, sacándolas y escurriéndolas del almíbar, pasarlas por agua fría rápidamente. Como las anteriores.

## HUEVOS MOLES

**Para seis yemas.—Diez cucharadas de azúcar.—Cuatro de agua.**

Se mezcla todo, pero las yemas muy limpias, sin membrana y nada de clara. Se pone al fuego removiéndolo sin cesar, retirándolo de vez en cuando para que no se queme, batiendo hasta que esté espeso como una crema densa.
Se tienen preparados moldecitos acaramelados, tantos como yemas. En cada uno se va virtiendo lo que puede corresponder a cada yema. Una vez frío se desmoldea en plato de cristal.
También puede hacerse primero un almíbar a punto de perla. Se deja enfriar un poco y se echan las yemas cuando ya no se cuajen. Se echan en moldes como el anterior, se ponen al baño maría hasta que se cuajen, y luego, dejándolos enfriar, se desmoldean en un plato de cristal.

## LENGUAS (Pastel)

**«Hojaldre».—«Merengue».—Azúcar glas.**

Hecha la pasta de hojaldre y estirada en su fase final, se corta en forma de ovoides, es decir, como un círculo estirado. Se mete al horno barnizada la parte de arriba con almíbar. Al sacarlo, dorado, se abre en dos tapas, se pone sobre la parte de abajo una capa de merengue que se cubre con la otra tapa. La superficie se cubre con azúcar glas si no se ha barnizado con almíbar a punto de hebra, o más flojo.

## MAGDALENAS DE PRIMERA

**Tres huevos.—Tres cucharadas de harina.—Cinco cucharadas de azúcar.— Dos cucharadas de mantequilla, abundantes.**

Se baten las claras a punto de nieve y se le agregan las yemas batidas y el azúcar, mezclando poco a poco la harina y la mantequilla. Se trabaja mucho hasta que esté todo bien unido. Queda como una crema bien espesa. Se pone en moldes al horno, moldes que hay especiales, y que se venden en las ferreterías; estos moldes sirven lo mismo para tartaletas. El horno no ha de estar fuerte.

## MAGDALENAS DE SEGUNDA

**Para un huevo.—Un pocillo de leche.—Un pocillo abundante de aceite refinado.—Tres pocillos de harina.—Medio sobre de litines o una cucharada de levadura en polvo.—Una pizca de sal. Un pocillo de azúcar.**

Se mezcla todo, se trabaja mucho y se mete en los moldes, como en la receta anterior. Puede adornarse con una almendra o espolvorearse de azúcar glas.

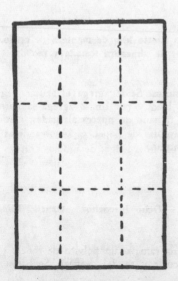

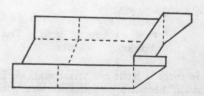

## MANTECADAS LEONESAS (CHENCHA)

**Para dos huevos.—Un pocillo de aceite refinado.—Cinco cucharadas de azúcar.—Cuatro cucharadas de harina de primera.—Medio sobre de litines o media cucharadita de levadura en polvo.**

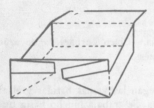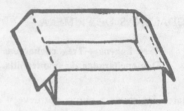

Se baten las claras a punto de nieve y se le agregan las yemas batidas y el azúcar, se mezcla todo añadiendo el aceite y la harina. Se bate todo muy bien y se echa una cucharada grande de la espesa crema en cada molde de papel. Se mete a horno regular. (Salen unas veinticinco.)

## MANTECADAS SARA

**Tres huevos.—Igual peso en mantequilla.—Igual peso en harina.—Igual peso en azúcar.—Limón rallado.**

Estos ingredientes que damos, son aproximadamente unos 200 gramos de cada cosa. Se bate mucho la mantequilla y se le agregan los huevos uno a uno sin batir; por último, se añade el azúcar, trabajándolo todo muy bien, después se mezcla perfectamente con la harina y el limón rallado, si se quiere. Se echa en los moldes, sin llenarles, porque crece mucho. Se mete a horno fuerte. Son exquisitas.

## MANTECADAS DE VIENA

**Medio kilo de harina de primera.—Un cuarto kilo de manteca de cerdo.— Un cuarto kilo de azúcar.—125 gramos de almendra tostada y molida.**

La harina se pone a dorar en el horno.
Se bate la manteca durante diez o quince minutos. Se le agrega el azúcar, seguir batiendo. Se agregan las almendras, se mezcla bien y por fin se agrega la harina. Hecho todo una masa fina, se hacen bolas del tamaño de nueces alargadas, metiéndolas a horno suave. Después se colocan en cápsulas de papel, espolvoreándolas de azúcar glas después que se hayan sacado del horno.

## MANJAR BLANCO

**Para un litro de leche.—Tres claras.—Ocho bizcochos.—Canela. Limón. Azúcar.**

Se cuece la leche con una corteza de limón, una rama o un polvito de canela y el azúcar necesario para endulzarlo a gusto. Se cuela y se deja enfriar. Se baten las claras a punto de nieve y se mezclan con la leche fría, se pone al fuego y se remueve bien, hasta que no tenga espuma, formando una crema fina. En una fuente se colocan los bizcochos y sobre ellos se echa la leche caliente. Se sirve frío.

## MAZAPAN

**Para 200 gramos de azúcar.—200 gramos de almendras molidas y crudas.— Una clara.**

Las almendras y el azúcar se muelen en la máquina, o se machacan muchísimo en el mortero, deben de ir con el azúcar para que no se conviertan en aceite. Se hace un almíbar a punto de bola, con el azúcar y las almendras, agregando un poco de agua, o si no se ha puesto todo el azúcar con las almendras, se hace el almíbar con el azúcar que quedó, mezclando después las almendras con el que faltaba. La clara se bate a punto de nieve y se une al almíbar cuando éste esté en su punto, removiéndolo hasta que tenga la consistencia necesaria. Para endurecerlo se pueden agregar más claras a punto de nieve. En estas condiciones está preparado para usarlo como relleno para pasteles, dulces, etc.
Para hacerlo más económico y que resulte muy bien, se le agrega una patata cocida sin pelar y hecha harina.

## MAZAPAN AMPARO

**Un cuarto kilo de almendras ligeramente tostadas y hechas harina.—Medio kilo de patatas de la mejor clase.—Medio kilo de azúcar.—Cinco claras a punto de nieve.**

Las patatas bien lavadas, se cuecen con piel, en agua hirviendo. Una vez cocidas se pelan antes de que se enfríen y se hacen harina pasándolas por el pasapurés. Se mezclan con los demás ingredientes, menos las claras, que se unen al final, dejando un poquito para pintar el mazapán.
Cuando esté la pasta bien unida y fina se forma un mazapán, es decir, como un bizcocho grande redondo, se pinta con la clara que dejamos y se mete al horno para que se dore, sobre papel engrasado.
Antes de moldear la pasta se puede rellenar de frutas en almíbar.

## MEDIAS LUNAS

Con pasta de «hojaldre» se cortan tiras anchas que se doblan en ángulo o se recortan en forma de medias lunas. La pasta ha de ser por lo menos de medio centímetro de gruesa. Se barnizan con clara o con huevo y se meten al horno.

## MEDIAS NOCHES

Las medias noches se hacen de la misma pasta que los «Suizos», cambiando la forma y pareciéndose a las medias lunas.

## MERENGUE CORRIENTE

Este merengue se hace también con claras a punto de nieve fuerte y en vez de almíbar se le echa poquito a poco azúcar glas, hasta endulzarlo a gusto. Sirve para bañar dulces, tartas, etc., etc.

## MERENGUE ITALIANO

**Almíbar.—Claras a punto de nieve.**

Se baten las claras a punto de nieve y poquito a poco se va echando a hilitos el almíbar no muy fuerte, casi frío, hasta endulzar las claras a gusto.
Sirve para bañar dulces, tartas, etc.

## MERENGUES

**Para un cuarto kilo de azúcar de piedra, mejor que la que está molida.— Cuatro claras.—Medio vaso de agua fría.—Dos cucharadas de azúcar, a ser posible de lustre.**

Con el azúcar de piedra y el agua se hace un almíbar a punto de bola o a 38 grados. Las claras se baten a punto de nieve y se les agrega el azúcar lustre, para que brillen; entonces puede también agregarse esencia de fresa, café, etc.
Después, las claras se mezclan con el almíbar templado. Se deja reposar diez minutos. Con el molde se van haciendo medios merengues, que se van colocando sobre una tabla que no dé mal sabor, la tabla húmeda, y se ponen a secar a horno suave. Se sacan y se unen a la otra mitad para que queden como bolas.
Si se quieren rellenos, antes de meterlos al horno ni de ponerlos en la tabla, se les rellena de frutas en almíbar, picaditas o al natural.

## MILHOJAS

Para hacer milhojas es necesario hacer un «hojaldre», cortado en rectángulos de tres o cuatro dedos de largo y no demasiado finos. Se meten al horno y después de sacarlos se juntan dos o tres tapas, que se unen con un poquito de «crema pastelera», merengue, etc.

## MONTE NEVADO

**Leche.—50 gramos de almendras tostadas.—Dos rodajas de piña confitada.— Kirsch. Agua de azahar.—Cinco claras. Vainilla o canela en rama.**

La piña se pone en maceración en el kirsck, que la cubra.
Las almendras se muelen o se rallan y se ponen en un tazón de leche hirviendo, añadiendo una copita de agua de azahar y un poco de canela o de vainilla. Se pone al calor, pero sin dejarlo hervir.
Con 150 gramos de azúcar y menos de la mitad de agua se hace un almíbar a punto de bola. El almíbar hirviendo se mezcla rápidamente con cuatro claras a punto de merengue.

La leche con las almendras se pone a hervir y cuando rompa a cocer se vierte sobre el merengue, mezclándolo bien y quitando la vainilla o la canela.

De nuevo se pone a calentar un poco, removiéndolo; después se echa en otro recipiente. se bate un poco y se deja enfriar o se pone a helar.

La piña picada se echa en otra clara a punto de merengue, adornando con ella la leche, dándole la forma de monte.

## NATA MONTADA

La nata montada es la nata bien batida o espesa, se le puede poner azúcar y tenemos el «chantilly». También se le puede agregar claras a punto de nieve, lo que es otra variedad de «chantilly».

## NATILLAS

**Por cada yema, un pocillo de leche y una cucharada de azúcar. Puede ponerse un poquito de canela.**

Se deshacen bien las yemas con la leche y el azúcar y la ramita de canela o un poquito en polvo. Se pone a fuego suave hasta que se espese, removiéndolo siempre, pues es muy delicado; enseguida se pega y se corta. No debe hervir, por eso la leche debe ser cocida.

Se sirve solo, un poco frío. También se puede echar en el plato de cada uno o en uno grande, sobre unos bizcochos o galletas.

Estas natillas más económicas, se hacen: en vez de echar menos leche, se echa más, y se añade una cucharadilla de maizena o media de harina, por cada yema, añadiendo un poco más de azúcar.

También se puede poner por cada tres yemas, dos gramos de cola de pescado remojada, que se añadirá al romper a hervir las natillas.

## NATILLAS EN COPA

**«Natillas». «Chantilly».—Merengue o claras a punto de nieve.**

Se echan las natillas en copas a medio llenar y se cubren de chantilly, merengue o claras y azúcar batidas a punto de nieve.

Pueden adornarse con frutas confitadas.

## PAN DE LO

**Para un cuarto kilo de azúcar.—125 gramos de harina de primera.—Cinco huevos.—Zumo de dos limones. Vainilla. Mantequilla.**

Se baten las claras a punto de nieve, a las que se les mezcla el azúcar, con las yemas; después se mezcla el zumo de dos limones y la harina con los huevos y demás. Se unta un molde con mantequilla y se mete al horno. Si se quiere poner vainilla se dejará deshacer perfectamente en el zumo de los limones durante varias horas, antes de emplearlo en el pan.

Se deja reposar en sitio templado, hasta que aumente, por lo que hay que ponerlo en una taza grande; cuando haya aumentado se le agregan dos pocillos de leche templada y sazonada de sal, de modo que quede bastante salada, pues hay que pensar que después lleva harina, la necesaria para formar una masa fina, bien trabajada. En un molde alargado se deja reposar en sitio templado, cubierta con paños enharinados para que no se enfríe, hasta que haya aumentado bastante, de media hora a tres cuartos. Luego se le dan unos cortes diagonales y se mete a cocer al horno. Téngase cuidado de cubrirlo con un papel engrasado para que no se queme, pues el horno de cocina no es lo mismo que el de pan, y el de la cocina ha de estar muy caliente para que la masa fuerte del pan se cueza por debajo, sin quemar por encima.

## PAN DE NUECES

**Un huevo.—Un cuarto kilo de azúcar.—Harina. Leche.—100 gramos de pasas.—Un cuarto kilo de nueces.—Como el tamaño de una nuez, de levadura. Sal.**

Se bate el huevo y se le agrega media cucharadita escasa de sal y el azúcar, mezclándolo bien; después se agrega medio litro de leche y la levadura disuelta en ella y dejada reposar, como en la receta anterior.

Las pasas, sin pepita, y las nueces, machacadas o picaditas, se agregan también. Una vez todo mezclado se le agrega la harina necesaria para formar una masa no muy fuerte. Se trabaja bien y luego se la extiende con el rollo cogiendo los extremos y volviéndolos hacia el centro, varias veces. Se amasa otro poco y se deja reposar algo más de media hora, en sitio templado, y como todas las masas, cubierta con paños, enharinando el primero, que no se enfríe. Después se mete al horno siguiendo los consejos que en el pan anterior.

Como todos los panes, es necesario dejarles enfriar varias horas envuelto en paños.

## PAN DE VIENA

**Harina de primera.—Leche. Levadura. Sal.**

Un cuarto de litro de leche y un cuarto de litro de agua mezclados, en los que se han deshecho 100 gramos de levadura en polvo o como la de los anteriores panes, disuelta en las mismas condiciones, ya que la que se vende en polvo no tiene tanta fuerza. Se agrega media cucharada de sal; después de bien disuelto y reposado se le agrega la harina necesaria para formar una masa que no se pegue a los dedos, pero no dura, que siempre cuece peor. Después de bien trabajada la masa se deja reposar en sitio templado, enharinada y cubierta con paños, poco más de media hora, hasta que aumente casi el doble.

Puede hacerse en bollitos o en un pan grande. Se meterán al horno pintados con un pincel mojado en agua, si se quiere que tengan brillo, y hechos los cortes como todos los panes, para que no reviente por otro lado.

Es un pan muy delicado.

## PASTA DE ALMENDRAS

**Para 100 gramos de almendras crudas.—Dos huevos. Dos cucharadas de mantequilla.—Dos cucharadas colmadas de maizena.—100 gramos de azúcar.— Dos cucharadas de leche.—Esencia o rallado de limón, canela o vainilla, etc., si se quiere.**

En la mantequilla derretida se deshace el azúcar y los huevos batidos, separados del fuego; cuando todo esté bien mezclado se le agregan la leche y las almendras peladas y molidas o ralladas, pueden mezclarse con el azúcar, la maizena, etc., para que no se hagan aceite en la maquinilla; a la vez se echará la esencia, si se quiere. Se mezcla todo muy bien y en estas condiciones está preparada para su uso. Se emplea para la sopa de Navidad, relleno de pasteles, tartaletas, etc., etc.

## PASTEL DE MERIENDAS

**Para un huevo.—Cinco cucharadas de harina de primera.—Seis cucharadas de azúcar.—Media jícara de leche.—Una cucharilla de Royal o medio sobre de litines (escaso).**

Se bate el huevo y se mezcla con los demás ingredientes. Una vez bien trabajado todo se echa en un molde engrasado y espolvoreado de pan rallado, o solamente untado con mantequilla. Se mete al horno hasta que esté doradito y cocido.

## PETIT CHOUX

**Un tazón de harina.—Un tazón de agua o de leche.—Tres huevos. Sal. Limón. Aceite.—Crema de manteca o la que se desee.—Almíbar fuerte para el baño.**

Se pone a hervir el agua, o leche, ligeramente salada y una corteza de limón. Cuando rompa a hervir se le agrega la harina, se trabaja un poco y se retira del fuego. Se sigue trabajando y se le van agregando los huevos uno a uno sin batir, mezclándolos bien con la masa, sin echar uno antes que se haya unido bien el anterior. Se le puede poner un poco de litines y se deja reposar un rato. Como para los buñuelos de viento, se hacen bolitas, ayudados de dos cucharillas, que se van friendo en aceite abundante y caliente, sin que se doren demasiado. Se prepara una crema, que puede ser la «crema de manteca», «pastelera», «de yemas» u otra, con la que se van rellenando los petit choux. Para rellenarlos será necesario vaciarlos con cuidado de la crema cruda que quedó sin freír y reemplazarla por la crema. Se mojan por la parte superior en un almíbar fuerte, a punto de caramelo. También pueden ponerse al horno en montoncitos o con manga pastelera, sobre placa engrasada. Cuando estén en su punto se abren, se rellenan de la crema y se vuelven a unir. Se bañan igual que los otros.

## PICATOSTES O TORRIJAS

**Rodajas de pan, no tierno.—Leche. Azúcar.—Huevo. Aceite.**

Se cortan rebanadas o rodajas de pan, mejor un poco duro, se bañan en leche azucarada; después se rebozan en huevo batido y se fríen en aceite caliente y abundante. Se escurren bien y se espolvorean de azúcar.

## PONCHE RUSO

**Para tres yemas.—Tres cucharadas de azúcar.—Una clara.—Coñac o ron (u otro licor).**

Se baten las yemas y el azúcar, luego se le agregan las claras a punto de nieve y un chorrito de licor y se vuelve a batir.

Este plato puede ser un delicioso postre si se vierte sobre bizcochos emborrachados.

## PLUM CAKE

**Tres huevos.—Una cucharada de mantequilla.—Una cucharada escasa de cremor tártaro o medio sobre de litines.—Unas seis cucharadas de harina.— Corintos, sultanas o pasas.—Frutas en dulce. Azúcar.**

Se baten las claras a punto de nieve y se le agregan las yemas batidas, el cremor, Royal o litines, el azúcar a gusto, un puñadito de los corintos, que si no se tienen pueden ser sultanas o simplemente uvas pasas, la harina y un chorrito de licor. Se trabaja todo mucho.

En un molde engrasado se echa y se mete al horno.

Se trata igual que al bizcocho.

## ROSCON DE REYES

**Pasta de «suizos» o de «hojaldre».—Tiras de calabaza en dulce, naranja y guindas para adornarle.**

Hecha una rosca con la pasta con que se hacen los bollitos suizos o con un hojaldre, se le hace un huequito donde queramos para meter la sorpresa, que puede ir tal como esté o envuelta en un papel engrasado, para que no se le pegue la masa. Se mete al horno untado de huevo y adornado con tiras de calabaza, naranjas, guindas u otros, según sea la costumbre en cada lugar.

Se sirve sobre servilleta de papel con encaje y sobre fuente.

## SACHEPOS

**Siete yemas. Tres claras.—Dos cucharadas de azúcar.—Tres cucharadas de harina de primera.—Almíbar. Canela.**

Se baten las yemas muy bien y las claras a punto de nieve, se mezclan y se baten de nuevo, se les añaden dos cucharadas de azúcar y las tres de harina, mezclándolo muy bien, sin batirlo.

Se preparan cucuruchos de papel, engrasado, colocados en un molde, como se ve en el dibujo. Puede servir un molde de hojalata, madera o una caja de cartón con los huecos hechos. En cada hueco se van colocando los cucuruchos, se les echa la crema, pero sin llenar, porque crecen. Se meten al horno.

Después de sacarlos del horno se les quita el papel y se bañan en un almíbar clarito y se colocan atravesados en cápsulas de papel.

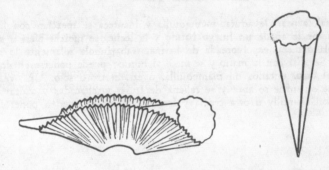

## SAPITOS

**Dos huevos batidos.—Pan rallado. Leche.—Canela o vainilla.—Una corteza de limón. Azúcar.—Aceite.**

Se baten los huevos con azúcar y se les echa pan rallado, hasta que se forme una masa bastante espesa, sin que esté dura. En aceite bien caliente se van friendo cucharadas de esta pasta, en forma de croquetas, y se van echando en una cacerola con leche, una corteza de limón y unos palitos de canela, o un poquito en polvo, y azúcar a gusto. Se dejan cocer hasta que estén tiernos y hayan crecido. Se sirven casi fríos.

## SAVARINA

**Tres huevos.—100 gramos de harina, unas cuatro cucharadas.—Azúcar. Medio sobre de litines o una cucharada de Royal.**

Se baten las yemas y se les va agregando el azúcar, la levadura disuelta en una cucharada de leche y la harina. Cundo esté todo bien mezclado se echa en un molde engrasado y se mete al horno regular, durante una media hora. No debe abrirse el horno, para que no se estropee, hasta que no se comprenda que está casi cocido. Una vez frío se saca del molde. Se puede empapar en almíbar y licor o vino.

## SAVARINA DE FRUTAS

**Flanes individuales.—Merengue.—Frutas al natural.**

Se coloca el «flan» en el centro del platito, se rodea de merengue y se adorna con rodajas de plátano, melocotón, etc., etc. El merengue puede sustituirse por un almíbar fuerte.

## SHORT CAKE

**Para medio kilo de harina.—Media cucharada escasa de sal. Una cucharada de Royal o un sobre de litines. Dos cucharadas de mantequilla.—Dos cucharadas de manteca de cerdo.—Tres cucharadas de azúcar.—Un pocillo y medio de leche.—Un huevo.—Azúcar. Frutas.**

La harina, sal, azúcar, levadura, mantequilla y manteca se mezclan con los dedos sin amasarla. Se le añade un huevo batido y la leche, se mezcla bien y se coloca sobre la tabla o mesa, espolvoreada de harina, trabajándola solamente lo necesario para unirla. Se alisa con la mano y se mete al horno; puede ponerse en dos trozos, uno sobre el otro, untados de mantequilla, o en un trozo sólo. Una vez cocido, antes de que se enfríe se abre y se rellena de fresas machacadas y azúcar a gusto. Se adorna con chantilly u otra crema y fresas, también se pueden poner frutas en almíbar.

## SOUFFLE AL COÑAC

**Yemas. Claras. Azúcar glas.**

Se baten las yemas con el azúcar glas, endulzándolo a gusto.
Las claras a punto de nieve se mezclarán con las yemas. Se les puede poner un poquito de canela o vainilla. Esto es el soufflé.
Se pueden poner unos bizcochos en platos refractarios. Se coloca sobre cada bizcocho un poco de soufflé, se meten al horno unos minutos. Se saca y se rocía con coñac caliente, prendiéndole fuego. Se sirve inmediatamente para que no se desinfle o se baje. A este último modo de soufflé se le llama «Soufflé al coñac».

## SOUFFLE AMPARO

**Bizcochos o lenguas de gato.—Azúcar.—Tres huevos.—Una copita de licor, si se quiere.—Canela.**

Se cubre el fondo de un plato de cristal o una fuente con los bizcochos o lenguas de gato.
Se baten las yemas con tres cucharadas de azúcar y una copita escasa de licor; una vez batidas se unen a las claras a punto de nieve. Con esta crema se cubren los bizcochos y se espolvorean de canela.

## SUIZOS

**Para un huevo.—Un pocillo de aceite refinado.—Un tazón grande de leche.—Harina. Seis o siete cucharadas de azúcar. Media cucharilla de sal, escasa.—Como una nuez grande de levadura.**

La leche se pone con la levadura deshecha a fermentar, el azúcar y el huevo, batido todo ello con el aceite. Cuando ha reposado un rato se le mezcla la harina necesaria para formar una masa que no se pegue a los dedos, pero bien blanda y fina. Dejándola reposar, después de espolvorearla de harina, envuelta en paños, y en sitio templado hasta que crezca doble del tamaño que tiene aproximadamente.
Se corta en bollitos, pequeños, pues aumenta mucho, haciéndoles un corte pequeño en el centro. Se pintan de huevo o de clara. Pueden espolvorearse de azúcar. Se meten a horno bastante caliente, aunque no demasiado.
Salen unos veinte.

## SUIZOS DE NATA

Se hacen lo mismo que los anteriores, pero llevan además un tazón de nata, que se bate muy bien; la levadura se deshace en la leche y demás, y en vez de seis cucharadas de azúcar lleva un pocillo. La nata también se mezcla con la leche, huevo, etc., después de batida.

## TARTALETAS

**«Hojaldre».—Pasta de almendras.**

Se hace un hojaldre u otra pasta hojaldrada de las muchas que damos en nuestras recetas. Una pasta de medio hojaldre se hace con mantequilla y como el hojaldre, aunque no hay que tener tanto cuidado, pues para las tartaletas no necesita que lamine. Las tartaletas pueden rellenarse de cualquiera de estas pastas, o de los recortes del hojaldre vueltos a amasar; se rellenan los moldes, que se venden especiales para tartaletas, cubriendo tan sólo las paredes del molde, se llenan con arroz crudo o alubias limpias, para que la pasta no suba. Se meten al horno. Cuando se sacan, se les quita el arroz o la legumbre que hayamos puesto. se rellenan con «pasta de almendras», y se cubren con tiras de la pasta cruzando el molde. Se meten otro poquito al horno fuerte, y doraditos se sacan.
También pueden rellenarse con mermeladas, frutas en almíbar, picaditas, cubiertas con una cucharada de chantilly, etc.
Se sirven en bandeja sobre servilleta.

## TOCINO DE CIELO

**«Almíbar a punto de hebra».—Por cada pocillo de almíbar se ponen dos yemas.—Moldes individuales o molde grande, acaramelados.**

Se hace un «almíbar» a punto de hebra fuerte. Cuando el almíbar ya hecho está casi frío se le agregan, por cada pocillo de almíbar, dos yemas, batidas. Se mezclan bien y se echan en los moldes acaramelados o en un solo molde.
Se ponen al baño maría. Lo mismo se pueden poner en la «olla», procurando que el

agua llegue a menos de la mitad de los moldes, y éstos cubiertos con papel fuerte, blanco. Si se ponen en la «olla» con la máxima presión, cinco minutos. Cuando estén cuajados se dejan enfriar y luego se sacan del molde.


## TORRIJAS SELECTAS

**Rebanadas de pan de molde, mejor un poquito duro.—Mantequilla.—Mermelada.—Claras batidas a punto de nieve, con azúcar lustre y limón rallado.**

Las rebanadas de pan se untan de una capa de mantequilla, sobre ésta otra de mermelada y sobre ésta otra de claras a punto de merengue, donde se habrá puesto azúcar lustre o azúcar glas y un poquito de corteza de limón rallado.
Se meten al horno hasta que se doren las claras.


## YEMAS ACARAMELADAS

**«Almíbar a punto de hebra».—Yemas.**

Para hacer las yemas acarameladas se necesita hacer un almíbar a punto de hebra. Por cada dos pocillos de almíbar se ponen tres yemas que se mezclan con el almíbar cuando esté casi frío, pues de lo contrario se cuajan. Después de estar bien mezcladas se vuelven a poner al fuego, revolviendo constantemente hasta que espesen mucho. Se deja enfriar y luego se hacen bolas que se rebozan en azúcar glas o en un baño de fondant coloreado de rosa, verde, etc.; para ello al hacer el fondant se le echa una pizca del colorante que se quiera. También se puede echar el colorante al deshacerlo para hacer el baño. Advertimos que los colorantes no son muy sanos.
Se colocan en estuches de papel.
Si se quieren hacer más económicas se les agrega patata cocida. Se cuece con la piel después de lavada y se pela en caliente. Se pasa por el pasapuré antes de que se enfríe, con lo que quedará hecha harina. Echese una cantidad discreta que no estropee las yemas. La patata se echará cuando las yemas, por lo que en vez de cocer más, deberá cocer menos, pues con la patata espesa bastante.


## YEMAS DE COCO

**Coco rallado.—Almíbar fuerte.**

Se hace un almíbar fuerte. Se separa del fuego y se le agrega el coco rallado hasta que espese lo suficiente para hacer bolas. Si no une bien porque se pasó el punto del almíbar o porque se echó más coco de lo necesario, se arregla echando una clara sin batir y trabajándolo muy despacio hasta que se una. Se colocan en cápsulas de papel.
Si estas yemas se quieren hacer más económicas se les mezcla patata, como en la fórmula anterior. La patata, como siempre, debe ser de la mejor clase.

266

## YEMAS CONFITADAS

**Yemas. Azúcar.**

Se mezclan en frío media cucharada de azúcar por cada yema. Se ponen al fuego y se revuelven durante cinco minutos hasta que se vea que el azúcar se ha fundido completamente. Se deja enfriar y se hacen bolas. Se rebozan en azúcar y se colocan en estuches de papel.

## YEMAS CRISTALIZADAS

**Para seis yemas.—100 gramos de azúcar.—Azúcar cristalizado.**

Con el azúcar y un poquito de agua se hace un almíbar a punto de bola o de 38 grados.

Las yemas se limpian de clara y de membrana, se revuelven con una espátula o cuchara de madera y sobre ellas se deja caer poquito a poco, para poder mezclarlo bien, el almíbar tibio. Se pone al fuego hasta que cuajado se despegue del cazo. Se extiende sobre mármol o plato de loza; antes de que se enfríe del todo se enrolla. Para que no se pegue a las manos se untan éstas de aceite de almendras o de azúcar glas.

Se cortan trozos del tamaño de yemas, se moldean y se rebozan en azúcar cristalizado. Se colocan en cápsulas de papel.

# Pastas y galletas

## ALMENDRADOS

**300 gramos de almendras crudas.—Cinco claras a punto de nieve.—Una patata regular y de buena calidad.—Azúcar, a gusto.—Limón.**

Se cuece la patata lavada y con piel. Una vez cocida se pela antes de que se enfríe y se pasa por el pasapurés; debe quedar muy fina para que no se note.
Las almendras se rallan o se muelen y se mezclan con la patata, un chorrito de limón, con las claras a punto de nieve y con el azúcar necesario para endulzarlos a gusto.
Todo bien mezclado se van poniendo cucharadas separadas unas de otras sobre la placa engrasada y se meten al horno regular. En seguida se doran.
Puede suprimirse la patata aumentando la almendra.
Para pelar las almendras se tienen unos segundos en agua hirviendo, se sacan y se pelarán con facilidad.

## COQUITOS

**Dos huevos.—Seis cucharadas colmadas de azúcar.—300 gramos de coco rallado.**

Se baten los huevos y se les agrega el azúcar, batiéndolo bien; después se añade el coco, mezclándolo bien. Sobre un papel engrasado se van poniendo, con una cucharilla, montoncitos del preparado, metiéndolos a horno regular unos minutos, pues se hacen en seguida, para que se sequen y se doren una pizca.

## COQUITOS ECONOMICOS

Se hacen como los anteriores, pero agregándoles una patata regular, que habrá sido cocida entera, sin pelar y pasada por el pasapurés, haciéndola harina; se mezcla con los demás ingredientes, añadiendo, si se quiere, un poquito más de azúcar. También se pueden hacer otros *coquitos super-económicos*, que se hacen como los anteriores, pero agregando además un pocillo de leche, tres cucharadas de azúcar y un polvito de amarillo vegetal, si quedan muy blancos, y la patata necesaria para que espesen todos los ingredientes. Se meten al horno, etc., como los demás.

## DULCES JAPONESES

**Para tres huevos.—Cuatro cucharadas de azúcar.—125 gramos de almendras y almendras para cubrir los dulces.—«Crema de chocolate».**

Se baten las claras a punto de nieve, uniéndose después el azúcar y las almendras ralladas. Se echa la pasta en una lata engrasada, bien extendida, y se mete a horno fuerte cinco o seis minutos. Se saca; como la pasta tendrá ya alguna consistencia se cortan las pastas en forma redonda, como galletitas, y se vuelven a meter al horno para que termine su cocción. Una vez cocidas se pone entre cada dos un poquito de la crema de chocolate. Se rebozan en la misma crema, envolviéndolas después en almendras ralladitas.
Se colocan en estuches de papel.

## EMPIÑONADOS

**Pasta de «mazapán».—Piñones.—Una clara para pintarlos.**

Hecha la pasta de mazapán se le unen, metiéndolos bien en la pasta, los piñones, o se echan al hacer la masa.
Una vez echa la masa con los piñones se hacen como medias lunas chiquitas, se pintan con clara de huevo batida y se meten al horno a dorar un poquito.

## FIGURITAS DE NAVIDAD

Las figuritas de Navidad y las demás figuras: anguilas, etc., se hacen con la pasta de «mazapán» que encontrará usted en recetas anteriores, moldeándola a su gusto y metiéndola al horno unos minutos.
Las figuritas se colocan sobre oblea, generalmente.

## GALLETAS DE CREMA

**Un tazón de harina.—Dos cucharadas grandes de mantequilla, o una de manteca de cerdo.—Una de manteca de cerdo.—Tres pocillos de azúcar.— Medio sobre de Litines o una cucharadita de polvos Royal.—Un huevo.— Unos 50 gramos de almendras.**

Se mezclan la harina, la levadura y la sal (lo que se coge entre dos dedos).
Las mantecas se baten mucho con el azúcar hasta formar una crema; después se agrega el huevo batido con una cucharada de agua. Se mezcla muy bien con la manteca. Cuando esté todo bien unido se le agrega la harina. Si queda demasiado blanda se le puede agregar más harina, ya que, según sea ésta, se necesitará más o menos, siempre que la masa no quede dura; al contrario, lo más blanda que se pueda, pues más ricas saldrán. Se extiende la pasta, se cortan con un molde de galletas o con un vasito. Se untan con huevo batido, se les pone en el centro una almendra, cruda, pegada con un poco de huevo o con miel. Se meten al horno. En cuanto estén un poco doradas se sacan, pues si se doran mucho se queman por dentro, aunque no lo parezca.

## GALLETAS DE NATA

**Una taza de nata.—Medio tazón de azúcar.—Una cucharadita rasa de Royal, Carbonato amonio o medio sobre de litines.—Limón. Canela o vainilla.— Un huevo. Harina. Sal.**

En la nata se echa el huevo batido y una pizca de sal, lo que se coge entre dos dedos; el azúcar y un poco de canela, vainilla o un chorrito de limón y la levadura. Se mezcla todo muy bien y luego se le agrega la harina necesaria para formar una pasta blandita, pero que no se pegue a los dedos. Se estira y se cortan las galletas. Se untan de huevo, si se quiere, y se meten al horno fuerte, aunque no demasiado, sobre papeles o sobre la placa, engrasados. Se hacen en seguida.

## HOJUELAS

**Para un huevo.—Una cucharada de aceite refinado.—Harina.—Sal.—Aceite. Almíbar o miel.**

Se bate el huevo, la clara a punto de nieve y la yema un poco, se une y se les echa una pizca de sal y la harina necesaria para formar una masa blanda que no se pegue a los dedos. Se estira en lámina fina y se corta en triángulos irregulares imitando hojas. Una vez fritas se bañan en almíbar fuerte o en miel líquida, es decir, calentada hasta hacerla líquida, o mezclada con un poco de agua.

## LENGUAS DE GATO

**Para un huevo.—Dos cucharadas y media de azúcar.—Dos cucharadas de mantequilla.—Tres cucharadas de harina de primera.—Limón rallado, o esencia de vainilla, canela, etc.**

Se bate el azúcar y la mantequilla, a las que se incorpora el huevo batido y limón, un poquito, o la esencia que se quiera, si así se desea. Se bate todo muy bien y se agrega la harina, que aunque damos una cantidad determinada, puede variarse, pues las harinas son distintas y la cantidad que basta de una puede ser insuficiente de otra. Ha de quedar como una crema espesa.

Con una manga de pastelería o una cuchara se van poniendo en la placa engrasada porciones de la crema en forma de lenguas, separándolas bastante, pues se desparraman mucho, por lo que hay que tener cuidado de no hacerlas muy anchas. Se meten al horno y en cuanto se doren los bordes deben sacarse con mucho cuidado, ayudados por un cuchillo de punta redonda. Son exquisitas, pero muy frágiles: se rompen con mucha facilidad.

## MARAÑUELAS DE AVILES

**Para un cuarto kilo de harina de primera.—Medio vasito de vino blanco.— 225 gramos de mantequilla.—Dos huevos.—Tres cucharadas de azúcar.**

Se baten los huevos muy bien y se agregan los demás ingredientes. Se amasa añadiendo un poquito más de harina si hace falta, hasta que la pasta no se pegue a los dedos. Se estira la pasta y se forman las marañuelas en forma de lazos, de galletas, etc. Se meten al horno.

# PACIENCIAS

**Para un cuarto kilo de harina.—Un cuarto kilo de azúcar.—Una yema. Tres claras a punto de nieve.—Levadura, que puede ser medio sobre de litines, una cucharadita de Royal, etc.**

Batidas las claras a punto de nieve, después se añade la yema, el azúcar y la levadura hasta que está cremoso, se agrega poco a poco la harina, batiendo sin parar. Hecha la masa se echa en una manga con boquilla lisa y fina o con un cucurucho de papel y en la placa o en la lata engrasada se van haciendo montoncitos chiquitines, bastantes separados unos de otros, pues crecen mucho.
Con un pincel mojado en agua fresca se van pintando un poco, si se quiere.
Se meten a horno suave, sin que lleguen a dorarse, pues se ponen muy duras.
Salen unas 150.

# PALOS DE BARCELONA

**Para dos huevos.—Cinco cucharadas de azúcar.—Limón o esencia de limón. Tres cucharadas de aceite refinado.—Unos poquitos de polvos de «crémor tártaro», o medio sobre de litines.—Harina. Azúcar glas. Aceite.**

Se baten los dos huevos muy bien, agregando las tres cucharadas de aceite refinado, las cinco cucharadas de azúcar, media cucharadita de crémor tártaro, se añade un buen chorro de zumo de limón (o unas gotas de esencia de limón o limón rallado), batiéndolo todo muy bien hasta que se deshaga el azúcar.
Hecha una crema espesa se va agregando la harina necesaria hasta formar una masa blanda que no se pegue a los dedos. Se cogen trocitos que se tornean entre las dos palmas de la mano para que las puntas queden finas y el centro grueso. En aceite abundante y caliente se van friendo, con cuidado que el aceite no esté ni muy caliente ni muy frío, pues pasa como con los churros y otros fritos: si está poco caliente se empapan en aceite, se abren y se estropean y si está muy caliente se queman y no suben. Con la espumadera se les echa el aceite por encima. Lo que hay que hacer es sacar y meter la sartén en el fuego para que cuando se caliente mucho el aceite, retirándolo un poco se enfría y volver a ponerlo al fuego, cuando se vaya enfriando para que se caliente. Se hincharán mucho abriéndoseles unas grietas en el centro. Se escurren bien y se espolvorean de azúcar glas cuando hayan enfriado un poquito para que no se empape el azúcar en el aceite.

# PALMERAS

**«Hojaldre».—«Fondant».**

Se hace un «hojaldre» o se aprovechan recortes. Se cortan tiras, que se doblan hacia adentro, se meten al horno. Cuando se sacan se bañan en «fondant» y se dejan secar o se enrolla la masa del hojaldre y se va cortando en trozos de un centímetro de grueso.

## PASTAS ABANICO

**Para un cuarto kilo de harina.—200 gramos de mantequilla.—100 gramos de azúcar.—Dos yemas. Licor, si se quiere.—Limón u otra esencia.**

Se mezclan el licor y la esencia que pongamos, si lo ponemos, con el azúcar, las yemas y la mantequilla, trabajándolo mucho; después se le agrega la harina y se amasa muy bien. Si no une bien puede agregarse alguna cucharada de leche. Después de bien amasado se deja reposar en sitio templado y durante una hora. Luego se estira y se cortan las pastas finas, en forma de abanico. Puede ponérseles una almendra en el extremo más puntiagudo. Meterlas al horno.
Salen buenas también sin las yemas y el licor.


## PASTAS DE CHOCOLATE

**Dos claras. Tres cucharadas de maizena o fécula de patata.—Esencia de limón rallado.—Un cuarto litro de leche. Azúcar glas.—Dos cucharadas de chocolate rayado o en polvo.**

La leche, el chocolate y la maizena se cuecen y después se dejan enfriar. Con un pocillo de agua y el azúcar se hace un almíbar a punto de bola. Las claras se baten a punto de nieve o de merengue, agregándoles al final el azúcar y el limón. Se mezclan con el almíbar templado, batiéndolo durante un rato hasta que quede bien unido; luego se mezcla con la crema del chocolate.
Sobre lata engrasada se colocan las pastas, cortadas como galletas o de otra forma, metiéndolas al horno unos momentos. Se espolvorean de azúcar glas.


## PASTAS DE NARANJA

**200 gramos de harina.—100 gramos de azúcar, unas cuatro cucharadas colmadas.—50 gramos de naranja confitada.—Cuatro cucharadas de mantequilla, ó 100 gramos.—Una clara grande.**

Se bate la mantequilla perfectamente y luego se le agrega la clara a punto de nieve, la naranja muy picadita, se mezcla y se agrega la harina. Se amasa muy bien y se mete al horno en forma de lenguas.
Al sacarlas calientes, antes de que se enfríen se bañan en una mezcla hecha con una yema disuelta en tres cucharadas de agua. Se dejan secar.


## PASTAS DE TE

**Medio kilo de harina.—125 gramos de mantequilla.—Una yema. Medio pocillo de leche.—Limón, vainilla, canela u otra esencia.—Una pizca de sal.**

Se mezcla todo y se trabaja muy bien.
Se extiende la pasta, se cortan y se meten al horno las pastas pintadas con clara o con huevo o con agua.

## PESTIÑOS

**«Pasta de empanadillas» (ver en «Fritos y platos varios»).—Miel o azúcar glas. Aceite.**

Hecha la pasta de empanadillas se hacen tortitas y se fríen. Se escurren y adornan con miel o se espolvorean de azúcar glas.

## POLVORONES

**Estos polvorones se pueden hacer en crudo.—Dos tazas de harina (si se hace en crudo hay que tostar la harina).—Una taza de azúcar.—Una taza de manteca de cerdo, derretida.—Azúcar glas.**

Menos el azúcar glas se amasan los demás ingredientes, juntos, de modo que con la mano se moldean los polvorones como galletas redondas, gruesas y pequeñas. Se colocan en una fuente y se envuelven de azúcar glas.
Si no se ha tostado la harina hay que meterlos al horno un poquito.
Se envuelven en papeles de seda con flecos.

## POLVORONES DE AVELLANA

Los mismos ingredientes que en la receta anterior, pero se puede poner menos azúcar y éstos llevan, además, un puñado de avellanas molidas, que se mezclan con los demás ingredientes. Deben meterse al horno muy poquito tiempo, pues se ponen duros.

## POLVORONES DE NATA

**Un tazón de nata.—Medio tazón de azúcar.—Una taza escasa de aceite refinado.—Harina.—Canela.**

Se bate bien la nata, se echa el azúcar y se vuelve a batir, se añade un poco de canela en polvo, se echa el aceite y se vuelve a batir hasta que quede como una crema espesa; después se le añade la harina necesaria hasta que la pasta tenga consistencia y no se pegue a los dedos.
Se hacen los polvorones y se meten al horno. Lo demás, como los anteriores.

## ROSCAS LEONESAS DE TRANCALAPUERTA

**Para media docena de huevos.—Un pocillo de aceite refinado.—Tres cucharadas de aguardiente fuerte.—Harina. Vinagre. Azúcar. Sal.**

Se baten las seis yemas muy bien y se les agrega una clara a punto de nieve, se mezcla bien y se agrega el aceite poquito a poco; luego el aguardiente, una pizca de sal y una cucharada de azúcar; se mezcla muy bien. Después se agrega la harina necesaria para formar una pasta espesa sin que llegue a ser masa. Sobre un papel blanco o una lata se van echando una cucharada por cada rosca, separadas porque crecen. Con el dedo mojado en agua se les va haciendo un hueco en el centro para darle la forma de rosquilla.
Se meten al horno a cocer, sin que tengan que dorarse demasiado.
Con las claras sobrantes se prepara un baño de merengue, es decir, se baten a punto de merengue y se les echa al final el azúcar y una cucharada de buen vinagre o de zumo de limón. Las rosquillas ya cocidas se van bañando en este merengue,

primero por un lado y se ponen a secar en el horno muy flojo para que no se doren; secas por un lado se bañan por el otro y se vuelven a poner a secar.

## ROSQUILLAS DEL CONSEJO

> **100 gramos de mantequilla.—150 gramos de azúcar.—Tres yemas. Harina. Una cucharada de anís fuerte u orujo bueno.**

Se trabaja mucho la mantequilla cerca del fuego de modo que se ablande sin derretirse, se le agrega el azúcar y se vuelve a trabajar; después se añaden las yemas, se sigue trabajando y por fin se agrega el anís y la harina que admita hasta que la pasta no se pegue al recipiente.

Se hacen las rosquillas y se untan con huevo o clara azucarada y se meten al horno.

## ROSQUILLAS DE REINOSA

> **Un cuarto kilo de harina.—Un cuarto kilo de mantequilla.—Una copita de anís. Sal.—Una yema. Harina.**

La mitad del cuarto kilo de harina se mezcla con la mantequilla y se amasa bien.
Se envuelve en un paño y se pone en sitio frío una media hora.
La otra mitad de la mantequilla se mezcla con el anís, con un poquito de sal y con otra copita de agua templada, se agrega la harina necesaria si no basta para que no se pegue a los dedos.
Se estira en forma de pañuelo y en el centro se coloca la primera pasta que hicimos, que también se estira en forma de pañuelo, pero más pequeño.
Se cubre con el resto de la pasta, doblándola hacia el centro y estirándola con el rollo, haciendo esta operación tres o cuatro veces, dando cada vez vuelta a la masa; una cosa parecida al hojaldre.
Se estira, finalmente, cortando tiras bastante gruesas, con las que se van haciendo las rosquillas, que se meten al horno.
Se bañan con fondant o almíbar fuerte espolvoreándolas entonces con azúcar glas.

## ROSQUILLAS DE SAN ISIDRO

> **Un cuarto kilo de harina.—100 gramos de azúcar o cuatro o cinco cucharadas.—Una cucharadita de levadura (cualquiera de las conocidas).—Dos huevos.—Dos cucharadas de aguardiente.—Tres cucharadas de aceite refinado.—Anises.**

Se baten muy bien los huevos agregándoles el azúcar, la levadura, el aceite frío y dos o tres anises tostados y machacados. Se trabaja muy bien y después se agrega la harina necesaria para formar una masa ligera.
Se hacen tortitas y con el dedo mojado en agua se les hace el hueco en el centro para darle la forma de rosquilla.
Se dejan casi una hora o algo más en sitio templado; luego se pintan con huevo o clara y se meten a horno fuerte, con cuidado que no se quemen, pues son muy delicadas.
Salen unas 14 ó 15 rosquillas de tamaño corriente.
También se pueden bañar con merengue, como las «roscas leonesas». Véase.

## ROSQUILLAS DE YEMA

**Seis yemas.—Seis cucharadas de azúcar.—Dos cucharadas de mantequilla.—Dos cucharadas de aguardiente.—Harina.**

Se baten las yemas y se mezclan con todo lo demás, agregando la harina necesaria para formar una pasta más bien blanda. Se hacen rosquillas y se meten al horno. Se bañan en «fondant» o en almíbar a punto de caramelo para que queden escarchadas.

## SEQUILLOS

**Para un cuarto kilo de harina de primera.—Medio pocillo de leche.—Un cuarto kilo de mantequilla.—Sal. Azúcar.—Azúcar glas para espolvorearlos.**

En la leche templada se deshace la mantequilla, se echa una pizca de sal y otro poquito de azúcar, se agrega harina, se amasa bien, se estira la pasta y se cortan los sequillos en forma de galletas gruesas y pequeñas. Se meten al horno. Una vez dorados se sacan y se espolvorean de azúcar glas.

## SCONES ESCOCESES

**Un pocillo de nata o mantequilla.—Un pocillo de leche.—Dos cucharadas de azúcar.—50 gramos de pasas.—Un cuarto kilo de harina. Sal, una pizca.—Una cucharadita de cremor tártaro o litines.—Una pizca de bicarbonato.**

Se mezcla todo y se trabaja muy bien, se estira la masa de medio centímetro de gruesa y se corta en triángulos, metiéndolos a horno regular.

## SUSPIROS

**Ocho cucharadas de harina de primera.—Cinco de mantequilla.—Cuatro de azúcar.**

También se puede poner igual cantidad en peso de cada ingrediente.
Se mezcla la mantequilla con el azúcar; después se le agrega la harina.
Con la mano se moldean los suspiros en forma de galletas. Se meten al horno y se sacan cuando estén un poco dorados, pues si se doran mucho se ponen duros. Se desmoronan con facilidad.
Se espolvorean de azúcar glas. Son exquisitos.

# TARTAS,
# HELADOS Y
# TURRONES

# Tartas, turrones y helados

### TARTA DE BIZCOCHO

> **Un «bizcocho».—Almíbar para emborrachar el bizcocho.—Crema o cremas para el relleno.—Una glasa real o baño blanco para cubrirlo.—Almendra tostada y molida. Frutas en dulce, si se quiere, para el adorno.**

Una vez hecho el bizcocho en un molde redondo se deja enfriar. Una vez frío se parte en tantas capas como cremas queramos poner o sencillamente se emborracha y se parte solamente en dos, rellenándolo con una crema, la que queramos, de mantequilla, de nata, etc.

Con crema de mantequilla, es decir, la mantequilla muy trabajada con azúcar, se cubren los costados del bizcocho, espolvoreándolos de almendras machacadas. La parte superior se puede bañar con glasa real, merengue, etc., y adornarla con frutas en dulce, almendras partidas en forma de pétalos, etc.

### TARTA DE GALLETAS

> **Galletas, redondas o cuadradas, según se quiera la tarta redonda o cuadrada. Almíbar.—Cremas. Baño (Glasa real, merengue, chantilly, etc.).**

Se preparan las cremas o la crema que se desee (pastelera, de nata, mermeladas, etcétera).

Sobre una fuente redonda o un plato de cristal grande se coloca una capa de galletas que se han bañado en el almíbar caliente. Sobre cada galleta se coloca una cucharada de una misma clase de crema. Sobre estas galletas con crema se coloca otra capa de galletas bañadas en el almíbar. Sobre estas galletas se vuelve a poner otra clase de crema y así alternándose capas de galletas en almíbar y capas de cremas, terminando con una de galletas.

Se cubre todo con merengue u otro baño y se adorna con frutas en almíbar, almendras, chocolate, crema de mantequilla, etc.

### TARTA DE BIZCOCHO GLORIA

> **Almíbar.—Bizcochos. Coñac. Ron. Moscatel.—Yemas. Azúcar. Baño para cubrirlo (ver «Baños» en Repostería).**

Se prepara un almíbar flojito, con un poco de licor o Moscatel; en él se deshacen los bizcochos.

En una fuente se coloca una capa de los bizcochos deshechos y otra de una crema hecha con yemas y azúcar; una cucharada de azúcar por cada yema, batiéndolo hasta que quede fino. Encima de esta crema se pone otra capa de bizcochos; sobre éstos otra de crema y así hasta que se quiera. Se cubre del baño que más nos agrade, pudiendo adornarlo con frutas en almíbar, almendras, etc.

## TARTA DE MANTEQUILLA

**150 gramos de mantequilla.—Cuatro cucharadas de azúcar.—Un huevo.— Dos cucharadas de chocolate rallado.—Un pocillo de leche.—Galletas, bizcochos o bizcocho grande cortado en capas.—Almíbar si se ponen galletas o bizcochos.**

Se bate la mantequilla con el azúcar hasta que se mezcle bien; luego se agrega el huevo batido.
El chocolate se pone a cocer en el pocillo de leche o de agua; una vez cocido se incorpora al huevo, mantequilla, etc.
Como en la tarta anterior se van poniendo capas de galletas mojadas en almíbar clarito y caliente, poniendo entre cada capa de galletas bizcochos o bizcocho, una de la crema que hemos preparado, hasta que se acabe la crema. Se baña como la anterior o con merengue o glasa real, adornándola con nueces, almendras, frutas, etc., y con «crema de mantequilla» haciendo dibujos, puesto en la boquilla o manga pastelera.

## TARTA MOKA

**Un bizcocho, redondo.—«Crema de café», selecta.—Almíbar.**

Se hace un bizcocho redondo del grueso que se quiera. Se parte en discos si es grueso y si no se parte en dos discos solamente. Se rellena de «crema de café selecta», con la que también se cubren los costados del bizcocho. Se adorna con crema de manteca en manga de pastelería, almendra molida o fileteada, etc.

## TARTA PILARITA

**Un cuarto kilo de almendras ligeramente tostadas y molidas.—Un cuarto kilo de azúcar.—Cuatro huevos.—Tres cucharadas de manteca.—Dos cucharadas y media de harina de primera.—Una cucharadita de levadura Royal o medio sobre de litines.—Un pocillo de leche.**

Se trabaja la mantequilla con la leche, las yemas batidas y la levadura; después de trabajarlo un buen rato se agregan las almendras y el azúcar, volviendo a trabajarlo bien, hasta que por fin se mezcla con cuidado con las claras batidas a punto de nieve. Todo ello se echa en un molde engrasado y se mete al horno. Pinchándolo con una aguja larga se prueba si está cocido si ésta sale limpia.
Se adorna a gusto cubriéndola con baños, cremas, nueces, frutas, etc.

## TARTA REINA

**Doce yemas.—Dos claras.—100 gramos de almendra tostada y molida como harina o lo más fina posible.—Dos bizcochos finos.—Cuatro cucharadas de azúcar.—La corteza rallada de un limón o unas gotas de esencia de limón. Una cucharada de mantequilla.**

Las almendras, tan molidas como se pueda, pues cuanto más finas estén mejor saldrá, se mezclan con las yemas batidas y las claras a punto de nieve, a lo que se une el azúcar, el rallado del limón y los bizcochos molidos. Se mezcla todo con cuidado para que quede espumoso. Con la mantequilla se unta bien un molde en el que se pondrá la crema preparada, que se meterá a horno fuerte. Si al pincharle con una aguja sale limpia es que ya está cocido y se puede sacar. Se deja enfriar y se adorna a gusto. Le va muy bien el chantilly. El molde en el horno se cubre con papel engrasado.

## TARTA REAL

**Nueve yemas. Tres claras.—Tres cucharadas de mantequilla.—Tres cucharadas de harina de primera.—Limón rallado.—300 gramos de almendras crudas y molidas.**

Se baten las claras a punto de nieve. Las yemas también se baten.
Las almendras se muelen con el azúcar; ya hemos dicho en otras ocasiones que es para que no se hagan aceite. Se mezclan todos los ingredientes y se meten en un molde engrasado al horno, cubierto con papel engrasado para que no se queme. Se adorna a gusto, como la anterior.

## HELADOS

Lo primero que hay que preparar es la heladora, que debe estar perfectamente limpia, con agua hirviendo, de manera que ningún olor extraño haya en ella, marchando en perfecto estado todas las piezas, cerciorándose de que funciona perfectamente. Se van poniendo capas de hielo y de sal, siendo la proporción de doble cantidad de hielo que de sal, es decir, por cada kilo de sal se ponen dos de hielo. Cuando se note dificultad en el movimiento de los aparatos, fíjese si se han impregnado de sal, lo que entorpece el perfecto mecanismo; lávese entonces.
Cada heladora trae consigo sus instrucciones, sígalas al pie de la letra. Es recomendable que cuando se quiera enfriar un alimento no se ponga sal, ya que ésta ayuda a helar y endurecer.

## HELADO DE CHOCOLATE

**Un cuarto de kilo de chocolate.—Un litro de leche.—Seis yemas. Azúcar. Canela.**

Se pone a cocer la leche y el chocolate. Se baten las yemas con el azúcar, endulzarlas a gusto y se añaden al chocolate, removiéndolo sin cesar, hasta que esté bien fundido todo, separándolo un poco del fuego para que no se queme. Cuando esté bien fino se deja enfriar, moviéndolo siempre. Luego se mete en la heladora. Puede agregarse más leche.

# HELADO DE FRESA

**Medio kilo de fresas.—Una naranja. Dos pocillos de azúcar.—Un cuarto de litro de agua.—Medio vaso de nata. Azúcar glas.**

Se escoge la tercera parte de las fresas. las mejores, que se reservarán. El resto de las fresas. limpias y lavadas, se machacan con el azúcar y el zumo de naranja, dejándolo después reposar durante una hora. Luego se le agrega el agua, removiéndolo para que se disuelva el azúcar; si parece poca se puede poner más. Luego se pone a helar. La nata se bate.
Para servirlo se coloca el helado en copas o en plato de cristal o loza, se cubre con la nata y encima se colocan las fresas que habíamos reservado formando el adorno. Se pone en la nevera o sobre hielo hasta el momento de servirlo, espolvoreándolo de azúcar glas.
Las fresas que servirán de adorno deben meterse un buen rato en almíbar fuerte, caliente, dejándolas enfriar para servirlas con el helado.
Puede suprimirse la naranja si no gusta.

# HELADO DE LECHE O LECHE HELADA

**Leche.—Canela o vainilla.—Azúcar.**

Se pone la leche a cocer con unas ramitas de canela o vainilla y el azúcar que se desee. Se deja enfriar, cuando ya ha hervido cinco minutos y después de fría se hiela, poniéndola en la heladora o entre hielo.

# HELADO DE LIMON

**Un litro de agua.—Zumo de dos limones grandes.—Seis claras a punto de nieve.—La corteza de un limón, rallada.—Azúcar.**

Se pone el agua a cocer diez minutos, con el limón y el azúcar para endulzarla a gusto. Después se deja enfriar para agregarle, cuando esté frío, las claras a punto de nieve. Poniéndolo a helar.

# HELADO DE NATA

**Nata de leche cruda.—Azúcar.—Zumo de frutas, café, chocolate, etc.**

Se bate la nata hasta que suba bastante, y luego se le agregan jugo de frutas con el azúcar que se quiera, o chocolate: también se puede poner café. En cualquiera de los componentes que se le agreguen se echará el azúcar necesario para endulzarlo. Se mete en la heladora.

# HELADO MANTECADO

**Por cada litro de leche hervida.—Diez yemas. Azúcar a gusto.—Canela, vainilla o limón.—Una cucharada de mantequilla.**

Se cuece la leche con el azúcar, la mantequilla y la canela o la esencia que se quiera, hasta que el azúcar esté completamente deshecho, unos diez minutos.
Después que esté frío se le añaden las yemas batidas hasta que formen una crema

espumosa, poco a poco, para que no se bajen mucho. Se ponen al baño maría hasta que casi vaya a hervir, entonces se retira, ya no debe tener espuma. Se cuela y se deja enfriar, revolviéndolo de vez en cuando con una cuchara de madera. Se mete en la heladora.

Si se quiere hacer más económico se puede poner alguna yema menos.

## HELADO MANTECADO AL LIMON

**Un litro de leche, abundante, porque mengua al hervir.—Dos limones grandes, la corteza rallada de uno.—Ocho o nueve yemas.—Azúcar.**

La leche se pone a hervir durante diez minutos con el zumo de los dos limones, la corteza rallada de uno, el azúcar necesario para endulzarlo a gusto y las yemas batidas. Se remueve constantemente, y después de diez minutos se deja enfriar y se vierte en la heladora.

## HELADO MANTECADO DE ALMENDRAS

**Un litro de leche abundante.—Ocho o nueve claras de huevo. Dos yemas.— 100 gramos de almendras molidas.—Una cucharada de Kirsch u otro licor.— Canela, vainilla, etc.—Azúcar. Piña. Fresa, etc.**

Con medio kilo de azúcar se hace un almíbar a punto de bola, que se mezclará con las claras a punto de nieve y el Kirsch, poquito a poco. La leche se pone a hervir con las almendras, la canela y las yemas. Cuando se vaya a meter en la heladora se le agregan las claras a las que se habrán añadido un poquito de piña machacada, de fresas o de otra fruta si se desea. También puede ponerse merengue para adornar el helado.

## HELADO MANTECADO DE CAFE

**Un tazón de nata de leche cruda, o medio litro.—Café muy concentrado, medio pocillo.—Azúcar.**

Se mezcla el azúcar con el café y, después de batirlos un ratito, se les une la nata batida. Se mete en la heladora.

## HELADO TUTTI-FRUTTI

Se prepara como el «mantecado» y cuando se vaya a helar se le agregan frutas en dulce o al natural, muy picaditas. A este helado no se le debe poner chocolate.

## QUESO DE ALMENDRAS

**Para un cuarto kilo de almendras, crudas, peladas y perfectamente molidas. Ocho bizcochos finos.—Nueve yemas. Tres claras.—Medio kilo de azúcar.— Una copita de coñac.—Canela o vainilla.**

Las claras se baten a punto de nieve y las yemas se baten y se mezclan agregándoles el coñac. el azúcar, la canela, las almendras y los bizcochos molidos. Se ponen a fuego suave, removiéndolos, y se dejan cocer un poco; cuando al revolverlo se vea el fondo del cazo se vierte en un molde engrasado con mantequilla. Se deja enfriar veinticuatro horas. Para sacarlo del molde se mete en agua caliente, para que se desprenda fácilmente.

## TURRON DE ALICANTE

**Para un kilo de miel.—600 gramos de azúcar.—Cuatro claras.—Dos kilos de almendra, tostada ligeramente.—Unas gotas de anís.**

El azúcar se pone con un pocillo de agua al fuego para hacer un almíbar a punto de caramelo. Síganse las indicaciones que damos en «almíbar».

La miel se calienta al fuego y una vez deshecha se le agrega el almíbar, trabajándolo bien. Vuelve a ponerse al fuego para que alcance el punto de lámina o de caramelo; entonces se echa la almendra partida, las gotas de anís y las claras de huevo a punto de nieve. Se trabaja mucho hasta que quede perfectamente unido y se echa en moldes forrados de obleas, poniendo por debajo papel blanco.

## TURRON DE ALMENDRAS

**Un cuarto kilo de azúcar de terrón.—Un cuarto kilo de miel, lo más blanca posible.—Cinco claras de huevo.—300 gramos de almendras ligeramente tostadas y partidas.**

Se mezcla al fuego la miel y el azúcar. Cuando se vea que el azúcar empieza a fundirse se le agregan las claras a punto de nieve, removiéndolo sin cesar para que no se dore, pues debe quedar lo más blanca posible, y retirándolo del fuego. Se agregan las almendras y se sigue removiendo sin parar. Dede ponerse un momento a fuego fuerte. Cuando vaya a tomar punto de caramelo, se retira y se vierte sobre obleas en moldes forrados primeramente con papel blanco y después con obleas.

## TURRON DE CADIZ

**«Mazapán».—Cabello de ángel o fruta picada.—Membrillo.—«Huevos moles». «Fondant». Yema para pintarlo.**

Sobre los moldes empapelados y forrados con obleas se echa un capa de pasta de «mazapán» y otra de «cabello de ángel» o de frutas en dulce picadas, otra de mazapán, sobre el que se extiende una capa de baño de «fondant», otra de mazapán, sobre ésta un capa de dulce de mebrillo, otra de mazapán, otra de «huevos moles», y la última de mazapán, que lo cubra todo. Se pinta con yema de huevo, espesita, y se mete al horno hasta que se dore. Después que se haya sacado del horno, para que brille, se puede pintar con un poco de agua caliente en la que se habrán disuelto unos trocitos de goma arábiga.

Puede suprimirse el «fondant».

## TURRON DE GUIRLACHE

**Azúcar.—Almendras tostadas y partidas.—Limón.**

Con el azúcar y un poquito de agua se hace un almíbar a punto fuerte, hasta que esté doradito, se echan unas gotas de limón y las almendras, inmediatamente se vierte sobre un mármol engrasado con mantequilla. Antes de que se enfríe se parte en barras de unos diez centímetros de largo por dos a tres de ancho.

## TURRON DE JIJONA

**Medio kilo de miel.—100 gramos de azúcar o medio kilo de azúcar y 100 gramos de miel.—Un cuarto de almendras.—150 gramos de avellanas.— 150 gramos de piñones.—Tres claras a punto de nieve.**

Tanto las almendras como las avellanas y los piñones serán sin cáscara y sin piel, que se les quitará fácilmente metiéndoles unos segundos en agua hirviendo. Podrán tostarse ligeramente. Se pondrán en la máquina de moler en unión del azúcar, para que no se hagan aceite, y se molerán lo más finamente posible. También se pueden comprar molidos, pero están menos jugosos.

La miel y el azúcar se pondrán al fuego para fundirlas bien.

Las claras se batirán a punto de nieve y se mezclarán con las almendras y demás, uniéndoles la miel y el azúcar hechas almíbar. Se trabaja todo muy bien y se echa en moldes empapelados y forrados con oblea, si se quiere. Se pone peso encima y se dejan así, cuantos más días mejor.

## TURRON DE MAZAPAN

Vamos a dar la fórmula para hacer el turrón de mazapán con el que se pueden fabricar todas las figuritas de Navidad, anguilas, etc., aunque ya hemos dado una receta similar anteriormente. También se pueden confeccionar los turrones de Cádiz, de yemas, de frutas, etc.

**Medio kilo de almendra molida; cuanto más fina mejor saldrá el turrón.— Azúcar, unos dos kilos escasos.—Medio kilo de patata de primera, blanca, cocida con piel y pelada, hecha harina.—Dos claras.—Un pocillo de agua caliente.—Esencia de limón, unas gotas.**

Se muele la almendra cruda y pelada con el azúcar, para que no se haga aceite.

La patata, ya hemos indicado, se cuece con piel; después de lavada, se pela inmediatamente, se pasa por el pasapurés, para hacerla harina, antes de que se enfríe, pues si la dejamos se endurecerá y no se podrá emplear.

Se baten las claras a punto de nieve y se le unen los demás ingredientes, trabajándolo mucho. Se pone en un molde entre obleas y se prensa un poco. A las pocas horas se podrá servir o usar.

## TURRON DE YEMA

Se hace un almíbar a punto de bola en el que se echan, hasta que espese un poco, almendras molidas perfectamente o bizcochos, añadiendo seis yemas por cada cuarto kilo de azúcar; se remueve todo muy bien para que quede muy fino. Se vierte en moldes como los anteriores turrones.

## TURRON NEGRO

**Azúcar y miel a partes iguales.—Almendras tostadas.**

Se dora el azúcar en un cazo y se le agrega la miel y las almendras molidas, se remueve hasta que tenga un punto fuerte de caramelo y se vierte sobre moldes empapelados y con obleas. Se deja enfriar.

**FRUTAS**

# Frutas

## ALBARICOQUES EN ALMIBAR

**Un kilo de albaricoques, maduros y sanos, pero no blandos o deshechos. — Un kilo de azúcar.—Medio litro de agua.**

Se limpian y se lavan bien, pero no se pelan. Se ponen en una cacerola con agua para que estén en ella hasta que rompan a hervir; en el momento que empiece a cocer se sacan y se ponen en agua fresca unas tres horas. Después se pasan a la cacerola donde vayan a cocer, con el agua y el azúcar que indicamos, para que cuezan hasta que el almíbar adquiera buen punto, es decir, cocerán un ratito hasta que se vea que los melocotones están cocidos e impregnados en almíbar. Se retiran y se dejan enfriar.
Se parten en dos y se les saca la pepita o se dejan enteros.

## ALMENDRAS

La almendra es uno de los alimentos más nutritivos. Como más alimenta es cruda. Tostada es muy sabrosa. Tiene innumerables usos en repostería, y también en la condimentación de salsas, etc. Después de quitarles la cáscara, para quitarles la piel, se meten durante dos o tres minutos en agua hirviendo, con sólo hacer resbalar la almendra, entre nuestros dedos a la vez que frotamos, se le desprenderá fácilmente la piel. No conviene tenerlas mucho tiempo en el agua hirviendo, pues se cuecen.
En el horno se doran fácilmente, pues son delicadas.
Para molerlas, si no se tiene máquina especial, es necesario echarles alguna cosa a la vez, por ejemplo, azúcar, un poquito de agua, etc., porque si no se convierten en aceite.

## ALMENDRAS GARAPIÑADAS

**Almendras crudas, lavadas.—Almíbar fuerte, a punto de caramelo (véase «almíbar»).**

Se hace un almíbar muy fuerte hasta que esté bien doradito. Se echan en él las almendras y se les da unas vueltas, para que se empapen en el almíbar. Se van colocando sobre un mármol engrasado para que se enfríen. Si no hay mármol, sirve el baldosín u otra cosa fría.

# BIZCOCHO O PASTEL DE MANZANA

**100 gramos de mantequilla.—100 gramos de azúcar.—Medio sobre de liti-
nes.—100 gramos de harina.—Dos huevos.—Medio kilo abundante de manzanas de buena clase y mejor blandas que no duras.—Azúcar glas.**

Con los 100 gramos de mantequilla, azúcar, harina y los dos huevos y la levadura deshecha en una cucharada de leche, se hace una masa trabajándola mucho,
hasta que se consiga una pasta fina e igual.
Con la mitad de la pasta se forra un molde engrasado, mejor si es liso y redondo.
Las manzanas se pelan, se parten en sopas, se les quita el corazón y se colocan
sobre la pasta en el centro del molde, extendidas, se cubren de azúcar y se tapan
con la otra mitad de la pasta. Se meten a horno medianamente fuerte y se deja
cocer.
Si al pincharlo con una aguja larga sale limpia es que ya está cocido.
Cúbrase con un papel engrasado para que no se queme.
Una vez frío se espolvorea de azúcar glas, pudiendo hacerse un enrejado como
adorno, con un hierro candente.
También se puede emplear para este pastel la pasta de bizcocho.


## BOLAS DE NUEZ

**Medio kilo de nueces peladas, sin cáscara.—Un cuarto kilo de azúcar.—Dos
yemas.—Media cucharada de mantequilla.—Una clara a punto de nieve.**

Se pone el azúcar con un pocillo de agua a cocer para hacer un almíbar flojito.
Una vez hecho se deja enfriar un poco y se le agrega la mantequilla, las yemas
y las nueces machacadas o bien molidas. Se trabaja todo un poco para que se una
y luego se pone otro poco al fuego, sin dejar de moverlo, hasta que se desprenda
del cazo donde se está haciendo. Se extiende sobre mármol o fuente engrasada con
mantequilla o aceite sin sabor, y antes de que se enfríe del todo se parte en cuadritos con los que se hacen bolas que se rebozan en azúcar y que se colocan en cápsulas de papel, como las yemas.


## BUDING DE MANZANA ASADA

**Manzanas asadas.—Bizcochos. Azúcar.—Dos huevos por cada kilo de man-
zanas.—Una cucharada de mantequilla.**

Asadas las manzanas se les quita la piel, semillas, corazón, etc. A la carne limpia de la manzana se le agrega azúcar para endulzarla a gusto. Se deshacen unos
bizcochos para espesarlo, removiéndolo hasta que tenga consistencia, agregando dos
huevos batidos por cada kilo de manzanas. Se mezcla todo muy bien y se echa
en un molde acaramelado o engrasado y espolvoreado de pan rallado, metiéndolo
al baño maría o al horno para que se cuaje.
Una vez frío se saca del molde. Puede tomarse así o puede adornarse con merengue, frutas, chantilly, etc.

## BUDING DE MANZANAS CON NATA

**Para medio kilo de manzanas.—Dos cucharadas de maizena o harina tosta-dita.—Azúcar. Un huevo. Nata, una tacita con azúcar glas y unas gotas de limón.**

Las manzanas una vez lavadas se ponen a cocer en agua hirviendo. Cuando estén cocidas se pasan por el pasapurés, después de quitarles piel, semillas etc. A este puré de manzana se le agregan dos cucharadas de maizena o harina tostada, un huevo batido, el azúcar necesario para endulzarlas a gusto, añadiendo unas cucharadas de agua para unirlo bien y se pone al fuego hasta que espese. Para que tenga bonita forma se echa en un molde engrasado e inmediatamente se desmoldea sobre una fuente, y se deja enfriar.

La nata se bate primero sola, después se le agrega el azúcar glas que se quiera y unas gotas de zumo de limón. Una vez que la nata haya aumentado bastante se echa sobre el buding frío, cubriéndolo. Puede espolvorearse de chocolate rallado, almendra molida, etc., aunque está bien sin nada.

## CABELLO DE ANGEL

**Calabaza bien madura, pero sana.—Azúcar.**

Se parte en dos y se limpia de semilla y fibras que las unen. Se lava bien. Se pone a cocer en agua que la cubra, durante poco más de media hora. Se deja enfriar en la misma agua, pero antes de que enfríe del todo se le quita la corteza, y los hilos de la carne se van poniendo en agua fresca de modo que les cubra bien, estando así hasta el día siguiente. Después se escurren bien, se secan con un paño y se pesa poniendo la misma cantidad de azúcar y algo más de la mitad de agua con las hebras de la calabaza a cocer, removiéndolo, aproximadamente un cuarto de hora. Se deja enfriar y al día siguiente se vuelve a poner a cocer añadiendo un poquito de agua y azúcar si es necesario, dejándolo cocer otro cuarto de hora. Se vuelve a dejar enfriar hasta el día siguiente, en que se vuelve a poner a cocer otra vez, siempre en el mismo cacharro. Se empezará a querer dorar, entoces está en su punto. Se retira y se deja varios días en sitio fresco.

## CASTAÑAS

En la «olla» exprés las castañas peladas cuecen en diez minutos, con un poquito de agua y sazonadas de sal. Enfriar rápidamente.
Si las castañas no están peladas tarda algo más.
Se cuecen con poca agua, sazonada de sal.

## CASTAÑAS ANISADAS

**Castañas de la mejor clase.—Sal. Anises.—Mantequilla.—Azúcar. Canela.**

Peladas las castañas se ponen a remojo en agua templada durante unas horas, hasta que se les quite la piel.
Se cuecen en poca agua hirviendo con un poquito de sal y unos anises.
Cuando estén cocidas, pero no deshechas, se sacan y se rehogan en mantequilla. Se

colocan en un cazo, se les echa un poquito de agua, agregando azúcar y un poquito de canela, dejándolas hasta que el azúcar se haya hecho almíbar espesito. Se sacan y se sirven.

## CASTAÑAS EN ALMIBAR

**Castañas.—Almíbar. Sal.**

Se pelan las castañas como las anteriores y se ponen a cocer en agua hirviendo con un poquito de sal. Una vez casi cocidas se ponen a cocer diez o quince minutos en almíbar flojo, para que las castañas se empapen. Una vez bien empapadas se dejan enfriar y se sirven.

## CEREZAS EN ALMIBAR

**Para un kilo de cerezas.—Un kilo de azúcar.**

Se lavan las cerezas, se les quitan los rabitos y las pepitas, con un aparatito especial o con una horquilla de moño, por la unión donde estaba el rabito, se introduce la horquilla y se la hace girar siempre pegada a la pepita, que con facilidad sale.
Limpias y deshuesadas se tienen en agua unas dos horas.
En una cacerola con agua que las cubre se ponen a cocer unos cinco minutos. Se sacan y rápidamente se refrescan al chorro, dejándolas en agua fresca otras dos horas.
En una cacerola se pone el azúcar con cuarto litro de agua, dejándolo cocer hasta que se haga un almíbar, se deja enfriar un poco y se echan en él las cerezas muy escurridas para que cuezan sin deshacerse. Una vez cocidas se retiran del fuego poniéndolas en sitio fresco para que enfríen.
Si se ponen a cocer en almíbar directamente son más nutritivas, aunque no estén tan bonitas.

## CEREZAS RELLENAS

Son las mismas cerezas en almíbar que se rellenan con una pasta hecha de almendra o almendra molida, como harina, que se amasa con el licor que se quiera y que ayudados de un cucurucho de papel, se van rellenando las cerezas, clavándolas después el rabito.
Sobre un plato se coloca hielo picado y hojas frescas y lavadas de cerezo, sobre ellas se colocan las cerezas.
También pueden rellenarse con nata o chantilly.
En vez de cerezas en almíbar se pueden poner cerezas al natural o guindas.

## CIRUELAS EN ALMIBAR

**Ciruelas.—El mismo peso de ciruelas se pone de azúcar.**

Se lavan las ciruelas y se pinchan un poco con una aguja. Se ponen a cocer en agua hirviendo hasta que suban a la superficie; según van subiendo se van sacando y echando en agua fría, en la que se dejarán todo el día. Después se van colocando extendidas sobre un paño para que escurran y se sequen bien.

El mismo peso de ciruela se pone de azúcar, y ésta se deja cocer con la mitad de agua para hacer un almíbar fuerte, cuando esté hecho se agregan las ciruelas, y al empezar a cocer se retiran hasta el día siguiente, que se vuelven a poner a cocer, retirándolas cuando empiecen a hervir, haciendo esta operación durante dos o tres días, hasta que estén en su punto.

Si se quiere hacer mermelada se deja cocer más tiempo, sólo el primer día, hasta que esté muy blanda, se les quitan las pepitas y las pieles, si se quiere.

Para meterlas en frascos es necesario esperar a que estén frías. Véase conservas. Si una vez lavadas se ponen a cocer directamente, son más nutritivas, aunque tengan peor presentación.


## COMPOTA

**Peras o manzanas.—Azúcar. Jerez. Canela en rama.**

Pelada la fruta y partida cada pieza en cuatro trozos se pondrá a cocer en agua que la cubra, echando un buen chorro de jerez o vino blanco, unas ramitas de canela y abundante azúcar y se deja cocer hasta que estén tiernas, pudiendo agregar el azúcar en cualquier momento si lo que se puso primero no basta.

Se sirve fría.

Puede suprimirse la canela y el jerez si no gusta.

Si se echa el azúcar cuando la fruta, el líquido no tomará el color de ésta.


## COPA DE FRUTAS

**Varias clases de frutas.—Almendras, nueces, avellanas y piñones (puede suprimirse lo que no se quiera).—Azúcar. Gaseosa. Coñac u otro licor si se quiere.—Chantilly o merengue.**

Las frutas limpias y peladas se cortan en trocitos. Las almendras, avellanas, etc., se machacan, se unen a las frutas y se mezclan con gaseosa y azúcar a gusto, también se puede agregar un poquito de licor. Se mezcla bien y se deja en maceración dos horas. Se sirve en copas y sobre cada copa se coloca un montoncito de chantilly, nata montada o merengue. Puede adornarse con cerezas. Se le pueden agregar unos trocitos de hielo o meterlo en la nevera para que esté frío, una hora antes de servirlo.


## CORINTOS

Corintos o pasas de Corinto, son unas pasas pequeñísimas. Se escogerán frescas, no secas, pues éstas son viejas y se hinchan poco, y si no se hinchan, al usarlas se van al fondo del pastel que se confeccione con ellas.

Para quitarles los rabitos se frotan con un paño enharinado, luego se criban y caen todos los rabitos.

# CREMA DE NARANJAS

**Tres naranjas.—Tres yemas. Una clara.—Tres cucharadas de azúcar.—Bizcochos.**

Se bate la clara a punto de nieve y luego se baten las yemas uniéndoles la clara y el azúcar, batiéndolo de nuevo, y se agrega el jugo de las tres naranjas. Todo ello se pone al baño maría moviéndolo hasta que espese como natillas.
Se vierte sobre una fuente, sobre una capa de bizcochos. Esta crema también puede usarse en repostería.

# DULCE DE BATATA

**Un kilo de batatas.—Un kilo de azúcar.**

Se lavan las batatas y se cuecen con piel en agua hirviendo. Una vez cocidas se pelan y se cortan en rodajas o a cuadritos.
Con el kilo de azúcar y medio litro escaso de agua se hace un almíbar.
La batata ya preparada se pone a cocer en el almíbar frío, hasta que esté doradita. Se retira y se deja enfriar, para usarla. Si se quiere envasar, véase «mermeladas».

# DULCE DE MELON

**Un melón.—Azúcar.**

Se pela el melón con una corteza gruesa, para quitarle la parte verde que tiene, se le quitan las pepitas y demás filamentos. Se parte en trozos. Se le agrega la mitad de su peso en azúcar, dejándole en ella durante tres horas. Después se pone al fuego, para que se haga almíbar fuerte. Cuando empiece a querer ponerse de color dorado se retira.
Para envases, véase mermeladas en «Conservas».

# DULCE DE MEMBRILLO

**Para un kilo de membrillo, limpio.—Un kilo de azúcar.**

Se lavan bien los membrillos y se parten en trozos quitándoles las pepitas y las partes duras. Se ponen a cocer cubiertos de agua hirviendo, con el azúcar, removiéndolos para que no se quemen. Pueden ponerse en la «olla».
Cuando estén cocidos se pasan por el pasapurés o tamiz. Cuanto más fino se pase mejor quedarán. No debe agregarse mucha agua para que no quede blando, pero si se agrega, puede endurecerse echando un poco de gelatina o de cola de pescado remojada.
También se puede hacer cociendo primero el membrillo sólo con agua; se escurre, se pasa por tamiz y después se pone a cocer en el azúcar con poca agua, para que se haga un almíbar, durante unos diez minutos. Se removerá constantemente, pues se pega; ha de estar bastante sólido para que quede duro al enfriar. Para envases, véase mermeladas en «Conservas».

## DULCE DE UVAS

**Uvas de la mejor clase, mejor Moscatel.— Almíbar.**

Bien limpias las uvas se ponen a cocer en el almíbar ligero hasta que estén tiernas. Se dejan enfriar y se pueden envasar, como en otras conservas.

## ESTRELLAS DE MAR

**Plátanos.—Guindas o cerezas confitadas. Mermelada.—Mantequilla o mitad aceite.—«Crema de manteca».**

Una vez pelados los plátanos y separados por las uniones porque están pegadas las partes del plátano, se fríen en mantequilla muy caliente, y con toda rapidez se escurren bien y se van colocando en platos individuales sobre una capa de mermelada de ciruela u otra, formando una estrella de mar, con cinco trozos. Sobre cada trozo de plátano se dibuja, con la manga de pastelería, un zig-zag, con la crema de manteca, nata u otra, procurando que sea un color que destaque del plátano. Se adornará con guindas confitadas.

## FRESAS CON LECHE

Se hacen lo mismo que las siguientes, pero en vez de ponerles naranja se pone leche.
También está muy rica la fresa, una vez lavada y cortada si es grande, llenándola bien de azúcar y dejándola en maceración dos o tres horas, si es posible, para que con el jugo de la fresa y el azúcar se haga un jarabe. Se pueden agregar unas cucharadas de agua.

## FRESAS CON NARANJA

**Fresas, naranjas y azúcar.**

Lavadas y limpias las fresas, se parten en dos, se colocan en una fuente honda, cubriéndolas de jugo de naranja y azúcar. Se dejan así una o dos horas antes de servirlo, removiéndolo de vez en cuando para que se deshaga el azúcar.

## FRUTAS EN GELATINA

**Gelatina.—Almíbar.—Frutas en dulce o frescas.—Limón.**

Se hace un almíbar flojo con unas gotas de licor, a las que se agregan una hoja de gelatina por cada jícara de almíbar. Una vez bien mezclado se van colocando una capa de frutas y otra de gelatina en el almíbar. La gelatina se deshace primero en un poquito de agua. Puestas así las capas de gelatina y frutas dejando la última de gelatina. Se deja enfriar y para sacarlo del molde se mete un momento al baño maría hirviendo para que se ablande un poquito, pero no mucho, porque se deshace.

## GELATINA DE NARANJAS

**Para doce naranjas.—Diez hojas de gelatina.—Medio pocillo de agua templada.—Azúcar. Frutas en dulce o frescas.**

En el agua templada se humedecen las hojas de gelatina, poniéndolas al baño maría hasta que se disuelvan. Después se agregan dos pocillos de azúcar. Todo ello se mezcla con el zumo de las doce naranjas y las frutas picadas, que se deseen, echándolo en un molde a enfriar. Una vez frío, para sacarlo del molde se pone unos segundos al baño maría con el agua hirviendo.

## HIGOS EN DULCE

**Para un kilo de higos.—Un kilo de azúcar.—Corteza de limón.**

Se escogen los higos maduros, pero sin estar deshechos. Se pinchan en varios sitios y se ponen en agua fresca durante dos días, cambiándoles el agua de vez en cuando, tapando el recipiente con un paño limpio.
Después se ponen en agua fresca y se cuecen unos diez minutos, echando también la corteza del limón. Después de haber cocido se sacan a otro recipiente con agua fría, en el que se dejarán hasta el día siguiente. Pasado este tiempo se ponen a escurrir y se secan con un paño.
En el azúcar y medio litro de agua se ponen a cocer los higos hasta que estén transparentes. Se dejan enfriar y se pueden envasar. Ver «Conservas».
Se pueden cocer directamente, una vez limpios, en el almíbar. Son más nutritivos.

## JARABE DE FRUTAS

Para hacer el jarabe de frutas hay que hacer primero el dulce de las o la fruta que se desee, pasándolo por un tamiz muy fino. Si resulta un litro de mermelada se le agrega la mitad de almíbar a punto flojo, o de jarabe, se mezcla con la mermelada y se deja cocer hasta conseguir el punto de espesor que se desee. Si se quiere emplear para baños, ha de ser blando y fino.

## LIMON O CITRON EN ALMIBAR

**Limones o citrones.—Almíbar.**

Se pelan y se separan los gajos, poniéndolos a cocer en agua sin dejar que se ablanden. Durante unos seis días se tienen en agua, cambiándola con frecuencia. Cuando el agua que se quite sea transparente se sacan y se ponen a cocer en almíbar hasta que empiece a querer dorarse. Se dejan enfriar para poder envasarlo si se quiere, siguiendo las normas que se dan en «Conservas».

## MANZANAS ARDIENDO

**Manzanas.—Azúcar. Canela en rama.—Coñac o ron. Jerez.**

Las manzanas lavadas y peladas se ponen a cocer en agua muy azucarada y con unas ramitas de canela. Cundo estén cocidas se sacan, se escurren y se colocan unas sobre otras en un montoncito. En el agua donde cocieron, sin las ramas de canela, se echa más azúcar hasta que se haga un almíbar fuerte, se echa sobre la última manzana, regándolas todas. Después, en el momento de servirlas, se riegan con coñac o ron y se les prende fuego, así ardiendo se presentan en la mesa.

## MANZANAS CON BATIN

**Manzanas de igual tamaño.—Dátiles. Almendras tostadas.—Jerez. Azúcar. «Hojaldre» u otra pasta similar.—Mantequilla. Harina. Huevos.**

Se pelan las manzanas y se les quita el corazón y parte de la carne ahuecándolas, como las patatas rellenas.

Las almendras se machacan. A los dátiles se les sacan las pepitas, y se parten en trozos, mezclándolo todo con bastante azúcar y jerez. Se baten uno o los huevos que se crean necesarios, según la cantidad que se ponga, y se unen a todo lo demás; con ello se rellenan las manzanas, que luego se ponen a cocer en el horno. Antes de que se ablanden demasiado se sacan.

Se hace el hojaldre u otra pasta similar, que las hay muy buenas, y con ello se cubre o se envuelve la manzana; si se quiere se le da una forma bonita, sin cubrir el hueco por donde se rellenó, colocando allí una bolita de mantequilla. Se meten a horno fuerte para que se doren.

Después que se hayan enfriado se pueden servir adornadas de un copo de chantilly.

Estas manzanas en vez de meterlas al horno también pueden cocerse en almíbar con un poco de jerez, cuidando de que no se ablanden demasiado, y rellenarse con mermelada u otro relleno que se quiera, cubrirlas con merengue que se pone a secar al horno como en las rosquillas o «roscas leonesas».


## MANZANAS CON NATILLAS

**Manzanas de igual tamaño.—Azúcar. Jerez. Natillas.**

Se pelan con cuidado las manzanas, sacándoles el corazón. Se ponen a cocer en un almíbar flojito, con jerez. En cuanto estén tiernas deben sacarse sin esperar a que se deshagan, se colocan en una fuente, se cubren con azúcar que se quemará con un hierro ardiendo.

Se hacen unas natillas espesitas y con ellas se cubren las manzanas.

Pueden adornarse con merengue, chantilly, etc.


## MANZANAS GLASEADAS

**Manzanas.—Azúcar. Mantequilla.— Jerez. Almíbar.**

Se pelan las manzanas y se les saca con cuidado el corazón, por la parte donde están prendidas a la rama. Se rellena este hueco de azúcar, poniendo encima una bolita de mantequilla. Se colocan en un plato refractario o en una fuente, se riegan con jerez y se meten al horno, para que se cuezan. Cuando están cocidas se colocan en la fuente o plato donde se vayan a servir. El jugo que soltaron al cocer se mezcla con un almíbar fuerte y se dejan hervir un poco, después se echa por encima de las manzanas y se sirve.

Las manzanas se pueden cocer sin pelar, pero limpias.

# MARRONS GLACES

**Un kilo de castañas de la mejor calidad.—Azúcar. Tela fina o gasa.**

Se pelan las castañas de su piel exterior, ya que la otra se quitará poniéndolas a remojo en agua durante veinticuatro horas. Pasado este tiempo, se sacan y se ponen en otra agua caliente; a medida que vayan ablandando se van sacando y pelando.

Una vez peladas se van envolviendo cuatro o cinco de cada vez atándolas con un cordelito. Se ponen en una olla con el agua suficiente para cocer y que las cubra, solamente. Una vez cocidas, pero sin deshacerse, se escurren del agua y se quitan de la bolsita de tela. Se meten en un almíbar a punto de hebra fina o de jarabe, dejándolas cocer un momento y retirándolas a un lado de la cocina, en un sitio que se conserve templado, dejándolo allí durante un día entero.

Pasadas veinticuatro horas se les agrega una tacita de azúcar y se vuelven a poner a cocer durante unos minutos. Se vuelven a dejar otras veinticuatro horas y poniéndolas a cocer con otra tacita más de azúcar, y así durante cuatro días. El último día se sacan las castañas y se ponen a escurrir y a secar a horno muy suave. El jarabe que quedó se pone a cocer de nuevo hasta que se ponga blanquecino, entonces se bañan en él las castañas y se ponen a escurrir sobre la fuente o sobre mármol engrasado. Cuando estén frías se envuelven en papeles como los caramelos o los bombones.

# MELOCOTON EN DULCE

**Melocotones.—Frambuesa, jarabe, etc.—Almendra molida. Azúcar. Helado.**

Los melocotones pelados se ponen a cocer como los «albaricoques en almíbar» hasta que estén tiernos. Sobre una fuente se coloca una capa de helado mantecado u otro. Los melocotones fríos se colocan sobre esta capa y se cubren con una ligera capa de frambuesa, jarabe de frutas u otra, espolvoreados de almendras molidas.

# MELON SORPRE

**Un melón.—Frutas variadas.—Champang o sidra.—Papeles de color verde y rojo o amarillo y un clavel, para adornarlo.**

Se corta el melón por un extremo que servirá para sacarle las pepitas y demás fibras, así como toda la carne madura del melón, que se reservará.

La carne del melón se pica con toda clase de frutas frescas o en dulce que tengamos. Se les echa champang o sidra y azúcar hasta endulzarlo a gusto. Con todo ello se llenará el melón y se pondrá entre hielo hasta la hora de servirlo.

Antes de presentarlo en la mesa se viste con papel rojo cortado en picos imitando la falda de una gitana. La tapadera se cubre también imitando el busto y un clavel pinchado en la parte superior imitando la cara.

Si no se quiere adornar se coloca en una fuente entre hielo picado, con un cucharón para servir el relleno.

## MERMELADA DE LIMON

**Un limón.—Un huevo.—Mantequilla.—Azúcar.**

Se bate el huevo y se echa en él el zumo de un limón y la corteza rallada del limón. Con medio pocillo de azúcar se hace un almíbar no muy espeso. Se mezcla con todo lo anterior y con una cucharada de mantequilla. Y se deja cocer hasta que espese lo que se quiera, removiéndolo para que no se queme.
Para servirlo se deja enfriar.

## NARANJAS EN ALMIBAR

**Un kilo de naranjas de piel fina y sana.—Un kilo de azúcar.**

Se ralla la piel de la naranja, y después la naranja se parte en rodajas. En agua que las cubra se ponen a cocer hasta que estén tiernas. Se sacan y se ponen en agua fresca, cambiándola con frecuencia, durante tres días. Con el azúcar y medio litro de agua se hace un almíbar, en el que se ponen las rodajas de naranja a cocer hasta que empiece a dorarse el almíbar.
Para envasarla necesita estar frío. Ver «Conservas».

## PASTEL DE CASTAÑAS

**Un kilo de castañas.—Una cucharada de mantequilla.—Un pocillo de azúcar. Cuatro yemas. Medio vaso grande de leche.—Anises. Sal. Maizena.**

Se lavan las castañas y se cuecen, sin pelar, en agua hirviendo con un poquito de sal. Una vez cocidas se pelan y se machacan. La leche hirviendo o muy caliente, el azúcar y la mantequilla, se cuecen un momento y se mezclan con las castañas, unos anises, las yemas y una cucharada de maizena. Se deja cocer dos minutos removiéndolo y después se echa en un molde engrasado y mejor si además se le espolvorea con pan rallado. Se mete al horno unos minutos para que acabe de cuajarse. Se desmoldea y se sirve.
Se puede cocer directamente en el almíbar, pero necesita más azúcar.

## PASTEL MARIANA

**Medio litro de leche.—Cuatro yemas.—Tres colas de pescado.—Azúcar.— Almíbar. 100 gramos de avellanas molidas. Chantilly o nata.—Bizcochos para forrar el molde.**

Las colas se ponen a deshacer en un poquito de agua templada.
La leche se pone a hervir. Las yemas se baten con cuatro cucharadas de azúcar. Se mezclan las yemas, la leche, las colas y se pone todo al fuego, removiéndolo sin parar hasta que esté a punto de hervir; entonces se retira y se le mezclan las avellanas tostadas y molidas, removiéndolo bien, se deja enfriar un poco. Las claras se baten a punto de nieve y se agregan a la leche y demás, antes de que se enfríe del todo, mezclándolas con cuidado.
Se sirve en un molde forrado de bizcochos que antes se habrán mojado en almíbar o con algún licor, si se quiere. Se deja enfriar y se adorna con chantilly o nata.

## PLATANOS

Los plátanos se estropean si se guardan en frigoríficos.
Los plátanos verdes maduran bastante bien si se tienen envueltos en papeles y en sitio oscuro.

## POSTRE DE CASTAÑAS

**Para un kilo de castañas.—Mantequilla. Sal.—Azúcar. Canela en rama. Limón.—Leche. Chantilly.**

Se pelan las castañas y se ponen a remojo en agua calentita, para que suelten la piel más fina, o se ponen a hervir un momento para que ablanden y se les quite mejor la piel. Después se ponen a cocer en leche con un trocito de limón y un poco de canela, con una pizca de sal, hasta que estén tiernas. Escurridas de la leche se las pasa por un colador o tamiz para hacerlas harina. Con un pocillo de azúcar y un poquito de agua se hace un almíbar a punto de bola, que se mezcla con las castañas. Se echan en un molde untado de mantequilla, que tenga un hueco en el centro. Se desmoldea sobre una fuente y el hueco se rellena de chantilly, nata u otra crema ligera. Se puede suprimir el limón y la canela.

## PRIMAVERA

**Doce naranjas.—Un limón. Almíbar.—Esencia de menta si se quiere.—Cerezas. Guindas. Higos.**

Se extrae el jugo de las doce naranjas y el limón. Se mezcla con almíbar fuerte, frío, para endulzarlo a gusto, añadiendo una pizca de menta, si se quiere; las cerezas, las guindas y los higos, éstos partidos, así como un trocito de hielo picadito. Se bate bien y echa en copas.

## SOUFFLE DE CASTAÑAS

**Un kilo de castañas.—Medio litro de leche.—Azúcar. Canela o anises.—Cuatro huevos.—Mantequilla.**

Se pelan las castañas y se ponen a cocer en agua hirviendo un momento para quitarles la piel más fina que les queda. Luego se ponen a cocer en la leche con una ramita de canela o unos anises, a fuego lento. Cuando estén bien cocidas se pasan por tamiz añadiéndoles antes de que se enfríen dos cucharadas de mantequilla, se mezclan bien y se les agregan las yemas y el azúcar que se desee de dulce, se mezcla muy bien. Se extiende sobre una fuente refractaria untada de mantequilla y se cubre con las claras a punto de nieve. Se mete al horno unos veinte minutos, espolvoreándolo de azúcar, hasta que se dore.
Se saca y se sirve antes de que se deshinche.

## SULTANAS

Sultanas son pasas mayores que los Corintos y más pequeñas que las uvas pasas de Málaga; son blancas.

UVAS

La uva es una de las frutas más nutritivas y que más vitamina B y C contiene. En tiempo de esta fruta deben tomarse diariamente todas las que se puedan, nunca exageradamente. Puede hacerse una cura de uvas, tomándolas en ayunas y quince o veinte minutos antes de las comidas.

La uva debe estar completamente limpia y desinfectada de toda suciedad o microbio, para ello debe lavarse muy bien y después meterlas en agua hirviendo dos o tres segundos.

Puede tomarse el jugo solo para personas muy delicadas, pero es más nutritivo tomar los granos sin hacerles jugo.

## POSTRE DE UVAS

**Bizcochos. Uvas, medio kilo.—Cuatro huevos. Azúcar.—Leche. Mantequilla. Chocolate rallado o en polvo.**

Sobre una fuente refractaria se coloca una capa de bizcochos y las uvas limpias y partidas por la mitad para quitarles lo más posible las pepitas, también se pueden poner enteras. Se baten las claras a punto de nieve y se mezclan con las yemas también batidas echándolas azúcar a gusto y medio litro de leche cocida, pero casi fría. Se mezcla bien y se vierte sobre los bizcochos y las uvas, repartiendo sobre ello unos trocitos chiquitos de mantequilla y espolvoreándolo de chocolate. Se mete al horno para que se cuaje un poco.

Se sirve templado o frío.

## UVAS EN ALMÍBAR

**Un kilo de uvas.—700 gramos de azúcar.**

Las uvas han de ser maduras, pero no blandas, ni demasiado duras, procurando que sean gordas y de poca pepita. Se les quita la piel y la semilla que tengan ayudados de un ganchito, horquilla, etc., para no estropearlas.

Se ponen en un colador y se sumergen rápidamente en agua hirviendo. Sobre un paño se ponen a escurrir al aire. Con el kilo de azúcar y medio litro de agua se hace un almíbar fuerte. Se deja enfriar y cuando esté templado se le agregan las uvas, poniéndolo de nuevo a hervir unos quince o veinte minutos, cuidando de que la fruta no se deshaga. Si se envasa véase «Conservas».

## ZUMO DE FRUTAS

Para hacer zumos de frutas y verduras éstas han de ser tiernas y frescas. Se lavan muy bien y perfectamente limpias, se trituran, después de quitarles las partes secas o dañadas. Una vez bien molidas, si se tiene una maquinilla mejor, se prensan, después de ponerlas en un paño, de tejido bastante abierto, para que pase fácilmente el jugo y quede la pulpa, así se oprimen hasta que suelten bien el jugo.

Si se ponen en la batidora eléctrica, se conseguirá mejor el jugo, ya que ésta lo tritura todo.

# INDICE DE RECETAS

## CARNES

## TARTAS, TURRONES Y HELADOS

## FRUTAS